北武蔵の地域形成

ー水と地形が織りなす歴史像ー

地方史研究協議会 編

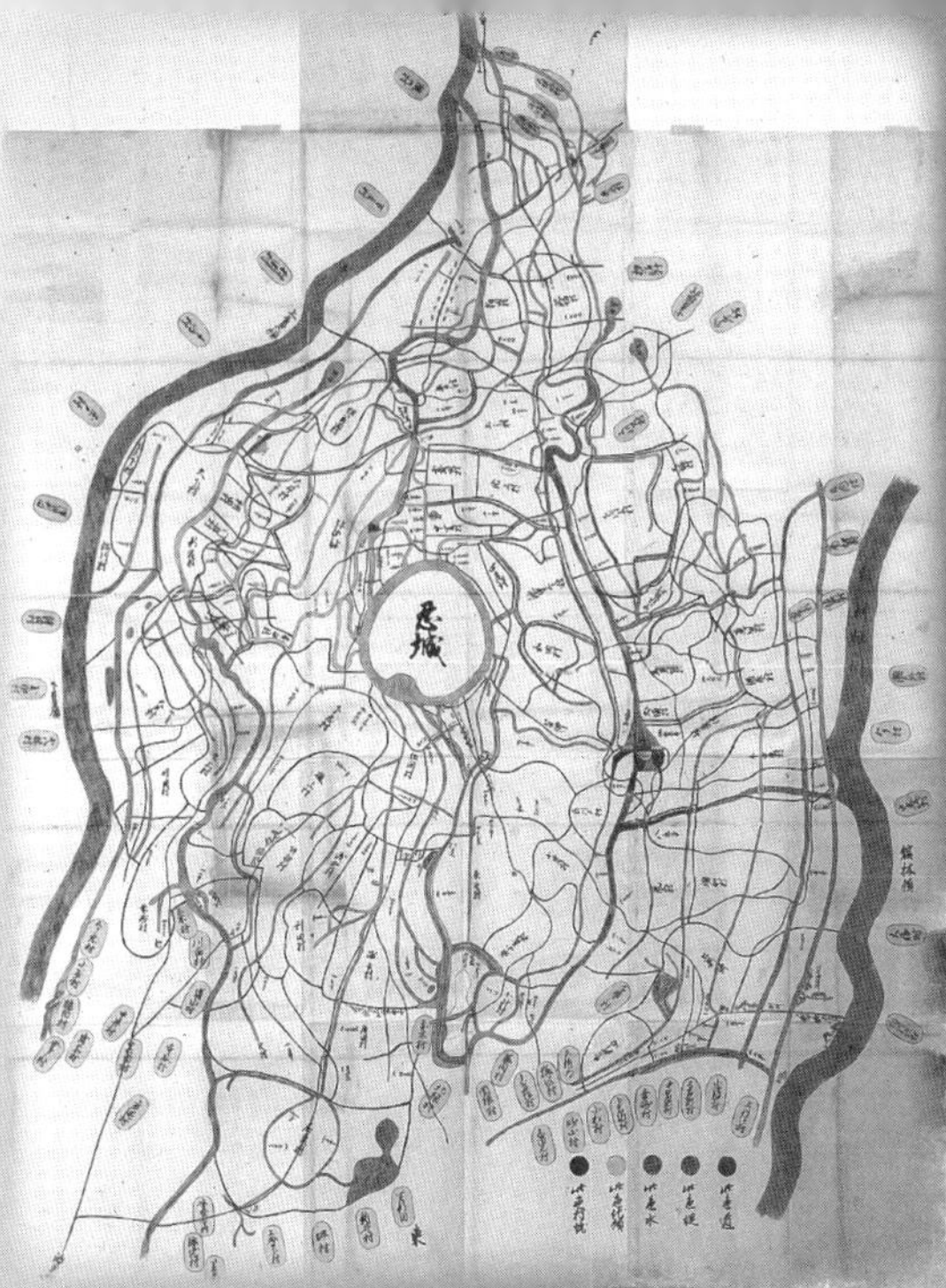

雄山閣

上）忍御領分絵図　（行田市郷土博物館蔵）
下）熊谷敦盛屏風　（熊谷市立熊谷図書館 美術・郷土資料展示室蔵）

序　文

二〇一四年度（第六五回）の地方史研究協議会大会は「北武蔵の地域形成―水と地形が織りなす歴史像―」を共通論題として、一〇月一八日（土）から二〇日（月）までの三日間、埼玉県熊谷市において開催された。一日目の一八日には午前に二名ずつの自由論題研究発表と共通論題発表が、午後に公開講演・総会が、二日目の一九日は七名の共通論題研究発表と共通論題討論が、熊谷市立文化センター文化会館において行われ、三日目の二〇日には熊谷・深谷コース、行田コースに分かれて巡見が実施された。

埼玉県内で大会が開かれたのは、一九九二年の第四三回大会以来二二年ぶりのことであった。前回は共通論題を「河川をめぐる歴史像―境界と交流―」とし、利根川を主としたその周辺地域の歴史的特徴を明らかにした。今回の大会では、荒川と利根川に挟まれた熊谷・行田両市を中心とした地域を対象にし、両河川がもっとも接近するという自然環境を念頭において、この地域で展開される歴史像を探った。

本書はその大会成果を収録したものである。すなわち、公開講演の堀口萬吉氏と渡辺隆喜氏、共通論題の発表者である、井上尚明・大井教寛・松村憲治・澤村怜薫・原太平・細野健太郎・田村均・松本洋幸・内田幸彦の九氏、自由論題の発表者である村山卓氏、藤井明広氏、合わせて一三氏の論考を、Ⅰ、荒川・利根川と地域拠点、Ⅱ、湧水と生産・生業、Ⅲ、領域意識の形勢と展開、の三部に構成、配置している。末尾の「第六五回（埼玉）大会の記録」では、今大会の開催経緯、常任委員会内の運営委員会と、実行委員会による準備経過、大会当日の経過、とくに共通論題討論の内容をまとめている。

本大会の共通討論会では、熊谷・行田両市周辺地域を「北武蔵」と定義し、地形を念頭においた地域の一体性を議論した。議論はただちに結論に結びつくものではないが、今大会の議論をきっかとして北武蔵地域の研究、さらには全国各地の地方史研究の進展に繋がることを願っている。

本大会の実行委員会は、様々な立場で地方史研究に携わっておられる方々によって組織された。実行委員会の開催は一九回に及び、運営委員会と協議を重ねて大会の開催に至った。末筆ながら、大会実行委員長の田代脩氏、事務局長の大井教寛氏をはじめ、大会実行委員の方々、共催していただいた埼玉県地方史研究会、後援・協賛して頂いた諸機関・諸学会の方々に、心から感謝申し上げたい。

二〇一五年一〇月

地方史研究協議会

会長　松尾　正人

北武蔵の地域形成―水と地形が織りなす歴史像―／目次

Ⅰ　荒川・利根川と地域拠点

関東平野西部の自然と成り立ち

堀口萬吉

一　関東地方中西部の地形と地質

A　地形と地質の概観

関東地方の西縁と北縁は、古期（主に約六千万年前より古い古生代と中生代）の地層群からなる山地と、それを貫いて第四紀（とくに約二百万年前〜二万年前の更新世）にできた火山が分布する。

それらに囲まれた中央部・東部・南部には、新期（約二千万前〜二万年前の新第三紀〜第四紀更新世）地層群からなる丘陵・台地と、それらを切って最新期（二万年前以降のおもに完新世）地層群からなる低地が分布する。

新期〜最新期の時代のうち、第四紀はヒトの進化してきた時代で、人の暮らしと環境とが密接にかかわっている。

B　関東地方中西部における地形・地質環境

(1)　台地の形成

人類紀とも呼ばれる第四紀は、気候的には寒暖の変化の大きいため、氷河時代ともいわれている。ヨーロッパのアルプス地域で確立された氷河の発達期は四回（ギュンツ・ミンデル・リス・ウルムの各氷期）とされ、この前の寒冷期

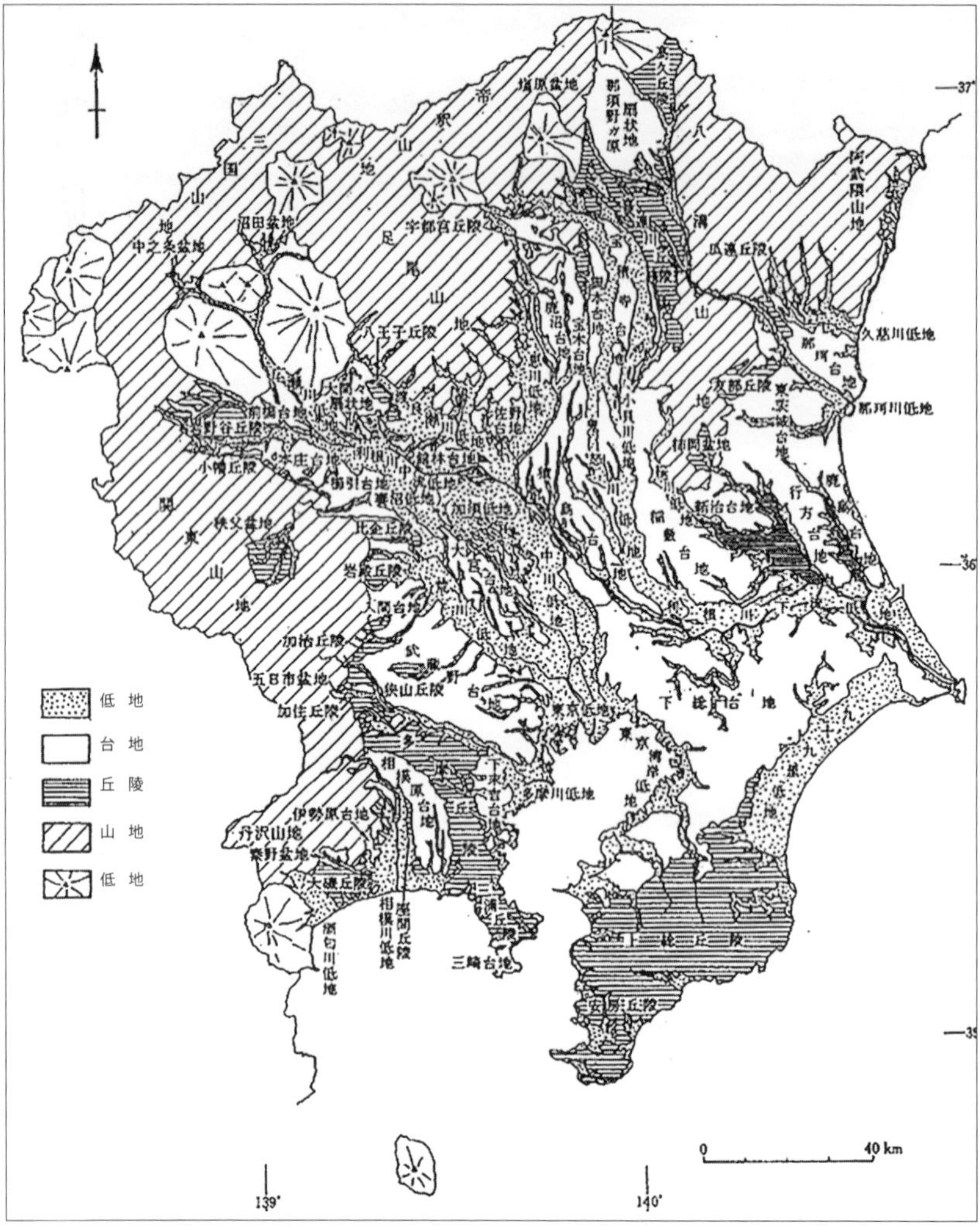

【図 1】　関東平野の地形区分図（堀口、1986）

のドナウ寒冷期を含めて第四紀とまとめられている。各氷期の間の温暖期は間氷期と呼ばれ、最終間氷期のリス・ウルム間氷期には、世界的に氷河の氷が解け、海水準が上昇した。これに伴い、関東平野にも海が進入し、関東平野の中央部は広大な海（古東京湾）が広がった。この海に堆積した海成の地層を下総台地では木下層と呼び、大宮台地などでは東京層と呼んでいる。ウルム氷期になると海水準が下がり、海は海退し、河川を主とする淡水成の地層が堆積する。この淡水成の地層を下総台地では常総層・姉崎層と呼び、大宮台地などでは大宮層と呼んでいる。

ウルム氷期は詳細に調べると、一様な寒冷期だった訳ではなく、寒冷な中にもやや暖かくなる時などが繰り返され、これに伴い、山地寄りの扇状地形成が進んだ。最もよく調べられている武蔵野台地では、下末吉面（面・淀橋台の最終間氷期の古東京湾域に形成された台地）以降、三つの形成期の違う扇状地成の地形面（武蔵野期のＭ１〜Ｍ３の台地）が形成されている（羽鳥、一九八六）。古東京湾の時代から続いていた関東平野西縁の火山の活動は継続し、各々の平坦面上に火山灰が堆積した。この火山灰が風化し、赤褐色になり、関東ローム層と呼ばれる地層になった。関東ローム層の調査から、台地面の新旧・同時性などがよくわかるようになった。大宮台地などでは、大宮層の上には風成の関東ローム層の武蔵野ローム層が全域に分布している。大宮層の最上部には、古砂丘砂ともいえる風成の硬砂層があり、この上には武蔵野ローム層より古い下末吉ローム層が厚さ数一〇㎝で堆積している。

(2) 台地域の変動

大宮台地北東部には、【図2】に示すように台地が断層によって変位した地形が多くの場所で認められる（清水・堀口、一九八一）。大宮台地は、武蔵野期の地形面が大部分であり、これらの断層はこの台地が形成された後の更新世後期以降のもので、活断層（洪積世後期以後に活動した断層）といえる。この図中の綾瀬川断層は、断層の位置が詳細

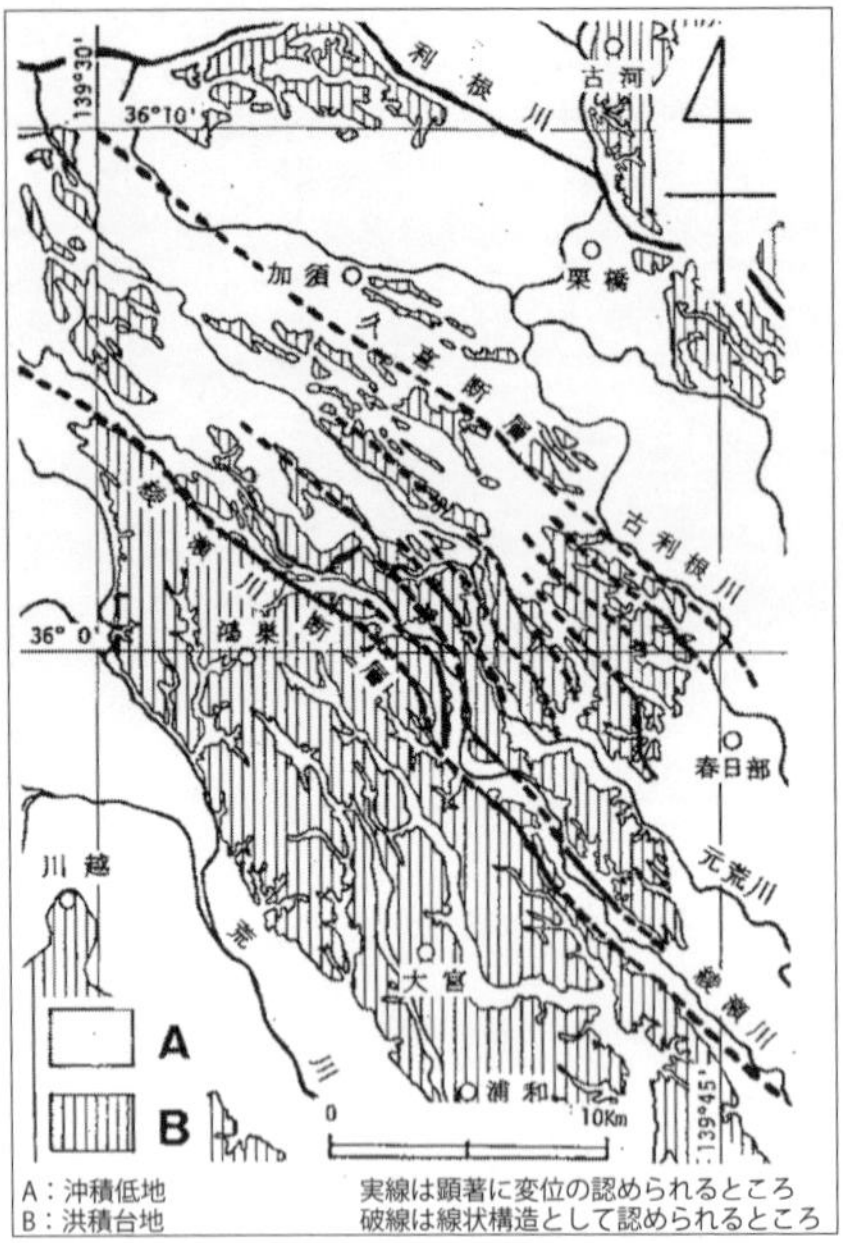

【図 2】
大宮台地北東部の元荒川構造帯
（清水・堀口、1981）

【図 3】
江南台地周辺の活構造
（海野・黒澤、2007）

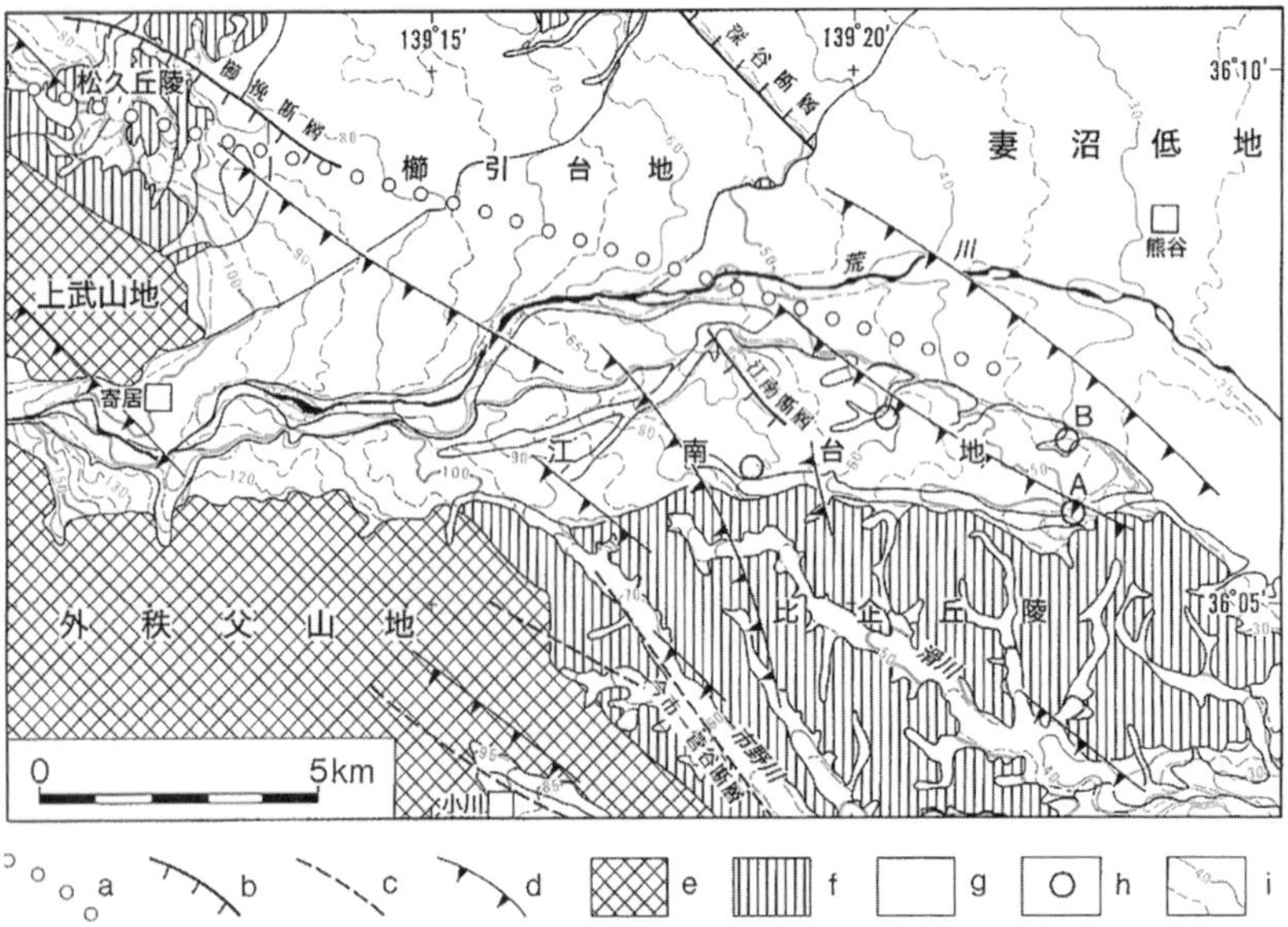

a …1931 年西埼玉地震の震源断層に位置（Abe、1974）
b …活断層
c …リニアメント
d …重力探査による基盤の段差構造（荻原ほか、1987）
e …山地
f …丘陵
g …台地・低地
h …主要露頭
i …等高線（谷幅 250m 以下の埋谷線）

に分かっている桶川市加納地区などで見ると、断層を境にして北東方向の旧菖蒲町の地塊が沈降している。これ以外の断層線は平行して多く認められることから、この地域を元荒川構造帯と呼んだ。元荒川構造帯の方向は北西から南東になり、この方向はこの地域の形成に重要である。活断層は今後も活動する可能性が高く、地震防災上も重要なものである。活断層を含めた断層については、熊谷周辺のものを【図3】に示した。この図の深谷断層・櫛挽断層・江南断層は、活断層研究会（一九九一）が活断層として示したものである。これらの構造は、荒川以北では西北西から東南東の方向になり、荒川の南では北西から南東の方向になっている。一九九四年に江南町東部の野原で、丸山遺跡の発掘中に活断層が発見された。この活断層は遺跡内で、江南台地の礫層が礫層上に位置する粘土層・その上の関東ローム層に乗り上げている逆断層であった。そのほかに、重力探査で分かった基盤の段差構造も示されている。すなわち、大宮台地やその北西方の江南台地付近の地形地質からみると、最も北東に位置する深谷断層も、加須低地方向の地塊が落ちている北西から南東方向の活断層なのである。

（3）低地の形成

低地は最終氷期の後の温暖期（後氷期ともいわれる）の完新世に形成された、平野の最も低い地形である。すなわち、最終氷期の寒冷期に削られた谷に堆積した完新統（沖積層）の堆積によりできた地形である。埼玉県北西部には、利根川中流低地（妻沼低地・加須低地）と荒川低地が分布している。

この地域の大きな特徴である加須低地とその形成についてまず、見てみることにする。【図1】に示した利根川中流低地は行田市下中条～行田市埼玉のほぼ南北の線を境界として、西側を妻沼低地、東側を加須低地と二分して呼んでいる。加須低地は、その北端が館林台地で、南端が大宮台地と接する低地である。この低地内には小規模な台地が点在し、沖積層に埋没した台地が多くあることで特徴づけられる。そこで、加須低地東部を縦断する東北高速道路に沿った地形地質断面図で見ることにする【図4】。断面図はさいたま市岩槻区北西端の平林寺付近で綾瀬川低地（図4の下の断面図、平林寺の南側）と元荒川低地（平林寺と白岡の間）を通っている（図4の上の地形区分図では、この部分は明瞭な大宮台地部であるため省略した）。この綾瀬川低地と元荒川低地の両低地には一〇m強の厚さの沖積層が堆積していて、やや大きな低地であることが分かる。台地と低地の比高は大きく、崖などで接している。台地の地層は、どこでも地表から黒色表土層（完新〔沖積〕世の縄文時代以降の遺跡・遺物が含まれる）、関東ローム層（更新〔洪積〕世の火山灰が風化したもので旧石器が含まれる）、この下の断面図の縦線が洪積層とした水域の堆積物（大宮・館林台地で大宮層、周辺では常総層と呼ばれることが多い河川成の地層）が重なっている。この断面図で注目できることは、白岡市から久喜市上早見、その北の加須市水深・花崎、羽生市にかけて、台地と低地がほとんど同じ高さか、台地が低地の粘土・シルト（沖積層）に覆われている（埋没している）ことである。利根川の北の館林では、再び低地との比高のある台地となる。

（4）完新世の加須低地

加須低地は、完新世（沖積世）の地層である沖積層によって埋没された台地が多いことから、完新世に沈降・埋没したものであるといえる。しかし、もう少し細かく、どのような歴史時代にどの地域が埋没していったのだろうか、また、どのような河川によるどんな堆積作用だったのだろうか。

一九七九年五月、羽生市小松の小松神社裏で道路に水道管の埋設工事をしていた溝から、写真のような丸い河原石を組んだ古墳の石室（古墳時代後期の七世紀）が発見された【図5】。

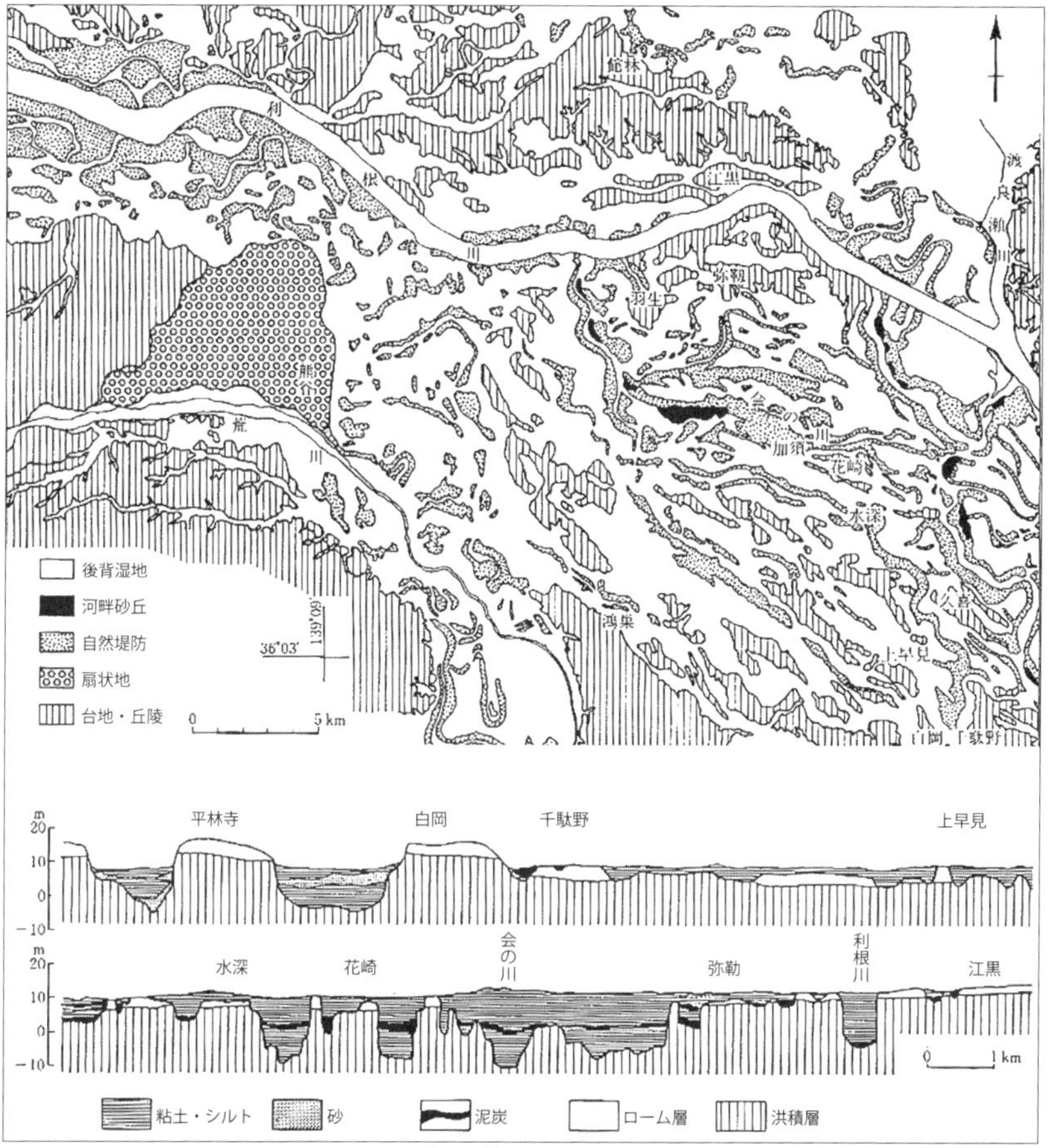

【図 4】加須低地の地形と地質（堀口・清水、1986）

【図 5】小松古墳の石室の埋没（堀口、1981）

この石室の底面は、現地表面から三mの深さにあり、その下には台地表層に見られる黒色の表土層とそれに続く、関東ローム層（大里ローム層）が分布している。この関東ローム層の諸分析（細野・佐瀬、一九八九）を見ても、台地表層のローム層などが削られたための欠損はないことがわかった。台地は古墳時代に古墳が築造され、その後に沈降し埋没したことが分かる。小松の西には、会の川がながれている。この会の川沿いの水田（会の川低地の地表）をハンドオーガーボーリングすると厚い砂層が堆積していることがわかった（清水・駒井、一九八二）。この砂層は後述する川島町の流路跡埋積層に酷似している。また、この砂層中には白色の軽石が多く認められることから、会の川低地には利根川の堆積した河川の流路跡があることが推定できる。よって、小松古墳は利根川によって、埋め立てられたものであろう。なお、会の川沿いには、新郷砂丘・岩瀬砂丘・志多見砂丘など多くの河畔砂丘が分布している。この下流の大落古利根川沿いの幸手市から杉戸町にわたって高野砂丘が位置している。高野砂丘は建久五（一一九四）年の古堤防の上に発達する（畦地、一九七八）ことから、流路埋積が中世の初期に終わり、流路を埋積した砂河床となっていた時に、砂が風で飛ばされ、河畔砂丘が形成されたものと考えることができる。

会の川低地の南側の低地には、加須市真名板に高山古墳がある。この古墳は現在、普通の前方後円墳のように、墳丘の埋め土でできた丘が、水田などの周辺の低地面より上に認められている。この古墳の地質学的な調査の結果、二重の周溝（地表から六mの深さの溝）をめぐらした大きな古墳であることが分かった。この溝の堆積物中から、浅間B（天仁元（一一〇八）年の噴火）と呼ばれる火山灰層が見つかっている（堀口、一九九一）。高山古墳のある低地は古代末に埋め立てられ始めたのであろう。

（5）荒川低地北部の形成と利根川

完新世になってからの利根川の流路がよく解明されているのが、荒川低地北部、川越市の北に位置する川島町である。現入間川の北の川島町には、自然堤防がよく発達しており、自然堤防の切り合いから大きく三つの時期の自然堤防に分けることができる【図6】。自然堤防は河川の流路沿いに形成され、この地域の自然堤防の規模が大きいことから、これらは大きな河川によって作られたものであることが推定できた。この河川跡ともいえる三時期の自然堤防を横断するように、ハンドオーガーボーリング調査を多数実施した。詳細は文献（清水ほか、二〇一〇）にゆずるが、各時期の流路跡とも、自然堤防とともに発達し、いずれも流路を埋積する中粒砂層（植物の破片を多く含む）が認められた。この砂層の砂粒子を顕微鏡でみると、白色の軽石【図7】が共通して認められた。軽石は火山噴火で生成するもので、川島町の西方の山地の関東山地には、火山は存在しない。よって、火山をその集水域に持つ利根川が作った流路跡・自然堤防と結論できる。自然堤防上の考古遺跡・遺物から、自然堤防の形成時期は縄文時代前期から後期前半と考えられる。なお、【図6】の新期自然堤防の間に発達する新期流路跡は最もよく連続しており、縄文時代後期前半の流路と考えられるもので、さいたま市西部から東京低地の足立区にある毛長川（掘）に続いている。毛長川沿いの足立区の伊興遺跡からの安行Ⅱ式土器が出土しており、これから縄文時代後期前半を裏付けるものとなっている。

すなわち、荒川低地は縄文時代の利根川の流路変遷に伴い、形成されていったものである。

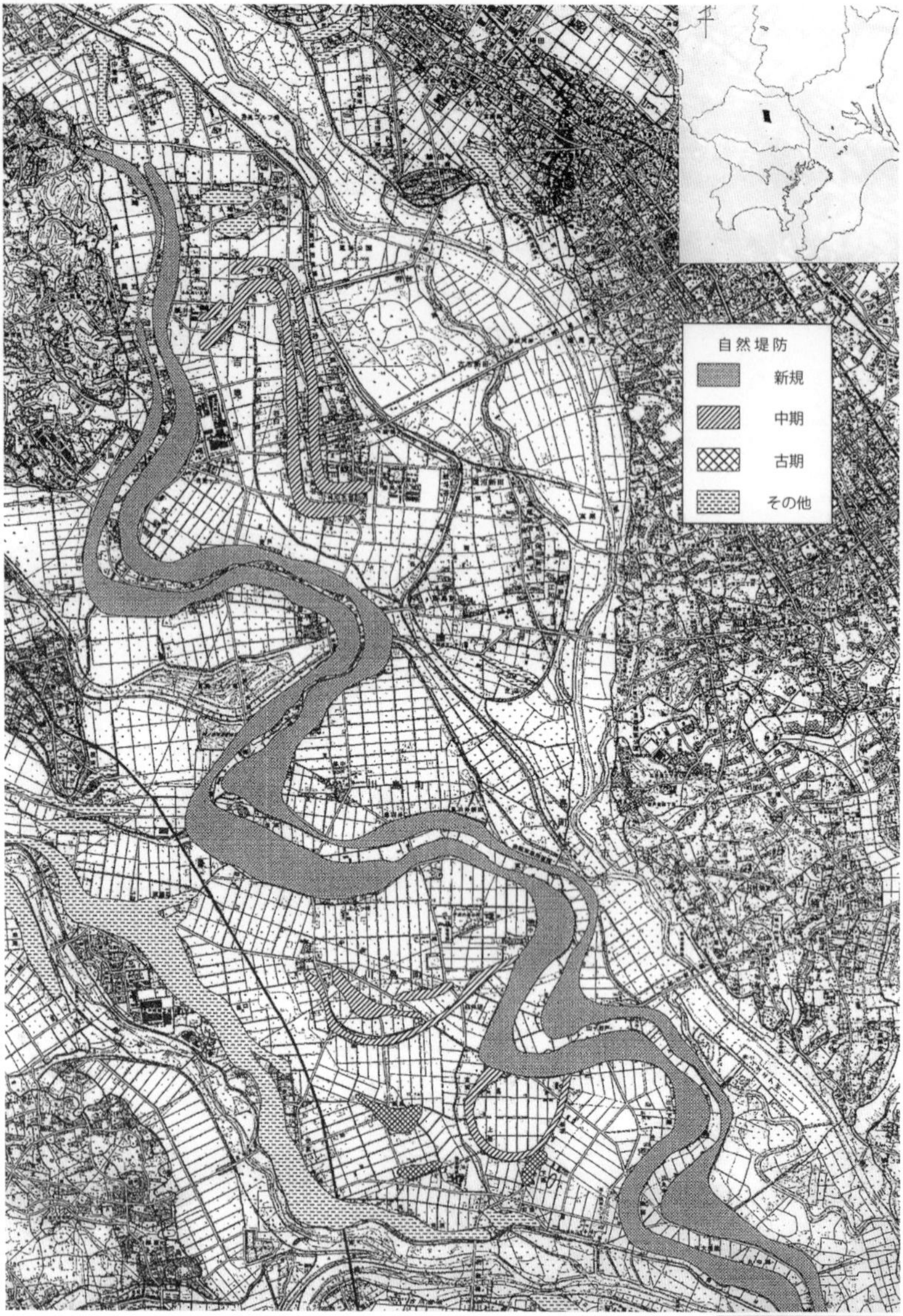

【図6】荒川低地上流の地形（清水ほか、2010）

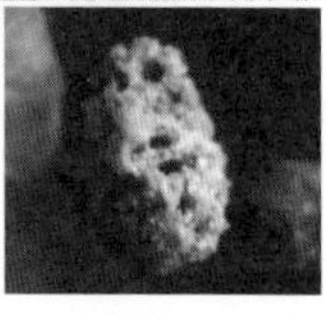

【図7】流路跡の砂中の軽石（清水ほか、2010）

おわりに

おわりに当たり、地方史研究協議会第六五回（埼玉）大会において公開講演の機会を作っていただいた大会実行委員長の田代　脩（埼玉大学名誉教授）氏をはじめとする実行委員会事務局の方々に感謝するとともに、この原稿についてお手伝いをいただいた角田史雄（埼玉大学名誉教授）・清水康守（元高校教諭）の両氏に感謝いたします。

引用文献

畦地稔生『古利根川中流部高野付近に発達する河畔砂丘の形成年代について』埼玉地理、二号、一〇〜二〇頁、一九七八年。

羽鳥謙三『武蔵野台地』共立出版、一六九〜一七一頁、一九八六年。

堀口萬吉『関東平野中央部における考古遺跡の埋没と地殻変動』地質学論集第二〇号、七九〜九四頁、一九八一年。

堀口萬吉『関東地方の地形区分と名称　日本の地質3　関東地方』共立出版、一三八〜一三九頁、一九八六年。

堀口萬吉・清水康守『2加須低地．日本の地質3　関東地方』共立出版、一九二〜一九三、一九八六年。

堀口萬吉『利根川中流低地における行田市高山古墳埋没の予察的研究　埼玉大学紀要　自然科学編』第27巻　埼玉大学教養部、四五〜五五頁、一九九一年。

細野　衛・佐瀬　隆『利根川沖積低地下に埋没した小松古墳の基盤について―土壌学的手法による解明―』、第四紀研究第28巻、日本第四紀学会、七九〜九三頁、一九八九年。

活断層研究会『新編日本の活断層―分布図と資料』東京大学出版会、四三七頁、一九九一年。

清水康守・堀口萬吉『大宮台地北東部における元荒川構造帯（新称）について』地質学論集第20号、九五〜一〇二頁、一九八一年。
清水康守・駒井　潔『中川水系流域の地形と地質、低地．中川水系　中川水系総合調査報告書1　総論・自然』五〇〜八一頁、一九九三年。
清水康守・駒井　潔・小林健助・小川政之・堀口萬吉・金子直行・加藤智恵『荒川低地北部の地形発達―利根川の流路変遷を中心として―』埼玉県立自然の博物館研究報告、№4、五五〜七〇頁、二〇一〇年。
海野芳聖・黒澤　聡『江南町の活断層と地震．江南町史　自然編3　地形・地質』七八〜八五頁、二〇〇七年。

古代河川交通と森林開発

井上尚明

はじめに

天平宝字元（七五七）年に施行された養老律令の雑令に、「山川藪沢」の利用に関する記載があり、山川藪沢は公的な事ばかりではなく、私的にも利用することができるとある。山川藪沢とは、未開発の山林原野などを指すと考えられるが、古代社会において居住域から離れた山林などは、どのような存在であったのだろうか。

飛鳥・奈良時代には、律令国家が地方の支配拠点とするため、各地に国府や評家・郡家を建設し、道路整備や条里施工などの大規模開発が進められ、八世紀になると国分寺をはじめとした寺院建設も増加していった。これらの開発には多くの建築資材が必要で、特に木材は官衙・寺院用として大量に伐採されていったと考えられる。都城建設や畿内の寺院建設にあたっては、山作所を設置するなどの施設を整備して、伐採や運材などの拠点としている。東大寺をはじめとする、多くの寺院の建築資材を森林面積に換算すると、九万ヘクタールのヒノキばかりの原生林が皆伐された計算になるとされているが(1)、地方においても、官衙や寺院建設の開発用地周辺の山は、順次伐採されていったと考えられる。さらに、人口増加や鉄の普及、寺院に葺く瓦をはじめとした窯業の発達などによって、燃料となる薪や炭が大量に必要となり、広大な面積の森林が燃料・原料となり消費されていった。

このような古代の森林開発の中で、特に官衙や寺院の建設に必要な良質な大形木材を求めて、奥山への進出が活発化していったと考えられ、武蔵国では秩父や多摩の山地が主要な供給地になったであろう。ここでは、北武蔵地域における建設資材の調達と運搬の視点から、森林資源の在り方と郡を越えた地域開発や木材運搬について考えてみたい。

一　七世紀後半の地域開発

櫛引台地から本庄台地の縁辺と低地の遺跡動態をみると、古墳時代後期には台地上に古墳群が造営され、低地の自然堤防などには集落が展開する景観が広がっていた。しかし、七世紀後半から八世紀になると、台地上には官衙・寺院が建設されるようになり、さらにその周辺には集落が展開する景観に変化する。また、低地には条里が施工されて、地形に関わりなくそれらを縦断するように道路が敷設されていく。このような地域開発について、集落が低地から台地へ移動する現象を、土地制度との関わりから検討したことがある。(2) その後、この地域周辺の調査が進んだことにより、台地上の官衙や低地では条里の発見が相継ぎ、律令制の整備推進による施設などの建設と歩調を合わせるように、この時期の集落も再編成されていくような大きな画期があったことが追認できたのである。

こういった地域における開発が全国的な規模で実施され、官衙・寺院・条里・道路そして集落などで構成される、古代的ともいえる景観が各地に形成されていく。これまで発掘調査によって確認されている幡羅郡家・榛沢郡家は、古墳群が分布する台地縁辺に出現し、隣接して寺院が造営され、見おろす低地には条里が広がる共通点がある。また、幡羅郡家では台地直下で水辺の祭祀が執行されており、(3) 榛沢郡家の台地下では河川が確認され、正倉院と河川を接続する階段が発見されている。(4) 両郡家はこの台地下の水路によって往来可能であったと考えられる。このように、武蔵国北部の官衙では、古代地方都市といえる景観が形成され、陸上だけではなく内水面によっても結ばれていた【図1】。図中[5]、利根川の支流である福川に沿った台地縁辺の〇印が両郡家であり、さらに上流域の小山川水系などを利用することで他郡家との接続も可能であった。

七世紀後半からの古代的な景観の成立と地域開発は、律令制の整備と軌を一にしており、行政機関や交通網の整備・宗教施設の造営、条里の施工などが関連しながら進行し、律令体制下の地方支配機構が整備されていったと考えられる。官衙や寺院の建設は、地域開発を象徴する具体例といえるものである。

二　官衙の立地と河川交通

国府や郡家は、駅路・伝路などの官道の沿線に設置されることが基本的な立地の在り方といえる。国府の立地では、武蔵国府を例にすると東西に流れる多摩川と南北に走る東山道武蔵路が交差する、北東台地上を中心に展

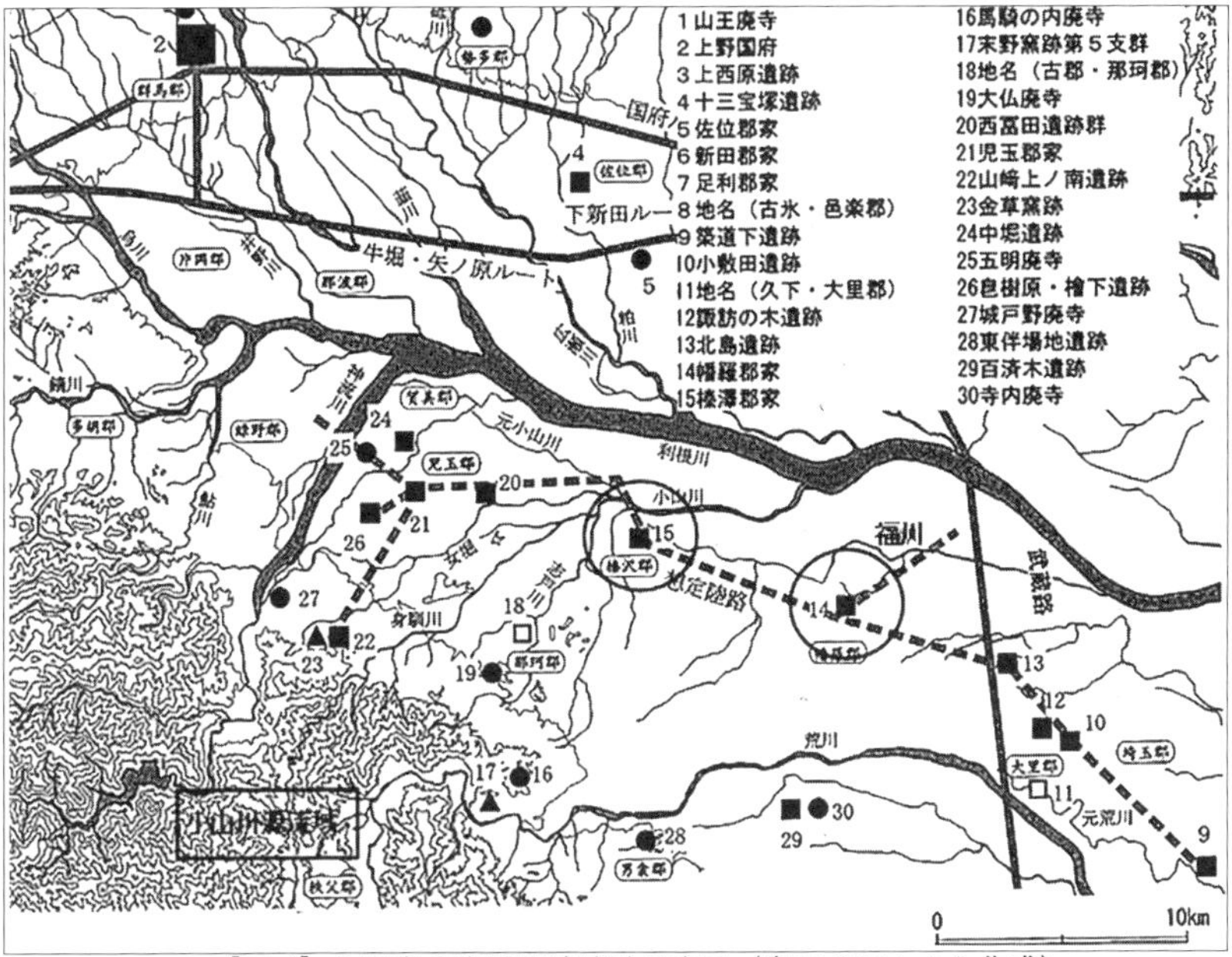

【図1】北関東の官衙関連遺跡分布図（鳥羽2011から作成）

開しており、水陸交通両面を考慮した立地であった[6]。郡家の立地については、在地支配拠点として広域交通と郡内交通の便を意識した立地であると指摘され[7]、特に初期の郡家（評家）の立地は広域交通路沿いであるとされる。陸上交通だけではなく水上交通の存在も前提に選定されており、幡羅郡家・榛沢郡家の例でも挙げたように、台地下の小河川によって郡家間の接続がみられるごとく、内陸部であっても交通路としての水路の存在は郡家立地の大きな属性となっている。

両郡家は福川のような小河川によって接続されているだけではなく、幡羅郡家では道路が低地に向かって直進しており、郡家域に台地と低地の交通路の結節点が存在している【図2】。道路が低地に接触する部分には、古墳時代後期からの祭祀遺跡が分布しており、官衙建設以降は交通路の安全祈願を含めた律令的な祭祀場として機能したのであろう。海浜部や大河川沿岸だけではない、内陸部の官衙においても水上交通の重要性を示す例といえる。武蔵国ばかりではなく、関和久遺跡（陸奥国白河郡家）、

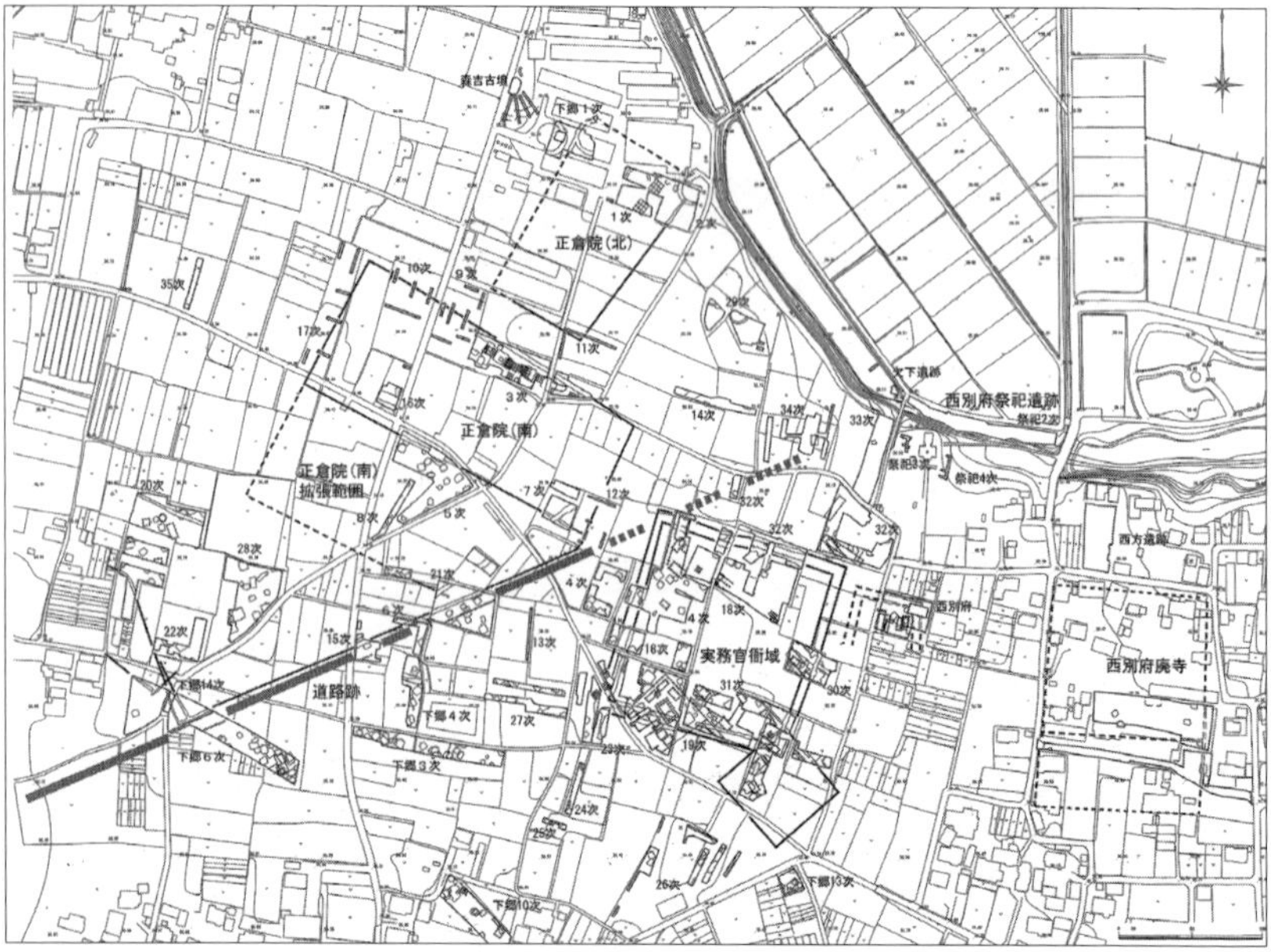

【図2】幡羅遺跡とその周辺

下寺尾官衙遺跡群（相模国高座郡家）、御子ヶ谷遺跡（駿河国志太郡家）、市辺遺跡（丹波国氷上郡家）、久米官衙遺跡群（伊予国久米郡家）、観音寺遺跡（阿波国府）などでも、港湾施設や官衙と接続する水路などが発見されている。陸奥南部の郡家については、陸上交通と水上交通の接点でもある河川に近接すると指摘されているが[8]、他の地域にあっても、遺構として検出されてはいなくても、官衙の立地が河川沿いなど水上交通を意識した立地であることに違いはない。

近年、各地で側溝を持つ官道が発見されており、駅家の調査も増加してきている。このような道路網や駅家の整備などは、律令国家の交通の根幹が陸上交通であったことを示しているが、輸送効率やコストの面から考えれば、水上交通は陸上交通を補完するだけではない、両輪を成す存在であった。水上交通の重要性を理解するには、港湾遺跡や埠頭遺構あるいは可航水路を認識し、考古学的な分析・評価をすることが必要である。しかし、遺跡や遺構として確認困難であることにはかわりなく、意識した調査や水辺における調査技術の向上などが今後の大きな課題である。

三　官衙造営と運河遺構

官衙の立地については、交通網との関わりが重要な要件であると述べたが、特に水上交通の存在は官衙建設と密接な関わりを持っており、官衙設置後の政治的・経済的な利用の側面だけでは評価することはできない。はじめにで、都城における官衙や寺院建設と森林開発について触れたが、具体的な遺構としては、藤原宮・泉官衙遺跡・徳丹城などで、建設資材搬入用と考えられる運河が発見されている。これらの遺構は、河川から官衙中心部あるいは直近まで、直線的な水路を掘削するという構造であり、出土遺物や位置からは物資輸送のためだけではない機能を有していると考えられる。これまでにも、河川交通を建設資材運搬という視点から検討・分析してきたが[9]〜[11]、重要性を再確認するためにも改めてここで述べておきたい。

藤原宮では、宮中枢部を南北に走る溝ＳＤ１９０１Ａから、材木や瓦が出土しており、大極殿などの建設資材搬入用の運河と考えられている[12]。大極殿など宮の造営時にはこの溝は埋め立てられており、建物などが上面に建設されていることから、建築資材の搬入路として機能していたとされている。溝と連結するように池状の水域が確保されており、貯木場の可能性が指摘されている。

泉官衙遺跡は、陸奥国行方郡家と考えられており、郡庁をはじめとした官衙ブロックが発見されている[13]。郡庁と正倉間の南側で、南北に走る水路が確認されており、南端は河川と接続すると推定され、北端周辺には建物群が展開している。この水路からはクリ材の大木が出土しているが、泉官衙遺跡の郡家建築材はクリ材であり、建設用木材の貯木場を兼ねた水運施設とされている[14]【図3】。徳丹城においても、北上川から官衙域のある台地に向かう運河が発見されており、志波城からの移転時に運材路として使用されたとも考えられている。

これらの遺跡の水路は、建物群の配置などから木材を中心

【図3】泉官衙遺跡

にした資材の運搬ルートの最終地点であったことが想定されるが、このことは大形材の運搬には水運が利用されたことを示しているともいえる。官衙の立地は水陸交通の接点であるとしたが、建設資材の搬入を考慮すれば、交通網の整備、特に水上交通路の確保は官衙建設の前提となるべき存在であったろう。建築材となる大形木材は、正倉や政庁といった官衙中枢部分だけに限定しても、相当量必要であったと思われる。国府・郡家の立地については、水陸交通の要衝であることを述べてきたが、支配拠点として機能するためだけではなく、建設資材搬入、特に大形木材の調達と運搬という物理的な要因から、交通の要衝以外に建設できなかったとも換言できるのではなかろうか。

これらの遺跡以外でも、牝鹿郡家とされる宮城県赤井遺跡や神奈川県豊田本郷遺跡・静岡県井通遺跡、あるいは大分県大道遺跡群などで直線的な運河が発見されており、いずれも官衙的遺跡であったり周辺に官衙の存在が想定される遺跡である。大形木材を流したり陸揚げするために直線的であったと考えられるが、藤原宮ＳＤ１９０１Ａのように搬入路としての機能終了後に埋め戻す事例も確認できる。しかし、地方官衙では運材以外でも通常の交通路や流通経路として併用されることが一般的であったのだろう。

四　森林資源と運材

泉官衙遺跡の運河遺構から建築用材のクリ材が出土しているが、榛沢郡家である中宿遺跡の正倉柱穴からは[15]、柱材としてヒノキが検出されている【図４】。ヒノキの天然林の北限は福島県であり[16]、一般的に関東以西の官衙ではヒノキが使用されることが多いとされる。使用樹種は、平城宮の建築材の六〇％がヒノキ、三六％がコウヤマキで、駿河国志太郡家である御子ヶ谷遺跡はヒノキ六三％・イヌマキ一三％となっている[17]。植生の相違から、関東以北ではタブノキやクリなども使用されているが、関東地方はヒノキと他の樹種が混在する地域である。ヒノキは耐朽性や色調・香などに優れ、針葉樹の特性で真直ぐ育ち、大形建築に適していることや、束ねることもできるため運搬も容易であることから、良材として官衙・寺院建築材に使用されている。同時期の集落遺跡の竪穴住居や掘立柱建物は、クヌギ・コナラなど集落周辺に分布する広葉樹を使用しており⒅、ヒノキなどの針葉樹を使用する例はほとんどない。豪族層の居宅とされる、百済木遺跡の一辺一〇mクラスの大形竪穴住居からは、常緑樹のアカガシ亜属の炭化材が出土しており⒆、百済木遺跡は、郡は異なるが【図1】に示すように幡羅遺跡や中宿遺跡とも距離的に近く、七世紀末から八世紀初頭と時期的にも重複するものである。居宅であっても、官衙建築材との区別化は明瞭にされていたと考えられる例である。

榛沢郡家では、七世紀末から一〇世紀におよぶ正倉が発見されているが、ヒノキ材は出現期に相当する、七世紀末の三×三間総柱の一一号建物柱穴から出土している。ローム台地では木質の検出は少ないが、運良く柱痕に柱材の一部が残存

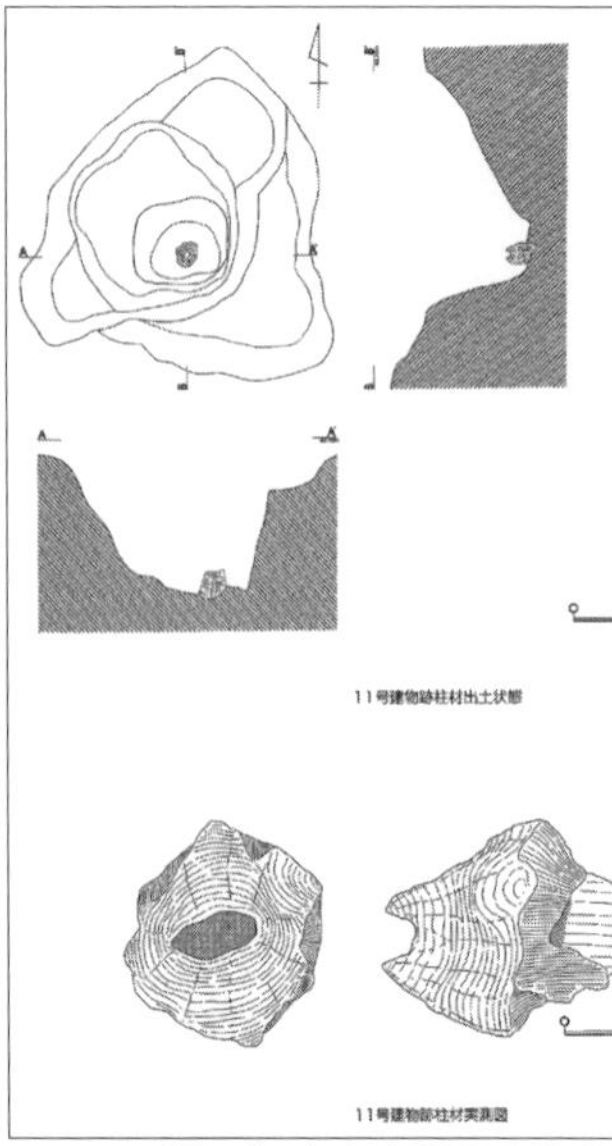

【図4】中宿遺跡正倉柱穴

【図5】『運材圖會』

しており、武蔵国北部の正倉建築材を確認することができた。現在のヒノキの原生林は、標高五〇〇～一八五〇mの秩父山地の尾根筋などに成立しているものであるが[20]、古代においても中宿遺跡周辺の標高五〇〇m前後の台地や低地でヒノキを調達できたとは考えられない。また、前述のようにヒノキの使用が正倉や郡庁など主要建造物に限っても、一郡家建設には数百本単位かそれ以上の木材が必要である。武蔵国内でヒノキなどの建築材となる針葉樹を郡内で調達できたのは、秩父郡や多摩郡など僅かな郡に限られたことであろう。ヒノキ自生地の存在しない埼玉郡や足立郡など、平野部の多くの郡でも官衙建設は同時期に開始されたことを考えると、膨大な数のヒノキを求めて標高五〇〇m以上の山地に進出していったことが想定できる。

秩父の尾根や斜面地で伐採されたヒノキは、谷出し【図5】を経て筏[21]などを組んで河川（小山川・身馴川）に流され、中宿遺跡の台地直下にある滝下河川跡【図6】まで運ばれたのであろう。【図1】の□に囲まれた地域が小山川の源流域であり、最上流部付近が標高五〇〇m前後である。【図5】は、富

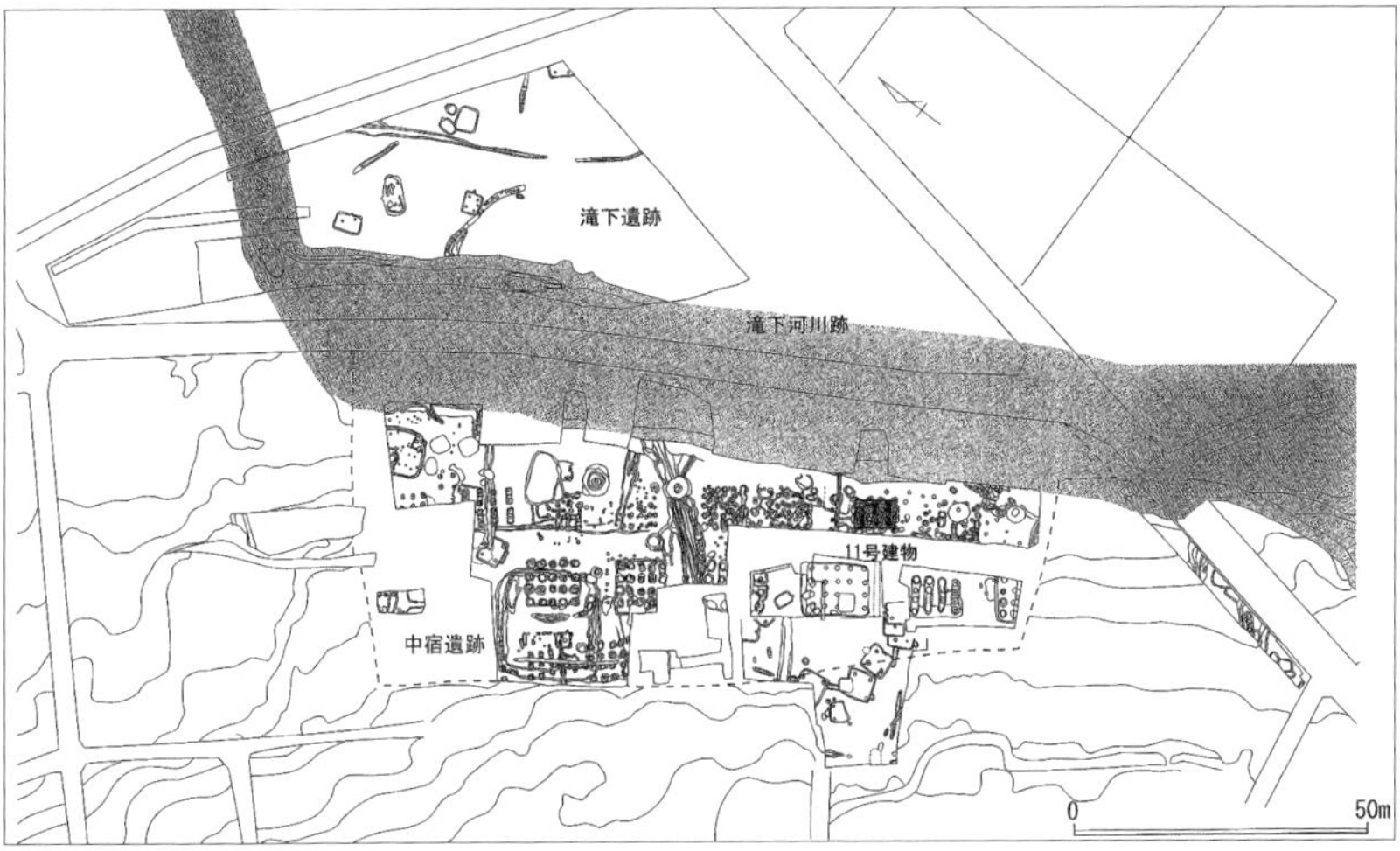

【図6】中宿遺跡と滝下河川跡

田禮彦が嘉永七（一八五四）年に著した『運材圖會』の谷出しの図で（埼玉県立川の博物館蔵）、飛騨の木材運搬の様子が描かれている。【図6】からは、中宿遺跡の低地と一体となった様子が理解でき、トーンが掛かっている建物が、ヒノキが出土した一一号建物である。

中宿遺跡のような最終目的地に至る間、伐採や運材拠点となる地域には、伐採を担った杣人たちのキャンプや、伐採用具である鉄製品のメンテナンスを行う施設があったと考えられる。山間地で発見される小規模集落などの中には、伐採・運材の機能を有した森林開発に関わる集団の拠点があった可能性も考えられる。また、伐採した木材を移動するため、近年まで残っていた鉄砲堰[22]やソリのような装置[23]が存在した可能性も検討する必要があるだろう。

おわりに

「山川藪沢」の利用は公私共にするとはあるが、山林に関しては原則的に国司が統制を行っており[24]、これまでみてきたような官衙建設用木材調達においては、郡を越えた規制が存在しなければ限定された資源・ルートを巡り混乱も生じたことだろう。伐採・運材などの視点から考えると、北武蔵地域の官衙設置地点は河川流域ごとにいくつかのグループに区分でき、伐採地点・運材拠点・運材ルートや伐採・運材時期などは、一定のルールに基づいて決定されたと考えられる。森林開発も、官衙建設に代表される律令制の整備に伴って活発化し、これまで踏み込まなかった奥山にまで進出したが、ここにも国家や国府が強く関与していたことが窺えるのである。特に、国府設置以前の七世紀後半の開発には、律令政府がどのように関わったのか大きな課題である。

伐採した木材の運材拠点としては、谷出し地点・筏を組む場所・河川から運河への中継地点、そして揚陸集積地点などが考えられるが、運河については前述のように各地で発見例が増加しつつある。この運河と自然河川を峻別する遺構として、曳道の存在を想定したことがある[25]が、流れの緩やかな運河で大形木材や船を移動するには、曳道は運河と一体となる施設として位置付けることができる。現代でも、運河内の航行は時速五km以下とされており[26]、沿岸部や低水路の保護が十分でなかった古代においては、流速はかなり抑えられていたか滞水状態であった可能性もある。埠頭を含めた港湾施設だけではなく、可航水路の検討や抽出も今後の河川交通研究の大きな課題である。

註

（1）コンラッド・タットマン『日本人はどのように森をつくってきたのか』築地書館、一九九八。
（2）井上尚明「七世紀における集落の再編成とその背景」『埼玉県史研究二〇』埼玉県、一九八八。
（3）知久裕昭『幡羅遺跡Ⅷ―総括報告書Ⅰ』深谷市教育委員会、二〇一二。
（4）鳥羽政之『中宿遺跡』岡部町教育委員会、一九九五。
（5）鳥羽政之「北武蔵における評家成立の歴史的意義」『埼玉考古四六』埼玉考古学会、二〇一一から作成。
（6）江口桂『古代武蔵国府の成立と展開』同成社、二〇一四。
（7）門井直哉「律令時代の郡家立地に関する一考察」『史林』83―1、史学研究会、二〇〇〇。
（8）荒木隆「陸奥南部の郡衙立地条件と水運」『紀要一五号』福島県立博物館、二〇〇〇。
（9）井上尚明「官衙と路と津」『東国の古代官衙』高志書院、二〇一三。
（10）井上尚明「官衙造営・森林資源・河川交通」『白門考古論叢Ⅲ』中央考古会、二〇一三。
（11）井上尚明「内陸地域の古代河川交通について」『埼玉の文化財第55号』埼玉県文化財保護協会、二〇一五。
（12）小田裕樹「藤原宮の造営と運河」『日本古代の運河と水上交通』八木書店、二〇一五。
（13）藤木海「泉官衙遺跡と郡衙の景観」『東国の古代官衙』高志書院、二〇一三。

(14) 荒淑人「泉廃寺跡」『日本古代の郡衙遺跡』雄山閣、二〇〇九。
(15) 註4と同じ。
(16) 林弥栄『日本産針葉樹の分類と分布』農林出版、一九六〇。
(17) 伊東隆夫他「古代における建造物柱材の使用樹種」『木材研究第14号』京都大学木材研究所、一九七九
西尾太加二『井通遺跡』(財)静岡県埋蔵文化財調査研究所、二〇〇七。
(18) 高橋敦・植木真吾「樹種同定からみた住居構築材の用材選択」『PALYNO 2号』一九九四。
(19) 村松篤『百済木遺跡』川本町遺跡調査会、二〇〇三。
(20) 『埼玉県レッドデータブック二〇一一　植物編』埼玉県。
(21) 中村太一「山国の河川交通」『古代山国の交通と社会』八木書店、二〇一三。
西住欣一郎「筏水運について」『先史学・考古学論究Ⅳ』龍田考古会、二〇一四。
(22) 岡本一雄「鉄砲流しの成立と伝播に関する考察」『紀要二号』埼玉県立川の博物館、一九九九。
(23) (財)竹中大工道具館『伐　木を伐る技』二〇〇八。
(24) 西山良平「山林原野の支配と開発」『日本の古代10』中央公論社、一九九六。
(25) 井上尚明「古代の運河と港湾遺跡」『古代の運河と水上交通』八木書店、二〇一五。
(26) 本間仁『新版河川工学』コロナ社、一九八四。

荒川中流域における中世石塔の展開　―一三・一四世紀の板碑を中心として―

村山　卓

はじめに

現在の荒川中流域に相当する熊谷市・行田市周辺は、中世石塔の展開を考える上で重要な地域といえる。熊谷市周辺には武蔵型板碑最初期の遺物が所在し、一二五〇年代前後までの「初発期板碑」も多く分布している。他方、行田・鴻巣地域には、一三世紀後半頃の大型板碑の優品が多く、種子が図像や変形五輪塔と組み合わさる複合板碑が点在し注目される。武蔵型板碑の研究には多くの蓄積があるが、近年の考古学的な板碑の分析によって、種子形態を共有する板碑が地域を限定して分布していることが明確になっている。本稿では研究史を踏まえた上で、当該地域における板碑型式の成立過程を整理し、その時代的背景を考えてみたい。

一　蓮座・種子形態の変遷に関する研究史

種子の形態変化を早くに注目したのは小沢国平であろう。小沢は『板碑考』や『板碑入門』の中で「種子の時代相」を示し、鎌倉、南北朝、室町期のキリーク種子概念図を示して種子が時期によって変化することを示した（小沢一九六〇・一九六七）。新倉明彦は蓮座の拓影を用いた変遷図を示し、派生するいくつかの問題点に言及した（新倉一九八六・一九八八）。渡辺美彦は、多摩川流域に分布する「蝶型蓮座」に注目した。蝶型蓮座板碑の存在は古くから知られていたが（千々和實一九七三・千々和到一九八八）、渡辺は蝶型蓮座の分布と年代を仔細に把握し、流通や石工の問題に言及している。特徴的な型式の分布・年代を捉え、その背景を考証する方法としては先駆的な業績といえよう（渡辺一九八二・一九九〇・一九九九）。同様に特徴的な種子形態に着目して集成を進めたのは諸岡勝である。諸岡は埼玉県大宮地区を中心とする板碑を集成し、種子・蓮座形態及び銘文の配列から、同一工房で制作されたと想定できる「同型板碑」の様相を示した（諸岡二〇〇一）。諸岡による一連の研究は形態のみならず銘文にも注目し、同型板碑を多角的に検討した点が高く評価される（諸岡一九八九・一九九〇・二〇〇八・二〇〇九・二〇一一）。渡辺・諸岡の手法に影響を受けたと思われるのが伊藤宏之による浅草寺型板碑の設定である。伊藤は火災による浅草寺の復興事業と、荒川下流域に分布する同型板碑の関係に着目し「浅草寺型蓮座板碑の成立の背景には、応永度の大規模な伽藍整備事業がひとつのきっかけとなった可能性」を指摘した。板碑型式と歴史事象を結び付けた意欲的な検討である（伊藤二〇〇八・二〇一一）。広域に渡り板碑型式を検討し、その流通網を考察したのは倉田恵津子である。倉田は線刻蓮座の板碑を題材として検討を行った（倉田一九八五）後、「武蔵型板碑の流通システム」において埼玉県、東京都、千葉県の板碑を一六類に分類、各時期における分布傾向から流通の問題に踏み込んだ（倉田一九九五）。この中で板碑型式の系統についても触れているのは注目しておきたい。その後、倉田は柴田徹による石材分析、河川網復元の研究に立脚し、トネ川流域や東京湾岸における水上交通との関係についても示唆した（柴田二〇一一・倉田二〇一一・二〇一二）。阪田正一は千葉県竜福寺の板碑種子、蓮座を分類し、倉田がA類とした型式について上野長楽寺との関連を想定している（阪田二〇一一）。倉田A類と長楽寺との関係についてはより詳細に分布を確認するべきだが、先行研究の分類と対比しながら検討を進める方法が評価される。

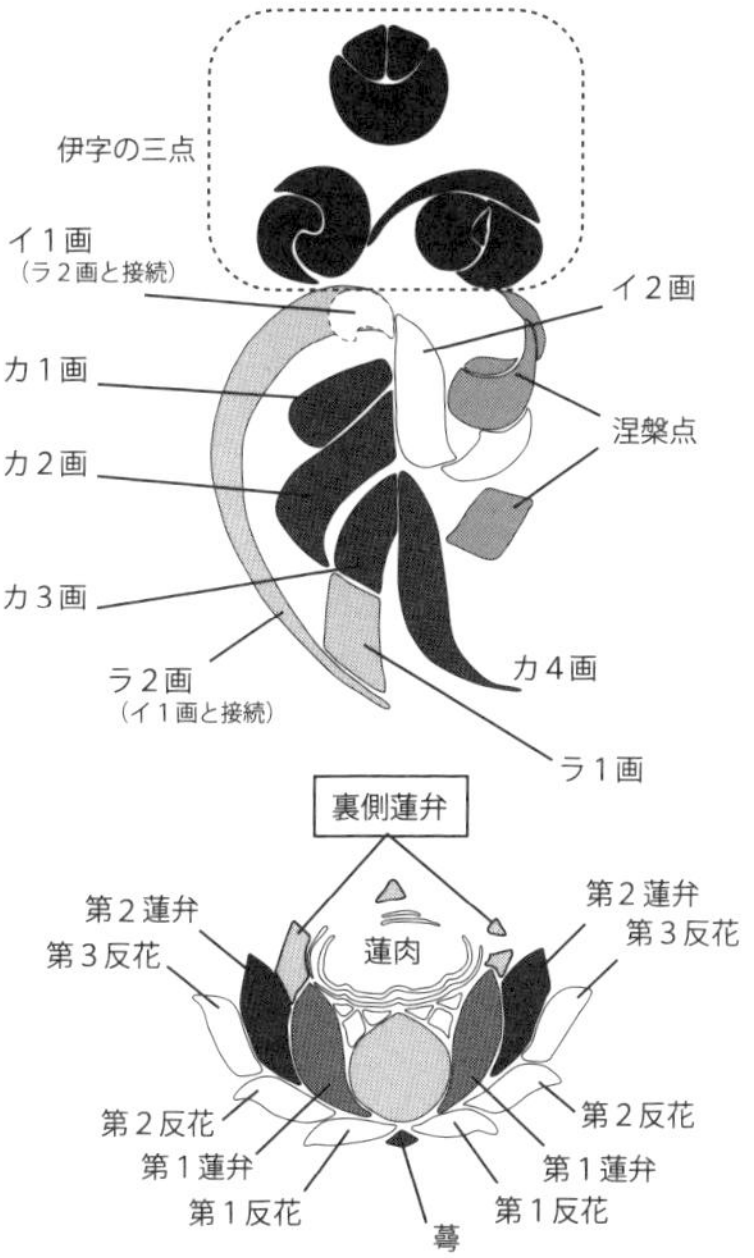

種子と蓮座の部分名称

異体字種子（A型）

正体字種子（B型）
太線で示した「イ画」の終点に差異

キリーク種子の形態

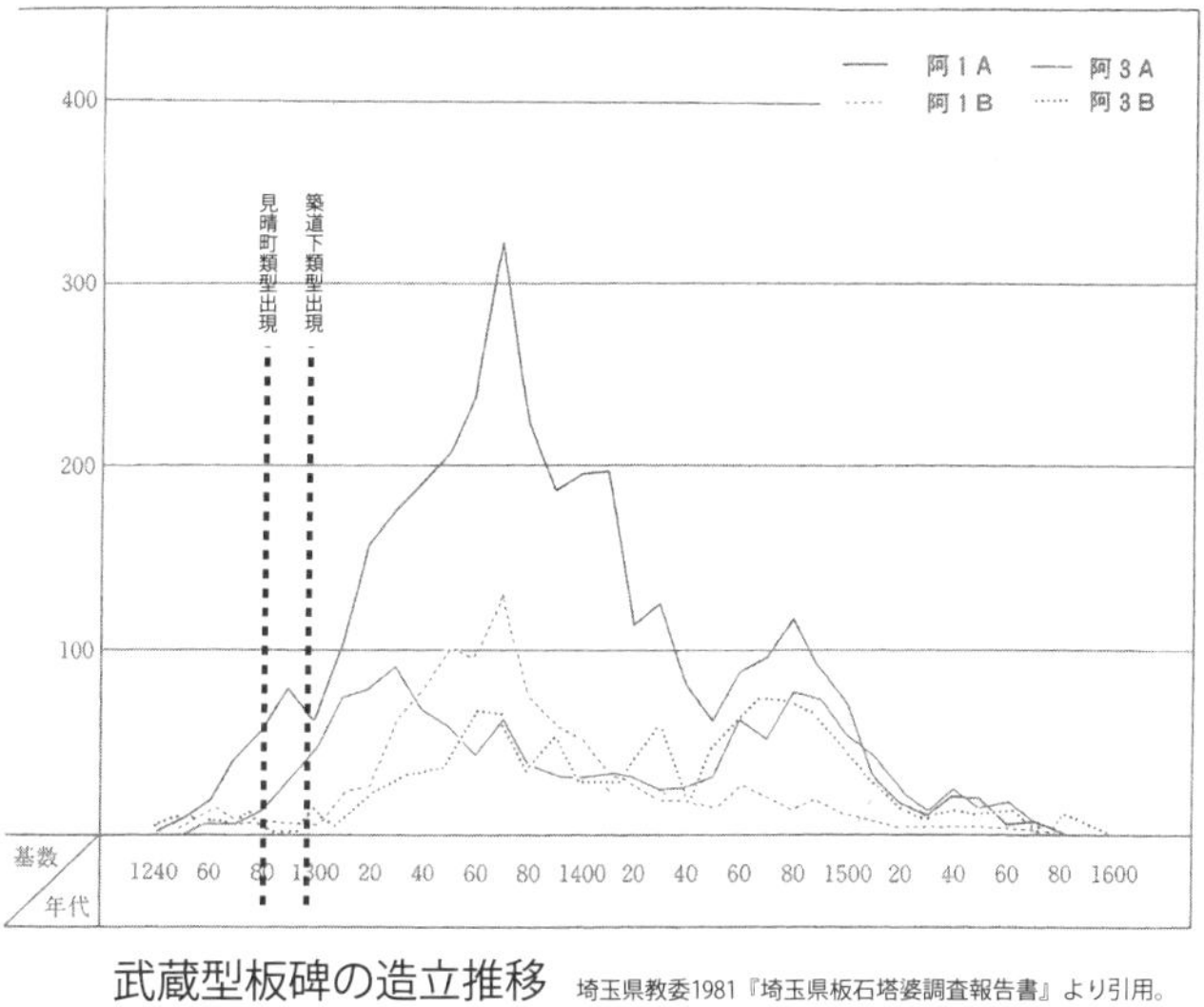

武蔵型板碑の造立推移　埼玉県教委1981『埼玉県板石塔婆調査報告書』より引用。

【第１図】　種子の名称と板碑の造立推移

板碑の系統について積極的に考察したのは、織戸市朗による一連の研究である。織戸は、主に市町村史の編纂に携わる過程で、比企地域を中心とする各地の板碑の系統を設定していった（織戸一九七九・一九八〇・一九八二・一九八五・一九九〇）。織戸の分類は膨大な資料の個々に番号を振って変遷を示したが、図版による系統関係の明示が乏しかったため把握が難しく、その後の研究にあまり引用されなかった。しかし類型化された板碑群は広範な資料の観察に基づいている。さらに板碑の類型を一人の石工の作例とし、その系譜関係についても想定するなど、板碑型式の捉え方に先駆的な視点が認められる。

考古学の編年図を板碑に援用した例として川越市の報告書がある。田中信は河越館跡周辺における板碑種子の変遷を実測図で示し、在地での生産を前提に問題点を指摘した（田中一九八九）。このような変遷図は『江南町の板碑』にも掲載されている（江南町教委二〇〇三）。深澤靖幸は府中市の板碑種子と蓮座を個別に類型化し、その組み合わせである「型式」の把握に努めた（深澤一九九六）。結果、型式が「特定の石工集団による一世代間の製品に相当」する点を指摘した上で、複数の型式を包括する「型式群」が、生産組織（単一の石工集団）であることを想定している。なお、同様の手法は『環八鶉の木光明寺遺跡発掘調査報告書』でも用いられている（環八光明寺地区遺跡調査会一九九七）。磯野治司は「初発期板碑の種子類型」において埼玉県内に分布する一三世紀半ばまでの板碑を分類し、種子の実測図を明示して検討を行った（磯野二〇〇四）。さらに朝霞市の板碑を対象として「板碑の生産と石工をめぐる型式学的試論」を著し、板碑型式の仮定を通して多様な分析を展開した（磯野二〇〇九）。このなかで、朝霞地域では一四世紀初頭頃に付近の工房で製作された板碑型式が主体的に分布するようになり、その系譜を受け継ぎながら石工が交代していくことを指摘している。型式論として総対的な整備を試みた代表的な研究である。

これらを受けて村山は、東京都鶉の木光明寺遺跡の資料を、種子変遷の画期、系譜関係に注目しながら検討した

（村山二〇〇八）。このなかで、一三世紀後半に各地で普及する異体字種子を形態から「縦長異体字キリーク」と仮称し、倉田の検討した線刻蓮座種子との関連性に言及した。その上で種子型式には、同時期に広域に分布する広域型式と、特定地域に限って出現する地域型式があることを指摘した。後に千葉市や鎌倉市周辺の板碑を例示して、一三世紀後半における広域型式から一四世紀前半に各地で地域型式が出現する過程を示唆した（村山二〇一三a・b）。

以上のように、板碑の種子・蓮座の形態に着目した検討は一九九〇年前後から急速に発展し、板碑研究の中で大きなウェイトを占めるに至った。その中で明らかになったのは、板碑の種子・蓮座形態は一定の類型化が可能であり、それが地域を限って分布する事実である。倉田が早くにまとめたように、その背景に板碑生産の分業化が想定され、流通の一端が明らかにされた。この点は深澤、磯野らによって研究の深化が図られており、加えて小川町に於ける石材採掘遺跡の調査により採掘→荒割り→成形が石材産地で行われ、整形・彫刻が各地の加工地で行われた実態が明らかにされた（磯野二〇〇七・小川町教委二〇一四）。一方でこのような制作の分業体制がいつから確立したのかは、充分に議論されているとは言い難い。また、板碑型式の分布論については、磯野は初発期板碑の分布と武士団との相関を指摘している。他方、阪田は上野長楽寺との関係を、伊藤は浅草寺との関係を、諸岡は下野鶏足寺を中心とする慈猛意教流との関係を問題としており、同型板碑が分布する意味については定まった見解が無い。筆者は、多摩川下流域の題目板碑を取り扱った際、題目板碑の蓮座と種子板碑の蓮座、さらに阿弥陀図像板碑の蓮座に共通するものがあり、一の型式が特定の宗旨の枠を越え採用されるケースがあることを暗示したが（村山二〇〇八・二〇一〇）、阪田や本間岳人による詳細な検討によりこの点は追認されていると考える（阪田二〇〇九・本間二〇一四）。特定の型式と地域に展開した支配者層、仏教諸宗派との関連については、より詳細な検討が必要であるが、特定集団による選択の結果とみるより、工人の地域における存在形態に注目するほうが良いであろう。その前提として、板碑型式の各時期における変遷、分布の傾向をもう少し整理しておく必要があるようにおもう。そこで注目したいのは、これまで同型板碑として整理されてきた「地域型式」の成立過程である。既に指摘してきたように、地域型式の確立は一四世紀前半頃に各地域で認められる現象であり、その前後に工人の存在形態に変化が想定されよう。本稿では、地域型式の確立する前後の様相を、荒川中流域の資料を例示しながら整理していきたい。具体的には、①地域型式の成立時期、②地域型式の成立前後における系譜関係、③地域型式の成立前後における分布の変化の有無、に注目してみたい。

二 荒川中流域における特徴的な板碑

以下に一三世紀末から一四世紀前半にかけての様相について、蓮座蓮弁の形態に特徴がある資料を例示して検討を行いたい。【第２図①】は神奈川県鎌倉市銭洗弁財天裏やぐら群より出土した二枚の板碑であり、共に正和元（一三一二）年銘を認める。一方はバク種子を主尊とする釈迦三尊種子、他方は異体字キリーク種子を主尊とする阿弥陀三尊種子を採用するが、紀年銘・出土地・サイズ等から双碑と考えられている板碑である（鎌倉国宝館一九八一・村山二〇一三）。二基の板碑には、蓮座の蓮肉部の左右端部と上端部に、蓮肉の裏側に一部が隠れる蓮弁が表現されている。この蓮弁を本稿では「裏側蓮弁」と呼称したい【第１図】。裏側蓮弁は、蓮座を伴う多くの板碑に認められるが、本例において特徴的なのは左右端部の裏側蓮弁がやや内傾ぎみに直立し、その過半が蓮肉に隠れるように表現されている点である。

これと同様の裏側蓮弁を刻む例として、【第２図②】に埼玉県熊谷市立図書館収蔵の文保二年銘板碑を示す。本資料は、荒川に近い熊谷市見晴町旧在であることが指摘されるもので、銘文の「奉為藤原直行　法名行円　文保二年

①鎌倉市銭洗弁財天裏やぐら群出土正和元年（1312）銘（双碑）

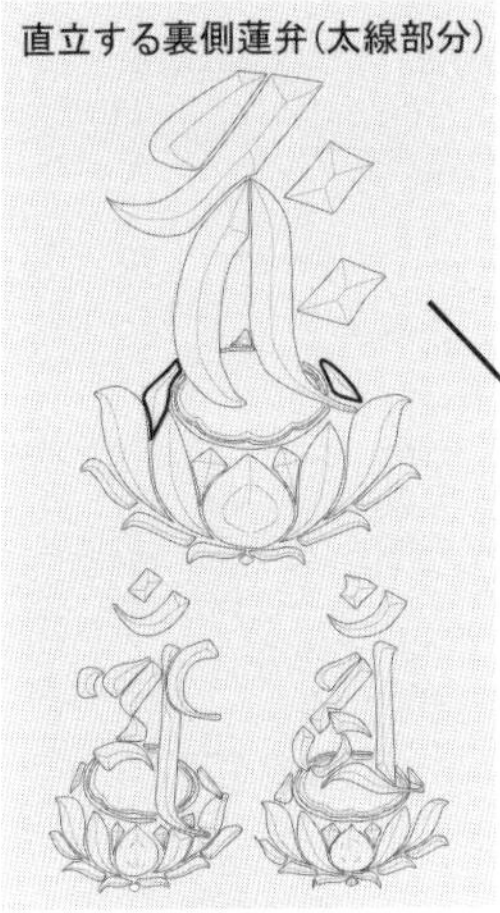

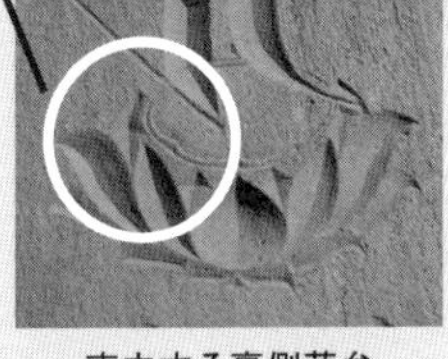

直立する裏側蓮弁

②熊谷市　見晴町地先荒川
文保二年（1318）

0　20㎝
拓本のスケール

【第２図】　見晴町類型の板碑１

一二月一三日入滅　藤原氏母敬白」から武蔵武士と思われる藤原直行の素性に注目が集まる（野口二〇一三）。蓮座の構成と各部の形状は鎌倉市銭洗弁財天裏やぐら出土板碑と共通しており、裏側蓮弁の形態もこれに一致している。主尊種子のカ一画目に命点を明確に示す点が、銭洗弁財天裏やぐら例と異なっているが、いずれも縦長形態の異体字種子であり、ラ一画目が比較的長く下に延びる点は類似点である。

鎌倉市・熊谷市の三例は、一四世紀前半段階に「特徴的な裏側蓮弁」の形態を有する資料が存在することを暗示している。そこで、裏側蓮弁の形態が類似する資料を集成したのが【第3・4図】である。紀年銘からみれば、最も古い資料が行田市荒木所在正安二年銘（一三〇〇）であり、朝霞市台（双碑）の正安三年銘（一三〇一）、吉川市上内川上金杉共同墓地の正安四年銘（一三〇二）、東京都台東区浅草寺と熊谷市立図書館蔵の嘉元二年銘（一三〇四）と続き、一四世紀初頭から類例を認める。以後の資料を観察すると蓮座蓮弁の形態に若干の変遷傾向が窺われる。すなわち、一三一〇年代頃から蓮弁と反花の先端が外方に反り返るようになる点であり、以後、徐々に蓮座の扁平化が進んでいく傾向がある。裏側蓮弁についても、より内傾化して蓮肉にかかる部分が増す傾向にある。加えて、当初はラ一画目が長く、カ四画目と平行に表される傾向があるが、一三二〇年代からラ一画目とカ四画目が左右に離れる傾向があり、その平行関係を失って種子形態のバランスを崩している【第6図上】。新しい段階の例としては、熊谷市肥塚成就院墓地（正慶二年・一三三三）・熊谷市万吉見性院（暦応三年・一三四〇）等の板碑があるが、蓮座の扁平化とともに第二蓮弁の肥大化が顕著であり、この二例に関してはその系譜を引きながらも後続する別類型と見たほうが良いかもしれない。いずれにしても一三三〇～四〇年頃に形態が崩れ、別類型に接続するものであろう。わずか三〇年ほどの短期に認められる類型ではあるが、細部形態の変遷が追える点は類型化の妥当性を担保するものと評価できる。以上のように裏側蓮弁に特徴がある一群を抽出した結果、一四世紀前葉に熊谷市、行田市近辺に特徴的な一群として捉

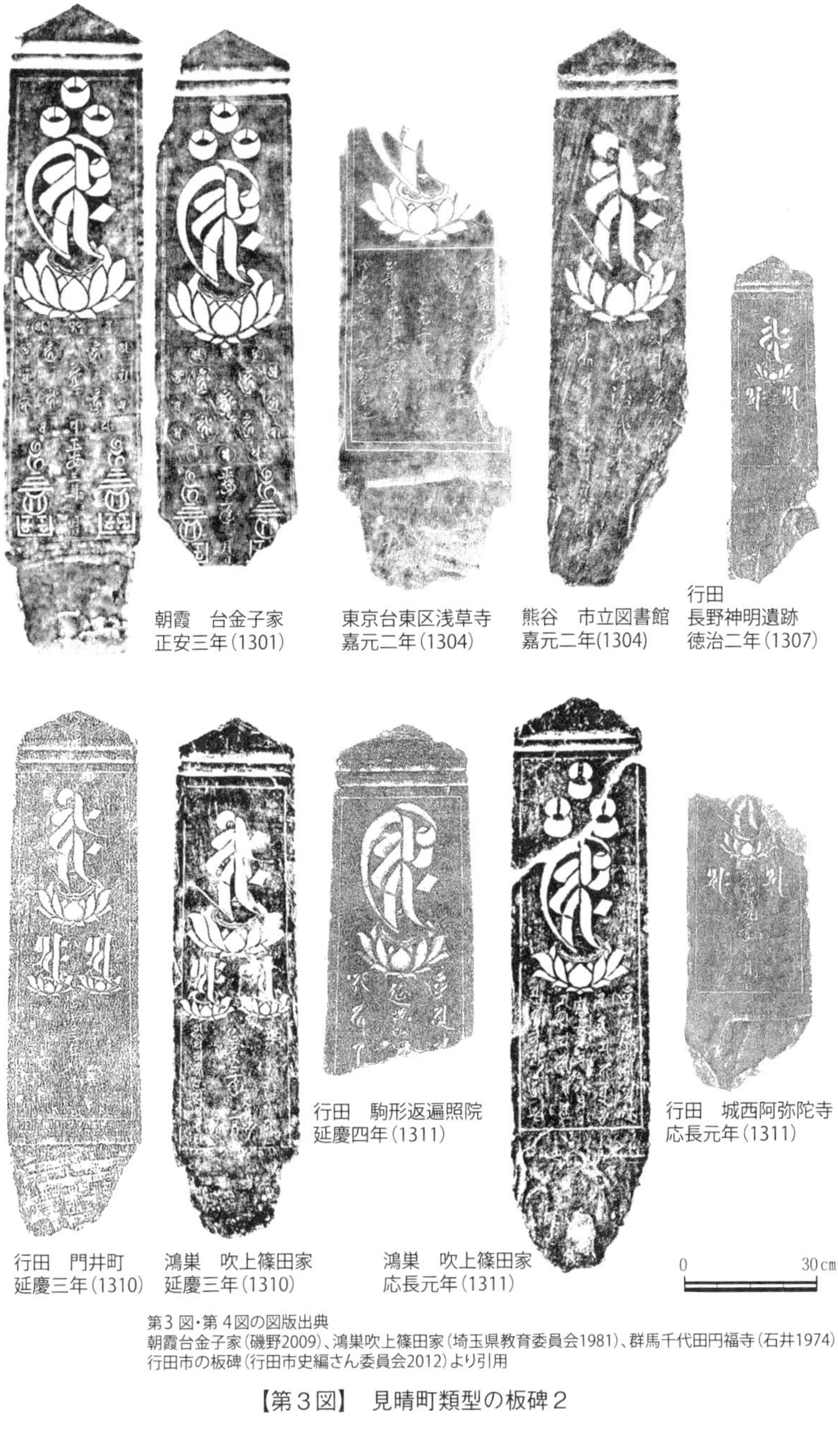

第３図・第４図の図版出典
朝霞台金子家（磯野2009）、鴻巣吹上篠田家（埼玉県教育委員会1981）、群馬千代田円福寺（石井1974）
行田市の板碑（行田市史編さん委員会2012）より引用

【第３図】　見晴町類型の板碑２

えることができた。このような裏側蓮弁の特徴をもつ板碑の一群を、かつて鎌倉市銭洗弁財天裏やぐらの資料を指標として「銭洗弁財天裏やぐら類型」と呼称したことがあるが、主たる分布地域を絞り込んだ現状を踏まえ、熊谷市立図書館収蔵の文保二年銘資料を標式とする「見晴町類型」に呼称を変更し、検討を進めたい(1)。

見晴町類型の位置付けを明らかにしようとするとき、同時期における近接地域の型式との比較が有効な方法の一つとなろう。幸いにして、諸岡勝は、一四世紀代に行田市周辺に分布する「築道型」という同型板碑を設定、分析しており、両者の比較を通して、見晴町類型の特徴を明らかにしていきたい（諸岡二〇一一）。本稿では、以後「築道型」を「築道下類型」と置き換えて話を進める(2)。

諸岡によれば、築道下類型の特徴は「厚みがあり安定感のある蓮座上に大きく種子を刻み（中略）阿弥陀種子キリークは、正体、異体とも斜めに延びるラ点が太く根本部分（書き出し部分）は丸く、蓮肉に突き刺さるように表され、イー点の止めも蓮座にかかるように長くはねていることである。また、銘文の書体や真言の彫りが共通している」点である【第6図下段】。分布については、「行田市二四基、鴻巣市二二基、騎西町二〇基、吹上町一三基、川里町一〇基の二市三町で全体の七割近くを占め、特に荒川の流路と考えられる元荒川沿いに集中して分布していることが窺える」と指摘する。時期は「最古は北本市深井・寿命院の正和二（一三一三）年銘、最新は熊谷市池上・中の寺墓地の嘉慶二年（一三八八）銘で七五年にわたって造立されている。最もこれに先行するものや一三九〇年代以降の同系統と考えられる板碑もあるが、築道型の諸要素を含むという点では、ほぼこの時期に限られる」（諸岡二〇一一）とされる。造立のピークは一三三〇年代頃であり、見晴町類型と同時期に展開したことが窺われる。興味深いことに両類型では、荘厳体キリーク種子の形態に差異が認められる。見晴町類型ではイ一画目とラ二画目の接続部分が繋がって一体化しているが、築道下類型ではこの間が切られて分離する【第6図右下】。互いの系譜を考える上で注目

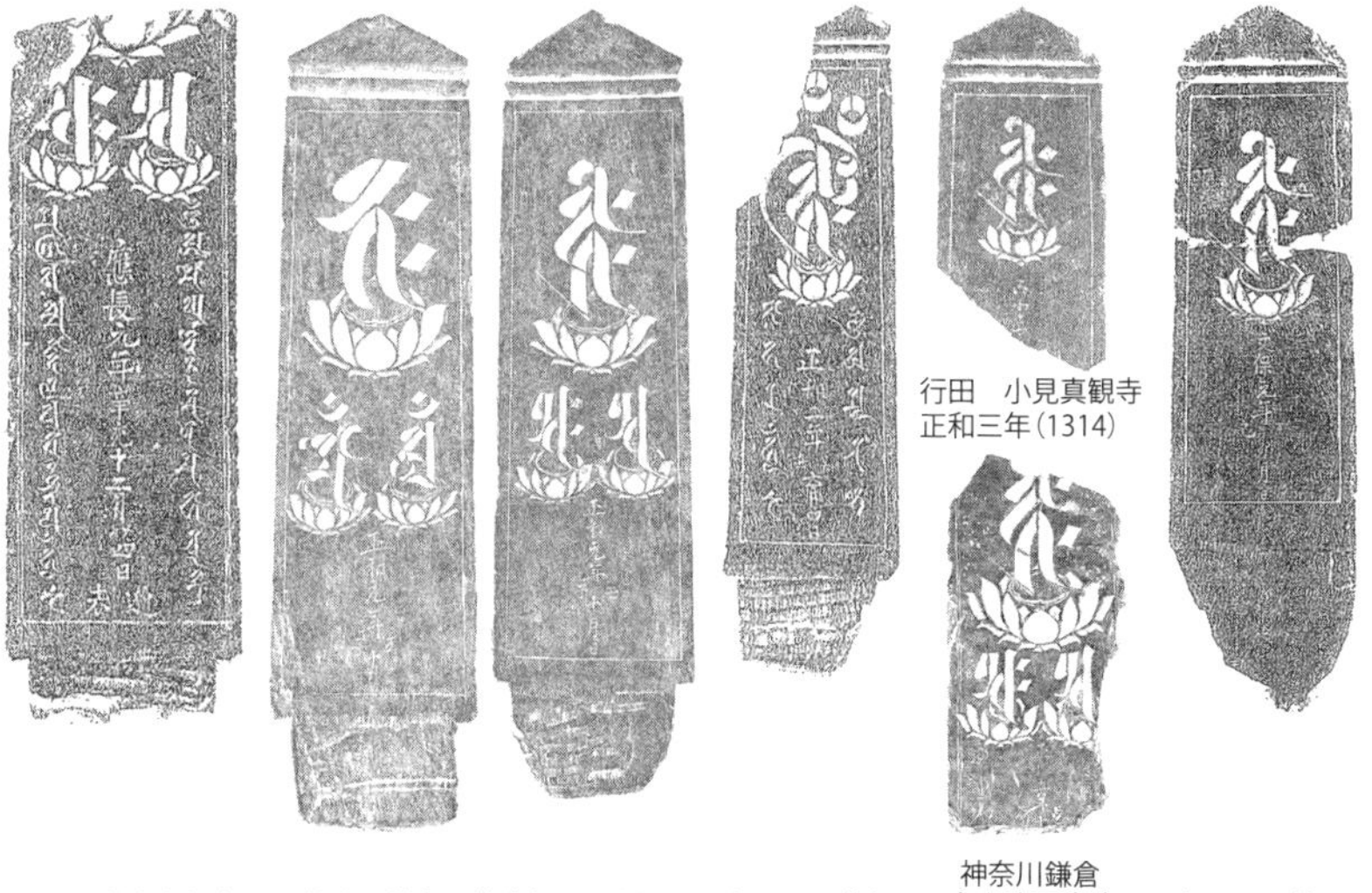

行田　荒木東福寺
応長元年（1311）

神奈川鎌倉　銭洗弁天やぐら
正和元年（1312）

行田　下中条
正和二年（1313）

行田　小見真観寺
正和三年（1314）

神奈川鎌倉
今小路西遺跡
正和五年（1316）

行田　門井町
文保元年（1317）

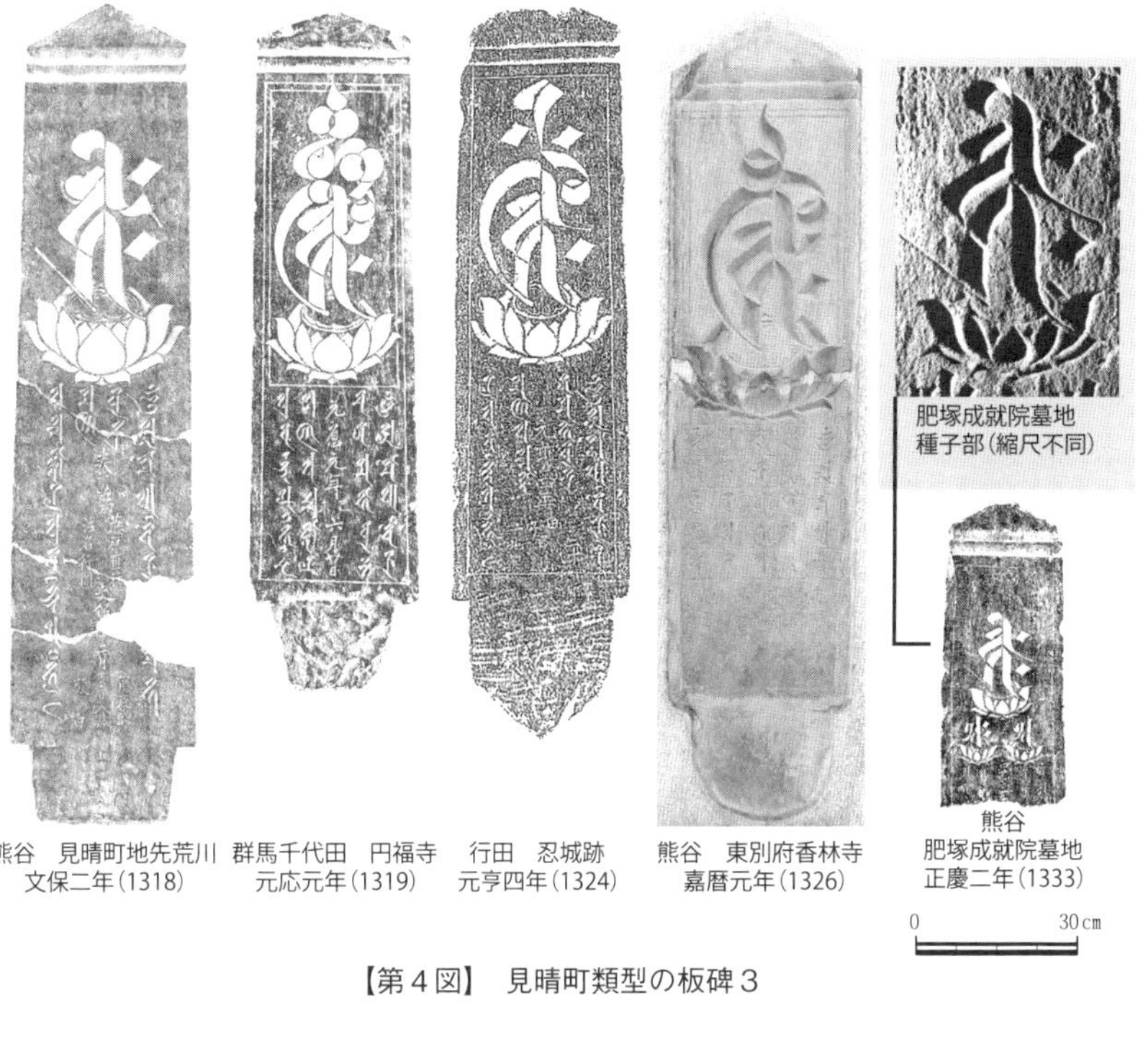

熊谷　見晴町地先荒川
文保二年（1318）

群馬千代田　円福寺
元応元年（1319）

行田　忍城跡
元亨四年（1324）

熊谷　東別府香林寺
嘉暦元年（1326）

肥塚成就院墓地
種子部（縮尺不同）

熊谷
肥塚成就院墓地
正慶二年（1333）

【第４図】　見晴町類型の板碑３

されよう。両者の分布を比較したのが【第6図】の分布図である。築道下類型の分布が、行田市南部から騎西町付近に広がるのに対し、見晴町類型が行田市北部から熊谷市域に分布することが看取されよう[3]。このように、築道下類型と見晴町類型は、近接しながらも各々の地域に分布圏を確立した「地域型式」として位置付けられる。このような地域型式は如何なる板碑の系譜を引きながらこの地域に定着したのであろうか。

見晴町類型の特徴を備える紀年銘資料の中で、朝霞市台金子家の双碑（一三〇一年）は初期の例とすることができる。この板碑については、かつて千葉県千葉市真蔵院の板碑との類似を指摘し、その系譜上にあるものと指摘した（村山二〇一三）。つまり、見晴町類型に共通する特徴を有しながらも、裏側蓮弁が蓮肉に接着する部分がより少なく、僅かに外傾する点に特徴がある「真蔵院類型」である。【第5図】に真蔵院類型の板碑を示した。弘安期前後に初見し、次第に裏側蓮弁の表現を明確にしながら、ほぼ見晴町類型の特徴を具備する行田市荒木の正安二年銘板碑に変遷することが窺われる。真蔵院類型は、埼玉県越生町、ときがわ町、小川町、滑川村、熊谷市、行田市、鴻巣市、騎西町、さいたま市大宮区など比企丘陵から元荒川上流域に分布する一方、千葉県千葉市、神奈川県鎌倉市、群馬県邑楽町、東京都荒川区等にも類例が認められる。見晴町類型と比較すると広い範囲に分布することが窺われよう。見晴町類型と真蔵院類型は、裏側蓮弁の形態に経年変化を追える継続型式といえる。そして、一三世紀後半から縦長異体字キリーク種子を一貫して採用している点にも特徴があるといえよう。

縦長異体字キリーク種子をもつ板碑群の初現については、磯野が初発期板碑を分類する過程で設定した佐間b類との関連性が問題となろう。佐間b類は、「行田市佐間の嘉禎二（一二三六）年に始まり、大宮台地以東を中心に分布する。造立数と広範な分布域の上から、初発期を代表する類型の一つ」とされ、「岩槻市善念寺跡及び加須市油井ヶ島出土の寛元元（一二四三）年を初見とし、初発期以降も継続する類型である」（磯野二〇〇四）。恐らく、見晴町類型の祖

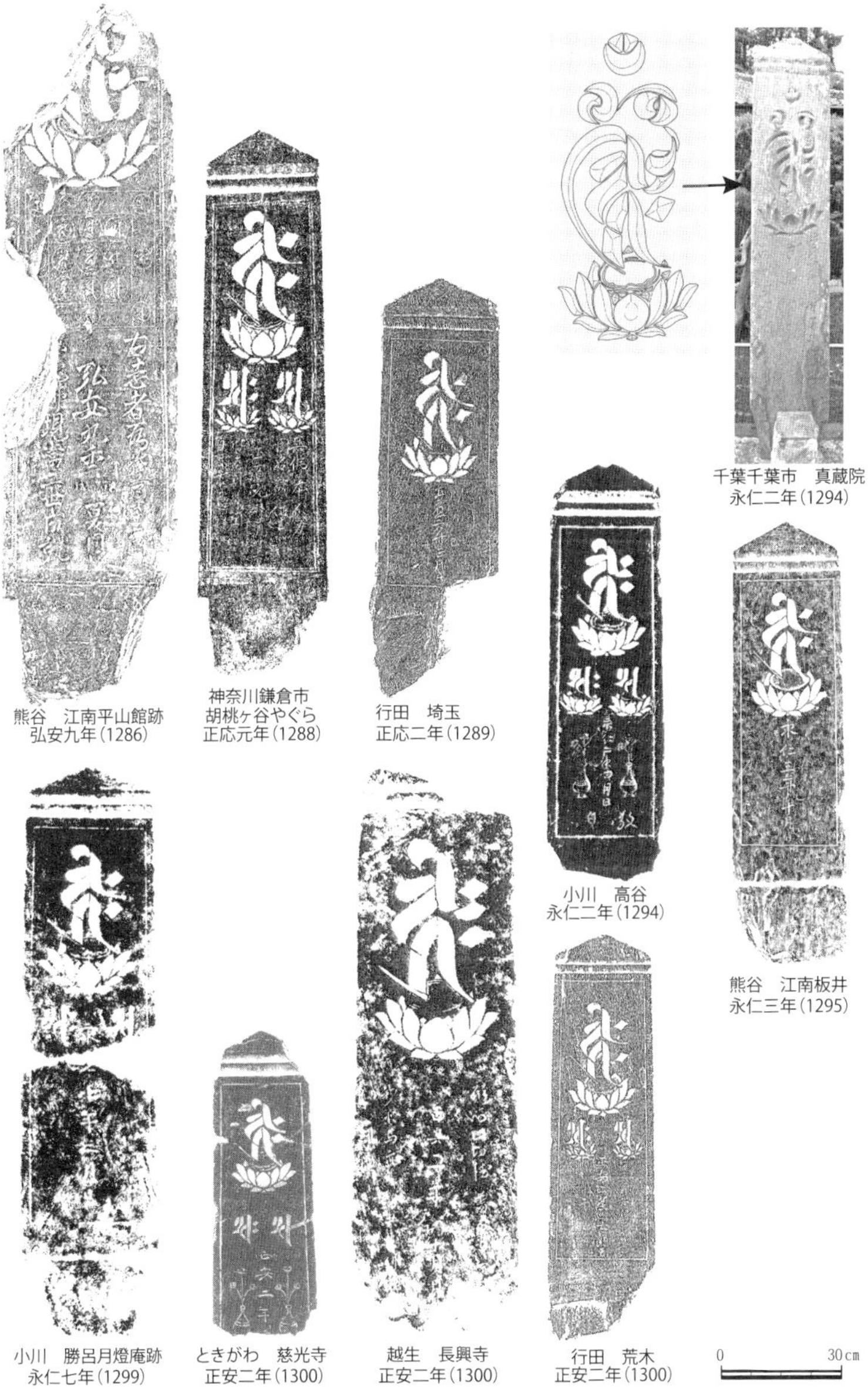

図版出典　熊谷江南平山館跡・板井（江南町教育委員会2003）、行田埼玉・荒木（行田市史編さん委員会2012）、小川高谷・勝呂勝呂燈庵跡（小川町1997）、ときがわ慈光寺（都幾川村史編さん委員会1995）、越生長興寺（埼玉県教育委員会1981）より引用

【第５図】　真蔵院類型の板碑

形である真蔵院類型は佐間b類と関連して出現するものであろうが、具体的な検討は別稿を用意したい。

このように、一三世紀後半に出現する真蔵院類型は、一四世紀第一四半期に地域を狭めてより画一化した様相をみせるようになる。それが見晴町類型の出現である。一三世紀から一四世紀に至る型式分布域の縮小傾向については、他の地域の板碑においても指摘してきた経緯があり、一三世紀末から一四世紀第一四半期頃に各地で起こった現象ではないかと想定する（村山二〇〇八、二〇〇九）。ここでは改めて「広域型式」から「地域型式」への変化を確認し、続いて同時期の石造遺物をもとに、その意味について若干の検討を試みたい。

三　凝灰岩製五輪塔の展開と石塔を伴う中世墓の確立

一三世紀後葉から一四世紀前葉にかけて板碑の「地域型式」化が進行するが、同時期に荒川中流域に出現するのが、凝灰岩製の五輪塔である。埼玉県においては、一九九八年に『埼玉県中世石造物調査報告書』が公刊され、その後調査に尽力した栗岡眞理子によって五輪塔の考察が進められた（埼玉県教委一九九八、栗岡二〇〇一）。栗岡は、埼玉県下に分布する凝灰岩製五輪塔を一四世紀代の製品と位置付けている。これらの五輪塔の多くは國井洋子によって群馬県みどり市の天神山産凝灰岩であることが明らかにされており、石材産地を中心に分布することが指摘されている（國井一九九七）。天神山産凝灰岩を利用した石造物は、建長三年銘の群馬赤城村不動明王像及び群馬伊勢崎市上植木町石仏、建長八年銘の栃木足利市大岩山層塔、建治二年銘の群馬太田市尾島長楽寺宝塔、正応二年銘の群馬太田市矢田堀角塔婆などの事例があり、少なくとも一三世紀半ばには石塔の石材に利用されていたことが窺われる（秋池二〇〇五）。ただし、五輪塔の紀年銘資料としては、正和五年銘太田市尾島長楽寺例、元亨四年銘太田市円福寺例、

見晴町類型の種子・蓮座変遷（縮尺不同）

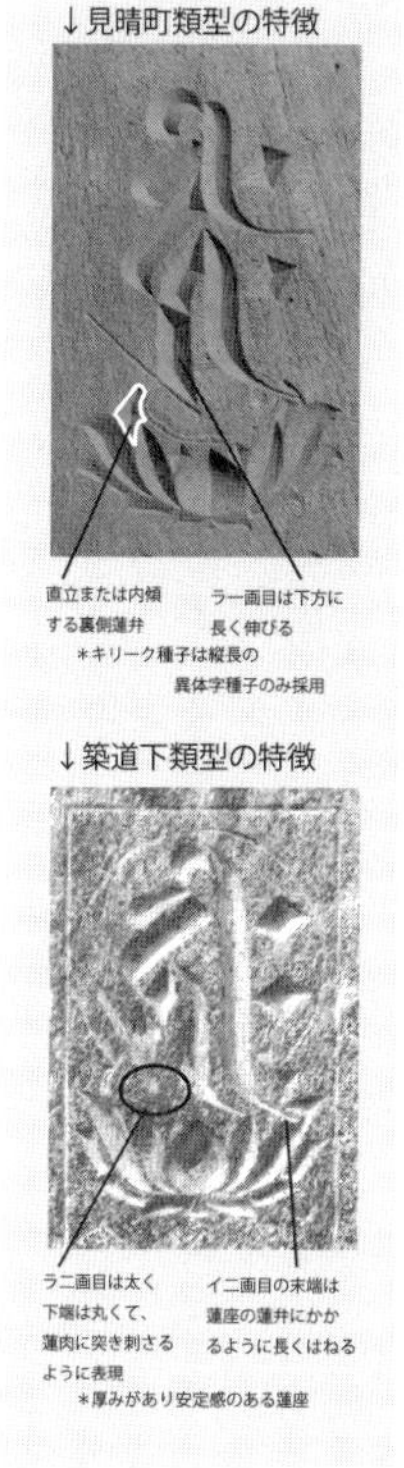

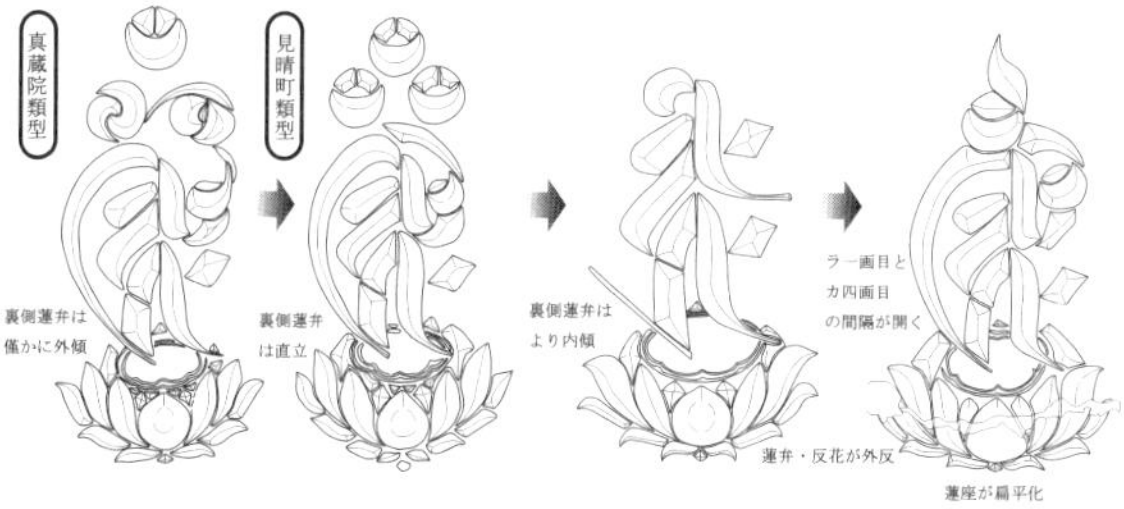

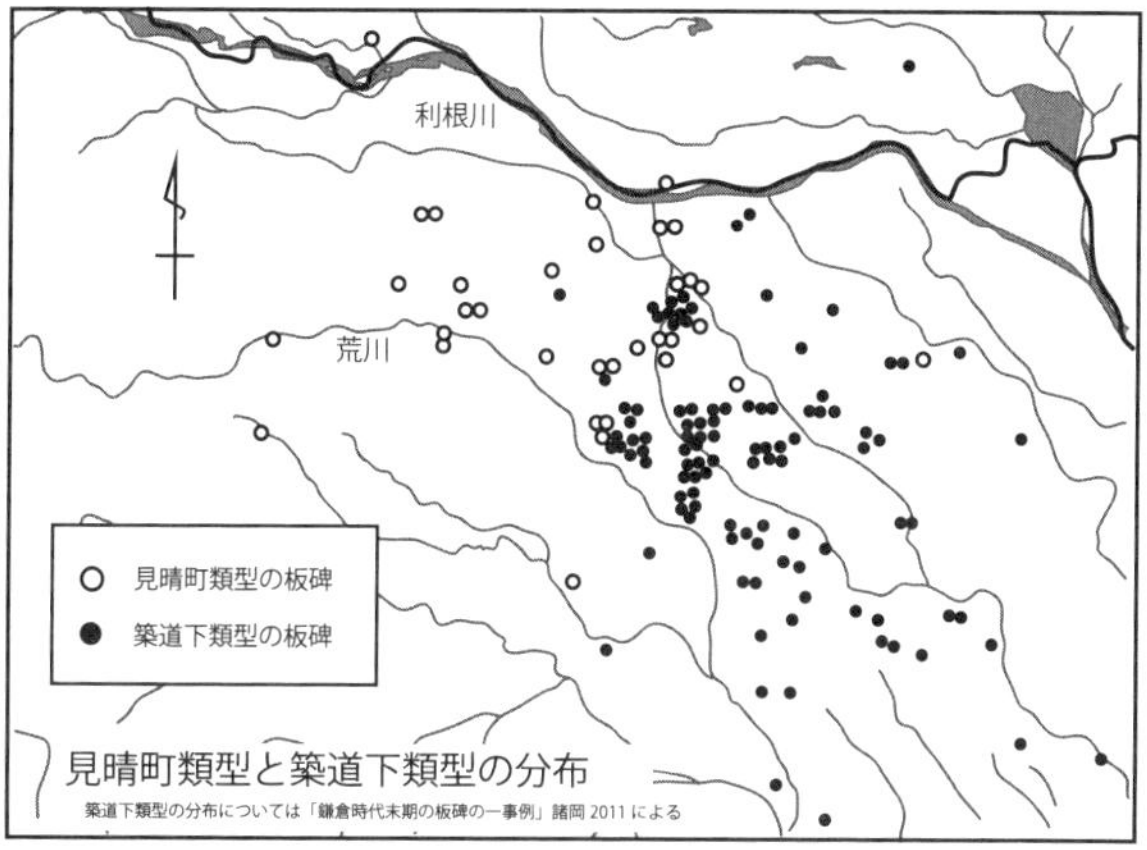

築道下類型の板碑　「鎌倉時代末期の板碑の一事例」諸岡 2011 及び『行田市史』より作成　（縮尺不同）

鴻巣吹上中学校
文保元年（1317）　行田築道下遺跡 嘉暦三年（1328）　行田築道下遺跡
貞和二年銘（1346）　行田荒木
元亨元年（1321）　行田藤原町
元亨四年（1324）　行田門井町
元応三年（1322）　行田太田西小学校
元応三年（1321）

【第６図】　見晴町類型と築道下類型の板碑

元弘三年銘太田市竜舞浄光寺例、康永三年銘桐生市川内崇禅寺例、観応二年銘太田市円福寺例、正平六年銘太田市木崎常楽寺跡例（いずれも群馬県）（國井二〇一二）が知られ、一四世紀前半を中心とした造立傾向が窺知される。同時期には、箱根、筑波、鎌倉地域で定型化した五輪塔が律宗系寺院を中心に墓塔として造立されており、見晴町類型や築道下類型が展開した時期の情勢として留意しておきたい。

一四世紀前半を中心に造立された凝灰岩製五輪塔のなかには、中世墓と密接に関わる事例が報告されている。深谷市旧川本町の伝畠山重忠墓五輪塔の周囲には複数の大形五輪塔が所在するが、覆屋建設に先だって行われた発掘調査では、地下から方形配石とこれに伴う骨蔵器の瓦質土器壺が検出された（川本町教委一九八四）。また、深谷市旧岡部町の伝岡部六弥太墓五輪塔の発掘調査では、元位置を移動して再埋納された骨蔵器が多数出土した。群馬県太田市伝新田家累代墓地からも隣接地から多数の骨蔵器が出土しており、五輪塔の「沙弥道義七十二逝去」銘と併せて古墳の周囲に展開した中世墓の存在を窺わせる。

このように、一四世紀前半には、凝灰岩製五輪塔を墓塔として採用する中世墓が展開し、配石・集石遺構に特徴付けられる中世墓の確立時期と位置付けられる。しかし、五輪塔群を中心とした墓地は限られており、当該期に展開した全ての中世墓に五輪塔が伴うわけではなかった。ここで、良好な中世墓の検出事例である行田市築道下遺跡の例に注目したい。築道下遺跡では大きく三地点に集石遺構が確認されている。墓域と石塔の詳細については報告書（埼玉県埋蔵文化財調査事業団一九九八）のほかに、磯野、栗岡によって分析されているので詳細は割愛するが（磯野二〇〇六、栗岡二〇〇三）、中心となる集石遺構に近接して凝灰岩製五輪塔が出土している点が注目される【第7図】。築道下遺跡においては多数の「地域型式」の板碑と、ほぼ同時期と想定される少数の凝灰岩製五輪塔が中世墓に伴って造立されていたことが分かる。(4)

周辺地域の主要な天神山製凝灰岩五輪塔

←↑深谷市畠山　伝畠山重忠墓五輪塔
↙↓深谷市普済寺　伝岡部六弥太墓五輪塔
↑太田市宝泉　伝新田氏累代墓所五輪塔

築道下遺跡の構成（栗岡2003「北関東の中世墓と埋葬」より転載、一部加筆）

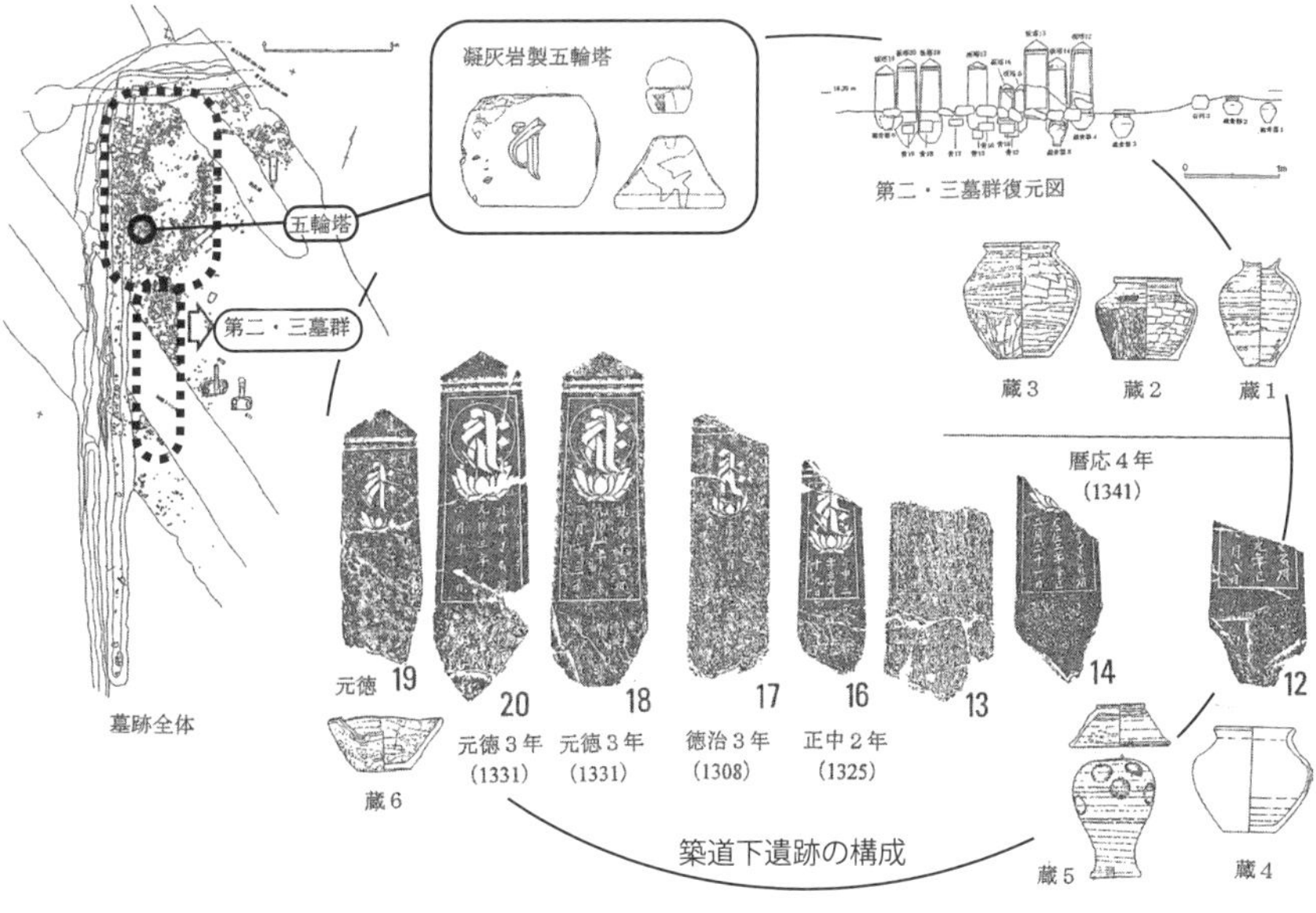

【第7図】　凝灰岩製五輪塔と中世墓

近年発掘調査が進展している毛呂山町崇徳寺跡においては集石状の遺構に骨蔵器を伴う墓域が検出されており、正安三年銘（一三〇一年）を嚆矢として多数の板碑が検出されている（毛呂山町歴史民俗資料館二〇一四）。また、鳩山町城添遺跡においても、一四世紀を中心とした板碑が多数出土しているが、当地には現在も弘安九年銘のバン種子大形板碑が伝存しており、いずれの地でも一三世紀後葉から一四世紀初頭を端緒に板碑を伴う中世墓が造営されたことが窺われる（鳩山町教委二〇〇八）。崇徳寺跡、城添遺跡においても一四世紀代には、特徴的な「地域型式」の板碑が主体を占めており、各地域における中世墓の確立、板碑における「地域型式」の成立、さらに一部遺跡における凝灰岩製五輪塔の採用は軌を一にする現象であると整理される。

おわりに

以上、熊谷市周辺に分布する板碑の類型について検討を試みた。当該地域に展開する見晴町類型については、①成立時期は一三〇〇年前後であり、②一三世紀後葉における真蔵院類型の系譜を引くものと考えられる。③一三世紀後葉の広域分布型式である真蔵院類型は比企丘陵・荒川中下流域に広く展開するが、一四世紀前葉の見晴町類型は熊谷市周辺に分布範囲を狭め、地域型式の一類型として位置付けられるであろう。

一三世紀末から一四世紀第一四半期頃に各地で「広域型式」から「地域型式」への転換が想定されるが、この時期は凝灰岩製五輪塔が普及する段階であり、また中世墓の確立時期であることも留意される。中世墓の確立を「同一墓域における継続的な先祖祭祀の確立」と捉えるならば、板碑における地域型式の成立と凝灰岩製五輪塔の採用は、それに対応する現象であると理解できる。各地の有力者による墓域管理と密接に関わる現象であると考えられるが、背景には、当該期における地域有力者層の存在形態、さらにいえば、その「家」の在り方にまで議論を進めなければならない。筆者には責が重すぎるので後考をまちたいが、板碑の「広域型式」から「地域型式」への転換と中世墓調査事例の蓄積から、一三世紀後葉から一四世紀初頭に大きな画期が存在する可能性を指摘して本稿を締め括りたい。

註

（1）研究史に指摘されるように、板碑型式は蓮座類型などを共有する複数の型式により型式群として設定される。見晴町類型はその中で最も大型の精製品とみられ、板碑型式の画期と背景の考察には耐えられるだろう。型式群としての総体には言及せず詳細は等閑にしたが、いずれ機会を捉え検討したい。

（2）築道型は行田市築道下遺跡出土板碑の分析から設定されたものである。諸岡の詳細な分析により、地域型式としての特徴は充分に検討されているものと考えるが、本稿では「見晴町類型」との比較の上から便宜的に「築道下類型」と呼称する。

（3）なお、見晴町類型が鎌倉市内から三基出土しているが、他にこのような遠隔地に分布する個体は確認されず、鎌倉地域ならではの特殊事例と位置付けられる。北武蔵地域と鎌倉地域における人的交流の副産物としての可能性があろう。

（4）同一遺跡内における凝灰岩製石塔の採否は第一に流通圏に関わる地理的要因を想定しうるが、他方、板碑優勢の地域にあって主体的にこれを採用する場合がある。その背景については土地の地域史をふまえ多角的に検討する必要があろう。

謝辞　普段からお世話になっている熊谷市史中世石造物調査班のメンバーからは多くの教示を受けました。末筆ながらお礼申し上げます。

主要参考文献

秋池　武　二〇〇五『中世の石材流通』高志書院。
石井真之助　一九七四『板碑遍歴六十年』木耳社。
磯野　治司　二〇〇四「初発期板碑の種子類型」『埼玉考古』。三九
磯野　治司　二〇〇六「板碑と中世墓の相関について」『埼玉の考古学Ⅱ』。
磯野　治司　二〇〇九「板碑の生産と石工をめぐる型式学的試論」『考古学論究』一二。
磯野　治司　二〇〇七「板碑の制作技法をめぐる諸問題」『あらかわ』一〇。
磯野　治司　二〇一三「考古学からみた板碑」『埼玉の文化財』五二。
伊藤　宏之　二〇〇八「隅田川流域の板碑」『板碑と中世びと』葛飾区郷土と天文の博物館。
伊藤　宏之　二〇一一「武蔵型板碑の生産と流通に関する一考察」『寺院史研究』一三。
小川町　一九九七『小川町の歴史』資料編三　古代中世Ⅱ。
小川町教育委員会　二〇一四『下里・青山板碑石材採掘遺跡群』。
小沢　国平　一九六〇『板碑考』。
小沢　国平　一九六七『板碑入門』隣人社。
織戸　市朗　一九七九「初発期板碑の系列」『日本の石仏』季刊一二号。
織戸　市朗　一九八〇「第三編　板碑の型式」『坂戸市史』中世資料編Ⅱ。
織戸　市朗　一九八二「飯能の歴史から見た板碑」『飯能の板碑』飯能市教育委員会。
織戸　市朗　一九八五「第三章　異端の石工」『川越市史』第二巻中世編。
織戸　市朗　一九九〇『日高町の板碑』日高町教育委員会。
川本町教育委員会　一九八四『畠山重忠墓』。
環八光明寺地区遺跡調査会　一九九七『東京都大田区環八光明寺地区遺跡調査報告書』。
行田市市史編さん委員会　二〇一二『行田市史』資料編　古代中世。

國井　洋子　一九九七「中世東国における造塔・造仏用石材の産地とその供給圏」『歴史学研究』七〇二。
倉田恵津子　一九八五「板碑の生産および流通について―線刻蓮座の分布を中心として―」『物質文化』四四。
倉田恵津子　一九九五「武蔵型板碑の生産と流通システム」『松戸市立博物館紀要』二。
倉田恵津子　二〇〇八「関東地方主要河川流路と武蔵型板碑の流通　二」『松戸市立博物館紀要』一五。
倉田恵津子　二〇一一「中世利根川流域における武蔵型板碑の流通」『物質文化』九〇。
倉田恵津子　二〇一二「中世利根川流域における武蔵型板碑の生産および流通」『物質文化』九二。
栗岡眞理子　二〇〇一「埼玉県の中世五輪塔編年案」『研究紀要』埼玉県立歴史資料館。
栗岡眞理子　二〇〇三「北関東の中世墓と埋葬」『中世東国の世界Ⅰ』高志書院（浅野晴樹・斎藤慎一編）。
群馬県史編さん委員会　一九八八『群馬県史』史料編八中世四。
江南町教育委員会　二〇〇三『江南町の板碑』江南町史報告編。
埼玉県教育委員会　一九八一『埼玉県板石塔婆調査報告書』。
埼玉県教育委員会　一九九八『埼玉県中世石造物調査報告書』。
財団法人埼玉県埋蔵文化財調査事業団　一九九八『築道下遺跡Ⅱ』。
阪田　正一　二〇〇九「関東における題目板碑の諸相」『立正史学』一〇六。
阪田　正一　二〇一一「下総龍福寺の板碑群」『北総地域の水辺と台地』地方史研究協議会編。
柴田　徹　二〇〇八「関東地方主要河川流路と武蔵型板碑の流通　一」『松戸市立博物館紀要』一五。
台東区教育委員会　一九九四『台東区の板碑（浅草篇）』。
田中　信　一九八九「まとめ　二河越館跡の板石塔婆」『川越市埋蔵文化財発掘調査報告書Ⅸ』川越市教委。
千々和　到　一九八八『板碑とその時代』平凡社。
千々和　實　一九七三『大田区の板碑』大田区教育委員会。
都幾川村史編さん委員会　一九九五『都幾川村史料六（三）文化財編　中世石造物』。
新倉　明彦　一九八六「鵜の木光明寺所蔵板碑の蓮座の分類と変遷について」『東京考古』四。

新倉　明彦　一九八八「板碑の連座形態の年代的変化について」『群馬県史研究』二七。
野口　達郎　二〇一三「三六〇キリーク種子板碑」『熊谷市史』資料編古代・中世。
鳩山町教育委員会　　二〇〇八『町内遺跡Ⅷ』。
本間　岳人　二〇一四「池上山内の題目板碑」『池上本門寺歴史的石造物の調査Ⅱ』池上本門寺霊宝殿。
深澤　靖幸　一九九六「武蔵府中における板碑の型式と組成」『府中郷土の森紀要』九。
村山　卓　二〇〇八「東京都鶏の木光明寺遺跡出土板碑の変遷」『立正史学』一〇四。
村山　卓　二〇〇九「埼玉県比企地域における武蔵型板碑の様相」（研究例会発表要旨）『地方史研究』三四一。
村山　卓　二〇一〇「題目を刻む武蔵型板碑」『立正大学大学院年報』二七。
村山　卓　二〇一二「武蔵久良岐郡駒岡の中世墓と武蔵型板碑」『考古学論究』一四。
村山　卓　二〇一四 a「板碑から中世鎌倉を考える」『第二期大三輪龍彦研究基金研究報告』。
村山　卓　二〇一四 b「千葉市武石真蔵院の武蔵型板碑とその周辺」『考古学論究』一五。
諸岡　勝　一九八九「半円形蓮座をもつ板碑」『大和市史』Ⅰ通史編。
諸岡　勝　一九九〇「中世の石造遺物」『与野市史』史料編補遺。
諸岡　勝　二〇〇一「同型板碑の一事例」『埼玉県立歴史資料館研究紀要』二三。
諸岡　勝　二〇〇八「大宮台地の板碑」『板碑と中世びと』葛飾区郷土と天文の博物館。
諸岡　勝　二〇〇九「中世の石造物」『吉川市史』資料編、原始・古代・中世。
諸岡　勝　二〇一一「鎌倉時代末期の板碑の一事例」『熊谷市史研究』三。
毛呂山町歴史民俗資料館　二〇一四『史跡崇徳寺跡調査速報展』（展示解説）。
渡辺　美彦　一九八二「神奈川県」『板碑の総合研究　地域編』（坂詰秀一編）。
渡辺　美彦　一九九〇「多摩川流域にみられる地方色のある板碑」『地方史研究』二二七。
渡辺　美彦　一九九九「多摩川下流域に見られる地方色のある「蝶型蓮座」板碑」『多摩の板碑』町田市立博物館。
渡辺　美彦　二〇一二「多摩川下流域の地域型板碑」『大田区の板碑集録』大田区教育委員会。

幕末・明治前期の蚕種輸出と生糸改良問題 ― 富岡製糸場と北武蔵 ―

田村　均

はじめに

巨大な赤煉瓦建築の構造体が出現しはじめた明治五（一八七二）年三月、明治政府は官営富岡製糸場の「繰糸工女」の募集を全国に布達し、翌月には開業に必要な原料繭の確保のため、群馬および入間・埼玉・栃木・長野の五県に対し新繭買集の旨を通達した。[1] 操業開始は新繭（春蚕）が出廻る六月が予定されていたが、実際の開業は同年一〇月に遅延した。「女職人四百人余御雇入相成、製糸ノ法ヲ学ハセラルヘキニ、右女ハ外国人ニ生血ヲ取ラル、抔ト妄言ヲ唱へ」[2]られるなど、工女雇入れが計画通りに進まず、一〇月開業も予定人数（四〇〇名）が揃わない〝見切発車〟となった。[3]

富岡製糸場の開業をめぐって興味をひくのは、工女不足で遅延したにせよ、維新政府が蚕種・生糸に対する製造取締規則をつぎつぎと発布・改正する只中で、世界的規模の機械製糸工場の操業スタートが切られたことにある。世界的水準で建造された官営製糸場の操業開始は、日本の繭が未曽有の動揺と変質を余儀なくされる蚕種輸出ブームの最中となる。[4] おりしも、日本生糸の改良問題＝品質向上が対外交渉上の喫緊の重要課題となっていた明治政府が、生糸以上に蚕種への規制を強めていた矢先であった。

とりわけ、開業予定の同五（一八七二）年六月に再改正された蚕種製造規則[5]は、免許鑑札を下附された蚕種製造人以外の製種＝生繭製造を禁止すると同時に、養蚕業者をふくむ同業者同士の生繭売買をも厳禁する、いわば生繭取締の性格を強めるものであった。生産地に対しかつてない規制を加えることで、製糸用の原料繭の品質を左右する蚕種の品質劣化を防止しようとしたからにほかならない。すでに、蚕種の交雑劣化に起因する製糸用繭の雑多化と粗悪化が相当に進んでいる状況にあった。

そこで本稿は、開業後も長く機械製糸法に不可欠な良質な繭の確保に悩まされつづけた富岡製糸場の苦悩を手がかりに、幕末・明治前期の日本が直面した生糸改良問題について蚕種規制をめぐる政府と民間の視点から考察を試みる。同製糸場をはじめ明治初年代に設立された機械製糸工場の初発条件としての原料劣悪性については先行研究の重要な指摘があるが、本稿は中期的にも繭の雑多化・粗悪化が機械製糸工場の安定稼働に重大な影響をあたえていたことを強調する。と同時に、人材のみならず原料供給において富岡製糸場と深いかかわりをもった埼玉県北部（以下、「北武蔵」という）における蚕糸業の拡大＝地域経済の変動が新政府の対外交渉や勧業政策に影響をあたえ、民間主導による養蚕改良の胎動を生み出す直前の状況を、水と地形が織りなす地理的条件に注目して考察する。(6)

一　富岡製糸場の設立背景と苦悩

（1）蚕病と繭の経済的損失

上州前橋をはじめ東京の築地や赤坂などで明治初年代に設立・開業した機械製糸工場とくらべると、〝見切発車〟とはいえ官営富岡製糸場は隔絶した生産規模での開業であった【表1】。その設立事情をめぐる疑問の一つは、最初は小規模な機械製糸工場を想定していたとみられる明治政府が大規模な創設構想をもつに至った点にある。(7)この間、

工場名	操業開始年月	撚掛抱合装置	繰糸機	動力	加熱	釜数
前橋製糸場	1870年6月	ケンネル式	木製国産	人力	炭火	12
築地製糸場	1871年4月	ケンネル式	木製国産	人力	炭火	60
水沼製糸場	1872年2月	ケンネル式	木製国産	水車	炭火	32
富岡製糸場	1872年10月	共撚式	フランス製	蒸気機関	ボイラー	300
勧工寮製糸場	1873年	ケンネル式	鉄製国産	水車	炭火	24
二本松製糸場	1873年7月	ケンネル式	鉄製国産			48
内藤新宿試験場	1874年	ケンネル式	イタリア製	人力	炭火	2
六工社	1874年7月	共撚式	鉄製国産	蒸気機関	ボイラー	50

【表1】明治初年に設立・開業した機械製糸工場（1872年以降は抜粋）
（加藤宗一編『日本製糸技術史』製糸技術史研究会、1976年をもとに、一部加筆）

徳川幕府の蚕種・生糸改印令を受け継いだ維新政府は、蚕種・生糸製造規則、同取締規則などの諸規則・条例を矢継ぎ早に発布・改正して、蚕種・生糸の粗製濫造の防止をはかった。

そのような状況下、当初において四〇〇釜水準の生産規模が想定されていなかったとすれば、創設構想の大規模プロジェクト化にはいかなる要因がはたらいたのであろうか。明治二（一八六九）年一一月に新政府に登用され、民部省租税正に任官して蚕種・生糸の課税および製造取締の責任者となった渋沢栄一が、翌年五月に「官営製糸場設置主任」として富岡製糸場の創設を主導しはじめるまでの七ヶ月間に、その契機の所在を探ってみよう。

渋沢栄一が任官する半年前、先行して設立された前橋藩営などの機械製糸工場が開業する直前の明治二（一八六九）年六月、明治政府の支援と協力を得て外国公使による国内蚕糸業地域の視察が二度実施されていた(8)。いずれも外交特権を利用した企てであり、最初にイタリア特命全権公使（S・D・ラトゥール）による自国商人・生糸検査技師（横浜居留）を引き連れた上州視察が行われた。つづいて、イギリス公使館書記官（公使代理、F・O・アダムズ）が英仏両国の生糸検査技師（同）を随行させ、上・武両州から信州と甲州を二週間かけて巡察する広域的な実地調査（第一次内地調査）を実施した。

イタリア公使の視察はイタリア商人による蚕種業地の上州島村とのビジネス・

チャンスをうかがう実況把握であったと推察されるのに対し、イギリス公使館員の視察は日本のおもな蚕糸業地域を実地に検分して対日貿易の具体的な交渉策を講じるための本格的な内地調査となった。当時、輸出向けの生糸と蚕種が粗悪化していたので、日本と修好通商条約を締結した欧米諸国から不満が噴出していた。そのため、欧米列強は保護的になりやすい日本政府の貿易政策に対して積極的な交渉を働きかけ、場合によっては外交圧力をかける動きを示していた。

注目したいのは、イギリス公使代理アダムズの視察団に、後年、富岡製糸場の操業責任者（首長）に抜擢されるフランス人のポール・ブリューナが参加していたことである。ブリューナは明治二（一八六九）年の六月以前、おそらくその直前の四～五月頃に来日したばかりであった。横浜居留地のエシェ・リリエンタール商会（Hecht Lilienthal & Co.）に着任して早々、同社による事前の推奨ないし斡旋によって生糸および絹織物に精通した専門家としてアダムズ視察団の一員に加わったものと推測される。視察後、詳細な調査報告書を作成したアダムズは蚕種用の繭に蚕病（蛆害）が蔓延する実態を問題視する。そして、その対策のためにも製糸法の革新すなわち日本に西洋式の製糸機械を導入し速やかに機械製糸場を設立する必要性を日本政府に強く意見した。

アダムズ意見書の興味ぶかい論点は、蚕種蛆害対策と機械製糸勧奨とをむすびつけた建言にある。その主張は、蚕種粗悪化論に立つ現状分析から導き出された、当時の日本人には思いもよらない近代西洋ならではの経済合理主義的な見解であった。とりわけ、蛆害の原因把握については日本在来の養蚕・製糸法について一定の知見を有していた渋沢栄一を驚かせるとともに(9)、彼らの重要所見は日本政府に対して蚕種輸出過剰説を容認させ、機械製糸法の導入必要性の説得論理となっていく。内地調査で彼らが見たものは何であったのか。

アダムズ視察団の実質的な中心メンバーであり、意見書に所見を提供した英仏の生糸検査技師たちの現状分析の要点は以下のようであった。すなわち、日本の蚕糸業の現状をはなはだしい繭の損失があると認識し、日本人がその損失に無頓着であるとしたのである。「繭の損失」とは、蚕病による不良繭の発生率が高いため繭の使用価値をみすみす逃しているという所見である。それは、製種用のみならず製糸用にも使えなくなる不良繭（孔あき繭や死籠り繭など）の経済的価値の大きな損耗を意味した。くわえて「無頓着」は、不良繭が大量に発生しても日本人はそれらを真綿や下等生糸（熨斗糸や太織糸）用の加工に廻してしまうので、蚕病の予防と原因究明はおろか、繭の商品価値を極度に貶しめてしまっていることにまったく頓着しない状況に驚きを示すものであった。

当時、国内の蚕糸業地では製糸用の生繭までも輸出用蚕種の増産に振り向けられるなかで、蛆（カイコノウジバエ）の寄生によりに繭の中の蛹が死んでしまう蚕病（蠁蛆病）が放置されていた。蚕に寄生した蛆が成長し小さな穴を開けて外に出てくると、その繭（キョウ蛆繭＝孔あき繭）は製種だけでなく製糸用にも使用できなくなる。英仏の生糸商人・検査技師たちはその経済的被害を重く見たのである。不良繭の高い発生率のもとで繭の使用価値の劣化がまねく商品価値それ自体の逓減的損耗に注目し、繭から引き出しうる付加価値の大きな損失を問題にしたといってよい。

調査時点において、蛆の発生率は信州で三〇～四〇％であったが、武・上・甲州では高く、平均すると六〇～七〇％にも及んでいた[10]。各地で蛆が寄生し蛹死した繭（死籠り繭）が大量に発生し、それらはおもに真綿用などの屑繭にされていた。その事実に注目した英仏の生糸商人・検査技師たちは、蛆が種繭に穴をあけて外に出てくる前に殺蛆（殺蛹）し、それを製糸用に転用すれば繭の商品価値の漏出・損耗を未然に防ぎうると考えたのである。つまり彼らは、蚕病予防がおぼつかなく仮に死籠り繭が大量に産出される状況でも、それらを早いうちに製糸用に廻して機械製糸法によって量産処理すれば種繭の価値損耗を食い止められると思考したといえる。くわえて、在来の天日による殺蛹乾燥法や座繰り製糸法によって繭と生糸の品質が同時に貶しめられてしまっている実態も見逃さなかった。

要するに、日本在来の養蚕・製糸法は繭から引き出せる利益の多くをみすみす逃がしてしまっているだけでなく、蚕病の放置が甚大な経済的損失を発生させているとみなされたのである。そうした繭の経済的損失を防ぎうる効率的かつ合理的な方法として機械製糸法の導入を強く勧奨したのが、アダムズ意見書であった。

明治三（一八七〇）年二月、意見書は本国イギリスをはじめ日本政府や外商団体の横浜商業会議所などに配布され、日本における機械製糸法の導入をうながす機運をいっきに高めることになる。(11) アダムズらの蚕種蛆害説を受けて機械製糸勧奨を容認した政府は、同年二月に意見書の日本語訳をそのまま盛り込んだ民部省法令第一五九号および第一六〇号を布達する。と同時に、養蚕改良、西洋流の蛆害説明と蚕病の原因究明・褒賞、機械製糸奨励などの事項からなる法令内容を「養蚕方法書」（第一五九号の内容）および「同下問書」（第一六〇号の内容）として別途印刷に付し、趣旨を養蚕農民に周知させるべく府藩県に頒布した。法令の布達および養蚕改良の具体的な指針・留意点および国内各地の養蚕法に関する質問事項が詳細に記載された養蚕方法書および同下問書の作成・周知は、生糸および蚕種への課税と規制を養蚕改良・奨励と連動させるべく、新たな政策の具体化に着手した渋沢栄一ならではの最初の重要な一手であったとみられる。

しかし、この二つの法令をめぐる先行研究の評価は大きく異なる。すなわち、「アダムズの文章を丸写していて布告として不体裁」であるとして、いわば急場しのぎの法令案とみる見解(12)と、「行政官吏がもつ養蚕知識をこえる専門性がみとめられる」として、尾高惇忠などの養蚕に精通した老農層の豊富な助言が組み込まれた可能性と養蚕奨励策の確かな始動を見いだす所見(13)が示されている。私見によれば、法令が日本語訳の「丸写し」であるとはいえ、その内容は当時の「一般行政官がもち得ないような養蚕の専門知識」と実地への問題関心を豊富に有するものである。それゆえ、課税および蚕種規制と養蚕改良・奨励とを政策の両輪に据えようとした渋沢栄一が急きょ直接的な活用をはかったものであったと考えられる。とすれば、それは誰の知見であったのか。筆者が想定するのは、イギリス公使代理アダムズに随行したフランス人のブリューナである。

ブリューナが、アダムズ意見書の執筆メンバーないし重要所見の提供者であったのは確かである。在留の生糸商人や検査技師のなかでもシルクの専門家として評判が高かったとされる彼の所見が、機械製糸場の創設をめぐる内外関係者のなかでもとりわけ政策担当者の渋沢栄一に大きな影響をあたえ、その動きを加速化させたと推察される。ブリューナは、来日してただちに日本の蚕糸業地域の実態をみずからの眼でじかに検分しえた稀有な外国人であった。日本製糸業の行方に大きな影響力をあたえるだけでなく、富岡製糸場の機械設備調達と開業後のヨーロッパへの製品販売に深くかかわっていくフランス系生糸商社のエシェ・リリエンタール商会の経営戦略を決定づけるキーパーソンが、ブリューナであったといえよう。

明治三（一八七〇）年六月、ブリューナは日本政府との雇用仮契約の際に、日本への機械製糸法の技術移転に関する綿密かつ具体的な計画を綴った、契約書の付属文書である「見込書」を提出した[14]。経営や労働条件など多岐にわたる見込書の要点のうち、製糸法の革新にかかわる項目を略記すると、以下のような内容であった。

日本在来の座繰り法を習熟した者に西洋式の新法を伝習させ、国内に広めること。天日殺蛹していない良質新鮮な生繭（春繭）を調達し、これを天日殺蛹ではなくヨーロッパ式の蒸気殺蛹装置を用いて蒸殺し乾燥させること。そして、注意ぶかく等級選別した上質の繭を用いて、空気の動きがよく日光の良く当たる場所に設置した、ボイラーと蒸気機関駆動の製糸機械で繰糸すれば、繭の経済的損失を防げるとともに生糸の品質を上等にすることができる。それは、日本産の繭をヨーロッパの優秀な技術を用いて製糸すれば、「糸目」（繭から生糸が得られる割合）が向上するだけでなく、在来の座繰り法で繰糸した優良糸よりも一五～二〇％も価格が高い、海外市場でも優れた品質として評価される生糸を大量かつ効率的に生産することが可能になる。理にかなった積極的な提案であった。

ブリューナの見解は、天日殺蛹と座繰り法が繭と生糸の品質をともに貶めてしまっているとみなしたアダムズ意見書の基本的な考え方と一致する。そして何よりも、日本在来の養蚕・製糸法が繭から引き出しうる利益の多くをみすみす逃がし、大きな経済的損失をまねいているとした現状認識の骨子と共通している。彼の生繭処理の考え方は、繭を天日に晒してしまうと糸質や光沢を損ねてしまい、しかも製糸段階で絹糸にならない屑糸（キビソや熨斗糸などの副蚕糸）の発生率が高まるので、総じて在来法では製糸効率が落ちてしまうというものであった。日本人が頓着しない繭の経済的損失と品位損耗とを同時に防止するための有効な対策として、大規模な機械製糸場の設立プロジェクトを具体的な政府日程に登場させていくトリガーとなるのが、この思考法である。

ブリューナの雇用仮契約が成立する一ヶ月前の明治三（一八七〇）年五月、イギリス公使館書記官アダムズは欧米列強代表として、ふたたび政府の支援と協力を得て第二次内地調査を四〇日間にわたって実施した[15]。この調査結果をもとに過剰な蚕種輸出が日本生糸の粗悪化の原因であるとしたアダムズは、日本政府に対して養蚕改良とともに機械製糸法の早期導入とヨーロッパ熟練工による伝習教授を重ねて強く勧奨する。この動きは、翌年に横浜居留地の外商たちによる生糸改良の政府勧告へと連なっていくが、当初は小規模な機械製糸工場を想定していた日本側がこの間に官営模範による機械製糸場の大規模な創設構想をもつに至ったことになる。

逆にいうと、その間に機械製糸法の導入勧奨が欧米商社側の経営戦略[16]となったといえる。欧米列強の対日戦略の基本的スタンスを生みだす契機となったのが、アダムズの第一次内地調査による大量発生する蛆害不良繭の発見であった。端的にいえば、日本国内で発生する不良繭の大量ストックに止目したのである。蚕種輸出ブームのなかで発生していた蚕病による膨大な量の不良繭が、機械製糸法の大規模導入を着想させる重要な契機をつくったといえるだろう。西洋式の蒸気殺蛹法を用いれば、不良繭化する生繭の早い段階での量産処理加工が可能となる。欧米列強にとって、大量の不良繭も効率的に活用しうる機械製糸法の導入勧奨が、蚕病予防への実効的な支援や在来法の積極的な動員・組織化によるよりも、大きな利益を引き出しうる現実的な可能性となるからにほかならない。当時、欧米系商社は屑繭や副蚕糸（キビソ・熨斗糸や真綿など）をヨーロッパへ絹糸紡績用に輸出する業務を手がけていたが、そのほうが魅力的であったことはまちがいない。

かくして、官営製糸場の建設地が「東京近傍養蚕盛ニシテ製糸ニ宣キ地[17]」として、武・上・信州などのうち岩鼻県（後の熊谷県）の中央西寄りの上州富岡に決定したのが明治三（一八七〇）年七月であった。明治政府は同年一〇月にブリューナと五年間の雇用本契約をとりむすび、ヨーロッパからの製糸機械の購入および技師・熟練工の雇い入れについてはエシェ・リリエンタール商会（本社リヨン）に斡旋させ、それらの購入準備金についても相応の金額を同商会に前渡しするなどの要求点を承認した[18]。同五（一八七二）年一〇月に開業する官営富岡製糸場にはフランス製の製糸機械（日本人向けにやや小型化に改良）が持ち込まれ、フランス流の共撚式繰糸法によって生産される生糸が、横浜のエシェ・リリエンタール商会を介してヨーロッパ＝フランス市場に送られていく。

（2）繭調達をめぐる困難と苦悩

それでは、国内で先行した機械製糸工場とは隔絶する生産規模で開業した富岡製糸場はどのくらいの数量の繭をいかなる地域から調達したのか。概括的な数量がわかる開業時と創業から一三年経過した明治一七（一八八四）年を比較してみよう。

開業時の明治五（一八七二）年、原料繭の調達数量は約二、四四九石であった[19]。その内訳をみると、第一位が上州（群馬県）の約一、〇二五石（四一・八％）であり、第二位が信州（長野県）の約六三一石（二五・八％）、そして第三位が

地　域	買入地	買入量	比率
1　埼玉県	熊谷	1,671石2斗8升	32.4%
	明戸	404石　　7升	7.8%
	寄居	177石1斗5升	
	本庄	97石6斗	
	深谷	59石5斗5升	
小計		2,409石6斗9升	46.7%
2　群馬県	沼田	776石1斗	15.0%
	富岡	503石4斗4升5合	9.7%
	新町	496石3斗2升	9.6%
	尾島	197石4斗6升	
	岩鼻	139石　　5升	
	下仁田	11石8斗7升	
	毛呂	9石9斗8升	
小計		2,134石2斗2升5合	41.3%
3　長野県	小諸	620石9斗2升	12.0%
合　　計		5,164石3斗3升5合	100.0%

【表2】富岡製糸場の繭買入量（明治17年）
（資料：「明治17年度の営業概要」、『富岡製糸場誌 上』）

武州（入間・埼玉県）の約六〇五石（二四・七％）であった。さらに第四位として、甲州（山梨県）が約一八八石（七・七％）で調達圏に入っていた。しかし、初年度に購入した総量の四分の三に当たる繭が「蒸繭方ヲ用ヒタル品」であったのに対し、残りの約四分の一は「太陽ニ晒シタル品」となった[20]。つまり、近県各地から調達できた原料繭のうち、天日殺蛹した乾繭が二五％近くも占め、首長ブリューナが切望した成繭三～五日以内の新鮮な生繭は七五％前後にとどまったのである。繭を日光に晒すと生糸の品質や光沢を損ね屑糸の発生率が高まるなど、天日殺蛹の乾繭は製糸工程で問題が生じやすかった。

いちどに多量の繭を必要とした大規模な機械製糸工場の富岡製糸場にとって、一時に同一の種類の繭を大量に買い集めるのは当初から困難をきわめるものとなったと思われる。事前に生繭購入の通達が出されているにもかかわらず、天日殺蛹の在来繭をも購入しなければならなかった開業時の苦労がしのばれよう。原料繭の調達圏域は養蚕業が盛んであった上・武・信・甲州の旧四ヶ国にまたがっていたので、近県とはいえかなり広範囲におよぶ地域から各々購入した繭の種類もおのずと雑多にならざるをえなかったにちがいない。

そして明治一七（一八八四）年になると、原料繭の調達範囲は上・武州と信州の三県域となり、購入量は開業時の二倍強に増加する【表2】。ただし、開業の遅延により初年度の購入繭の数量が少なく抑えられたせいもあるが、単純に購入量の変化から一〇数年後には富岡製糸場の生産性が増加したと判断するのは早計となる。なぜなら、繭の種類と繭質の問題が生産性＝製糸量の減却に影響をあたえるので、いわゆる糸目（製糸歩合）の減少に起因して繭の購入量が必要以上にかさんでしまう事態が発生する。機械製糸法によってもめざましい生産性（製糸効率）を示せずに原料繭の調達数量が相対的に上昇する状況下、購入比率は埼玉県（四六・七％）が第一位となり、第二位の群馬県（四一・三％）と合わせると全体の大半を占めるようになった[21]。

その状況を買入地点別にみると、埼玉県大里郡の中心都市・熊谷での調達量が最大となり、それまで買入拠点の中心であった本庄および深谷・明戸よりも多いのが興味をひく。後述するが、このシフトは蚕種輸出の影響が大きかった北武蔵での良質な繭の調達難によるものであった。開業後しばらく、富岡製糸場の繭調達の重心は群馬県の富岡および沼田周辺と埼玉県北部の本庄・深谷地方にあった。しかし、明治一〇年代になると長野県（一二・〇％）からの調達量も一割を超える程度に減少し、富岡製糸場の繭調達圏は地域的に旧熊谷県域（旧群馬県と旧入間県）とほぼ一致するようになる。その後、群馬県西上州での組合製糸の発展もあって原料繭の調達ベクトルは埼玉県内を東南方向に「南下」し、大里郡の寄居《よりい》や入間郡の所沢、比企郡の東松山、北足立郡の鴻巣に買入所が新設されていく。そして、同二〇年代になると千葉県の下総八日市場や東金、茨城県の石岡、さらに福島県の郡山へと旧熊谷県域を越えて外延的に広がっていった[22]。

そこで、当時における繭の買入実態を富岡製糸場みずからの営業報告によってみておくと、開業して一〇数年経っても繭質の問題に悩まされつづけていたことがあきらかとなる。すなわち、「輓近繭ノ種類年ヲ逐フテ増加シ、糸類モ亦従テ強弱細太ノ差アルノミナラス、其養法ニ於ケルモ清涼ト温暖トノ別アリテ一ナラス、斯ノ如キ雑種ノ繭ト養法ノ異ナルモノトヲ以テ其繊度ヲ均一ニシテ色沢美麗ナル良糸ヲ製スルハ甚タ難シトナス(23)」という状況であった。要するに、いちどにおなじ種類の繭を大量に買い集めるのが困難をきわめものとなっていたのである。しかも、清涼育や温暖育、あるいは折衷育などの養蚕法が改良・開発されるなかで年を追って繭の種類が増加していたので、大量に買い入れた繭は雑多にならざるをえなかった。ヨーロッパの優れた機械製糸技術を用いても、雑種・雑多な繭からは光沢綺麗な同一繊度の生糸を首尾よく効率的に量産することは難しかったことが判明しよう。繭調達量の相対的増加にともなう購入費用の上昇に苦しんだ富岡製糸場の経営がつねに不安定であった所以である。

くわえて、開業直後の明治六（一八七三）年には埼玉県における繭買入責任者であった韮塚直次郎が郷里の明戸《あけと》村（旧中山道・深谷宿の郊外）にフランス式の生繭乾燥所を設立し、小規模ながら買入地における乾繭処理の試みがはじめられた(24)。しかし、生繭の蒸殺乾燥技術はすみやかには定着せず、「殺蛹ノ法タル蒸殺ヲ併行スルモノアリト雖モ、多クハ其適度ヲ誤リ繭ヲ剛麁ナラシメ、白繭ノ如キハ上面灰色ヲ帯ヒ製糸光沢ヲ失ヒ、或ハ殺蛹半ハニシテ太陽ニ曝シ半面ハ茶褐色ノモノアリ(25)」という、新たな問題をかかえこむものとなった。現地における選繭購入がとてもわずらわしく、良質な繭を買い入れる業務それ自体が煩雑となっていたといえよう。

二　蚕種規制と国内充備をめぐる政府と民間

（1）蚕種輸出ブームと蚕種の粗悪化

良質な繭の確保をめぐって富岡製糸場が苦しむことになるのは、明治維新の直前、徳川幕府による慶応元（一八六五）年の蚕種輸出の解禁が大きく影響した。余剰蚕種に限って輸出を認めるという名目のもと、解禁されるや製糸用の繭生産よりも利益率が大きかったので、たちまち蚕種取引に大きな関心を示した糸繭商人をはじめ養蚕農民などの新規参入者が殺到した。輸出解禁は蚕種の投機的な生産ブームを惹起し、蚕種製造人を急増させたのである。

蚕種製造はそれまで「種屋」とよばれた専門業者（蚕種家）が担い、良質な生繭（種繭）を選んで製種が行われていた。一般に、製糸用に使用されるのは越年する蚕種（原種）が多かった。ところが蚕種輸出の解禁にともない、蚕種家が輸出蚕種の増産を企てるだけでなく、それまで製糸用の繭を生産していた養蚕農民も蚕種製造に乗り出したのである。製種に切り替えると、繭のなかの蛹を出蛾させて成虫（カイコ蛾）に卵を産ませるので、出蛾した繭は穴開きの出殻繭となって製糸用の繭には使えなくなる。養蚕農民のなかにはにわか仕込みの製種を行い、また蚕種家にあっても養蚕用の蚕種保存を軽視する者や製糸用の繭を転用する者が増加した。そして、製糸用に越年しない蚕種が使用されていった。

そこでは製種を急ぐあまり、種繭に適した良質な生繭の選り分けがおろそかとなる。蚕が発育不良のため繭層が片薄ないし薄弱なものや形状やしぼ（皺）が良好でないもの、あるいは二匹以上の蚕が合作した同功繭（玉繭）や汚繭までも、出蛾の見込みあるものは製種に振り向けられた。しかも、生繭売買が活発化し他人の養育した生繭が製種に用

年 月	生 糸	蚕 種	改良・奨励策
1864（元治元）年9月		蚕種輸出解禁	
1866（慶応2）年1月	生糸改印令、（諸藩貿易参加認可）	蚕種改印令	
1868（〃4）年閏4月		輸出蚕種改印（改所設置）、蚕種印税	
1868（明治元）年11月		蚕種鑑札交付	
1869（明治2）年 2月	（前橋藩、生糸直売所の設置）		
1870（明治3）年 2月			『養蚕方法書』『同下問書』全国配布
〃 8月		蚕種製造規則	
1871（明治4）年5月		蚕種製造規則改正	
〃 6月			『製糸方法書』配布
1872（明治5）年5月			『蚕紙生糸ノ説』配布
〃 6月		蚕種製造規則改正、蚕種大惣代制、蚕種褒賞規則	【製糸告諭書】≪富岡関連≫
〃 9月		国内用蚕種の海外輸出換用禁止	（蚕種の国内充備）
〃 10月		蚕種製造原紙規則	（富岡製糸場の操業開始）
〃 11月		蚕種原紙漉立規則	
1873（明治6）年 1月	生糸製造取締規則、生糸改会社規則		
〃 3月	生糸売買鑑札渡方交付		【蒸繭方法告諭書】≪富岡法奨励≫
〃 4月		蚕種取締規則、新規製造蚕種輸出禁止	
〃 9月	【二ツ取製糸器械禁止】		
1874（明治7）年 2月		蚕種原紙規則	
〃 6月		蚕種原紙規則改正（国内外印紙区別規制廃止）	
〃 〃		（蚕種製造高之義大至急調査）	
1874（明治7）年 2月		蚕種大惣大制廃止	
〃 8月		蚕種褒賞規則廃止	
1875（明治8）年 2月		蚕種製造組合条例、蚕種取締規則廃止	
〃 8月			【養蚕ノ本旨ヲ告諭ス】
1876（明治9）年 8月	【製糸機械弐ツ取相用候者ハ取上ル】		
1877（明治10）年 4月	生糸製造取締規則ほか廃止		

【表3】幕末～明治初年代における生糸蚕種規制と養蚕・製糸奨励
（資料：法令全書および『埼玉県史料叢書（入間・熊谷県史料二・三）』）

いられるなどの、かつてなかったような安直な製造法や投機的な経済行為が表出し、悪質な便乗商法も横行した。粗悪な不正品（詐欺濫造品）はいうにおよばず、製糸用の生繭や越年しない蚕卵までもが輸出用蚕種の増産に振り向けられた蚕種輸出ブームは、国内用蚕種を粗悪化させるだけでなく繭と生糸の品質をともに劣化させていったのである。

そもそも、維新前後にかけて粗悪化した日本生糸がヨーロッパ市場での評価を落としたので、それへの抜本的対策として政策日程に上ってきたのが機械製糸法の技術移転である。世界市場において日本生糸の評価を回復させる使命をおびた官営模範の富岡製糸場が、全国のなかでもとりわけ養蚕業が盛んで「繭糸ノ売買最盛ナル上武信三州ノ中央[26]」に立地したにもかかわらず、蚕種輸出の激増に起因する繭の品質劣化の影響をもろに受けることになったのは、まさに歴史の皮肉であるといってよい。蚕種輸出は明治六（一八七三）年にピークを迎えるので、まさにそのブームの只中で開業するのが富岡製糸場であった。

明治三（一八七〇）年八月、蚕種輸出ブームの最中で発布されたのが蚕種製造規則である【表3】。「蚕種製造之儀近来朴撰ニ相成数多之濫製有之趣相聞以之外之事ニ候[27]」の前文ではじまる同規則は、免許鑑札制のもとで蚕種製造人に輸出組合を結成させ、改印（課税）および現地世話役[28]（蚕種正副物代ほか）の監督・指導によって生産数量の掌握と輸出向けの販売数量に規制を加えるものであった。粗悪品とみなした「夜付夏蚕再生掛合等粗悪ノ蚕種」の製造禁止を付加した翌明治四（一九七一）年五月の改正後、政府は濫製蚕種の輸出売買を禁止[29]したうえで、「他人ノ生繭ヲ買入蚕種製造」について生繭製作者の押印を義務付け、一定の手続きをふめば製種に他人の生産した生繭を使用することは許容した。

しかし、明治五（一八七二）年六月の再改正は蚕種の製造と生繭取引に対する規制を強め、製種に他人の生繭を使用することを厳禁する[30]。一ヶ月前の五月には「生繭製造主ノ外製種不差許」の旨を布達し、蚕種製造を生繭製造者のみに限定する旨をあらかじめ告知していた[31]。他者が養育した生繭を使って蚕種製造を行えば、自他の生繭が混交し種類や性質の異なるカイコ蛾同士が交尾する頻度が高まるため、生産される蚕種は交雑化する。生産地での生繭取引を取り締まり、製種用生繭の製造規制に乗り出さざるをえなかったのは、輸出急増が粗製濫造（濫売）を引き起こし国内用の蚕種すなわち製糸用の原料繭の品質を劣化させていたとの現状認識が政府当局に生じたからであった。もとより、富岡製糸場が必要とする大量かつ良質な生繭を十分に確保しなければならなかったからであることはいうまでもないが、そのいっぽうで欧米各国から出ていた日本蚕種の品質粗悪化の批判をかわすためであったとみられる。

(2)　蚕種の国内充備政策と生繭規制

富岡製糸場が開業する一ヶ月前の明治五(一八七二)年九月、政府は蚕種の国内充備をはかるためとして国内用蚕種の海外輸出転用を禁止する法令を布達した。[32] 国内充備とは日本国内で使用する蚕種の十分な確保を最優先し、そのうえで海外輸出用の数量を割り当てる重要方策として表明された。当時、すでに国内用の蚕種のなかでも製糸用繭の生産に用いられる蚕種までも海外輸出に振り向けられていたので、国内充備の必要性は誰の目にもあきらかなことと映ったにちがいない。

すでに指摘したように、改正前の蚕種製造規則では「夜付夏蚕再生掛合等粗悪ノ蚕種」については一括して製造禁止とされた。それは、蚕種の輸出先であった西欧各国に一定の配慮を示す対応であったとみられる。しかし、規則改正は「夏蚕」(夏蚕用の蚕種)、「再生」(春に採種した原種を同年夏季に再製したもの)、「掛合」(春蚕と夏蚕とを掛け合わせた蚕種)については製造しないほうが良いとしたうえで、製造する場合には原紙を区別して、夏蚕・再生・掛合用に指定された「薄紙」を用いれば許可することとした。それに対し、「夜付」(廃蛾の体内に残る卵を絞り出したもの)や「糊付」(脱粒しやすい卵を糊付・補装したもの)などの粗悪品を「不正品」として特定し、それらの製造を禁じた。

要は夜付・糊付などの粗悪品の濫造を取り締まることで、それらが輸出品に紛れ込まないようにする対策であった。いっぽう、夏蚕・再生・掛合は春蚕への混入を防ぐために指定の薄紙使用により適正に品質を表示すれば売買は許容し、良質な春蚕を中心とする蚕種製造の等級別の品質統制を進めたのである。政府は、混入品や粗悪蚕種の輸出が発覚して欧米諸国からの批判を受けないようにするとともに、機械製糸業を奨励するうえで国内用蚕種の品質維持をもはからなければならなかった。

こうした製造取締の強化は、生産地において粗製蚕種や悪質な不正品を生み出すような生繭売買が横行したことを物

府県	大惣代	世話役人数	製造者数	国内用	輸出用	計	【全国比】
山形県	小松新平	22 名	200 名	（不明）	（不明）	45,000 枚	
置賜県	梅津利助	40 名	1,741 名	11,404 枚 (4.8%)	227,822 枚 (95.2%)	239,206 枚 (100.0%)	【8.0%】
宮城県	中村東記	10 名	（不明）	16,464 枚	37,946 枚	54,409 枚	
福島県	中村善右衛門	22 名	1,530 名	65,640 枚 (25.5%)	191,804 枚 (74.5%)	257,444 枚 (100.0%)	【8.6%】
栃木県	松本源十郎	18 名	580 名	26,629 枚	72,810 枚	99,444 枚	
群馬県	田島武平	48 名	2,156 名	65,690 枚 (25.5%)	196,828 枚 (75.5%)	262,518 枚 (100.0%)	【8.8%】
入間県	鯨井勘衛	22 名	2,172 名	54,298 枚 (15.4%)	271,296 枚 (84.6%)	320,594 枚 (100.0%)	【10.8%】
埼玉県	川島梅坪	2 名	191 名	2,388 枚	16,986 枚	19,374 枚	
山梨県	若尾逸平	14 名	857 名	27,373 枚 (14.0%)	167,426 枚 (86.0%)	194,799 枚 (100.0%)	【6.5%】
長野県	藤本善右衛門	125 名	9,200 名	73,009 枚 (6.2%)	1,100,524 枚 (93.8%)	1,173,533 枚 (100.0%)	【39.4%】
筑摩県	一条磋五郎	11 名	（不明）	15,221 枚	29,437 枚	44,658 枚	
合計 (41 府県)		516 名	（-）	466,206 枚 (15.6%)	2,514,847 枚 (84.4%)	2,981,053 枚 (100.0%)	【100.0%】

【表4】1873 年（明治 6）3 月に算出された蚕種製造願高（全国凡積数、抜粋）
資料：『埼玉県蚕糸業史』484 ～ 5 頁（原史料は鯨井家文書「製造願高」）

語る。政府は桑葉の売買にまで規制を加えようとする動きをみせるが、まずは製種に他人の生繭を使用することを厳禁するとともに、他者が養育した生繭を買い集める行為も禁じたのである。その状況は、自他の繭が混交し蚕種が交雑劣化する動きを製造段階で未然に食い止めなければならないほどの事態が生じていたからにほかならない。

【表4】は、明治六（一八七三）年三月に開催された蚕種大物代会議の際に作成された全国的な蚕種製造に関する統計データである。四一府県の現地世話役が政府に上申した輸出組合区ごとの「蚕種製造御免許新規願」を集計したもので、この申請データによれば輸出指向比率が八四・四％であり国内比率は一五・六％であった。この国内比率（残余率）については、蚕卵原紙売捌所規則によって旧入間県の国内充当率が申請データ八四・六％から調整（割当）データ五二・四％に修正されるので、かなり低い数字すなわち「内地原種欠乏ニ立至リ」[33]たるものとして政府に認識されたことがわかる。生産数量の七割を超える輸出指向を示したのは旧福島・群馬・入間・山梨・長野・置賜の六県であり、なかでも旧入間・山梨・置賜・長野の四県が八割を超えるほどのすさまじい〝輸出熱〟を有していたことが判明する。[34]とりわけ、二県だけで全国比の約六〇％を占める旧入間・長野県は操業開始した富岡製糸場で使用される原料繭の調達圏であったので、政府は輸出指向を強烈に表出していた蚕糸業地域から良質かつ新鮮な生繭を大量に確保しなければならなかったという、相反する課題を背負っていた事実を再度指摘しておく。

いずれにしても、事前申告であきらかとなった国内比率（残余率）一五・六％は政府が蚕種業界に対して国内充備を急がなければならない十分な根拠をあたえるものとなったといえる。輸出数量の規制については、蚕種大物代会の協議などを経て、表向きの国内充備率の全国目標を六割水準に置きつつ実質的な輸出比率については個別組合レベルで六割前後とする生産調整がはかられたものとみられる。熊谷県が成立（同年六月）した直後、申請数量を一割強減じられた旧入間県域の国内充備率は管内平均で五二・四％に調整されるが、管内で輸出比率を若干高めに維持した地区は北武蔵の榛沢郡高島村（五七・六％）や児玉郡児玉町（五六・二％）などの利根川中流域に位置する町村であった【表5】。

明治六（一八七三）年四月、全国（蚕種）大物代会議の直後に蚕種製造規則は蚕種取締規則に改正され、「糸繭ノ名目ヲ以テ他ノ生繭ヲ買入其繭ニテ蚕種製造候儀」が禁止された。(35) それまで製種に他人の生繭を使用することは禁じられていたが、それでも生産地ではなおも製糸用（「糸繭」）の名目で他人の生繭を買い集めて行う製種が横行した。輸出蚕種の製造・売買が投機的となっていたからである。なお、規則改正によって印紙料が値上げ（内外用とも一枚五銭→一〇銭）されるとともに、国内用の海外輸出振替の禁止と国内用が不足と見積もられる場合には輸出用を国内用に振り替える旨が通達された。

蚕種取締規則の発布を受けて、各府県の蚕種大物代たちは「御国用充備饒足候様組々説諭」し、「蚕種製造人ハ生繭売買一切不相成生繭取扱候モノハ蚕種製造一切不相成事」を申し合わせることで、蚕種製造人たるもの生繭売買に一切かかわってはならないと盟約した。(36) そして、「精良ノ原種ヲ饒足セシメ製糸機械ニ応ジ候良繭一般産出候様教導心

輸出組合名	地区・世話役		組合構成町村		原紙凡積	製種高（枚）			その他（枚）	
	（郡・宿村名）	（世話役名）	（宿村数）	（製造人数）	（枚）	（国内用）	（輸出用）	計	夏蚕	掛合
神流川組	賀美郡忍保村	福田礼治	1郡9村	105	18585	7782	8808	16590		
	〃　黛村	萩原杢衛	1郡6村	113	17030	8013	7531	15547		
（小計）	（2区）	（2人）	1郡15村	218	35615	15795(49.2%)	16339(50.8%)	32137		
利根川西組	児玉郡仁手村	新井浜二郎	1郡3村	60	9332	4580	4657	9237		
	〃　上仁手村	鳥羽豊吉	1郡2村	50	14375	8822	5478	14300		340
	〃　五十子村	高山仙作	1郡8村	43	4375	2551	1537	4088		
	〃　本庄駅	田村左惣治	1郡1駅	48	6285	2812	3114	5926		
	〃　沼和田村	長沼幸太郎	1郡4村	94	13594	6593	6653	13246		
	〃　児玉町	赤池九八郎	1郡1町5村	102	18555	7298	9393	16691		
	〃　新宿村	中村要二郎	1郡1町8村	64	7540	3777	3158	6936		
	〃　猪俣村	ト部染吉	1郡6村	35	2550	1178	764	1942		
（小計）	（8区）	（8人）	1郡2町37村	496	76606	37612(51.9%)	34754(48.0%)	72366		340
利根川東組	榛沢郡宮戸村	金井総平	1郡4村	84	14320	7020	7312	14332		
	〃　阿賀野村	富田七郎治	1郡3村	95	13910	6841	6830	13671		
	〃　上手計村	山口源衛	1郡5村	58	8584	4350	4059	8409	80	
	〃　沖宿村	高田平九郎	1郡11村	43	3315	1662	1600	3262		
	〃　中瀬村	斉藤安雄	1郡1村	99	14282	5900	7124	13024		
	〃　新戒村	荒木八郎治	2郡4村	75	15844	6980	8008	14988		
	〃　高島村	野村玄周	1郡3村	84	20933	8151	11068	19219		
	〃　深谷宿	国松利平	1郡1宿6村	40	4145	2022	1649	3671	285	
	幡羅郡小島村	田中源三郎	1郡1村	41	4555	2538	2341	4879		
	〃　間々田村	横倉弥七郎	1郡4村	59	8371	3950	4174	8124		
	〃　出来島村	板倉　要	1郡3村	74	10667	4688	5123	9811	130	
	〃　妻沼村	小池五十郎	1郡7村	79	7483	4202	3074	7276		740
（小計）	（12区）	（12人）	2郡1宿52村	772	126469	58304(48.3%)	62362(51.7%)	120666	495	740
荒川組	大里郡熊谷宿	柳沢定平	2郡1宿3村	73	11890	6015	6029	12044	60	
	〃　村岡村	長井市太郎	2郡21村	87	10654	5030	5200	10230		
	〃河原明戸村	飯田広徳	3郡11村	96	8960	5101	3797	8898		
	〃　寄居町	田中新五郎	2郡1町15村	79	5790	3255	1752	5007		
（小計）	（4区）	（4人）	3郡1宿50村	335	37294	19401(53.6%)	16778(46.4%)	36179	60	
秩父組	秩父郡大宮郷	久保庄右衛門	1郡10村	62	5705	5742	973	6715		40
	〃下小鹿野村	森　久吉	1郡14村	52	5170	3830	1230	5060		
	〃　小鹿野町	柴崎佐平	1郡1町7村	54	4205	2915	976	3891		
（小計）	（3区）	（3人）	1郡1町31村	168	15080	12487(79.7%)	3179(20.3%)	15666		40
入間川組	入間郡森戸村	中島孝三郎	4郡61村	89	9759	6245	2610	8855		
	（1区）	（1人）	4郡61村	89	9759	6245	2610	8855		
【合　計】	6組30区	（30人）	5町3宿253村	2139	301555	149851(52.4%)	136018(47.6%)	285869	580	1120

【表5】旧入間県管内における蚕種製造の組合別内訳と輸出比率（1873年）
史料：「深谷蚕卵紙売捌所表（明治六年 元入間県管内蚕卵種製作表）」（『新編 埼玉県史 資料編21』）

持可」（傍点は引用者）とし、蚕種の国内充備が富岡製糸場の操業維持のために必要不可欠であるとの認識を政府に代わって表明したのである[37]。

しかし、その一年後の明治七（一八七四）年四月、内務省を新設した政府は「本年春蚕製造凡積申立候分各府県共度外巨額ニ相成」として生産割当の総量を減額する方針を立て、六月には蚕種印紙の内外用区別を撤廃した[38]。この輸出規制の緩和策は、蚕病（微粒子病）を克服しつつあったヨーロッパでの需要減退が横浜の欧米商社によって予告されるなかで、蚕種（春繭）の生産急増にともない「巨多ノ贏余《えいよ》」[39]が生じ、しかも日本政府の保護貿易的な蚕種輸出規制をめぐって「各国公使ヨリ大イニ紛議ヲ来シ」[40]ていたことへの対応であった。それは、「巨多ノ贏余」の発生により国内充備が不要となったためというよりは、もはや蚕種の海外輸出量を十分に確保するという外交上の必要性がなくなった事実を意味するといってよい。前年に発布された蚕種取締規則が「新規養蚕営業」（蚕種製造の経験が浅い新規参入者）の試業初年度の蚕種輸出を禁止したのも、粗悪蚕種が輸出用に紛れ込むのを防ぐことをふくめ、そうした事情で理解することができる。

とはいえ、印紙区別が撤廃されると製造業者は蚕種を輸出用に集中的に振り向けたので、輸出価格が急落し、横浜での滞貨発生と焼却処分という周知の事態をまねくことになった。余剰蚕種の産地積み戻しと横浜での焼却処分は明治一〇（一八七七）年にも実施・断行され、取締規制の一部緩和によって蚕種の〝輸出熱〟は冷めやらないどころか、かえって高まったのである。

そして明治八（一八七〇）年二月、政府は蚕種取締規則を廃止し、新たに製造業者による自治的な蚕種規制を誘導するための蚕種製造組合条例を制定する。[41]「民間の自由」に任せるため、蚕種に関する諸規制・条例がすべて廃止されるのは同一〇（一八七七）年五月であった。なお、蚕種濫造に関する禁令は蚕種製造組合条例にも引き継がれ、「此組合ノ者ハ他ノ組或ハ他ノ養蚕人製造ノ繭ヲ買入蚕種ヲ製造スヘカラス、但蚕種製造人ヘハ組内タリトモ生繭売渡スヘカラス」、「組内ノ者ト雖異質ノ繭ヲ養育シ成繭ノ後一家ヘ集合シ蚕種製造スヘカラス」として、製種に不可欠な良質な生繭の取り扱いについては組合の自治的規制に委ねられた。[42]製造組合は自他の繭の混交を引き起こす繭の生産と売買を禁じ、「検査ノ上良質ノ生繭ニアラサル分ハ製種ヲ止ムヘシ」としたのである。[43]

しかし、〝輸出熱〟が冷めやらなかった熊谷県や長野県のような有力な蚕糸業地域では蚕種製造人が増加しつづけ、なおも旺盛に輸出用蚕種が生産されていった。以下、その地域的影響を考察する。

(3) 熊谷県「南大区」における榛沢・児玉両郡の蚕種生産の突出

【図1】と【図2】に、明治八(一八七四)年の頃における熊谷県域の蚕種(蚕卵紙)と繭の郡別生産量を示した。輸出規制が一部緩和されて内外用の印紙区別が撤廃された直後の、蚕種と繭の相関的な需給関係をうかがい知る生産動向として興味ぶかい。明治六(一八七三)年六月に成立した熊谷県は繭および蚕種・生糸の生産数量において全国的に抜きん出る存在となり、ひきつづき蚕種輸出の強烈な勢いを示した。繭の生産量をみると、「北大区」の旧群馬県域のほうが「南大区」の旧入間県域よりも一・三倍ほど多いのが注目される。信州北部からも繭が調達されたので、熊谷県(旧岩鼻県)内において大規模な官営製糸場が西上州の富岡に設立されたことは原料調達面から適正な立地選択であったといえる。

いっぽう、蚕種の生産量は「南大区」(旧入間県)が「北大区」(旧群馬県)の二倍以上の生産量があったことに驚かされる。全国有数の蚕種業地・島村がある佐位郡と同等レベルの生産量を示す郡域をピックアップすると秩父および児玉・榛沢の三郡となり、旧入間県域でもこれら三郡の生産量が異常なほどに突出し、蚕種の〝輸出熱〟がきわめて高い地域であったことがわかる。児玉および榛沢両郡の諸村が、近接する島村とあいまって蚕種生産の伸長が顕著となっていたことが看取されよう。(44) 蚕種―養蚕―製糸を連環する躍動的な地域経済圏としての熊谷県の生産動向が政府の勧業(殖産興業)政策および蚕種取締政策にあたえた影響は大きく、全国のなかでも伸長著しかったため蚕種輸出ブームに沸いた地域の一つが北武蔵であった。とくに地理的に島村に近い榛沢郡は、ブームが沈静化する明治一〇(一八七七)年以降においても蚕種製造が根強く存続した。

輸出指向が強くなかった秩父郡(45)を別にすれば、氾濫をくりかえした利根川の中流域および支流の合流域に位置する佐位郡と榛沢《はんざわ》・賀美《かみ》・児玉の三郡は、砂質および壌質の土壌が多く分布する河川低地(河川敷・川原)や微高地(自

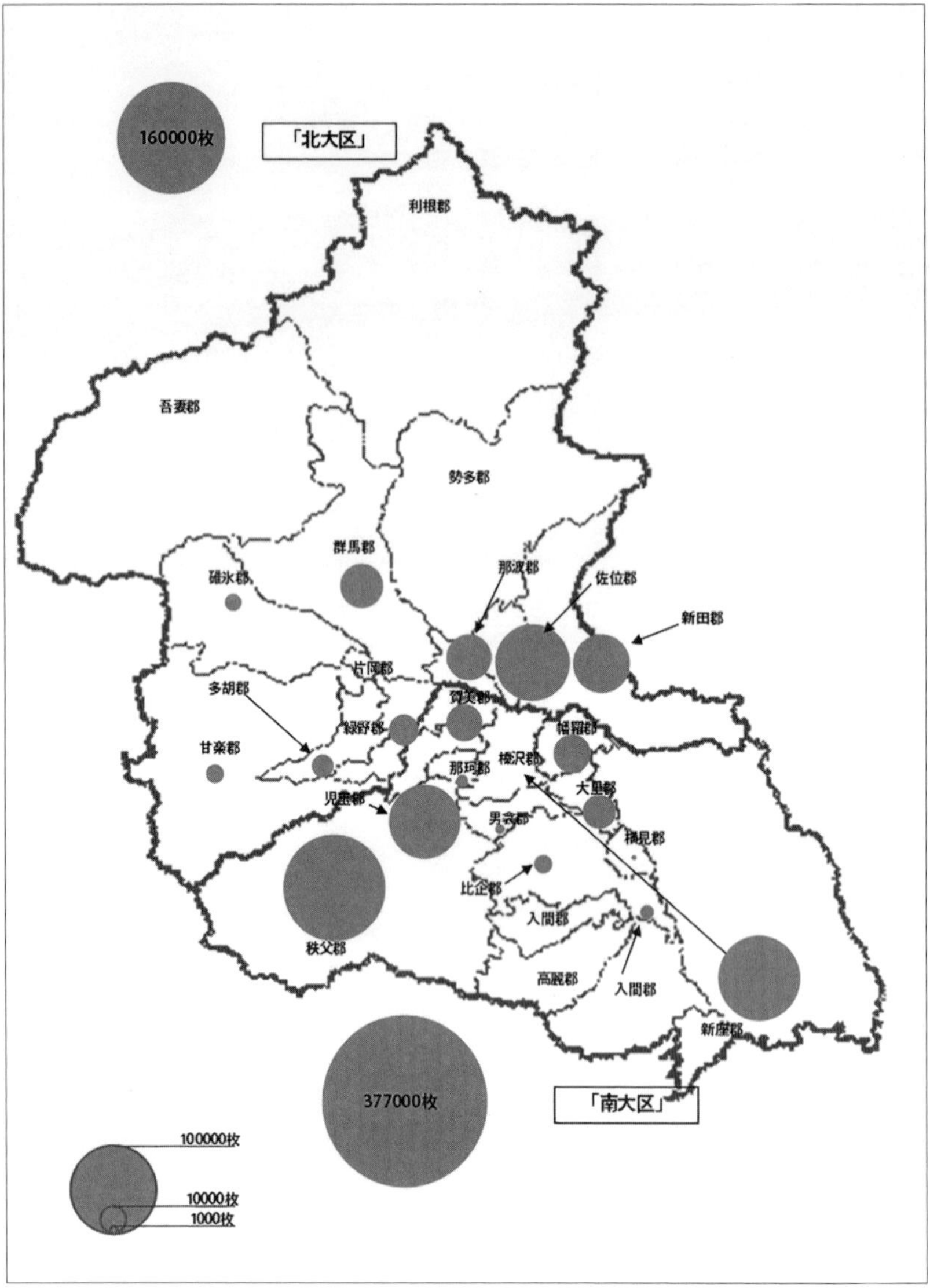

【図1】　明治8年頃の熊谷県における蚕卵紙生産量
（資料：『上野国郡林誌』・『武蔵国郡村誌』）

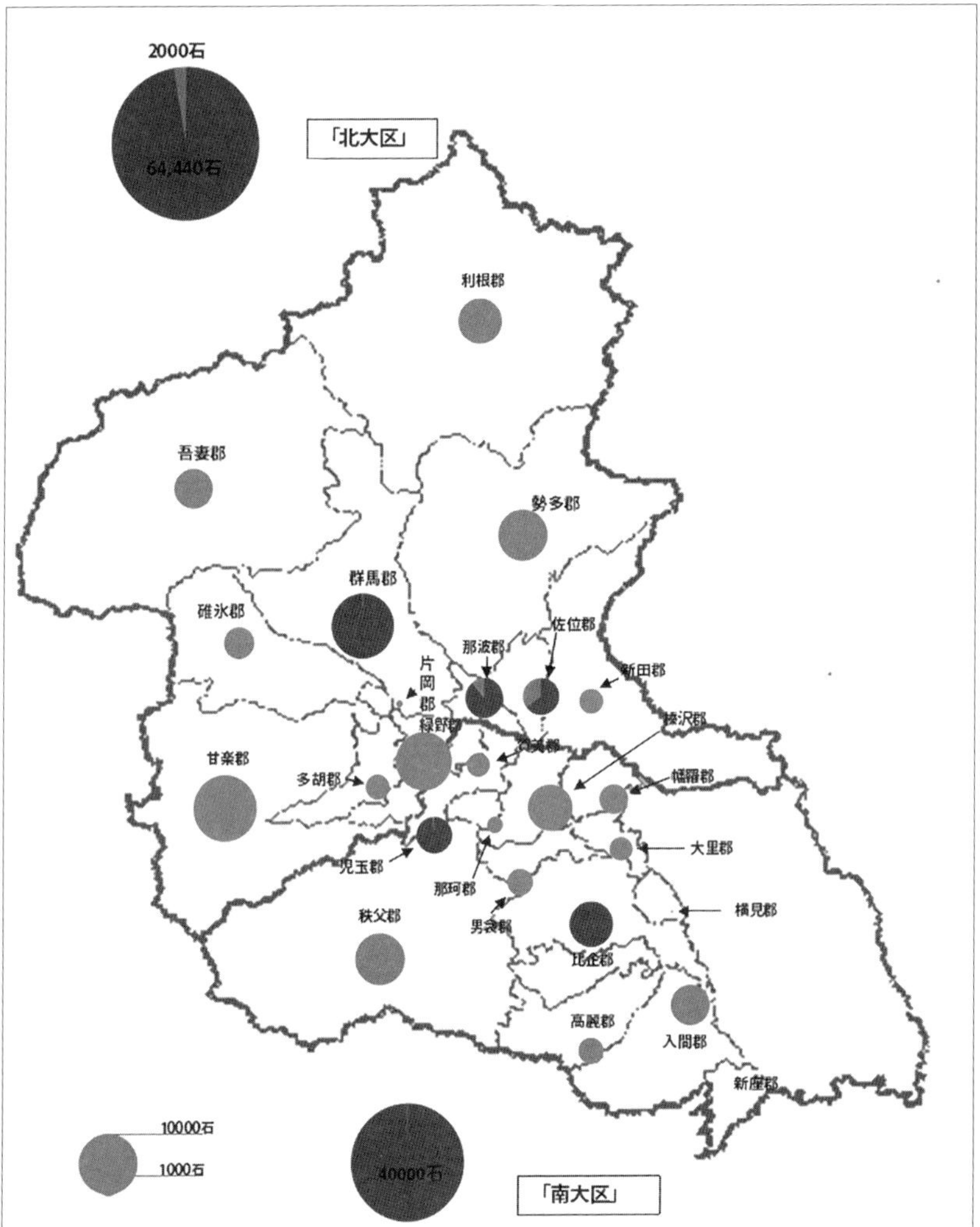

【図2】 明治8年頃の熊谷県における繭生産量
（資料：『上野国郡林誌』・『武蔵国郡村誌』）

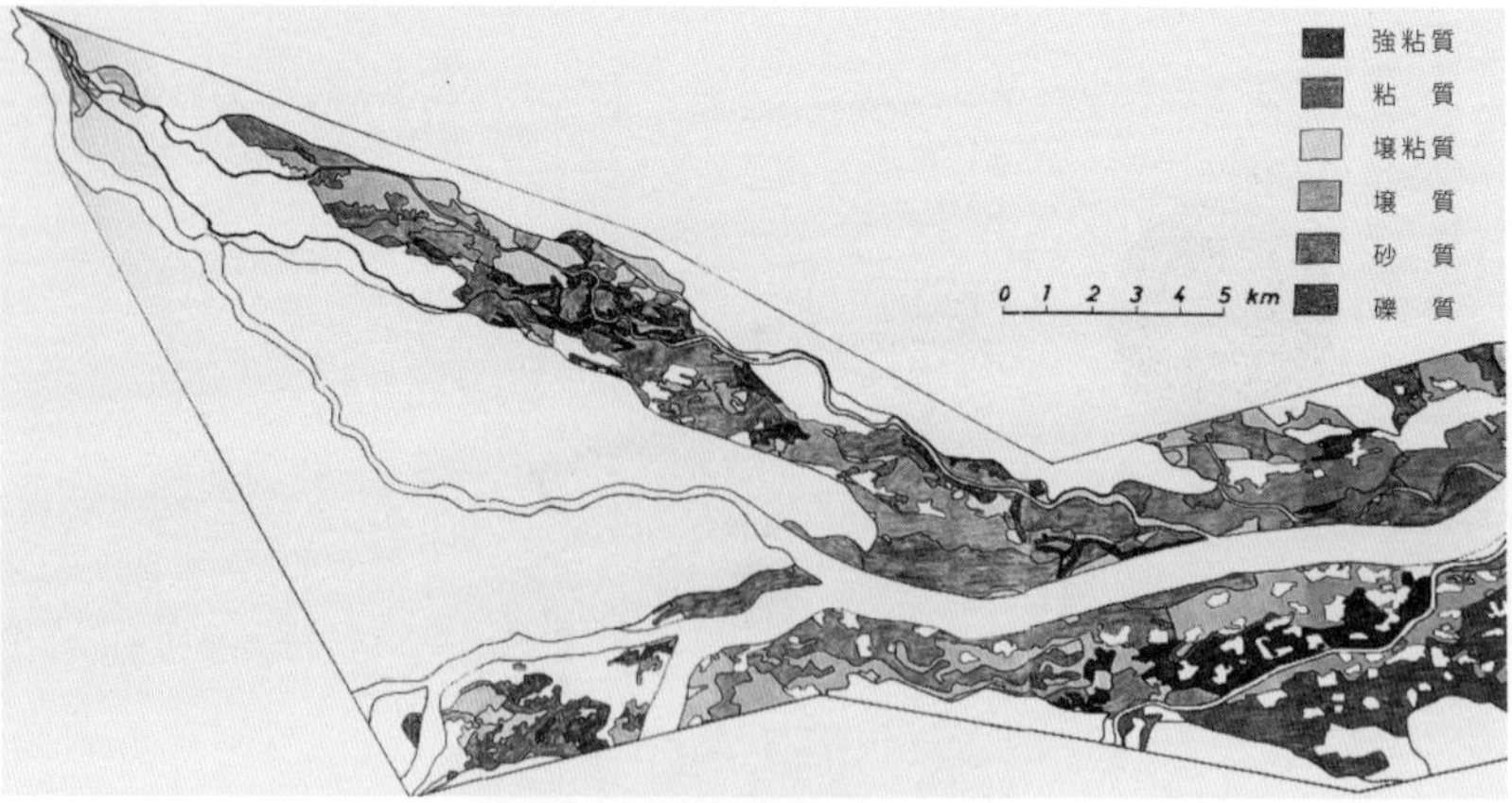

【図3】 利根川中流域の土壌分布
（資料：『埼玉県土壌図』1967年）

然堤防帯）が発達し[46]、蚕種製造に適した地域であった【図3】。なかでも、利根川と支流水系の烏川・神流《かんな》川との合流地点にある賀美郡北部の諸村（忍保、黛）や旧流路跡の沖積低地に広がる児玉郡北部の諸村（仁手《にって》、上仁手、沼和田）、そして広瀬川（利根川旧本流）との合流地点に近い佐位郡島村には砂質土壌が多く分布する川原が形成され、蛆害が少ない「歩桑《ぶくわ》」[47]の栽培適地となった。近世以来、蚕種製造用の歩桑桑園の最適地が日当たりと風の通りが良い川原や堤外地（河川敷）であった。

けれども、利根川右岸の中流域に位置する榛沢・児玉両郡はやや粘質系の土壌が多く分布していた。榛沢郡域では、利根川本流に近い村々に砂質ないし壌質の土壌が表層に多く堆積する。これに対し、支流の小山川水系に近い村々では、かつて乱流した身馴《みなれ》川などが上・中流部に広がる台地面の表層（ローム層）を削って運んだ粘質ないし強粘質の火山灰土が、利根川合流部の付近で砂質土壌の上に表土として滞留・堆積する。とりわけ、小山川左岸の諸村（新戒《しんがい》、高島）での粘質系土壌の滞留・堆積が顕著となる。

いっぽう、北部（沖積低地）をのぞく児玉郡の大部分は隆起扇状地性の本庄台地（立川面）が占め、その表土を身馴川が浸食して形成された浅い開析谷（沖積低地）が広がる（図略）。周囲を生野《なまの》山・浅見山（残丘）

や山崎山（丘陵突端部）に囲まれ、表層の火山灰土を削り取られた浅い谷地は東北方向に緩やかに傾斜する扇状沖積地となり、身馴川が曲流した旧流路を中心に低地と自然堤防・微高地からなる。自然堤防（集落・畑地）の薄い表土を三〇～四〇㎝ほど剥ぐと砂礫層が出現するが、水田利用の低地には粘質系の火山灰土や河川氾濫土が堆積する。児玉郡域においては、沖積低地のやや中央西寄りの沼上村や身馴川の上流域に近い児玉町・金屋村などの諸村に砂質系の土壌が多い川原が形成され、歩桑の栽培に好適な土地条件を提供した。

全国的にみると、蚕種輸出ブームにあおられて蚕種製造人が激増した地域が旧長野県（上田・小県地方）をはじめ、旧入間県（榛沢・児玉地方）、旧群馬県（島村地方）、そして東北地方の旧置賜県（米沢・長井地方）や旧福島県（信達地方）であった。その多くは幕末以前から成長していた有力な蚕種業地を擁していた地域であるが、あえていうならば旧入間県だけが新興産地であった。その旧入間県にあって明治初年代に全国的に突出する勢いで蚕種を増産したのが榛沢・児玉両郡であるが、輸出蚕種の増産は蚕種製造に好適な土地条件をもつ地域以外にも種繭生産を拡散させていたのである。

いいかえれば、小山川水系の下流域や台地上の諸村など、表層に粘質系の火山灰土が比較的多く堆積する地域にも蚕種製造が拡散していった。しかも、輸出蚕種の増産にともない、沖積低地の村々でも微高地や自然堤防上の集落周りにも盛んに桑が植えられるようになったのである。ところが、河川敷や川原の歩桑桑園よりも集落周りの桑に寄生しやすかったのが、当時、不良繭の高い発生率を出現させていたカイコノウジバエであった。河川敷や川原では地表温度が高温となるのでカイコノウジバエの卵が死滅するが、集落周りに植栽された桑の葉裏に生み付けられた卵は死なず、三齢を過ぎた蚕が蠅の卵と桑葉をいっしょに飲みこんでしまう。くわえて、歩桑よりも品質が劣る桑の栽培が自然堤防や台地上に広がったことが蚕種製造に必要な良質な繭の生産を抑制・阻害する要因に転化していったのである。したがって、不良繭の高い発生率の原因は、増産に走って砂質や壌質系の土壌が卓越する好適地を越えて地域的に拡散した蚕種経営ないし養蚕兼営であったといえるだろう。

おわりに

明治初年代の熱狂的な蚕種輸出ブームは、「近来養蚕之弊風博奕同様ニ相成、桑樹所持無之族原種多分ニ掃立、財主ヲ頼ミ大金ヲ入置他人ノ桑ヲ諸方ヨリ買集候故、桑種同一ナラズ養方其度ヲ失ヒ終ニ違作或ハ下等ノ品製出候様成行候ニ付」(48)という事態を惹起し、生繭のみならず桑葉の売買も投機的となった。しかし、当時は良蚕の養育には同一的な桑葉が必要とされ、桑の種類が増えると違蚕（遺作）になりやすかった。機械製糸業を奨励・推進するうえで国内用蚕種の品質維持をはからなければならないのに、蚕種製造に欠かせない良質な生繭を確保するのが難しくなっていたのである。

明治六（一八七三）年四月、開業から半年ほど経った官営富岡製糸場に入場した信州松代藩旧士族娘の横田英たちが最初に指示された業務は、山口県出身の娘たちには免除された、注意力と根気のいる繭の選り分け作業であった。そして、富岡製糸場で一年二ヶ月間の研修を積んだ英は郷里に帰郷し地元に設立された六工社製糸場に教婦として入場するが、ふたたび繭質の問題や繭煮法に悩まされることになる。(49)山形県の米沢製糸場（一八七六年設立）では開場後三年経っても品質・繊度が異なる春繭と秋繭が同一の釜で煮繭されるなど、(50)機械製糸工場の多くが試行錯誤の只中にあり営業成績を低迷させていた。官営模範の富岡製糸場に続いて設立された機械製糸場も良繭の確保に悩まされ、しかも雑多な繭の選り分けが手間と費用を発生させていたのである。

しかも、困難な事態はそれだけにとどまらなかった。欧米各国が粗悪化する日本蚕種と生糸の輸入を手控えたために、横浜での輸出用の蚕種・生糸の取引相場が低迷していた[51]。おりしも普仏戦争が勃発し、ヨーロッパの生糸市況が大きく下方修正されるきびしい経済情勢であった。明治五（一八七二）年、世界のシルク業界の中心地であったフランスで輸入生糸相場が大きく急落し、それ以降、生糸不況が長期化するなかでリヨンの絹織物業界でも中・下級製品の開発に力を入れはじめていく[52]。ヨーロッパの変動的な政治・経済情勢のもと、生糸の輸出相場の低迷のみならず日本国内での原料繭の品質劣化が加わり、日本における機械製糸法の技術定着は決して容易ではなかったといえるだろう。

以上、本稿は明治前期に出現した躍動的な地域経済圏を熊谷県に見いだし、蚕種輸出ブームに沸きたった北武蔵において民間レベルの養蚕改良の試みが現れる直前の状況を考察した。紙幅の制約から養蚕改良の胎動を予察できなかったが、近代日本の機械製糸業が直面した良繭確保の課題がどのように克服されていったかについては、稿を改めて論じることにしたい。

註

（1）鈴木（庸）家文書「明治五年三月　上州富岡製糸場繰糸工女募集ニ付有志ノ者届出方（入間県布告・布達集）」（埼玉県教育委員会編『埼玉県史料叢書六（下）　入間・熊谷県史料二』埼玉県、二〇〇九年）、「達（資料一六七）」・「富岡製糸場史（稿）（資料二三〇）」（『富岡製糸場誌　上』富岡市教育委員会、一九七七年）。

（2）「明治五年六月　製糸告諭書（大蔵省布告第七一号）」、『法令全書』。

（3）今井幹夫『富岡製糸場の歴史と文化』みやま文庫、二〇〇六年。

（4）鈴木芳行『蚕にみる明治維新―渋沢栄一と養蚕教師―』吉川弘文館、二〇一一年、田村　均「世界のなかの日本生糸と埼玉県（一～五）―繭と生糸の幕末維新史―」（『ぶぎんレポート』一七七・一七九～一八二、二〇一四年）。

（5）「明治五年六月　蚕種製造規則（太政官布告第一七九号）」、『法令全書』。
（6）（7）　井川克彦「明治初期の蚕種輸出過剰問題と外国人」（『日本女子大学文学部紀要』五三、二〇〇三年）。
（8）服部一馬「英公使館員アダムズの蚕糸業地域視察（一八六九年）」（横浜開港資料館ほか編『横浜居留地と異文化交流』山川出版社、一九九六年）、今井幹夫「明治初期における伊・仏国外交官による養蚕地帯の視察―特に上野国の視察に視点を当てて―」（『ぐんま史料研究』一七、二〇〇一年）、前掲、今井幹夫『富岡製糸場の歴史と文化』、井川克彦「明治初期の蚕種輸出過剰問題と外国人」。
（9）蛆発生の原因について、当初、アダムズは桑の葉に生み付けられた蠅の卵が蚕の体内に入って寄生するとの渋沢とほぼ同様の見方（第一報告書）を示すが、最終的には蠅が稚蚕の表皮を刺して生み付けた卵が孵化したのち蚕の体内に入って寄生するという「科学的」（昆虫学的）な見解（第二報告書）に変更した。嚮蛆病は給桑中に桑葉に生み付けられた蠅の卵を蚕が飲み込むことが原因であるが、当時は西欧の科学的知識をもってしても検証できなかった。なお、岩鼻県は明治二（一八六九）年四月に、嚮蛆病の対策として屋敷周りの生垣の枝葉を刈り透かし、風通しを良くするようにとの旨を管下諸村に示達している（「岩鼻県御役所御達書」『埼玉県蚕糸業史』埼玉県蚕糸業協会、一九六〇年、四六七頁）。渋沢栄一の後日談によれば、蛆発生は集落周りの桑の性質によるとする渋沢の見方に対し、アダムズは昆虫学の原理からしてそのようなことはありえないと論断したという（前掲、今井幹夫「明治初期における伊・仏国外交官による養蚕地帯の視察」）。
（10）前掲、服部一馬「英公使館員アダムズの蚕糸業地域視察」。
（11）アダムズ意見書の建言に真っ先に反応して設立された機械製糸工場が、前橋藩による前橋製糸場であった。
（12）前掲、井川克彦「明治初期の蚕種輸出過剰問題と外国人」。
（13）前掲、鈴木芳行『蚕にみる明治維新』。
（14）「富岡製糸場記　全（資料四）」（『富岡製糸場誌　上』富岡市教育委員会、一九七七年、一四七～一五〇頁）。
（15）前掲、服部一馬「英公使館員アダムズの蚕糸業地域視察」、今井幹夫「明治初期における伊・仏国外交官による養蚕地帯の視察」・『富岡製糸場の歴史と文化』、井川克彦「明治初期の蚕種輸出過剰問題と外国人」。
(16) エシェ・リリエンタール商会の代表社員ガイセンハイマーが、渋沢のみならず政権中枢部にいた伊藤博文などに接触して機械製糸場の単独設立ないし共同出資を強く建言・勧奨したとされる（前掲、「富岡製糸場記　全（資料四）」、今井幹夫『富岡製糸場の歴史と文化』）。
(17)～(20)「富岡製糸場記　全（資料四）」（前掲、『富岡製糸場誌　上』）。
(21)(22) 埼玉県からの調達比率は、五六・七％（明治二〇年度）、六三・三％（同二三年度）、四七・六％（同二六年度）と推移した。「各年度の営業概要（資料二四六～八）」（前掲、『富岡製糸場誌　上』）。
(23)～(25)「十六年度の営業概要（資料二三八）」・「明治六年官営富岡製糸場　埼玉県に設置せし仏国式生繭乾燥所同年六月二十一日消失当時之書類（資料一七九）」・「十七年度の営業概要（資料二四三）」（前掲、『富岡製糸場誌　上』）。
(26)「富岡製糸場記 全（資料四）」（前掲、『富岡製糸場誌 上』）。
(27)「明治三年八月　蚕種製造規則（太政官布告第五三八号）」、『法令全書』。
(28) 蚕種大物代の役割と意義については、前掲の鈴木芳行『蚕にみる明治維新』に詳しい。
(29)「明治五年二月（濫製ノ蚕種ヲ売買スルヲ禁シ違背ノ者ヲ厳罰セシム）（大蔵省布告第二六号）」、『法令全書』。
(30)「明治五年六月　蚕種製造規則再改正（太政官布告第一七九号）」、『法令全書』。
(31)「明治五年五月（蚕種ノ儀以来生繭製造主ノ外製種不差許）（太政官布告第六五号）」、『法令全書』。
(32) 鈴木（庸）文書「明治五年九月　蚕種紙国内用ヲ海外輸出ニ換用ノ願ヲ許サス（入間県布告・布達集）」（前掲、『埼玉県史料叢書六（下）入間・熊谷県史料二』）。
(33)「明治七年八月　蚕種濫出予防ニ対スル説諭案（埼玉県行政文書・明一五〇二）」、埼玉県立文書館所蔵。
(34) 次年後の明治七（一八七四）年においても、全国府県中で輸出指向をひきつづき強烈に表出したのが熊谷県域（旧群馬・入間県）と長野県域（旧長野・筑摩県）であった。「就中盛業之地方ニ而く熊谷長野之両県於ハ製種人一同之協議ニ而、製造総額之内七分海外輸出ニ振リ向三分通ハ内国用ニ充テ」るという上申が出され（前掲、埼玉県行政文書・明一五〇二）、熊谷・長野両県の実質的な輸出指向比率は八割以上の勢いであったとみられる。

(35)「明治六年四月　蚕種取締規則（太政官布告第一四〇号）」、『法令全書』。
(36)(37)「明治六年四月　蚕種大総代申合書（太政官布告第一四〇号）」、『法令全書』。
(38)「明治七年六月（国内用並海外輸出トモ更ニ一様ノ印紙下渡候）（太政官布告第六〇号）」、『法令全書』。
(39)「明治七年三月（本年春蚕種製造凡積申立候分）（内務省布告乙第二三号）」、『法令全書』。
(40)「明治七年八月　蚕種濫出予防ニ対スル説諭案（埼玉県行政文書、明一五〇二）」、埼玉県立文書館所蔵。
(41)〜(43)「明治八年二月　蚕種製造組合条例（太政官布告第三二号）」、『法令全書』。
(44)明治四〇（一九〇七）年に埼玉県が編纂した『蚕糸業調査書』によれば、明治初年の児玉郡は「全郡ヲ挙ケテ殆ト蚕種製造者トナルノ有様」であった（「蚕糸業調査」『新編　埼玉県史　資料編21』埼玉県、一九八二年）。
(45)過剰申告ないし過大データの可能性があるが、秩父郡の産出量の約半分を現・東秩父村東部の旧安戸・御堂・奥沢三村が占める。槻川上流域に位置する三村は生絹集散地の比企郡小川町に近く、地域的に生絹生産（製糸）用の繭確保が優勢となり蚕種の輸出指向は強くなかったものとみられる。
(46)地形分類図の掲載を省略するが、地形の特徴については中山正民・原高則・小野口勲「利根川中流及び中川流域における沖積平野の地形」（『埼玉大学紀要教育学部（数学・自然科学）』二八、一九七〇年）を参照されたい。
(47)『郷土の産業　養蚕・製糸』上田市立博物館、一九八一年、一七頁。なお、歩桑は発蛾歩合が良好な桑という意味。
(48)「明治六年四月　蚕種大装総代申合書（太政官布告第一四〇号）」、『法令全書』）
(49)和田　英『富岡日記』みすず書房（復刻版）、二〇一一年。
(50)『米沢市史編集資料二〇　米沢製糸場関係史料』米沢市史編さん委員会、一九八七年。
(51)西川武臣『幕末明治の国際市場と日本―生糸貿易と横浜―』雄山閣出版、一九九七年。
(52)田村　均「（新動向）物・ファッション」（社会経済史学会編『創立70周年記念　社会経済史学の課題と展望』有斐閣、二〇一二年）。

Ⅱ　湧水と生産・生業

武蔵国熊谷郷の開発と在地領主

大井教寛

はじめに

中世武士像について近年、従来議論されてきた開発領主、在地領主としての側面ではなく、武士の職能的な側面が注目されて以来、[1]その支配拠点に関しても所領の開発拠点としての側面ではなく、交通上の要衝、いわゆる町場を押さえていたという、経済的な側面を重視した中世武士像が注目されてきた。[2]また自らの屋敷地を巡らしていた堀の役割についても、開発の観点から導かれた用水権の掌握としての意味づけから、いわゆる「堀内」と呼ばれる堀の成立は一四世紀ごろであるという考古学的な成果、用水としての堀とため池施設としての堀という機能分化の議論、そしていわゆる「屋敷地」についても四方を必ずしも堀で囲まない、直営田も含めた広い範囲を「屋敷地」と呼ぶという議論があり、中世武士の居館に関しても様々な議論が行われてきた。[3]そのため、中世における在地領主としての武士の性格については、改めて議論を構築する必要性が出てきた。

さて、荒川と利根川という大きな河川に挟まれた武蔵国北部の熊谷・行田地域は、自然地理的にみると江戸時代における瀬替えなどの河川改修を行うまでは、荒川・利根川という二つの河川の流路の変遷、特にその名の通り「荒れる川」であった荒川の流路の変遷に大きな影響を受け、また古代には小河川や湧水を利用することにより、大里条里を始めとして別府条里、中条条里など条里制が敷かれたことで、開発が比較的早くから進んだ地域であるといえる。こうした自然地理的、歴史的背景のあるこの地域は、中世において熊谷氏や久下氏、成田氏、別符氏といった、いわゆる「武蔵武士」の多くを輩出した。彼らは身分的に軍事貴族と呼ばれる武士ではなく、治承・寿永の内乱や承久の乱などを経る中で、鎌倉幕府から自身の「名字の地」たる本領や、新たに地頭職を得た所領の保証を得ることで、勢力の保持・拡大を行ってきた。そのため彼らは、自身の所領の開発行為、在地領主的な側面が強いといえる。

本稿では、こうした「武蔵武士」の一つである熊谷氏に焦点をあてて、熊谷氏の本領である熊谷郷の開発について、自然地理的な側面、歴史的な側面から分析を行いたい(4)。そしてこの地域における中世武士団の特徴が、何に規定されたのかを考えていきたい。

一　荒川の河道の変遷

さて、それではこの地域における開発、領主支配などに関して最大の影響を与えた荒川の河道の変遷について、自然地理や河川工学、さらには地誌、考古学の研究成果から概観したい。

第一に自然地理の分野から見ていくが、栗田竹雄氏の成果がまず挙げられる(5)。氏は、熊谷地域における荒川の洪水の分析から旧河道を洗い出し、その旧河道のおよその年代についても言及している。次に籠瀬良明氏の著書が挙げられる(6)。氏は、関東地方の事例として荒川新扇状地の自然堤防、そして荒川旧河道の分析を行い、公的施設の建設に係るボーリング調査による地質分析から荒川新扇状地の範囲を特定し、自然堤防の詳細な分析から熊谷地域における荒川の旧河道の詳細を地図上で示している。

第二に河川工学・地質学の分野を見ると、大熊孝氏が用水路と荒川との関係について分析しており、(7)用水路の流路の分析から、かつては荒川の旧河道が利根川へ流れ込んでいたことを推測している。また小出博氏も成田用水路などの現在利用されている主要な用水路は、荒川がかつて自然河川、原始河川の状態であったときの派川であって、乱流していた派川の中で有力なものを現在の用水路として使用していると指摘している。(8)

第三に、地誌資料の分野についての成果を見ると、まず近世に編纂された『新編武蔵風土記稿』が挙げられる。これには「荒川」の解説として、古くは熊谷宿の北より埼玉郡の郡界を流れていたとし、いつのころか河道を変えて江川村及び下久下村の堺を流れ、その後、寛永六（一六二九）年に伊奈忠治による瀬替えによって現在の流路になったとしている。(9)また吉田東伍が著した『大日本地名辞書』の「荒川」の解説には、荒川は中流域において河道の変遷があり、往古は熊谷の北を流れ、大里郡および幡羅郡の郡界を画し、足立郡、埼玉郡の境界を流れていたとし、今のように熊谷と村岡の間を流れるようになったのは、年代は詳らかではないが室町期のころではないか、としている。(10)

第四に、考古学の分野における、現在行われている熊谷市史編纂事業の成果の一つとして、「荒川の流路と遺跡」と題した座談会の記録が挙げられる。(11)これは考古専門部会に所属する諸氏による、荒川とその周辺の遺跡との関係について分析したもので、これによると、熊谷市中心市街地の北側を流れる忍川や星川、奈良川などを古代から中世の荒川の旧流路とし、そうした河川に規定されて縄文以来の遺跡や中世武士の拠点が設定されていることを明らかにしている。自然堤防や旧河道と遺跡との関係が地図上で議論されている点、縄文から中世にいたるまでの旧河道を、それぞれの時代における拠点との関係で議論されている点で、非常に大きな成果であるといえる。

こうした荒川旧河道の変遷に関する研究成果の共通点は、古代から中世にかけての荒川の本流の河道は現在の位置ではなく、熊谷市の中心市街地の北側を流れていたとする点である。とすると最大の焦点は、中心市街地の北側を流れていた本流がいつ頃、現在の位置、熊谷と村岡の堺へと流路を変えたのかという点である。なぜなら、旧河道が熊谷郷の北側を流れていた間は、古代から中世への連続性を保ちつつ、熊谷氏による熊谷郷の開発を想定することができるが、現在の位置へと本流が変遷したということは、熊谷郷の中心地を巻き込んで河道の変遷が行われたことを想定しなくてはならない。それは熊谷氏の所領支配にとって大きな転機ともなるからである。

この点について一つの示唆を与えてくれる文言は、「村岡陣」という文言である。「陣」とは通常、軍勢の集まる場所、駐屯地として使われる。(12)実際、暦応三（一三四〇）年五月の「矢部定藤軍忠状写」(13)から、北朝方の高師冬が「村岡宿」に「陣」を敷き、そこへ武蔵国北部の武士の糾合を図ったことがわかる。しかしこの時期はグレゴリオ暦に換算すると六月となり、全国的に梅雨の時期にあたる。この時期に現在の位置に荒川の本流が流れていた場合、突然の豪雨など気象条件の急変から川の氾濫が起こり、陣が水没することも考えうる。このことを考慮すると「村岡陣」という文言で表される場合の「村岡」は荒川本流の渡河点としてではなく、町場的拠点としての「村岡」を軍勢の駐屯する宿営地としていたと推定することができる。つまり、「村岡陣」と表現されていた時代は、荒川の支川、小河川があった可能性はあるが、現在のような荒川の本流が、熊谷と村岡の間を流れていない時期であったと推定することができるのである。

この「村岡」が中世において町場的な拠点であったと推定する傍証は、まず一三〇〇年頃の成立と考えられている知恩院所蔵の「法然上人行状絵図」第二七巻の蓮生法師（熊谷直実）の予告往生の場面が挙げられる。(14)この場面における「村岡」には市が立っており、高橋修氏によると、(15)東山道武蔵路との関係で古代から既にあった「村岡」の町場を、熊谷氏が自身の所領支配との中で重要な拠点として押さえていたのではないかとしている。さらには一三〇三年頃の成立と考えられている宗俊本「一遍上人絵詞伝」第七巻で他阿上人が病を得る場面での「村岡」が挙げられる。(16)

この二つの絵巻は、鎌倉後期における「村岡」が町場的な拠点として認識されている有力な傍証となりえると考える。つまり、その後の南北朝期から室町期の「村岡陣」という文言における「村岡」も、重要な町場的な拠点であったことが考えられるのである。

この「村岡」に関する表現が、「鎌倉大草子」の永享一二（一四四〇）年七月四日条を見ると「荒河を馳渡し、村岡河原に打上る[17]」と変化している。つまり、熊谷側から荒川を渡河して村岡河原に達するには、熊谷と村岡の間に荒川の本流が流れていなければならない。ここで熊谷氏の熊谷郷における活動の変遷について時系列を挙げたい。

・元弘三　（一三三三）年　……熊谷直経の西国下向とされる年（『熊』家わけ文書「熊谷家文書」三六号）
・応永一〇（一四〇三）年　……「熊谷家文書」における熊谷郷関連文書の下限（宗直（直経の子）から在直への譲状（『熊』家わけ文書「熊谷家文書」一〇三号））
・応永二一（一四一四）年　……熊谷氏に関する熊野社関連史料の初見（『熊』編年史料　南北朝・室町時代三七四号）
・永享二　（一四三〇）年　……熊谷郷の記述がない熊谷氏の譲状の初見（在直から信直への譲状、『大日本古文書』家わけ一四「熊谷家文書」一〇九号）
・永享五　（一四三三）年　……熊谷氏に関する熊野社関連資料（応永二一年の旦那職売券による契約を改めて結び直す、『熊』編年史料　南北朝・室町時代四〇六号）

この永享五年以後は、熊谷氏の武蔵国に関する古文書は見受けられなくなる。この時系列の内の「旦那職売券」に関しては以前拙稿で、単に経済的な困窮による売買ではなく、在地領主層の流動化による旦那職の形骸化が起こり、師旦関係の清算を行ったのではないかと指摘したが[18]、このことから、永享五年以前の、熊谷氏の熊谷郷における活動に、何らかの大きな変化が起こった可能性が考えられるのではないだろうか。

ここでこの時期の気象条件の変化を見てみると、応永三四（一四二七）年の夏の大洪水が挙げられる。これについては齋藤慎一氏が利根川との関連で言及されているが[19]、「鶏足寺世代血脈」他の記述から、利根川、渡良瀬川など東国の広い範囲で大洪水が起こったことがわかる。この大洪水が荒川にも大きな影響を与えたであろうことは想像に難くない。またこの大洪水を先の時系列にあてはめると応永二一年と永享二年の間に入り、永享二年の譲状で熊谷郷の記述がなくなるのは、この大洪水が熊谷郷への熊谷氏の直接支配に大きな影響を与えたことが考えられる。つまり、熊谷郷における自然環境の大きな変化によって、熊谷氏が熊谷郷への支配を断念した可能性が考えられるのである。この荒川河道の変化については三章でも改めて触れたい。

これらのことから、古代から中世にかけての荒川の本流の河道は現在の河道ではなく、まず、現在の熊谷市川原明戸付近から東流し、現在の忍川、新星川の流路を流れて利根川へ流れ込んでいた。その後、現在の熊谷市の中心市街地の北側を流れ、そこから南東流し、現在の元荒川の流路へと変遷を重ねていった。そしてさらに応永年間の大洪水を経て熊谷と村岡の境を流れるようになり、寛永六（一六二九）年の幕府代官である伊奈氏による瀬替えによって現在の流路となったと総括できると考える。

二　大里条里と古代の開発

次に、この地域における古代からの開発状況を考える上で大きな指標となる、大里条里について考えたい。大里条里に関する史料としては著名な九条家旧蔵「武蔵国大里郡条里坪付」[20]があり、条里の成立年に関しても、『延喜式』裏文書が康保三（九六六）年から永暦二（一〇七八）年までであるので、一〇世紀初前後に成立したものと考えられている。[21]この条里制開発に大きな影響を与えた出来事として、天仁元（一一〇八）年の浅間山の大噴火が挙げられる。この噴火により、現在の群馬県から埼玉県北部に大量の灰が降り積もったことが発掘調査から判明している。特に埼玉県北部に限定して影響を見てみると、熊谷市北部にある北島遺跡では、火山灰降下で耕作地を放棄したことがわかっている。[22]また深谷市にある岡部条里では、推定榛澤郡家に近い場所については、火山灰降下後の再開発が見られるが、推定郡家から離れた場所だと耕作放棄している状況が見受けられている。[23]これら近隣の状況を考えると、大里条里も岡部条里のように火山灰の影響を受けながらも再開発を行った可能性が考えられる。

この大里条里の研究としては原島礼二氏、三友国五郎氏、森田悌氏ら多くの古代史研究者が議論している。[24]特に森田氏は近年の研究の中でその条里のおよその東西南北を、東を忍川付近、南を和田吉野川、西を江南台地・比企丘陵北部内としている。[25]これらの研究成果から、条里内に荒川のような大きな河川が流れていたことは考えられず、前章でみたように古代の荒川の本流の河道は、熊谷郷の北側を回り込んで流れていたことが推測される。さらに森田氏は推定榛澤郡家、幡羅郡家の発掘状況との関係から、郡家が微高地上に存在し、そしてそれぞれの条里制遺構である岡部条里および別府条里が微高地から下りた低地帯に存在することに着目し、大里条里および大里郡家も同様の地理的状況であったであろうことを推測している。[26]では大里郡家はどこにあったと考えられるであろうか。古代の国郡を考える上で基礎資料となる『和名類聚抄』国郡部を見ていきたい。

『和名類聚抄』には「古活字本」など諸本があり、そのうち二〇巻本系の「高山寺本」をみると、[27]山城国の項に「有郡謂之郡家有驛謂之驛家以寄諸社謂之神戸不入斑田謂之餘戸異名同除而不載」と注釈があり、解題には「それぞれの郷（国）に郡家、駅家、神戸、余戸と呼ばれる里があっても、それは他に記載されている里と対等ではなく、それは里の一部であるので里名としては記載しない」とある。この解釈を踏まえて武蔵郷（国）大里郡の記載を見ると、里（郷）名には楊井と市田の二つの名称しか記載されていない。郷は通常、令の規定で五〇戸を単位として編成されている。そして郡家とは当然、当該郡の官衙を示しており、官衙周辺に五〇戸の屋敷が集まるのは必然と考えられる。このことと「高山寺本」の記載とを鑑みれば、古代の大里郡には楊井郷と市田郷の二郷が主要な郷であったと考えられ、官衙である郡家は、そのどちらかの郷内にあったと考えられるのである。このことは、大里郡が二つの郷しかない、いわゆる「小郡」であったということではなく、大里郡の狭い面積の中に郡家と二つの郷、そして余部という、非常に人口の密集した、開発が進んだ地域であったと考えることも可能なのではないか。

そこで注目されるのは近年発掘調査された「宮町遺跡」である。そこからの出土品として、「楊井」と墨書された土器や、四面庇付建物の遺構が確認され、中世の溝跡も確認されている。[28]「楊井」の墨書はまさしく大里郡の楊井郷を指すと考えられ、四面庇付建物は、官衙等の官制施設である可能性が考えられる。またこの発掘調査された付近は微高地上にあり、森田氏の言う榛澤郡家、幡羅郡家の立地と符合する。[29]この宮町遺跡の発掘調査だけでは大里郡家の位置を断ずることはできないが、たとえ大里郡家ではなかったとしても、「楊井」の墨書から、宮町遺跡には楊井郷にかかる官制施設があったとも考えられ、古代から熊谷市中心市街地の微高地上に、郡または郷の官制施設があったことが考えられる。

また久下には『新編武蔵風土記稿』に「北市田」という地名が見られる。そこから南西の、現在の熊谷市中曽根に「南市田神社」がある。この南市田神社は、明治四三年四月に旧村の中曽根村等近隣八村に鎮座していた一四社を合祀してできた神社で、社名の由来は、ここより北の久下の小字である「北市田」に対して南にある市田という意味であるという。[30]またこれより前の明治二二年の町村制施行にあたって、中曽根村等一一ヶ村が合併した際、新しい村名を「当地方の物称ヲ採リ新村名トス」ということで「市田村」が成立しているので、[31]この「南市田神社」周辺の地域を、古来「市田」と総称していたことがわかる。つまりこの熊谷市久下付近から南西に広がる地域に市田郷があり、その市田郷に郡家（久下）があったのではないかという想定もできる。そして楊井郷の官制施設が現在の熊谷市中心市街地の微高地上にあり、両方の官制施設から広がる南方の低地上に大里条里が広がっていたのではないかと考えられるのである。

これらのことから、大里条里の比定について私見の地図を【図】として示したい。[32]この条里配置は、基本的に三友・足利・森田三氏の研究成果を参考とし、条は北から南、里は西から東、に基づいて作成したもので、「大里郡条里坪付」にある「川辺里」を、現在の和田吉野川との境に比し、西側の堺を丘陵地帯の縁辺部とし、現在の国道四〇七号線が条里の西端を走る位置で、熊谷市中心市街地の微高地との関係からこの図を作成した。森田氏が以前示した比定図よりも西方に位置しているが、郡家と条里との位置関係を、榛澤郡家と岡部条里、幡羅郡家と別府条里それぞれから推定してこの位置とした。この条里の位置関係については、次章で熊谷氏の開発を触れる中で再び議論したい。

三　熊谷郷の開発

最後に、これらの自然環境、古代からの開発の影響を大きく受けたと考えられる熊谷氏の開発について、「熊谷家文書」を素材として見ていきたい。

まず、熊谷氏の屋敷地がどこにあったのかという点であるが、これについては多くの先行研究がある。[33]これらの成果を踏まえて、まず「熊谷蓮生譲状」を見ていきたい。

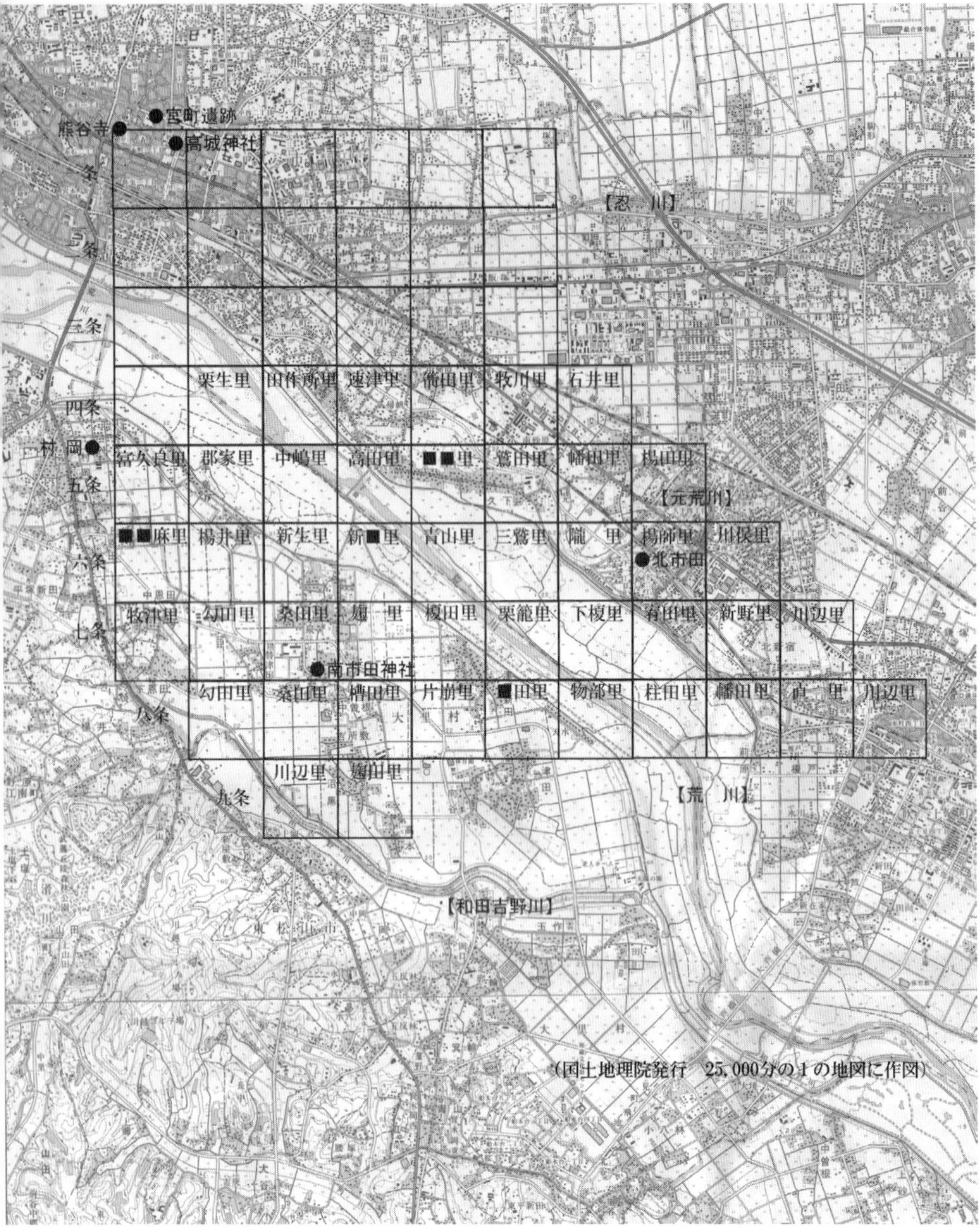
●宮町遺跡
熊谷寺●
●高城神社
一条
二条
【忍　川】
三条
栗生里
田作所里
速津里
備田里
牧川里
石井里
四条
村岡●
富久良里
郡家里
中嶋里
高田里
■■里
鷺田里
幡田里
楊田里
五条
【元荒川】
■■麻里
楊井里
新生里
新■里
青山里
三鷺里
隴　里
楊師里
川俣里
●北市田
六条
牧津里
勾田里
桑田里
廻　里
榎田里
栗籠里
下榎里
有田里
新野里
川辺里
七条
●南市田神社
勾田里
桑田里
槽田里
片崩里
■田里
物部里
柱田里
幡田里
直　里
川辺里
八条
川辺里
廻田里
【荒　川】
九条
【和田吉野川】
（国土地理院発行　25,000分の1の地図に作図）

【図】大里条里比定図

（端裏書）「くまかやの四郎ニゆつり了」

譲与　先祖相伝所領壱處

在　武蔵国大里郡内熊谷郷内

四至　東限源三郎東路　南限雨奴末南里際
　　　西限村岡境大道　北限苔田境ヲ源次之前ノ路へ

此外為真之壁内ヲ加、

田弐拾町　佐谷田ノ境ニ付テ、

右、件所領、依為子息、（異筆）「さねいゑ」家真朝臣限永年所譲与実也、於代々証文者、嫡男直家朝臣為連券故、相副手次〔継〕文書所譲渡也、但、子孫之中不善者出来、寄権門勢家成他領者、停〔廃カ〕背兄弟骨肉之儀、随器可知行也、仍為向後証文勒状、以解、

建久弐年参月一日

地頭僧蓮生（熊谷直実）（花押）

嫡子平直家（花押）

次男同実景（花押）

（押紙）「直実入道自筆」(34)

ここで注目したいのは、熊谷郷における四至のうち、南限の記述である。改めてそれをみると「南限雨奴末南里際」とある。この「雨奴末」については筆者と菊地大樹氏が言及したが[35]、その後の久下氏との係争地となる「天沼」であると考えられる。そこからこの南限を考えると「天沼の南、里の際」となる。この「里」とは、条里制の「里」と考えられ、この四至の南限は「天沼と呼ばれる土地の南で、条里制の敷かれていた「里」との境まで」と考えられる。これは二章で示した大里条里の私見比定図とも関係する。「大里郡条里坪付」は四条から一〇条までしか記載がなく、一条から三条までの里の記載がない。しかし、この譲状では四至の南限に「里」が書かれており、「大里郡条里坪付」に記載のない一条から三条を私見比定図のように図示すると、里の北境がこの熊谷郷の四至、微高地に至る境目付近にあったと考えることができる。そこから二章の比定図を作成した。

この天沼の地の係争は、正安二（一三〇〇）年で和与になるまで約一〇〇年間争っている[36]。この領地争いについて鈴木哲雄氏は熊谷氏の開発に関する議論の中で触れているが[37]、ここでは何故、久下氏がこの天沼の地を係争地としたのか、つまり天沼の南にまで自己の領地を主張したのかについて考えてみたい。何故ならば、現在の熊谷市久下は中心市街地の南東にあり、中心市街地（熊谷氏の屋敷地付近）の南にあったと考えられる天沼とは、地理的に離れているからである。

久下氏は「武蔵七党系図」から私市氏を出自とし、私市為家が久下太郎を名乗ることに始まるとされる[38]。その為家の孫に久下太郎則氏が見え、その弟に市田次郎保則が見える。さらに則氏の子に楊井小次郎憲春が見える。この「市田」「楊井」はいうまでもなく『和名類聚抄』の「市田郷」「楊井郷」に由来していると考えられ、そこから「久下」も「郡家」の転訛によるものと考えられる。つまり久下氏は、大里郡家の機能に拠った在庁官人系の性格を持つ武士であったと考えられるのである。そしてそこから、大里条里を管轄下に収めていた可能性も推測できるのである。

そこで、久下氏と熊谷氏の関係をみると、熊谷直実は本来は平氏の平直方流であるとされ、直実の母が久下直光の妹であったと「熊谷系図」に記されている[39]。また高橋修氏はその著書の中で[40]、『続群書類従』所収「熊谷系図」[41]などから、直貞・直実父子は京都から武蔵国へ移る際、小沢大夫、成木大夫の私市党を頼り、その流れをくむ久下氏の庇護に入ったのではないかとし、東山道武蔵路で繋がる「私市党」ネットワークの中で熊谷直実の存在が成立したのではないかとしている。いずれにしても熊谷氏は平直方流と私市氏（久下氏）との関係の中で成立した可能性が考えられる。

この関係から考えると、市田郷にあったと思われる大里郡家の機能に拠った久下氏が、熊谷氏を旧楊井郷の拠点、官制施設があったと思われる熊谷郷に配した、という図式も成りたつのではないか。その中で熊谷氏が四至を切った屋敷地（居館とその周辺の直営田を含む）のうちの南限の天沼と、久下氏が支配権を行使していた可能性のある大里条里との境が、この譲状で示されていると考えることができるのではないか。

さらに『吾妻鏡』建久三年一一月二五日条によれば[42]、久下氏が京都大番役を果たすにあたり、熊谷直実を代理として上京させたが、代理であることを傍輩らに辱められたため、久下氏の了解を得ずに、当時武蔵国の知行国主であり、かつての武蔵国の国司であった平知盛に直接仕え、このことにより久下氏との争いになった、とある。この平知盛と武蔵武士たちとの関係について、京都大番役を催促するためには国衙の協力による国務沙汰権を通して進められたのではないかとの指摘がある[43]。そこから考えると直実のこの行動は、北武蔵における古代からの開発特性と関係していたとも考えられる。何故ならこの地域は、榛澤郡家と岡部条里、幡羅郡家と別府条里、大里郡家と大里条里のように、官衙とその開発拠点である条里との関係性が非常に密であったと考えられるからである。この北武蔵の地域は、基本的には久下氏、熊谷氏、中条氏、成田氏、別符氏など、中小の武士が支配していた久下郷、熊谷郷、中条保、成田郷、別符郷という公領、つまり国衙領が多く、荘園開発が進んだ地域とはいえない。つまり、古代の官制開発による条里制が敷かれ、それに伴った所領支配が進んできた地域であるといえるのである。そうした開発特性を背景とすれば、官制施設があったと思われる拠点の支配を久下氏から任された熊谷氏が、時の知行国主である平氏と主従関係を直接結ぶことは、武士としての面目というよりも、自己の所領開発行為そのものを保証するためには必要不可欠なことであったと考えられる。そこからはこの熊谷氏と久下氏との争いが、この地域に古代から続く官制開発（ここでは条里制開発）に規定されていると考えることができるのではないか。

さて、それでは熊谷氏の所領開発について見ていきたい。熊谷氏の屋敷地は、代々の譲状でその範囲が規定されているが、そこで四至の範囲を見ていくと、まず、史料上では熊谷氏はこのおよそ一五町あったとされる四至の範囲を「堀内」(44)と把握していた。そしてこの言葉がその後は「屋敷田地」(45)もしくは「屋敷」(46)と変化していたことがわかる。これはその四至の範囲が、いわゆる方一町という狭義の屋敷地を指すのではなく、直営田も含めた広い範囲を指し、その範囲を「堀内」「屋敷田地」「屋敷」として把握していたことを示している。この四至の範囲について高橋修氏は、先ほど見た「熊谷蓮生譲状」の四至の範囲内に、承久二年の「熊谷直国分堀内免除状」(47)にある四至の範囲が内包されているという指摘をされた。(48)しかし承久二年には「堀内」と表記していた文言が、その後の「熊谷家文書」上で「屋敷田地」「屋敷」と変わり、「屋敷」という言葉はいわゆる「屋敷地」を指すと考えられ、それぞれの史料の文脈上「堀内」と「屋敷地」とは同じ範囲を指すと考えられることから、東限はともかくとしてこの「四至の範囲」とほぼ同一の場所を指すと考える。特に南限に関しては、「熊谷蓮生譲状」の「雨奴末」と、その後正安二（一三〇〇）年に久下氏と和与となった地「天沼」とが同一の場所と考えられることから、少なくとも建久二年から正安二年までの四至の南限はほぼ同一の場所を指していると考えられる。

この「堀内」という言葉に注目して、その四至について見ていきたい。

・熊谷蓮生譲状：建久二年（一一九一）[49]

東：源三郎東路　西：村岡境大道

南：雨奴末南里際　北：苔田境ヲ源次之前ノ路へ

・熊谷直国分堀内免除状：（承久二年）（一二二〇）[50]

東：神田宮垣内南北縄手　西：庄堺南北大道

南：東西大堀　北：東西中道

この四至の範囲の内、先ほど見た南限について見ると、建久二年には「天沼の南で「里」との境」としていた表記が「東西に伸びる大堀」と表記されている。つまり、南限の「里」との境には堀が東西に走っていたことがわかるのである。通常、四至の範囲を区切る場合は、地形地物によって境界を区切る。このことから考えて、建久二年の譲状の時点ですでに四至の南限には堀があった可能性がある。このことについて、次の史料を見ていきたい。

和与

武蔵国西熊谷郷用水村岡中堀事

右、熊谷彦次郎直光（満）如訴申者、浄照打止往古用水云□（々）、而浄照自元不止件用水之上者、任先例、向後更不可

有違乱、仍和与状如件、

正安二年八月十七日　沙弥浄照

（花押）[51]

この史料は熊谷直満と浄照との和与状で、西熊谷郷（屋敷地）の用水である村岡の堀に関する史料である。内容を見ると、直満が、往古より使用していた用水を浄照が止めようとしていると訴えたのに対し、浄照はもとよりこの用水を止めようとはしていないので先例に任せて違乱のないように和解する、と取り決めている。この浄照という人物が誰なのかについては、熊谷氏と境界争いをしていたのは久下氏であり、この史料の前後、正安二年八月一三日付(52)および正安二年九月四日付の史料(53)で、久下氏と争っていた天沼の地についての和与に関する史料があり、それと関連している人物、久下氏の一族の内の人物の可能性が高い。ということはこの「村岡中堀」は、「堀内免除状」の南限である「東西大堀」であり、「天沼の南で里の際」を流れ、久下氏の所領と熊谷氏の屋敷地とを画していた「堀」である可能性が高いと考えられる。さらにいえばこの「堀」は、「里の際」の「里」という文言から古代条里制の段階から利用されていた用水と考えられ、その後建久年間から少なくとも正安年間に至るまで、つまり鎌倉後期に至るまで利用されていたことがこの史料から推測できるのである。これは熊谷氏の開発行為に、自身のいわゆる屋敷地を画する堀（用水）を利用していたことを示唆し、熊谷氏の開発領主としての側面を示していると考えられる。こうした用排水と勧農権との関係は、すでに鈴木哲雄氏、浅野晴樹氏が中世前期における熊谷氏との関係で指摘しているが(54)、この堀は古代から中世へかけて長期にわたり重要な役割を果たしていたと考えられ、熊谷氏の開発行為は古代からの官制開発、条里制開発に強く規定されていたということが言えると考える。それがこの地域において、古代以来の開発行為に伴う中小武士団の発生と繋がり、それは裏を返せばこの地域全体を包括するような大きな荘園開発を伴う武士の発生に繋がらなかった要因となったのではないだろうか。

それではこの「堀」は何に由来すると考えられるのだろうか。そこで第一章で触れた河川工学分野の小出氏の成果を踏まえると、この「堀」は扇状地を乱流していた荒川の派川の一つとも考えられ、また別に小出氏は、扇状地河川には広い河川流域の中に長い導水路を掘って引水する堰がしばしば見受けられることを指摘しており、この熊谷直満と沙弥浄照とがその利用を和解した「堀」は、当時熊谷郷の北側を流れていたと思われる荒川本流の派川、もしくは本流からの導水路と考えられる。そのため、一章で触れたように、関東全域の河川で洪水が起こるような気象災害が起こった場合、本流と繋がっていたであろうこうした「堀」や導水路は氾濫をおこし、例えば久下氏の所領との境界がわからくなってしまった場合は所領争いの原因となり、また室町期においては、熊谷郷の北側にあったであろう本流が、この導水路の存在のためにその導水路そのものが本流と化し、荒川の本流が結果的に南下してしまう契機となったと考えられるのではないだろうか。

おわりに

ここまで、北武蔵における熊谷地域の、古代から中世までの開発について推論を交えて触れてきた。

一章では、荒川の河道変遷について、自然地理分野、河川工学分野そして歴史地誌分野などの成果を検討し、荒川の河道変遷がこの地域にどのような影響を与えたのかについて検討した。

二章では、古代の官制開発である大里条里にふれ、『和名類聚抄』における郡郷名の検討を行い、さらには近年の発掘調査の成果から大里条里の範囲の現地比定を行った。

そして三章では、一章、二章の背景の上に成り立つ、中世の熊谷郷における開発について、久下氏と熊谷氏の所領争いから北武蔵における中小武士の位置づけ、具体的には古代から繋がる官制開発に規定された所領形成について検討し、北武蔵における在地領主としての熊谷氏の側面を検討した。

中世における武士団を、町場・交通上の結節点という重要拠点を押さえた経済的な側面で見るか、自己の所領の開発者として見るかについては、一方からのみの見解で論じるのは、大きな危険性をはらんでいると言わざるを得ない。「武蔵武士」と呼ばれる中小武士団は、その双方の側面から検討しなくてはならないし、その双方の側面を持つ武士団が、中世という時代を生き残る優位性を保持することができたと考えることができる。それは中世という時代区分でのみ語ることではなく、古代からの連続性、そして自然環境の克服という視点も加味していなくてはならない。

さらに現在盛んに議論されている「立荘論」との関係でいえば、例えば上野国新田庄などは、軍事貴族が主体となる再開発を行い、権門と結ぶことで大規模荘園化していったが、公領・国衙領である熊谷郷などを支配したいわゆる「武蔵武士」による開発は、古代国衙による条里制開発を基盤としている。また熊谷氏は村岡のような町場的流通拠点を押さえることで、経済的な優位性を保っている。しかし、権門と結ぶことがないため大規模荘園化せず、熊谷氏、久下氏、別符氏、中条氏、成田氏、安保氏、児玉氏、等々の中小武士団が個々に発達するようになる。これらの武士たちは、領地が近接しながらも、横山党、秩父平氏などのような党的な結合をもたず、独自の所領支配を行うようになる。これについては、熊谷氏は平氏、久下氏は私市氏、別符・成田氏は藤原氏、中条氏は小野氏、安保氏は丹党、児玉氏は児玉党とそれぞれの武士が出自を異にしていることに原因があるかもしれない。こうした、条里制・官制開発に由来する「武蔵武士」による所領開発・勢力基盤を、「立荘論」と対比する形で立論することが可能なのではないか(55)。

今回見た熊谷氏は、古代からの連続性の上で中世の開発を行い、自然環境（ここでは荒川の河道変遷）の大きな変化により、その武士団の拠点を移していったと考えられる。今後の研究もこうした視点を持ちつつ、中世武士団の本質に目を向けることができればと思う。なお今回は湧水については触れることができなかった。後考を期したい。

註

（1）代表的な成果として元木泰雄『武士の成立』（吉川弘文館、一九九四年）、高橋昌明『武士の成立　武士像の創出』（東京大学出版会、一九九九年）、野口実『源氏と坂東武士』（吉川弘文館、二〇〇七年）など。また伊藤瑠美「中世武士のとらえ方はどう変わったか」（秋山哲雄・田中大喜・野口華世編『日本中世史入門』、勉誠出版、二〇一四年）が近年の動向をまとめている。

（2）高橋修「中世前期の在地領主と『町場』」（『歴史学研究』七六八、二〇〇二年）、田中大喜「地域の町場に集う武士たち―新田荘世良田宿と東上野・北武蔵の武士たち―」（『中世武士団構造の研究』校倉書房、二〇一一年）など。

（3）小山靖憲「東国における領主制と村落」（『中世村落と荘園絵図』東京大学出版会、一九八七年、初出一九六六年）、橋口定志「中世居館の再検討」（『東京考古』五、一九八七年）、同「中世方形館を巡る諸問題」（『歴史評論』四五四号、一九八八年）、小林基伸「平野部の水利と荘園―揖保川下流域平野調査レポート―」（『荘園絵図とその世界』国立歴史民俗博物館、一九九三年）、水野章二『日本中世の村落と荘園制』（校倉書房、二〇〇〇年）、佐野静代「平野部における中世居館と灌漑水利」（『人文地理』五一―四、一九九九年）、蔭山兼治「文献に見られる中世の「堀」と「溝」について―平安期から南北朝期までを中心に―」（琵琶湖博物館研究調査報告二一号、二〇〇四年）、同「「堀内」の再検討―その実態と論理―」（琵琶湖博物館研究調査報告二一号、二〇〇四年）。など多数。これらの研究史については、齋藤慎一『中世東国の領域と城館』（吉川弘文館、二〇〇二年）を参照。

（4）熊谷氏に関する先行研究としては、武蔵国熊谷郷関連として鈴木哲雄「武蔵国熊谷郷における領主と農民」（『地方史研究』一六三、一九八〇年）、錦織勤「安芸熊谷氏に関する基礎的研究」（『日本歴史』四三七、一九八四年）、高橋修A「武蔵国における在地領主の成立とその基盤」（『中世東国の世界　Ⅰ　北関東』高志書院、二〇〇三年）、同B註2高橋論文、同C『熊谷直実』（吉川弘文館歴史文化ライブラリー三八四、二〇一四年）、高橋和弘「熊谷氏の惣領制の展開」（『日本史攷究と歴史教育の視座』日本史攷究会編、二〇〇四年）、林譲「熊谷直実の出家と往生とに関する史料について―『吾妻鏡』史料批判の一事例―」（『東京大学史料編纂所研究所報』一五、二〇〇五年）、柴崎啓太「鎌倉御家人熊谷氏の系譜と仮名」（『中央史学』三〇、二〇〇七年）、拙稿A「鶴岡八幡宮領武蔵国熊谷郷における請所」（『日本歴史』

七二二、二〇〇八年)、同B「熊谷氏の地頭補任に関する一考察」(『埼玉地方史』五九、二〇〇八年)、同C「熊谷家文書「熊谷蓮生譲状」の再検討」(『熊谷市史研究』六、二〇一四年)、菊地大樹A『鎌倉仏教への道　実践と修学・信心の系譜』第五章(講談社選書メチエ、二〇一一年)、同B「惣領制の展開と信心の継承―武蔵熊谷氏を中心に」(東京大学日本史学研究室紀要別冊「中世政治社会論叢」二〇一三年)など多数ある。

(5) 栗田竹雄「荒川中流の洪水について」(『秩父自然科学博物館研究報告』九、一九五九年)。

(6) 籠瀬良明『自然堤防』(古今書院、一九七五年)。

(7) 大熊孝『利根川治水の変遷と水害』一〇頁「荒川」の項(東京大学出版会、一九八一年)。

(8) 小出博『日本の河川研究―地域性と個別性』五八頁「荒川」の項(東京大学出版会、一九七二年)。

(9) 『新編武蔵風土記稿』大里郡之一総説の「荒川」の項。

(10) 吉田東伍『大日本地名辞書』武蔵国北足立郡の「荒川」の項。

(11) 考古専門部会「座談会 荒川の流路と遺跡―荒川新扇状地の形成と流路の変遷―」(『熊谷市史研究』三、二〇一一年)。

(12) 『日本国語大辞典』第二版 七巻「陣」の項(小学館、二〇〇一年)。

(13) 『熊谷市史』資料編二 古代・中世 本編 (以下『熊』と略す) 編年史料 南北朝・室町時代一〇四号。

(14) 『法然上人絵伝』中(『続日本の絵巻』二、中央公論社、一九九〇年)

(15) 註2高橋論文参照。また「東山道武蔵路」の位置関係については木本雅康「宝亀2年以前の東山道武蔵路について」(『古代交通研究』一、一九九二年)、寺崎保広「長屋王家木簡郡名考証二題」(『文化財論叢』Ⅱ、奈良国立文化財研究所、一九九五年)、森田悌「東山道武蔵支路」(『信濃』四五―六、一九九三年)、同「古代街道一題」(『日本歴史』七一六、二〇〇八年)、木下良『日本古代道路の復原的研究』五一一〜五一三頁(吉川弘文館、二〇一三年)などがある。

(16) 「遊行上人縁起絵」(『新修日本絵巻物全集』第二三巻、角川書店、一九七九年)。

(17) 『熊』編年史料　南北朝・室町時代四三一号。

(18) 註4拙稿A参照。

(19) 齋藤慎一『中世東国の道と城館』第一部第一章二三頁(東京大学出版、二〇一〇年)。

(20)『熊』編年史料　平安時代一六号。
(21)森田悌「大里郡と大里条里」(『埼玉地方史』六四、二〇一一年)。
(22)『北島遺跡Ⅻ』埼玉県埋蔵文化財調査報告書第三〇四集(財団法人埼玉県埋蔵文化財調査事業団、二〇〇五年)。
(23)『岡部条里／戸森前』埼玉県埋蔵文化財調査事業団報告書第二一七集(財団法人埼玉県埋蔵文化財調査事業団、一九九九年)。
(24)例えば、三友国五郎「関東地方の条里」(『埼玉大学紀要』社会科学編八、一九六〇年)、原島礼二『東松山市と周辺の古代』東松山市史編さん調査報告第一三集 第四章「旧大里郡の条里」(東松山市、一九七八年)、足利健亮『歴史がつくった景観』第二章第三節「関東地方―主として北関東―の条里」(古今書院、一九八二年)、森田悌A「武蔵国大里郡条里について」(『信濃』三五―三、一九八三年)、同B『古代の武蔵』第三部第一章「大里郡条里」(吉川弘文館、一九八八年)、土田直鎮『古代の武蔵を読む』第一〇部第六章「武蔵国大里郡坪付」(吉川弘文館、一九九四年)など多数。
(25)註21参照。
(26)註21参照。
(27)『天理図書館善本叢書』和書之部第二巻(天理大学出版、一九七一年)。
(28)『宮町遺跡』埼玉県埋蔵文化財調査事業団報告書第三六七集(財団法人埼玉県埋蔵文化財調査事業団、二〇一〇年)。この宮町遺跡の発掘成果については、浅野晴樹「中世北武蔵の成立期から前期について―主に土器・陶磁器をとおして―」(『歴史評論』七二七、二〇一〇年)でも触れられている。
(29)註21参照。
(30)『埼玉の神社　大里・北葛飾・比企』(埼玉県神社庁神社調査団、一九九二年)。
(31)『大里村史』六四二頁(大里村、一九九〇年)。
(32)この条里配置は、原島礼氏、足利健亮氏、森田悌氏など先学の多くの比定図のうち、原島氏の比定図に近い理解で図示している。原島氏の成果については、註24原島論文参照。またこの比定図だと「郡家里」が現在の熊谷市久下付近には合わない。この「郡家里」と「久下」の関係について森田氏が註21論文で、大里郡家の所在地を大里条里西方の荒川新扇状地上の可能性を指摘しており、必ずしも「郡家里」の場所が郡家と同一である必要はないことが考えられる。その場合、「郡家里」や「楊井里」はそれぞれ大里郡家、楊井郷に特化した里（耕作地）であった可能性が考えられる。
(33) 註4拙稿C、菊地氏B、高橋修氏C著書参照。
(34) 『熊』家わけ文書「熊谷家文書」一号。
(35) 註4菊地氏B論文参照、拙稿「熊谷氏と久下氏の所領相論について」（「熊谷市郷土文化会誌」六〇、二〇〇五年）。なお、原島氏も註24原島論文でふれている。
(36) 『熊』家わけ文書「熊谷家文書」二八号。
(37) 註4鈴木氏論文参照。
(38) 『新編埼玉県史』別編四「武蔵七党系図」のうち「私市党」参照。
(39) 『新編埼玉県史』別編四「熊谷系図」のうち「直実」の註。他に直実・蓮生ゆかりの寺院（京都・法然寺等）に伝わる縁起にも久下氏と熊谷氏の関係が記されている。
(40) 註4高橋修氏C著書参照。
(41) 「熊谷系図」（『続群書類従』六巻上）。
(42) 『熊』編年史料　鎌倉時代八四号。
(43) 菊池紳一「秩父氏の諸流と源平争乱」（関幸彦編『武蔵武士団』（吉川弘文館、二〇一四年）。
(44) 『熊』家わけ文書「熊谷家文書」三号
(45) 『熊』家わけ文書「熊谷家文書」七号。
(46) 『熊』家わけ文書「熊谷家文書」一四号。
(47) 註44参照。
(48) 註4高橋修氏C著書参照。
(49) 註34参照。
(50) 註44参照。

(51)『熊』家わけ文書「熊谷家文書」二七号。
(52)『熊』家わけ文書「熊谷家文書」二六号。
(53) 註36参照。
(54) 註4鈴木論文、および註27浅野論文参照。
(55) このことについて、鎌倉佐保氏が「一二世紀における武蔵武士の所領形成と荘園」(『歴史評論』七二七号、二〇一〇年)の「おわりに」において、武蔵国においては郷司が国衙領支配の基本となっていると見通している。

近世荒川扇状地の河川と湧水について　―忍領の事例を中心に―

原　太平

はじめに

本稿では、本大会の趣意書における「北武蔵における水と地形とのかかわりのなかで、形成・展開されるこの地域の歴史像」の一端を明らかにするため、当該地域の地形の特性である荒川扇状地における、河川と湧水、そして人びととの関わりにかたについて近世期の事例を中心に検証することを目的とする。

まず、「荒川扇状地」とは、埼玉県寄居町から熊谷市にかけて荒川の両岸にみられる扇状地のことを示している。この扇状地については、地形学からみれば、荒川旧扇状地と荒川新扇状地に分かれ(1)、後者を「熊谷扇状地」と呼ぶ場合もあるが(2)、本稿ではそうした問題には立ち入らず、現在の熊谷市域が位置する荒川が形成した扇状地と捉え、以降荒川扇状地とする。【図1】に示すごとく、左下隅（西）から右上（東）に向って扇状に広がる格子型の網掛け部分（凡例では「熊谷扇状地」とする）が、それに当っている。

一般的にこうした扇状地を流れる河川は、「扇頂から放射状に発達した河道が主流を交替しながら形成する」という特性があることはよく知られている(3)。現在の荒川扇状地にも、旧河道が確認できる。近世期にはこうした荒川の旧河道が用水路などに利用されていたが、それについては【図2】に示すごとく、明治時代の荒川扇状地の農業用水の取水状況からも窺い知れる。このように幾筋もの荒川旧河道が確認できることは、扇状地を形成した河川である荒川の特性を示している(4)。

また、おもに砂礫層からなる扇状地では、降水は地中に浸透し地下水となり、扇端部に伏流水が湧き出す湧水帯をつくる特性があることが知られている(5)。もちろん、近世期の荒川扇状地にも、このような扇端湧水があったとみられるが、その実態は明らかでなく、地域史の研究対象となることはこれまで稀であり、充分に検証されてきたとはいえない。

そこで本報告の課題を次のとおり設定する。

まず、近世期の荒川扇状地を流れた多くの河川のうち、荒川扇状地中央部を流れる星川という河川流路について若干の考察を行う。この作業では、扇状地の河川の特性を科学的に理解していなかった近世期の人びとが、その流路をどのように認知していたか確認するものである。

その結果、当時の人びとが埼玉郡の星川と大里郡の星川と二筋の星川の存在を認知していたことを指摘したい。

次に、近世期の荒川扇状地における湧水の分布状況を確認す

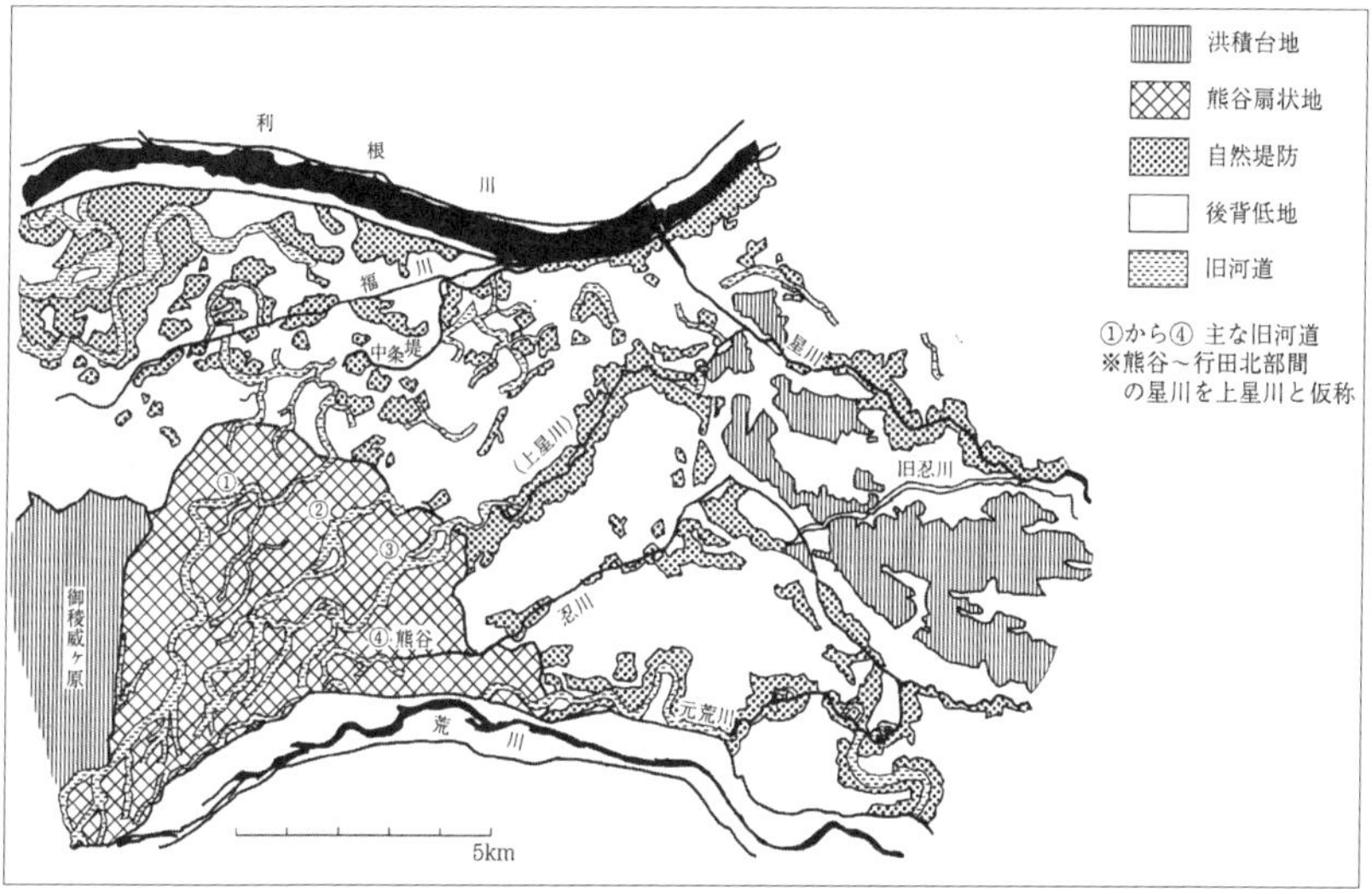

【図1】荒川扇状地の位置図（『荒川下流誌』本編より）　澤口宏作図

る。この作業では、当該地域の湧水がどのように存在し、どのように呼称され、人びとがどのように利用し、あるいは利用できなくなったのか、という基礎的な問題を解明する。

　これにより、これまで地域研究の対象として着目されることがなかった荒川扇状地における近世期の湧水について、いくつかの事例を示しながら実態を検討し、扇端湧水帯に生きる人びとの暮らしの一端を明らかにしてみたい。

一　近世後期における星川の流路とその特徴について

　はじめに、近世期の人びとが、荒川扇状地を複雑に流れる河川をどのように認知していたか確認する。

　この考察にあたり、近世後期の忍藩領内の河川流路が詳細に描かれた【図3】の「忍御領分絵図」(6)を素材として、一九世紀前半に江戸幕府によって編さんされた官撰地誌『新編武蔵風土記稿』（以下『新編武蔵』という）の記述内容と照らし合わせ、特に近世後期の星川の流路について読み解き、その特徴を見出してみたい。

　そこで、絵図を読み解く前に、現在の星川の流路について確

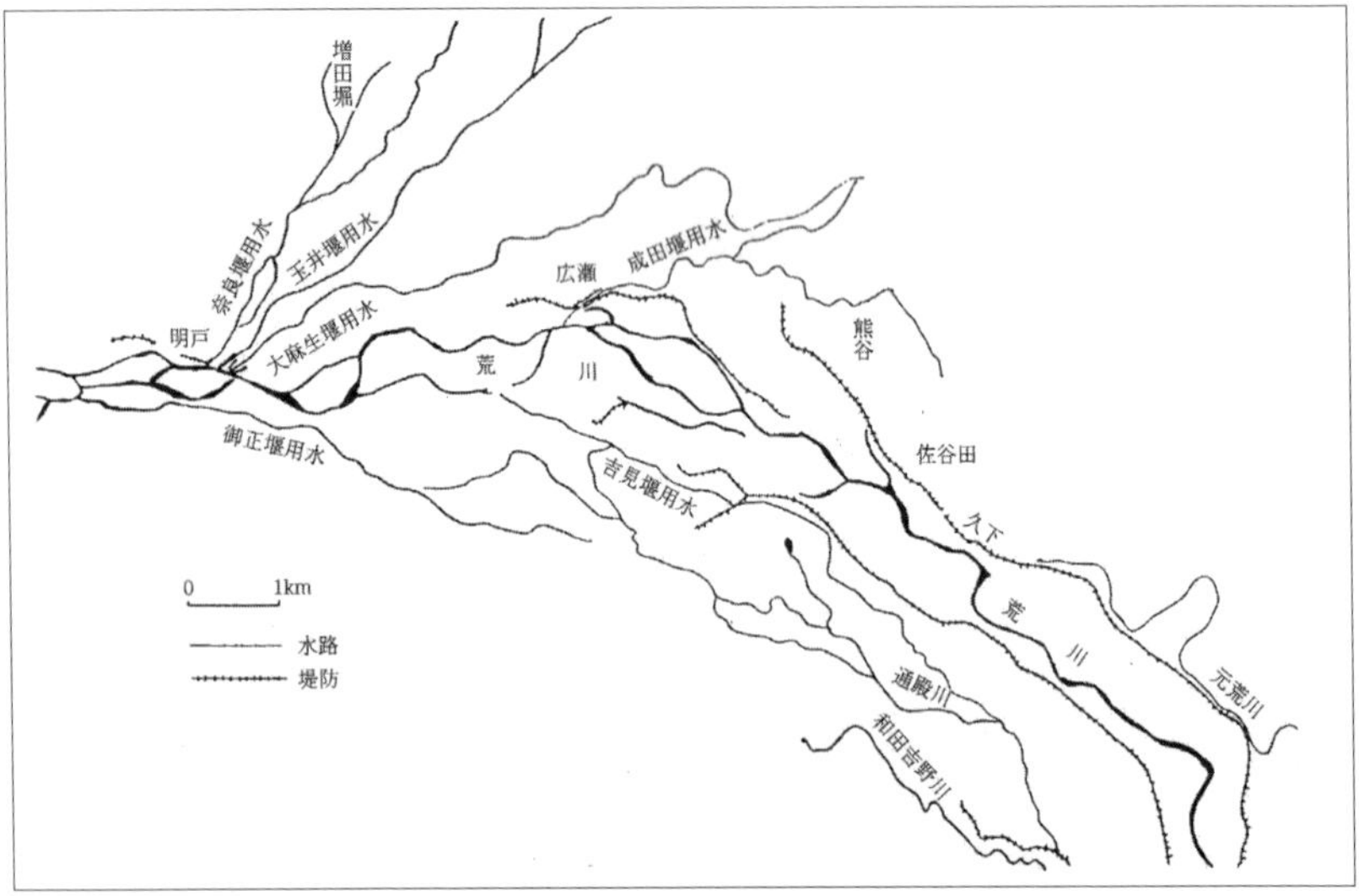

【図2】明治時代の荒川扇状地の用水路の図（『荒川下流誌』本編より）　松浦茂樹作図

認しておく（【図4】参照）。大まかに言って、星川の北には利根川が流れ、南には忍川、そして荒川が流れていることが見て取れる。(7)

（1）近世期の星川の流路についての考察

さて、『新編武蔵』から、星川と成田用水に関わる記事をまとめたものが【表1】である。この表に基づき近世期の星川を絵図に位置づけてみたい。

①埼玉郡内の星川の記述について

まず、埼玉郡内の星川の記述について確認する。【表1】№1の埼玉郡の「総説」と同表№2の上之村（上村）の星川の記事の内容を忍御領分絵図に図示したのが【図5】である。すなわち、埼玉郡域の村々の記述から確認できる星川とは、上之村から東に流れる流路のことだと分かる。その水源は、荒川から引入れた成田用水とし、石原村で分流した一派川（Ⓐ）により上之村まで導かれると認識されている。さらに、石原村と上之村とを結ぶ流路（Ⓑ）については、「させる唱もなく」とし、特別な名称はないと認知されている。

②大里郡内の星川の記述について

つぎに、大里郡内の星川の記述について確認する。【表1】№3の大里郡「総説」と、同表№4の熊谷（熊谷町）、さらに同表№5の石上寺の星川の記述内容を忍御領分絵図に図示したのが【図6】である。

すなわち、水源は熊谷宿の石上寺の「星川池」（Ⓒ）という池から出て、東に流れ、宿場の南側の流路が星川と認

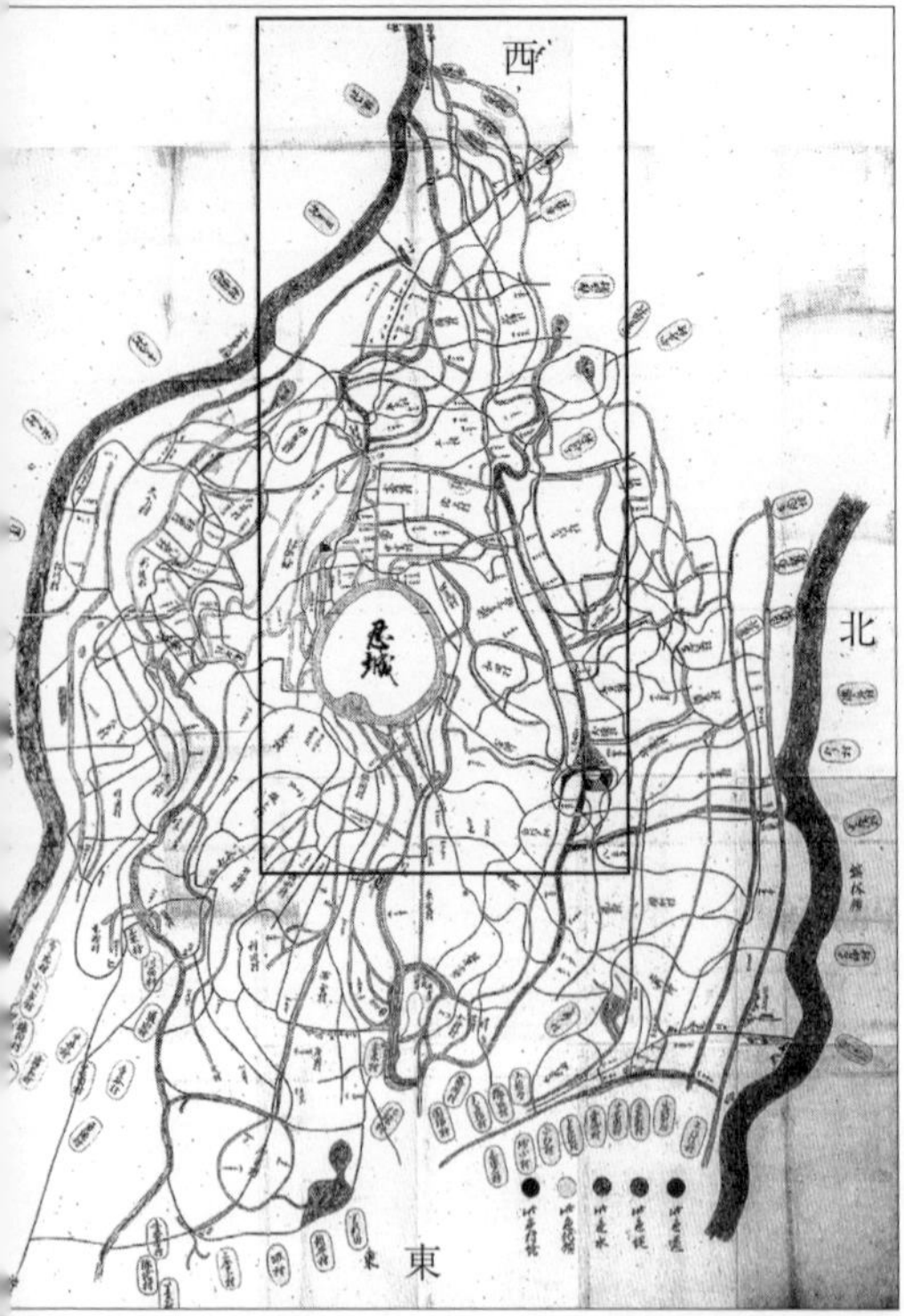

【図 3】忍御領分絵図
（四角の囲みは図 5 ～ 7 の星川・成田用水の流路検証に利用した部分）

【図 4】現在の星川の流路の概略図

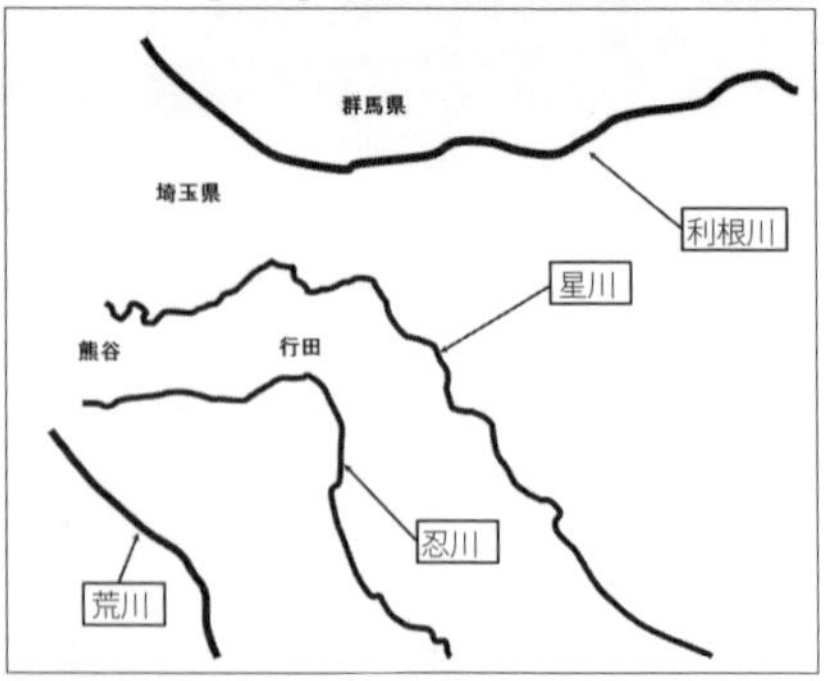

	No.	郡	領	村	見出し	記事内容	出典
星川	1	埼玉	総説		星川	大里郡広瀬村にて荒川を分水す、これを成田用水と云、それより石原村にて二流となり、一流は上ノ村小宮堰の下に至り、始めて星川と名づく、同村成田龍淵寺の境内龍ヶ淵より湧出する水と合ひ、東流し郡中篠津村にて元荒川に合す、川幅十三間	『新編武蔵風土記稿』（雄山閣）第 10 巻 p 93
	2	埼玉	忍	上村	星川	村の北にあり、水元は大里郡南（広カ）瀬村にて荒川を引分ち同郡石原村に至り、二流となれる其一流にして、させる唱もなく、村内に至りて小宮堰と云る堰を設て、隣村池上村より下流十ケ村の用水となし、名を星川と唱ふ、この上流に御鷹橋と云を架す、長五間、相傳ふ東照宮御鷹放ありし頃、龍淵寺へ御行の為、伊奈備前守造立せし故、橋名とせりと云 池　村の中程にあり、廣さ二百二十坪	『新編武蔵風土記稿』（雄山閣）第 11 巻 p 72
	3	大里	総説		星川	水元は熊谷宿の南石上寺の池中より出、東して南の北裏を流るゝ、成田用水と合て一條となり、宿中久山寺より出る水と又落合て、下流は埼玉郡戸出村の界へ達す、川幅一間より四間までの間なり、按此邊元荒川の跡なるを以、地中に水脈通へば、斯湧出する所多きならん	『新編武蔵風土記稿』（雄山閣）第 11 巻 p 84
	4	大里	忍	熊谷町	星川	水原二派あり、一は宿の南裏なる石上寺境内の池より流れ出、一は成田用水の下流来て一條の川となれり、又久山寺境内より湧出る水も此川に注ぐと云ふ	『新編武蔵風土記稿』（雄山閣）第 11 巻 p 85
	5	大里	忍	熊谷町	石上寺	星川池　星川の水元なれば名とす	『新編武蔵風土記稿』（雄山閣）第 11 巻 p 89
	6	大里	忍	佐谷田村	星川	埼玉郡戸出村界を流る、幅四間許	『新編武蔵風土記稿』（雄山閣）第 11 巻 p 93
田用水	7	大里	忍	熊谷町		用水は隣村石原村にて堰を設け、荒川を引そゝぐ、是を成田用水と云	『新編武蔵風土記稿』（雄山閣）第 11 巻 p 85
	8	埼玉	忍	上ノ村新田 箱田村	（成田用水）	用水は成田用水を引けり、此用水元は大里郡広瀬村にて荒川を分水し、石原村ニて二流となし、一は肥塚村より上の村へそゝぐ、これ星川の水上なり、一は石原村より直に当村に入、これ成田用水の当郡に入はじめなり	『新編武蔵風土記稿』（雄山閣）第 11 巻 p 76

【表 1】星川・成田用水関係資料一覧

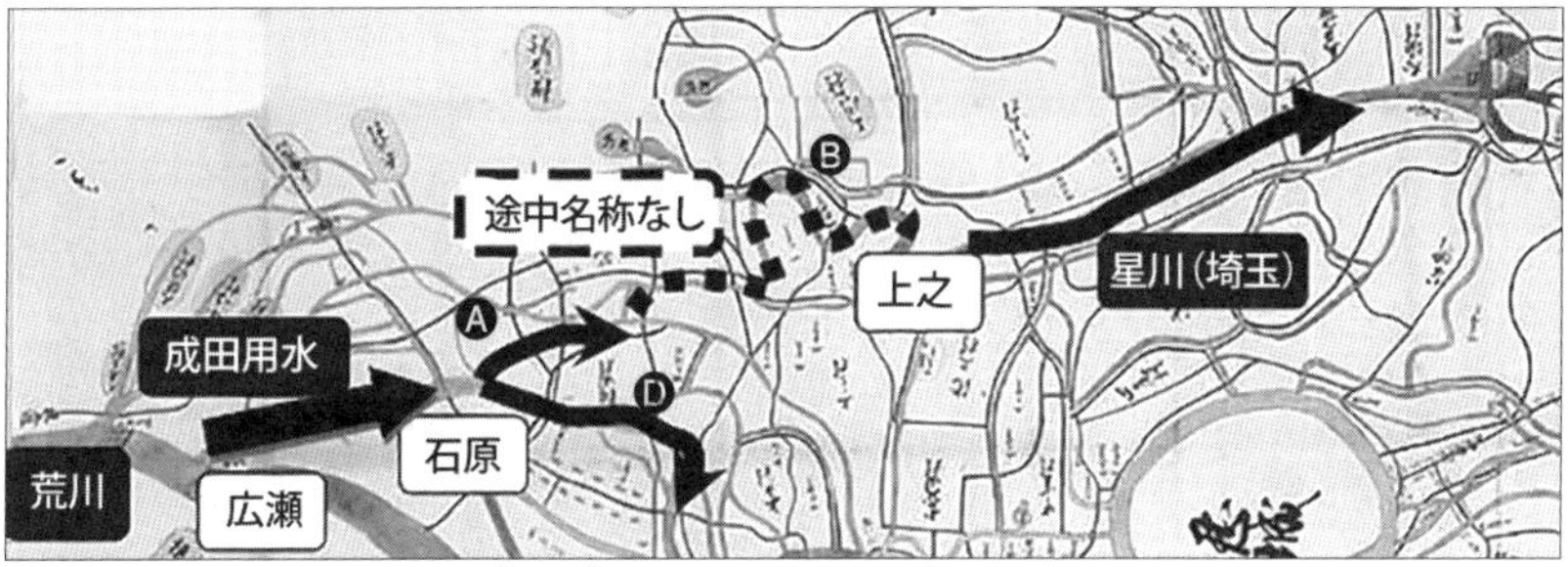

【図5】星川の想定流路（埼玉郡）

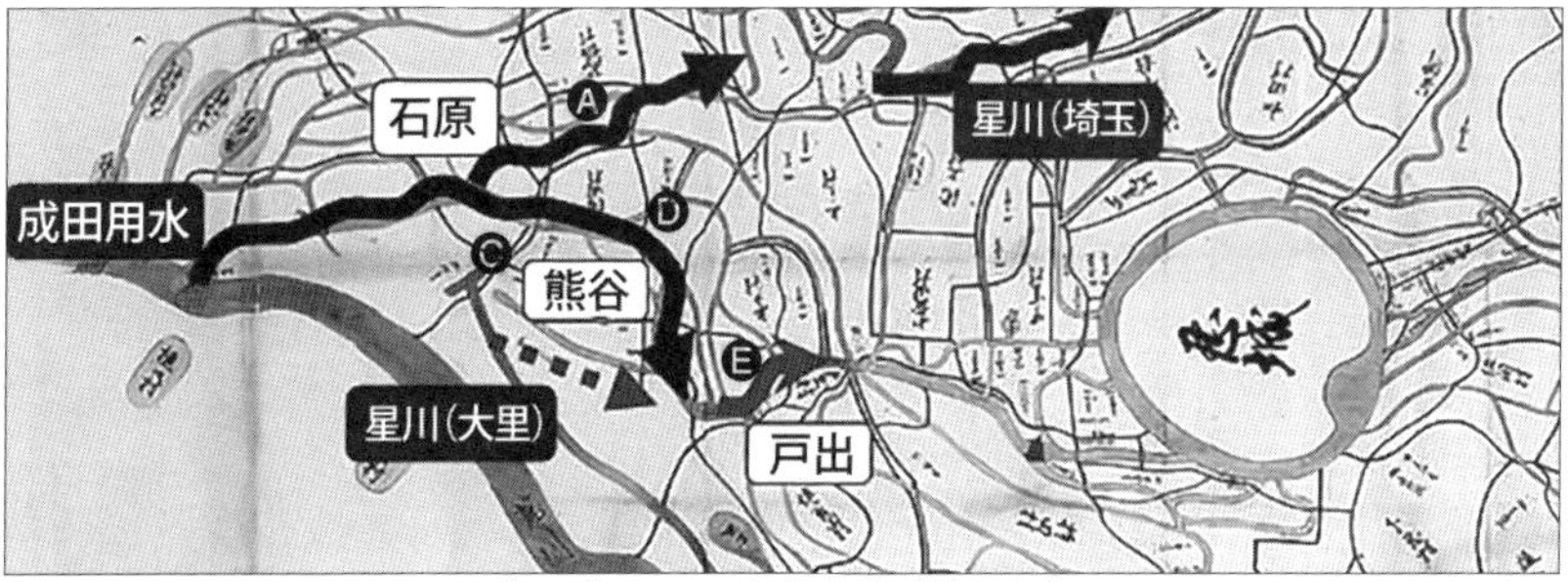

【図6】星川の想定流路（大里郡）

識されている。水源を星川池とする記述は、荒川を引き入れた成田用水を水源とする埼玉郡における星川とは異なっている。さらに、石原村で二筋に分流した成田用水（Ⓓ）と合流して一筋となる、とあり、この途中で熊谷宿内の久山寺から出る湧水も合流するとし、下流（Ⓔ）は戸出村の境に達するとする。

③成田用水の流路の記述について

つぎに、埼玉・大里両郡の星川流路といずれも関係が深い成田用水について【表1】№8の上之村新田の箱田村の記述内容を忍御領分絵図に図示したのが【図7】である。

成田用水は、石原村を起点として二筋の流路に分かれ、埼玉郡の上之村方面に流れた成田用水（Ⓐ）は、星川の上流部となる。一方、大里郡の熊谷宿方面に流れた成田用水（Ⓓ）は、熊谷宿内から流れてきた星川の水（Ⓒ）と合流し、戸出村から忍城方面に至る（Ⓔ）ことが分かる。

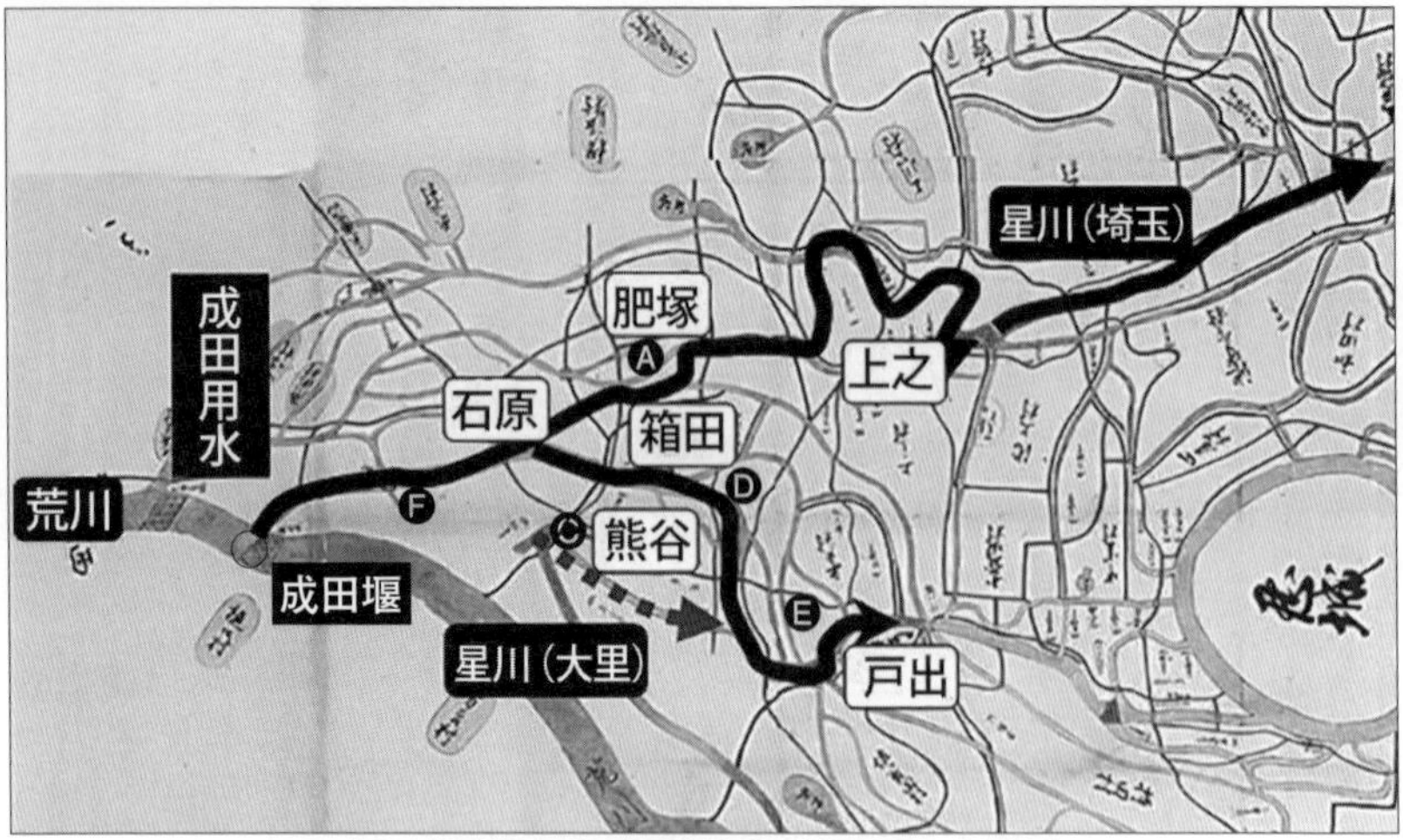

【図7】成田用水の想定流路（埼玉郡・大里郡）

先に見た埼玉郡と大里郡の星川の水源になっていた成田堰～広瀬村～石原村に至る成田用水の水路（Ⓕ）は、当時すでに星川という名称は消えていたとはいえ、もともと星川の流路であったことは想像に難くなく忍御領分絵図からも同様に理解することができる。石原村で成田用水は分流し（埼玉（Ⓐ）、大里（Ⓓ））、両郡の二筋の星川の水源となる状況は、成田用水を媒介として両郡の星川は水脈を共有している。すなわち、いずれの流路も星川であったと言える。

④絵図に描かれた「出水」と星川について

さらに忍御領分絵図には、埼玉郡の星川の上流部に「出水」と書かれた池のようなものが描かれている（Ⓖ）。それを、【図8】の点線の円内に示した。肥塚村と上川上村地内にあたるが、これは、後述するように荒川扇状地の扇端湧水とみられる。また、成田用水の分水路から流れてきた水路（Ⓑ―1）は細く描かれ、肥塚村の「出水」からの流れ（Ⓗ～Ⓑ―2）は、太く

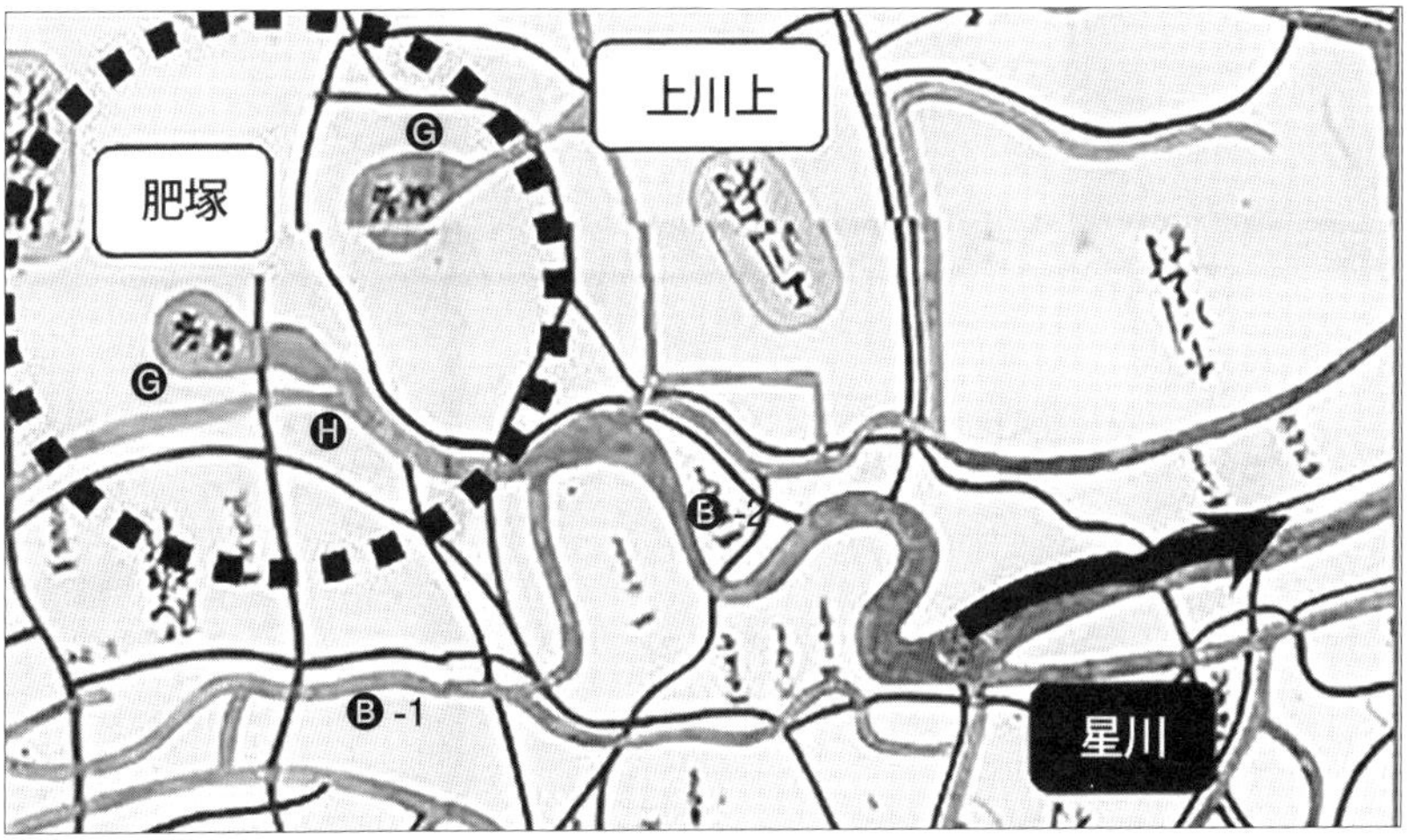

【図 8】忍御領分絵図に描かれた「出水」

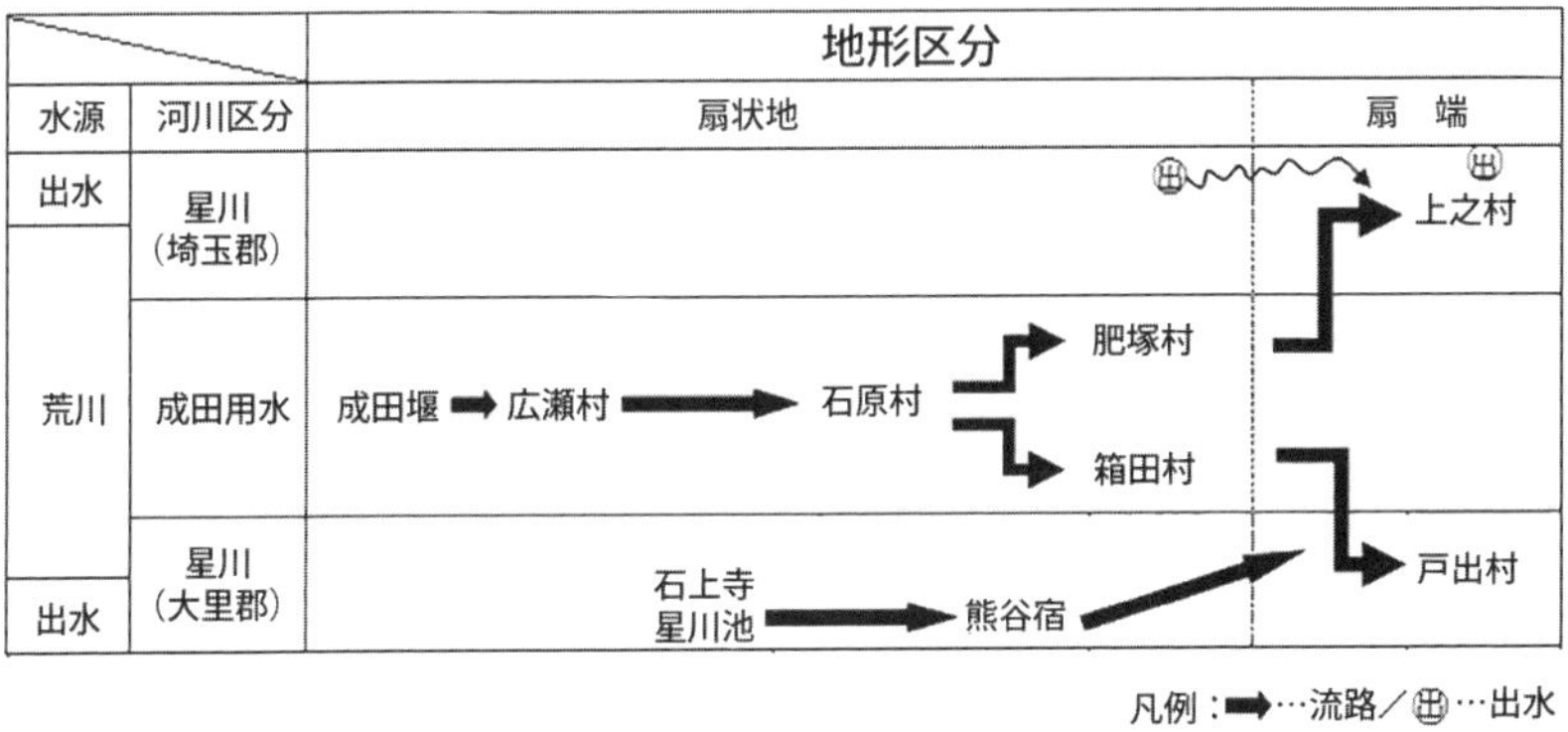

【図 9】荒川扇状地における星川の流路系統と水源・地形区分の概念図

描かれている。

さらに、【表1】№1の『新編武蔵』の記事の中にも、星川が上之村の龍淵寺の境内の龍ヶ淵から湧き出る水と合流する、という記述がある。このように、近世期の星川は、主要な水源として湧水があることを特徴とする。

以上、これまでの記述内容を小括すると、以下のごとくなる。一つ目に、近世期の星川は、埼玉郡の星川と、大里郡の星川と、当時の人びとに二筋の流路が認識されていることが判明した。これは、「扇状地は、扇頂から放射線状に発達した河道が主流を交替しながら形成する」という扇状地の特性に基づくものと考えられる。つまり、いずれかの流路が、扇状地を形成しながら流路を替えて流れる「転流河川」の「名残川」であった可能性がある。

二つ目に、埼玉郡と大里郡の二筋の星川とも、水源に湧水を持つ河川であることが判明した。【図9】は、本章の検証結果に基づき星川の二筋の流路と扇状地・扇端の地形、さらに水源と河川系統の関係を整理した概念図である。荒川の水、及び荒川の伏流水としての湧水とがおりなす荒川扇状地の河川である星川の特性を模式的に示している。

こうした湧水については、【表1】№3で示すごとく『新編武蔵』の記述でも、「想像だが、このように水が湧き出るところが多いのは、この辺は元荒川の跡であったので、地中に水脈が通じているからだろう」と推測している。扇状地の特性について科学的知識を持たなかった当時の人たちが、大地から水が湧き出す理由を、地下の水の流れ―すなわち伏流水というイメージでとらえていたのである。こうした出水については次章でさらに考えてみたい。

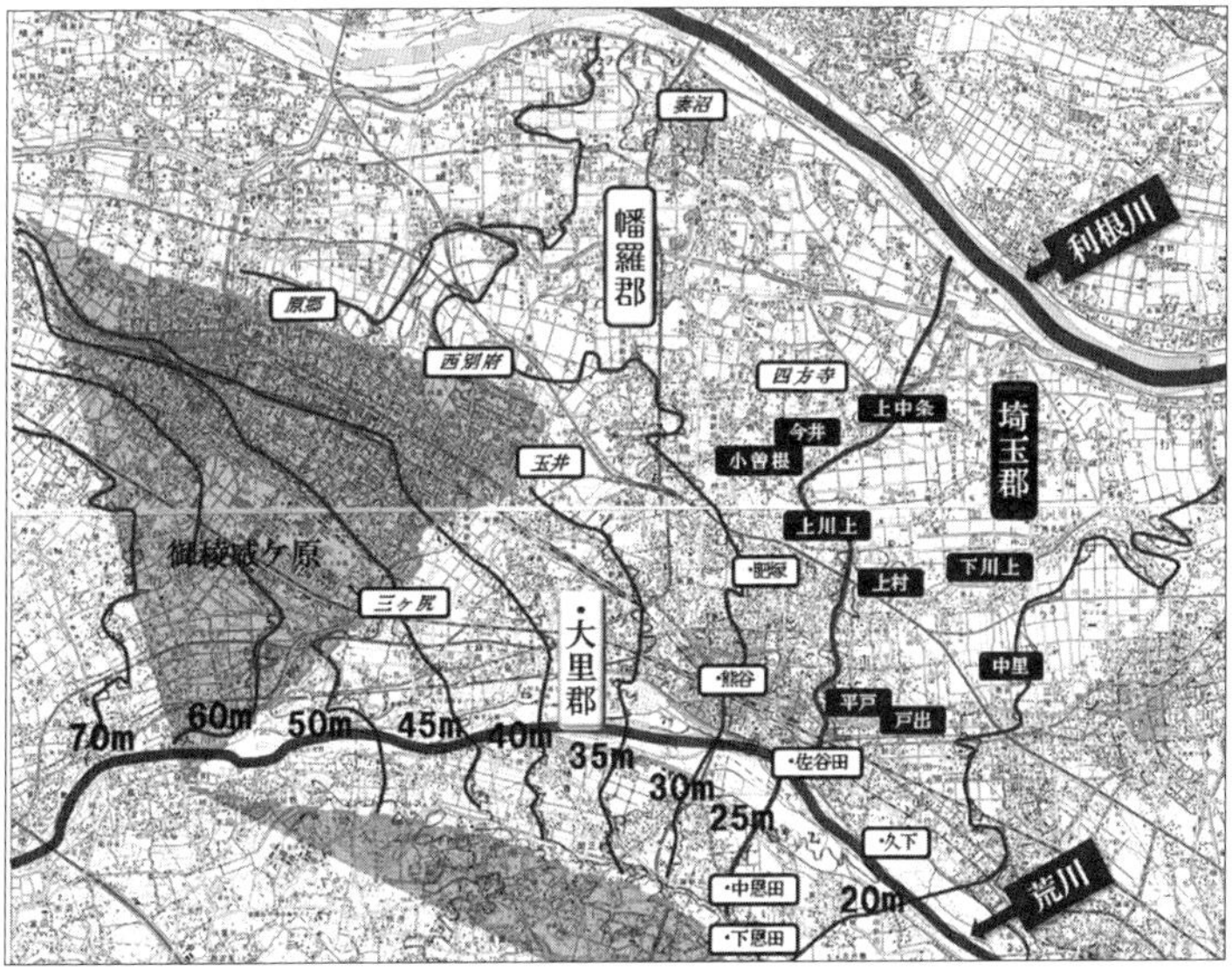

【図 10】近世期の資料で所在が確認された荒川扇状地を中心とした湧水（出水）の分布図
〈埼玉郡・大里郡・幡羅郡域〉

二　荒川扇状地おける近世期の「出水」について

さて、これまでの検討で、星川の水源の一つでもあった「出水」についての知見が得られた。そして、この「出水」とは、湧水を示すものと考えている。[8]

しかし、こうした近世期における荒川扇状地の「出水」については、これまで地域研究の対象として検証されることが少なかったため、実態がよくわかっていない。[9] そこで本章では、この「出水」について、当該地域の分布状況と呼称について確認する。

（1）湧水の分布状況

まず当該地域の近世期における湧水の分布状況（所在地点）を確認する。前掲【表2】は、近世資料から見出した、荒川扇状地における湧水の記述を一覧にしたものである。[10] さらに【図10】は、【表2】で示した湧水地点の存在が確認できた村名を、武蔵国埼玉郡、大里郡、幡羅郡の郡別に、五万分の一地形図

【表2】近世期の資料で所在が確認された荒川扇状地を中心とした湧水（出水）一覧〈埼玉郡・大里郡・幡羅郡域〉

No.	郡	領	記事の出所	湧水の名称など	記事内容	出典
1	埼玉	忍	大塚村	上川上村出水沼	一、用水元、上川上村出水沼浚人足、百石弐人役、日数十日余年々指出申候 （中略） 一、用水元上川上村出水沼浚人足年々差出	埼玉県立文書館収蔵 松岡家文書№124 延享4年5月「村柄様子明細帳」
2	埼玉	忍		天神河原出水用水組合	十八　天神河原出水用水組合 ※上川上村・上中条村・大塚村・南河原村之内・下川上村・中江袋村 六か村	『新編埼玉県史』資料編13　天保6年 「忍領石高帳幷掛場普請組合記」 204頁
3	埼玉	忍	上川上村	天神河原といふ 野畑の中央の小池より涌出づ	（前略）一、耕地の用水は、天神河原といふ野畑の中央の小池より涌出づ、此辺打ひらけ平原の地なれども、おのれと湧出、 上中条、南河原、大塚、下川上、中江袋と此村を合て六ヶ村の用水として不足なし。大かたの旱魃にもかゝること稀なり。 おほやけの御勘定御普請役などいふ御かたがた折々めぐり来給ふ時、此出水を見て称美し給ふとなり。（後略）	小出重固「古河志後編巻之上」 （『古河市史 資料 別巻』） ※上川上村は、文政4年から古河藩領
4	埼玉	忍	上川上村	今井・上川上出水	一、用水巾三尺　天神河原 今井・上川上出水	『新編埼玉県史』資料編14　天保14年 「忍藩領町村名鑑」 186頁「埼玉郡中江袋村の項」
5	埼玉	忍	上之村	所々出水多	一、所々出水多	『新編埼玉県史』資料編14　天保14年 「忍藩領町村名鑑」　184頁
6	埼玉 ほか	忍	小曽根村 今井村 上中条村 四方寺村	湧水出水	荒川通奈良堰外三堰組合村々用水論一件ニ付騒立候始末申上候書付 （中略） 一、玉井堰之儀、九ヶ村組合高八千石余之処、荒川通第三番目ニ相当り、引入口之瀬向、至而宜敷十分之水乗有之、殊ニ組合之内小曽根村・今井村・上中条村・四方寺村四ヶ村は、湧水出水等有之、平年は苗代水のみニ而用水入用無之村方故、当年照続ニ而も人気穏ニ候処、残り玉井外四ヶ村、高場之村々故用水十分ニは引足り兼候故、成田堰え一昼夜之水配…（後略）	『新編埼玉県史』資料編13 №83 天保8年 「四堰組合村々水論騒立始末書物」 518頁
7	大里	忍	熊谷町	石上寺	星川池　星川の水元なれば名とす	『新編武蔵風土記稿』（雄山閣）第11巻 89頁
8	大里	忍	熊谷町	町屋裏ニ清水涌出ス	…南荒川堤アリ　町屋裏ニ清水涌出ス　流レテ行田城中ニ入…	『新編埼玉県史』資料編10 「武蔵志稿」　467頁
9	大里	忍	佐谷田村	雷電社の御手洗より、清泉湧出	元荒川 （中略）村の西字八町新田に鎮座する雷電社の御手洗より、清泉湧出して流るるは、則この川の水元なり、	『新編武蔵風土記稿』（雄山閣）第11巻 93頁
10	大里	忍	佐谷田村	涌水	為取替申一札之事 一、私共居屋敷粮井水之儀、往古涌水ニ而少々ツヽ相流候処、去ル安政二卯年十月大地震、引続同六未年七月中洪水等ニ而押埋り、潰れニ相成、遣ひ水ニ困入候間、無拠堀秡井戸夫々拵、畑疇悪水吐小溝有之候へ相流シ候処、右流末清右衛門殿、伊左衛門両人田ヲ始ニ而、其最寄田歩之用悪水両道ニ遣来候処、近年夏中冷気勝ニ付、両人より　御当番方御届ニ相成候ハ、数井之悪水私共持田え一纏ニ流レ込ミ、年々稲毛笹立ニ相成困入候間、以来右水一滴も湛候不込候様と之申出ニ相成（後略）	埼玉県立文書館収蔵 久保家№1799　明治2年11月 「粮飲水井戸流一件　為取替議定書」
11	大里	忍	肥塚村	観現寺 当所社地ヨリ清泉涌出アリ	古ヘハ幡羅郡今ハ当郡ニ入（中略） 観現寺曹洞宗成田竜洞（マ）寺末　当所社地ヨリ清泉涌出アリ村々ノ用水ト成　旱天ニ水涸スト也	『新編埼玉県史』資料編10 「武蔵志稿」　469頁

12	大里	上吉見	中恩田村	平松出水溜井 堀敷出水	差替シ証文之事 （中略） 右は同郡之内平松出水溜井、去秋大水ニ而押埋り相留り候ニ付、御料私領中曽根・吉所敷・沼黒・高本四ヶ村伊奈半左衛門様御役所奉願上候、御見分之上浚御普請被仰付候処ニ、同郡中恩田・下恩田村よりも右出水溜井之処、浚御普請願出候ニ付、依之出入罷成候 （中略） 一、平松出水溜井凡壱反余在之所え万吉用水落込候ニ付、前後堀筋出水之内、見通間数溜井長三拾四間・横弐間半、溜井口より下、両恩田水上ヶ場迄長拾四間用水堀筋、両恩田共ニ在之候、平塚堀・孫次郎堀落込ほど堀敷をあて、右堀敷出水之内四ヶ村ニ而浚之、相残出水溜井之場所不残両恩田村ニ而相浚、用水引可申候、此末とも荒川幷出水不足之節は、双方用水相談を以水掛ヶ引可仕候、且又冬ニ至、下四ヶ村人馬給水之儀は、恩田村よりも右出水より出候とても、流候分、不残構申間敷候、勿論堀筋通り浚之所も出来候ハヽ、すなわち浚水流シ可申候、右之通ニ而も万吉堰組合と申事唯今迄無御座候、尤向後共ニ万吉堰組合申事ニハ無御座候（後略）	『新編埼玉県史』資料編13 №124 「大里郡六ヶ村溜井浚普請出入内済議定書」 寛保3年4月 720頁
13	大里	上吉見	中恩田村	用水出泉	武州大里郡　皆私領　六ケ村組合 中恩田村地内字平松 一、用水出泉　竪三拾間　横拾弐間　壱ケ所	『新編埼玉県史』資料編13 №90 「上吉見領御普請自普請仕来書上帳」 天保12年 559頁
14	大里	上吉見	沼黒村	中恩田裏出水	武蔵国大里郡沼黒村明細帳 大里郡　沼黒村 （中略） 一、用水之儀は万吉堰組合ニは御座候得共、右堰よりハ潤沢不仕候故、中恩田裏出水え堰仕、用水ニ引来り申候 （中略） 天保十四卯年七月 大里郡沼黒村名主安右衛門他四名 北条雄之助様御手代　高島量平・御同人様御手附　木村忠三郎	『大里村史調査報告書　近世における村と普請』1988年 大里村総務課村史編さん室編　22頁
15	大里	上吉見	相上村	清水アリ亀井ト云	北和田川堤　村中ニ清水アリ亀井ト云　相上箕輪玉作ノ井水ハ渋ニテ「㗛」（ママ）シ　然ルニ此涌出ノ（ママ）清泉ナリ…	『新編埼玉県史』資料編10 「武蔵志稿」 472頁
16	幡羅	—	西別府村	鎮守権現の御手洗池	乾の方なり、長十六間、幅三十間、鎮守権現の御手洗池と呼び、則村の用水とす、これ福川の水上にて、流末江袋溜井に入、	『新編武蔵風土記稿』（雄山閣）第11巻 187頁
17	幡羅	—	江袋村	此水西別府より湧出して組合の用水	溜井二ヶ所 一は村の西にあり、廻り二十一町餘、一は南にあり、廻四町、此水西別府より湧出して組合の用水とす、	『新編武蔵風土記稿』（雄山閣）第11巻 204頁
18	幡羅	—	玉井村	玉ノ井	圓径一尺五六寸、深さ二丈許り、自然の小石を以四方を積上たり、いかなる干魃にもかかることなしと云、常に汲ことを禁ぜり、水面に寶珠の形あらはるる故、この名ありなど傳れどいかがはあらん、土人傳へに助實が屋敷の井なりといへば、當時この邊まで助實が屋敷の井なりと見えたり、	『新編武蔵風土記稿』（雄山閣）第11巻 179頁
19	幡羅	—	妻沼村	清泉涌出セル	聖天社ノ西ノ方林中ニ　寛保二年戌秋一口清泉涌出セルコト有　年ヲ経テ不止　延享五辰ニ碑ヲ建立　文長ケレハ略ス　涌出モ今ハ無	『新編埼玉県史』資料編10 「武蔵志」 346頁
20	幡羅	—	原郷	清水	当郡ノ親郷ナリ　北ニ常法（城包）堀アリ　清水アリ	『新編埼玉県史』資料編10 「武蔵志」 340頁
21	幡羅	—	三ヶ尻村	清水	清水ハ馬場ト壊ヲ接シ、南上野ニ連ル、上祖ノヲハシマセシ時ヨリ、清水湧出テ旱魃ノ時モ涸ルヽコトナシ、屋敷ノ溝水ハ此ヨリ引シトソ、故要害堅固、当時築堤アリシカ、近コロ鋤テ隴圃ト為ル、清水ハ今井戸トナシ林間ニ残リ、土人ノ用ヲ為セリ	「新編『新編埼玉県史』」資料編10 「訪甑録」 748頁

典拠史料			湧水の名称
種　類	作成者	内　容	
地方文書	宿村民	村鑑や願書類などの公的文書	出水，出泉，湧水，湧水出水，湧出水，涌水
地　誌	領主層・知識人	『新編武蔵風土記稿』『武蔵志』など	清水，清泉

【表3】 典拠史料別の湧水の呼び方

上に示したものである。この図から判明する当該地域の湧水の特徴をまとめると次のごとくなる。一つ目に、湧水は、荒川左岸に集中しているが、右岸にもみられたこと。二つ目に、荒川左岸地域では、等高線二五ｍを中心に、二〇～三〇ｍの間に多くの湧水地点が分布していること。これは荒川右岸地域でも、ほぼ同じ傾向であり、荒川本流によって表面的に分断された両地域が、実は扇状地としての一体性を示すものと考えている。三つ目に、熊谷宿とその北東地域に濃密に分布していること。ここから、荒川扇状地の扇端部がこの周辺にあると考えている。(11)

（2）湧水の名称

続いて、【表2】のうち「湧水などの名称」の部分に注目して、近世期において湧水がどのような言葉で表記されていたのか確認してみたい。結果、湧水は、清水・出水・湧水出水・湧出水・湧出する水・出泉・清泉・涌水と表記されていることが判明する。

さらに、【表3】に典拠とした史料の種類ごとに、湧水の名称を分類した。その結果、宿村民が作成する村鑑や願書などの公的文書では当該地域の湧水を「出水」、あるいは「湧水」などと表記しているが、領主層や知識人らが編集した地誌類では「清水」や「清泉」と表記していることが判明した。すなわち、水が湧き出す自然現象を言葉で表現するとき、身分や立場の違いで文字の使い分けが行われていたことが指摘できる。(12)

日々の暮らしの中で大地から湧き出る水と接している地域住民と、そうではない武士や知識階層とでは、自然現象の捉え方が異なり、そうした違いが言語表現にも反映したとみられる。

すなわち出水は、大地から水が湧き出てくることを主観的、写実的に捉えた普段遣いの言語表現であり、清水は、清冽な水が湧き出すことを客観的、印象的に説明しようとした、フォーマルな言語表現であったと考えている。

三　湧水の利用と管理

本章では、荒川扇状地における湧水が、近世期の人びとによって、どのような形態で利用され、どのように管理されていたのか、史料を検証しながら確認してみたい。

（1）飲用水・生活用水としての利用

はじめに湧水が、飲用水・生活用水として利用されていた事例について確認していく。

まず、【表2】№12の中恩田村の平松出水溜井の事例である。ここでは、出水溜井の水は農閑期の冬場でも湧き出し、下流の村々にも流れ出るため、下四ヶ村の人馬の飲用水であることが確認できる。

次に、同表№10の佐谷田村の事例では、安政二年の大地震と同六年の洪水という二度の自然災害に遭遇した結果、生活用水として使っていた「涌水」が押し埋まり、復旧不可能となっている。ここから、地震と洪水で涌水が使えなくなる以前は、生活用水として利用していたことが判明する。

（2）農業用灌漑用水としての利用と管理

次に、湧水が農業用の灌漑用水として利用され、管理されていた実態について確認したい。

①利用の実態

まず、湧水の利用実態について、【表2】№14の中恩田村の「平松出水溜井」の事例を検討する。この部分を要約すると、大里郡沼黒村は、荒川六堰(13)の一つである万吉堰用水組合に属し、荒川の河水を用水として利用していたが、充分な用水が確保できないため、中恩田村の出水に堰を設け出水の水を用水として利用したことが示されている。

荒川に堰を設けて取水する万吉堰組合の村々は、ほかの荒川六堰の用水組合と同じく、荒川の水量が減ることで、取水量も減少するため渇水に悩まされてきた。特に、旱魃の年には取水をめぐる水争いが頻繁におこるため、出水の水が用水源となっていたことが判明する。ここから河水のみに依存せず安定的な水量が確保できる湧水によって、沼黒村では灌漑が行われていたことが分かる。

次に、もう一つの事例を確認する。同表№6は、荒川左岸地域の用水組合の玉井堰組合九ヶ村における、湧水とのかかわり方を示している。これを要約すると、組合九ヶ村のうち、上流部の玉井村など五ヶ村は、周囲と比べて標高が高い村であるため、荒川から引き入れる水だけでは水田への水掛りが悪く、十分に用水が確保できないこと。これに対して小曽根村など四ヶ村は、湧水や出水があるため、平年では苗代水は荒川の水を利用していること。さらにそれ以降は、荒川の水は利用せずに「出水」でまかなっていること。それゆえ日照りとなっても、渇水の憂いなく人々は心穏やかであることが記されている。

以上、二つの資料から、湧水を利用した用水組合の場合、荒川からの取水量の変動に左右されることなく、安定的な用水を確保できたことが確認できた。そういう意味では、旱魃で渇水となっても、湧水をもたない村々と異なり、用水不足に対する危機感が希薄であり、両者間に災害意識の温度差があったことが確認できた。

②出水沼の管理

それでは次に、湧水の管理状況について、【表2】№.3の上川上村の出水の事例を確認する。[14] この史料からは、出水の存在形態について、非常に重要な情報が得られた。すなわち、上川上村の用水は、天神河原という野畑の真ん中にある小さな池から湧き出ていること。そして、この辺りは、開けた平らな土地であるにも関わらず自然と湧き出すという出水の存在形態が写実的に表現されている。

さらに、この出水は、上川上村ほか近隣の村々合計六ヶ村の灌漑用水源として、充分な用水量を供給していることや、いかなる旱魃でも涸れず、潤沢な湧水量が維持された湧水であることを伝えている。また、時々ここを訪れる幕府勘定所の御勘定や普請役たちが、この出水を見て褒め称えていることも分かり、大地から湧き出る水の姿が人々を感嘆せしめた、豊かな出水であったことを髣髴とさせる。

この出水の豊富な湧水によって、同表№.2に示した、「天神河原出水用水組合」が組織され、上川上村ほか六ヶ村の村々で構成される組合が、用水関係施設の利用と管理を行っていたことが同表№.1で判明する。

これは、「天神河原出水用水組合村々」が出水沼の浚いを実施するにあたり、取り決められた資料である。ここから、出水がある用水元の上川上村が出水沼の浚い人足を、一〇〇石あたり二人の割合で年間数一〇日分を負担していることや、組合村々が出水沼の浚い人足を差し出している状況が確認できる。

すなわち、自然に湧出する出水を安定的に利用するためには、村々が組合を組織し、労力と費用とをかけて、出水という水源を保全するため、出水溜井や出水沼の浚いなど、維持管理作業を年々共同で実施していたことが判明する。

四　自然災害と湧水

さて、最後に、荒川扇状地における湧水が、地震や水害など自然災害に遭遇し、どのように変化したか、史料で確認してみよう。

（1）寛保の大水害で湧水が発生する事例

まず、寛保の大水害で湧水が発生する妻沼村の事例を【表2】No.19で確認する。

ここでは、寛保二年の大水害後に湧き出した「清泉」があった。この泉は数年間湧き出し、その後止まっている。寛保の大洪水は、荒川流域にも甚大な被害を与えた歴史的大水害であったが、その時の洪水流が、荒川扇状地の伏流水の水脈に影響を与えたものと考えられる。

（2）大水害と大地震で湧水が止まる事例

次に、大水害と大地震で湧水が止まる事例を紹介する。

まず大水害に関連して、【表2】No.12の中恩田村の「平松出水溜井」の事例がある。

寛保の大水害による土砂流入で出水が止まった平松出水溜井の浚御普請負担をめぐり、関係諸村による訴訟が発生した。出水の水だけで用水は事足り万吉堰用水は不使用と主張する中恩田・下恩田両村に対して、そうではないと反論する中郷四ヶ村とが対立したことが判明する。さらに、中恩田村と下恩田村は、荒川から取水する万吉堰用水組合には加入していないと主張し、万吉堰用水に関する普請負担から逃れようとした形跡が見て取れる。

ここから、出水がある村の優位性が窺われるとともに、そうした感情が関係諸村との間に軋轢を生むきっかけとなったことが判明する。

次に、大地震とその後に発生した洪水によって湧水が止まる事例として、同表№10の佐谷田村の事例を確認したい。これを要約すると、居屋敷の養い井水は、昔からの湧水であり、使用後は少しずつ排水してきた。ところが、安政二年一〇月の大地震と安政六年七月の洪水によって、湧水が埋まり使えなくなったため、堀抜き井戸を掘った、という内容である。

これまでの史料から、大地と密接な関係をもつ湧水源である出水は、自然災害による地下の水環境の変化に伴うダメージで水の湧出が停止することや、その反対に洪水被害を受けて水が湧出することが確認できた。

これらの事例から、当該地域の出水は、長い年月、水の供給という面で、地域住民の生活と生産を支えてきた事実を捉えれば、貴重な水源だったことがわかる。だからこそ、被災後に湧水が使えなくなることは、人々にとって喪失感も大きかったと考えられる。

しかし、今回の事例では、新たな水源確保として掘抜き井戸が導入されている。災害を超えて水源の代替化がはかられ、結果的に近代を迎えたともいえる。

まとめにかえて

以上、本報告では、近世期の荒川扇状地における、河川と湧水という二つの課題について考察してきた。これまでの検証で、判明したことは以下のとおりである。

一つ目の課題の河川については、近世後期の段階で武蔵国埼玉郡の星川と、同国大里郡の星川と、近接する地域に二筋の同じ名前を持つ河川が当時の人々に認識されていたことである。これについては、先に述べたように、扇状地という地形の特性に基づくものと判断した。

また、二つ目の課題の湧水については、次の四つ点の点が判明した。第一点目に当該地域には、近世期に主に「出水」と呼ばれる湧水が存在していたこと。第二点目に、その分布状況は、荒川扇状地の扇端部とみられる地域に集中していたこと。第三点目に人々は、飲用水や生活用水のほか、農業用の灌漑用水として湧水を利用しながら、出水溜井や出水沼など湧水地点の管理と保全に努めたこと。そして第四点目に、大水害で出水が使えなくなるダメージを受けても、関係諸村は御普請により出水溜井の復旧に努める一方で、大地震と大水害後には、湧水が止まり使えなくなり、新たな水源として井戸が導入されたこと。以上四点について指摘しておきたい。

すなわち、近世期における当該地域の出水は、北武蔵の人々の生活に密接に関わっていたことが判明した。

展望と課題

今後の湧水研究にかかわり、展望と課題を簡単にまとめておきたい。まず、「出水《でずい》」は、地方文書でも洪水のことを意味する出水《しゅっすい》として頻出する語句である。しかしながら、従来、そうした資料を読む中で、この「出水《でずい》」を湧水ではなく、洪水を意味する出水《しゅっすい》と判断し、見過ごしてきた可能性がある。これについては地域研究を行う際に、あらためてこうした語句の問題を大切に扱っていく必要があると考えている。

最後に、近世期における湧水としての出水の研究は、緒についたばかりである。今後は、新たな史料探索を行い、北武蔵における出水と人との関わりの歴史を究明していきたいと考えている。なお、大会当日の会場からも、報告後、地元の方から身近な地域の湧水の状況について詳しい報告があった。今回の大会報告にあたり、地元の方々との対話の中で荒川扇状地にある当該地域でも、湧水が存在する地理的な特性があまり認識されていなかった。しかし、歴史的にみて豊かな水源を有する当該地域は、それだけでも他地域に比べ特異な地域的特性を有している。他の地域とは異なる自然地理環境に基づき形成される特色ある地域像を、さらに詳しく解明することが地方史研究の役割といえるだろう。

註

(1)『荒川総合調査報告書 2』埼玉県編（一九八七年）。
(2)『荒川下流誌本編』 荒川下流史編纂委員会編著（二〇〇五年）。
(3) 前掲註2同。
(4) そうした旧河道を検証し、ダイナミックな時間軸の中で荒川の河道変遷史を解明しようという研究がすでに数多く行われている（前掲註1・2参照）。しかし、本稿ではそこには立ち入らない。
(5)『地下水と地形の科学　水文学入門』榧根勇著（講談社学術文庫　二〇一三年）。
(6) この絵図の作成年代未詳だが、享保年間に整備された見沼代用水路が描かれていることから、描かれた内容は一八世紀以降とみられる。近世後期の忍藩領内の河川流路が詳細に描かれているものの河川名称記載がないため、これまで河川史の研究対象としてあまり注目されてこなかった絵図である。絵図の特徴をまとめると以下の如くなる。①忍城を中心として、南に荒川、北に利根川が描かれている。②縮尺等は大まかな表現だが、近世後期の忍藩領内の河川と用悪水路、そして出水についてよく描かれている。しかし、河川名については、利根川と荒川を除き書かれていない。③伝来については、松平下総守家の家臣、奥平家に伝来したもので現在は行田市郷土博物館所蔵である。④凡例の記載は、黒が村境、小判型の色の枠が他領の村名、水色は河川や湖沼、出水を示し、緑色（黄色地に青色斑点）は堤、そして赤色は道を示す。このほかの特徴として、寺社が堂舎社殿のマークとともに丁寧に記されている。これは、利根川と荒川以外に河川・水路名を全く記さないことに比べれば大きな違いで、この絵図の性格の一端を暗示している。④方位の記載は、東と西だけである。図の天地は定かではないが、「忍城」の文字が西を上に縦書きされていることから、西を天に見るよう描かれたと考えられる。⑤網状に広がる水路の様子は詳細に描かれる一方、中仙道を含め道の描かれ方は控えめである。

（7）日本歴史地名大系第11巻『埼玉県の地名』「北埼玉郡」の項（平凡社　一九九三）によると、以下のように記述されている。一級河川。熊谷市上川上字前の起点から元荒川の合流点まで全長三三・七km。流域面積四四・九平方km。熊谷市街地北部を流れる用水の末流を受けて東流し、行田市小見から見沼代用水として利用され、南埼玉郡菖蒲町（筆者注・現久喜市）上大崎の一六間堰で見沼代用水と分かれて南流し、同郡白岡町（筆者注・現白岡市）篠津で元荒川に合流する。行田市小見より上流を上星川、上大崎一六間堰から下流を下星川という。流域は県北東部加須低地の穀倉地帯で、水田の用水路・排水路として重要な役割を果たしている。

（8）本稿において、近世期の史料に現れる「出水」の読み方を以下のように定義しておく。まず、小学館の『日本国語大辞典』を確認すると「ですい【出水】」という項目があり、「水のわき出ている所。泉」を示す方言として説明されている。次に、新田町誌基礎資料第八号『村々の沿革と絵図』―付、地名・湧水・湿田―（新田町誌刊行委員会・群馬県新田町　一九九一年）では、赤城山麓の大間々扇状地の湧水を「出水《ですい》」と呼んでいる。さらに、澤口宏「大間々扇状地―社会基盤としての自然環境―」（大間々扇状地研究会編『共同研究 群馬県大間々扇状地の地域と景観―自然・考古・歴史・地理―』大間々扇状地研究会　二〇一〇年 抜刷）でも、大間々扇状地の藪塚面の扇端部湧水にかかわる一九六八年の現地調査に基づき単に「デスイ」と呼ぶ比較的小規模な湧水について報告している。なお、プレ大会において飯塚好氏から、当該地域では「デス」と呼ぶという指摘があったが、ここでは、ひとまず国語辞典の「ですい」と読んでおく。

（9）出水についての先行研究については、主なものに前掲註8の新田町誌基礎資料に加え新田町誌・第一巻『通史編』（新田町誌刊行委員会・群馬県新田町　一九九〇年）、澤口宏「大間々扇状地の扇端湧水帯」（群馬県社会科研究会会誌第一〇号　一九六八年　但し未見）がある。また、高島緑雄『関東中世水田の研究』（日本経済評論社　一九九七年）では、武蔵国荏原郡における「出水」について触れている。

（10）当初は荒川左岸を中心とする忍領の湧水について検証することを想定したが、その後の史料調査で荒川右岸地域にも出水の存在が確認できたことから、本稿では荒川右岸の上吉見領の湧水についても検証対象とする。

（11）この他の特徴として、大里郡、埼玉郡、幡羅郡三郡の境界が接する地域に、湧水地点が分布していた点が注目できる。これは、荒川扇状地における自然地理的境界と人文的境界が近接し関連するものとみられるが、ここでは指摘するにとどめる。

（12）この場合の身分とは、知識層か否かという指標として捉えている。

（13）荒川六堰とは、慶長七年（一六〇二）に幕府代官の伊奈忠次が、忍領の用水を荒川から取水するため整備した堰のことをいう。大里郡河原明戸（現埼玉県深谷市）の荒川に堰を設け、まず奈良・玉井・大麻生の三堰が開削整備された。ついで、成田堰は、元和元年（一六一五）に設置されている。これに御正堰と吉見堰を加え荒川六堰という。

（14）『古河市史』資料　別巻（古河市役所　再版一九七四年）所収「古河志」。上川上村は、文政四年から下総国の古河藩領となっていた。

北武蔵の酒造業と関東上酒試造

細野健太郎

はじめに

一七世紀初頭、江戸に幕府が開かれ、その中心である江戸城の周囲には武士や職人などの人びとが集住した。当時、彼らの生活必需物資は主に京・大坂を中心とする上方から供給されたが、時代が下るにつれ大都市として成長する江戸の消費量も増大の一途をたどる。そうしたなか、生活必需物資のいくつかは、江戸及び周辺地域の技術力と生産力の向上により、関東各地で商品化され供給されるようになった。これら関東産の商品は、上方から供給された物資が下り物と呼ばれたのに対し地廻り物と呼ばれる。いわゆる、江戸地廻り経済（圏）の成立だが、多様な地廻り物は江戸及び周辺地域で需要され、なかには、消費する人びとの味の嗜好に合致したり、輸送コストなどが押さえられることによる低価格商品の登場で、江戸での消費量の割合が下り物を凌駕する商品も現れた。その代表格が醤油や木綿などの商品だといわれている。

この江戸地廻り経済（圏）において、下り物を凌駕した醤油や木綿と対照的な位置に置かれた商品が、本稿で扱うことになる地廻り酒である。地廻り酒は、松平定信が主導したいわゆる寛政の改革のなかで、幕府によって育成を図られた商品であるとされ、その育成政策の代表的なものが、寛政二（一七九〇）年から始まる「関東《かんとう》上酒《じょうしゅ》試造《ためしづくり》」

であった[1]。関東で、上方から送られる品質のよい酒、つまり上酒と同じような品質の酒を試みに醸造させてみようというこの政策は、研究史上、「関東御免上酒」などとも呼ばれ、上方の灘酒などに代表される上酒の品質を凌駕する商品を誕生させることが出来なかったという点から、結局は失敗に終わったとされてきた[2]。

だが果たして、地廻り酒に対するこうした評価は正しいものだったのか。本稿は、地廻り酒の産業としての評価を見直すきっかけとして、「関東上酒試造」政策を再検討し、位置づけ直すことを目的としている。地廻り酒は、関東の各地にその生産地があったが、そのなかでも生産量の多い地域のひとつである北武蔵の酒造業との関わりのなかで、考察をすすめたい。

その前にまず、当時の酒造業について簡単に触れておく。すでに一七世紀、今日の酒の原型となる酒が創出されており[3]、飲酒の習慣が一程度定着していた[4]この国土では、その需要を満たすだけの酒造業の展開があったが、この産業は米を大量に消費するため、飢饉などで米の生産量が落ち米価が高騰した際などに、幕府は度々醸造量を制限した。特に酒の消費量が大きかったのは江戸で、一八世紀前半の享保年間、「万金産業袋《ばんきんすぎわいぶくろ》」には、「惣じて江戸にては、一切地造りの酒はなし（略）日夜朝暮につかふ酒、多はみな右にいへる伊丹富田、あるいは池田の下り酒なり」と上方の伊丹や富田、あるいは池田で生産された下り酒が江戸に入ってきている様子が描かれ、当時は地造り、つまり江戸周辺で醸造された酒が一切江戸には入っていなかったことが述べられている。江戸の消費量を、江戸に入る酒の量、入津量から計るとして、上方からの下り酒の入津量をみると、一八世紀後半の天明四（一七八四）年〜天明六年の下り酒入津量は八四万樽余〜九二万樽余あったとされる[5]。そうした時代に、白河藩主松平定信が幕府老中となる。彼は天明七年の老中就任からいわゆる寛政の改革に着手するが、酒造の統制にも意を用いている[6]。

そのひとつが生産統制で、「酒造米高」というものが天明八年に設定される。当時の醸造は、元禄一〇（一六九七）年に設定された醸造の許可量を示す酒造株高が、設定から九〇年ほどの間に、宝暦四（一七五四）年以来の醸造制限のない勝手造りの期間などもあり、実際の醸造量との間に懸隔を生じていた。その実情を把握し生産量を統制するために、天明六（一七八六）年以前の醸造量を届出させ、この時の届出量を従来の株高と異なる株高として把握したのである。史料上で「酒造米高」と記載されるものがこれで、寛政元（一七八九）年からは「酒造米高」を基準として醸造規制をかけるようになる。

統制のもうひとつが流通規制で、寛政二年、江戸への入津許可対象を従来からの江戸積酒造地域の酒荷だけとしたことを皮切りに、寛政三年には浦賀番所に「下り酒荷改方」を設置して下り酒入津改めと送り状の印鑑を改める制度を設ける。そして寛政四年、送り状の印鑑改め制度の簡素化である「一紙送り状の制」と出荷生産地を限定する「下り酒十一ヶ国制」と、そもそもの江戸への入津総量を年間三〇万〜四〇万樽に制限する「御分量目当高」の設定が行われた。そうした一連の取り締まりがあって、江戸への入津量は、天明八年〜寛政二年には六〇万樽余〜七四万樽余、寛政四年には四〇万樽余と縮小していく。ただ、定信が老中を辞職したのち、これらの規制が撤廃されていき、寛政六年には七〇万樽余、その後文化年間（一八〇四〜一八一八）には一〇〇万樽を超えることになる。(7)

その後の状況を喜田川守貞の「守貞謾稿」(8)にみると、天保の改革（一八四一〜）以前には、伊丹・池田そして一八世紀半ば頃から台頭した灘等からの下り酒の樽数は、毎年八〜九〇万樽あったとし、天保の改革が始まると、四〜五〇万あるいは三〜四〇万樽にまで減少したことが述べられている。またそれとは別に、江戸近在の地廻り酒がおよそ一〇万樽江戸に入ってきている様子がうかがえる。この「守貞謾稿」の記述を信じるならば、上方からの下り酒の四分の一の量の地廻り酒が江戸に入ってきていると理解する事もできる。

さらには一九世紀半ばの安政三（一八五六）年には、江戸に船積みされてくる諸荷物を書上げたなかに下り酒や地廻り酒もあり、当時下り酒が一年に九〇万樽から一〇〇万樽、地廻り酒が一五万六千樽ほど江戸に入ってきている状況があった。これは江戸の町名主が書いた「重宝録」[9]にみられる記載で、地廻り酒のなかには、品質ランクが「上」の上酒の生産地として、北武蔵の熊谷宿・奈良村・行田町・長野町などがあげられてる。[10]酒のランクは、極上・上・中・下とあり、灘や西宮の酒は極上、その他の畿内の酒は上酒以下の品質、尾張や美濃、伊勢や三河の酒は中ランク、地廻りの相模や安房、上総の酒はランクが下とされている。江戸で酒を消費する人々、この場合はとくに名主層などの上層の人びとであろうが、そうした人びとに認識される酒のランクの、一九世紀半ば当時の状況がよくわかる。

一　一七〜一八世紀の北武蔵酒造業

一九世紀半ばに上酒の生産地として認識される北武蔵であるが、この地域では、一七世紀から一八世紀にすでに酒造業の発生が確認できる。熊谷宿とその近在の酒造業の草創期を記録にみると、まず熊谷宿では一八世紀初頭の正徳五（一七一五）年段階で、九名の酒造人がいたとされている[11]【表1】。彼らの開業時期は、最も古い原口庄左衛門が一七世紀前半の寛永一二（一六三五）年頃であり、その他は大体、一七世紀後半の寛文延宝期（一六六一〜一六八一）頃に開業していたようである。近在をみると、荒川北岸の埼玉郡戸出村（熊谷市）では、神沼勘十郎が延宝四年に現在の小川町の酒造人から酒造株五〇石を取得して開業しているが、その株は正徳五（一七一五）年に荒川南岸の春野原村（熊谷市）の酒造人に譲渡されていることがわかっている。[12]また、播羅郡四方寺村（熊谷市）では、吉田六左衛門とその分家茂左衛門が、一七世紀末の元禄五年には、それぞれ酒造株五〇〇石ずつを保有しており、醸造を行っていた。[13]この吉田六左衛門家から分家したのが本稿でも重要な位置を占める吉田市右衛門であるが、市右衛門は一八世紀後半の安永五（一七七六）年、六左衛門から酒造株一五石造米高三〇〇石を分与され酒造業を始めることになる。

布施田六郎左衛門	正徳 5 年～ 50 年程前
林善右衛門	正徳 5 年～ 35、6 年前
贄田七郎	正徳 5 年～ 3、40 年前
高抑（柳）小兵衛親代	正徳 5 年～ 40 年程前
田中権右衛門先祖	正徳 5 年～ 70 年前
竹井新右衛門	正徳 5 年～ 30 年程前
鯨井久右衛門	享保 2 年作り申候 24 年前
高抑（柳）小左衛門	正徳 5 年～ 45 年前
原口庄左衛門	正徳 5 年～ 80 年前

【表 1】熊谷宿の酒造人の創業期　出典：『熊谷市史 後編』（1964年）

この地域の重要な特徴のひとつは、近江日野の商人が出店先として着目し、進出していることである。確認できるもっとも古い例は一八世紀前半で、元文二（一七三七）年に藤澤茂右衛門が和泉屋喜左衛門の屋号で、自身の第一号店となる熊谷店を開設、その三〇年ほどのちには升屋清兵衛の屋号で熊谷新宿にも出店している。(14) この二店舗は寛政九年には閉店している。宝暦一一年には、藤崎摠兵衛が熊谷宿に店舗を持っていることが確認できる。(15) 摠兵衛は、享保一三（一七二八）年に上州鬼石に本店を開設、そののち現在の寄居や熊谷市の村岡、高崎、松山、藤岡などに店舗展開していくが、その多展開経営の一環として、十一屋三郎右衛門の屋号で熊谷宿に出店している。(16) 一八世紀後半の天明七年には、天明元年に行田で日野屋又右衛門の屋号で酒造業を開業した鈴木忠右衛門が、熊谷宿に嶋屋喜兵衛として出店している。(17) これら近江商人のうち、十一屋三郎右衛門と嶋屋喜兵衛は幕末以降まで熊谷宿に店舗を持ち続けることになる。

北武蔵の熊谷宿周辺では、一八世紀後半の段階、寛政の改革以前に、すでにある程度の酒造人が存在していたことが確認できるわけだが、彼らの店舗・蔵で実際に醸造に着手する杜氏には、一七八〇年代には上方からの出稼ぎの者を雇用している例も確認(18)されており、ある程度の品質の醸造技術が伝わっていたと考えられる。

二　関東上酒試造の展開

（一）上酒試造のはじまりとその特徴

天明七年に寛政の改革が始まり、その三年後に関東上酒の試造りは開始される。幕府の実務担当者は、勘定奉行であり、史料文言として「酒造掛」の呼称も確認できる柳生久通と、その配下の勘定所御試造掛の三名であった（勘定組頭小出大助照方・勘定西村左太郎・勘定肥留間助左衛門正興）。柳生久通は松平定信の信任を受けた人物で、天明八年に勘定奉行上座・勝手方に異動してから歴代最長の二八年間その職にあるが、関東上酒試造の実施は、勘定奉行着任二年目のことである。

試造りが開始される際の一連の動きを【表2】にみると、試造りの打診が幕府から関東の酒造人に対して行われた史料上の初見は、寛政二年三月一七日の、武州播羅郡下奈良村（熊谷市）吉田市右衛門に対してのものである。吉田市右衛門の記録「関東上酒御試造書上物写」[19]の冒頭に綴られた「御免酒造一件被仰渡書控」の冒頭部分では、勘定奉行柳生久通から、差し紙によって呼び出しを受けた市右衛門が、「関東上酒」を「心味」として醸造し、江戸にて下値で販売するようにと命じられている。市右衛門が酒造に従事している事を把握していた勘定所は、寛政元年一一月に利根川筋の川除け普請の諸色代として五〇〇両を上納した市右衛門の奇特者としての人物に期待しており、また、下り酒が米価に対して高値になりすぎていることを懸念するなかで、江戸での低価格上酒の販売を命じたのである。

申し渡しの翌月、市右衛門は早速、醸造の方法を記した「酒造仕方書上」を勘定奉行に提出しているが、五月になると武蔵・下総の酒造人一同の名で上酒の造り方の仕様書を提出している。[20]その条文をみると、それまでにも関東の酒造人は、自身は上酒と認識する酒を醸造していたこと、ただ江戸では「田舎」との名目で安値で買いたたかれてしまって

寛政2年3月17日	勝手方勘定奉行柳生久通より吉田市右衛門に差紙
同年4月	吉田市右衛門「酒造仕方書上」を勘定奉行に提出
同年5月	武州・総州酒造人一同は上酒造方仕様を勘定奉行へ提出
同年8月	酒法・売出し値段内訳・樽印・酒造道具等書上
同年8月6日	十一名の酒造人、上酒試造請証文の提出

【表2】「関東上酒試造」開始のながれ
出典：「関東上酒御試造書上物写」中村（宏）家文書13（埼玉県立文書館収蔵）

いるとの認識を有していたことなどがわかり、このような状況下、酒造人側は低価格販売のための要望をもち、酒樽への幕府公認の印可などを求めていることもわかる。そして、幕府勘定所と酒造人の間での交渉を経て、八月に一一名の酒造人に対して、関東上酒の試造りが命じられた。その時の請書[21]をみると、売出値段の最高値は二〇樽につき金一三両で、一一名のうち二名のみは一二両二分とやや安価の販売価格が設定され、その基本価格から、仕入米の相場に応じた値下げ、品質に応じた値下げなどが取り決められていることがわかる。売場は江戸霊岸島・茅場町・神田川辺の出張借屋で、他の酒の混入は厳禁とあった。また吉田市右衛門ほか四名は、従来から醸造している地廻り酒を、当時の醸造制限通りに三分一造高で醸造して地売り販売を行い、その他の酒造人は関東上酒のうち造劣りした分を地売するとある。こうした内容からも、一一名の酒造人のなかでも技術力の差があったものと思われる。また、この試造りに当たっては幕府からの貸与米があり、その拝借米を希望する者には質地を引当として酒造米が貸与されており、この時の貸与者は六名であった。

（二）酒造人の参入状況と政策の主眼

寛政二年に行われた関東上酒の試造りであるが、翌年からも継続されることになった。以後の試造りに参入をした酒造人の、年ごとの参入状況と地域的分布についてみてみよう。

残された記録からその酒造人を国・郡・村別にまとめたものが【表3】で、その人数の変化を試造に従事した年別にみると、寛政三年には一五名[22]、寛政四年に二一名[23]と徐々にその数を増しており、六年後の寛政一一年には四一名[24]に増えていることがわかるが、その翌々年の享和元年は二〇名と減り、享和二年に一一名、享和三年には四名と減っていく。この間、試造りに関わった酒造人は延べ八三名であった。

酒造人の地域的変化をみると、寛政二年は武蔵・下総の葛飾郡が中心であるが、下奈良村の吉田市右衛門を除いて、江戸近郊の酒造人で、下大島町（台東区深川）や下赤塚村（板橋区）、そして江戸川沿いの流山・松戸・市川八幡、利根川沿いの台宿（取手市）、多摩川沿いの是政（府中市）、神奈川宿の酒造人であった。彼らはいずれも名のある豪農豪商で、のちに酒造のみならず醤油・味噌・味醂などの醸造も行っている。寛政三年には上総からも参入をみ、寛政四年には葛飾郡内に地域的広がりがみられ、武蔵国大里・比企郡などにも参入する人びとをみることができる。寛政五年、常陸や相模の酒造人も参入し、武州では入間郡にも確認できるようになっている。しかし、寛政一一年をみると、江戸から距離的に近い上総や武蔵下総の葛飾郡の酒造人は確認できなくなり、記録から彼らは寛政九年前後に一斉に撤退していたことがわかる。彼らは、従来からの株に基づく醸造のみに従事することとし、例えば流山の酒造人たちのように、以後もその生産する酒の大部分を江戸に出荷していったと考えられる[25]。この翌一〇年前後は、武蔵の埼玉郡や常陸・下野・上総に新たな参入者をみるようになる。試造り開始当初、江戸川・多摩川沿いなどの南関東の酒造人が参入していた事業も、寛政一〇年頃から那珂川・利根川沿いの北関東酒造人がその担い手に変わっていっていた。そして享和元年、全体的な縮小傾向のなかで、武蔵国内では埼玉・足立・大里・播羅郡など北武蔵に集中し、享和二年にはほぼ北武蔵の酒造人のみとなり、享和三年を迎える。この間、最初から最後まで試造りを行っているのは下奈良村の吉田市右衛門ただ一人であり、市右衛門とともに最後まで試造りに従事していたのは、武蔵国足立郡川田谷村（桶川市）の高橋甚左衛門や南村（上尾市）の須田次兵衛、寛政四年から参入をしていた下奈良村の飯塚吉五郎など、市右衛門と近しいと考えられる者たちだった。

では、この政策の主眼はどのあたりにあったのか。本節冒頭でも触れた寛政二年三月の吉田市右衛門への申し渡

【表 3】関東上酒試造に携わった酒造人　※数字はその年の試造高（）内は幕府からの拝借米高

出典：寛政２年３月「関東上酒御試造書上物写」（埼玉県立文書館収蔵中村宏平家文書 13)、寛政４年「（酒試造仰せつけられにつき諸事取極）」（飯塚泰久家文書コ -16)、「差上申御請証文之事」（飯塚泰久家文書コ -22)、「吉田家酒造書類 7」' 東大法制資料室蔵甲 2-1637)、「（関東上酒御試造の節の焼印早速返納すべき旨廻状）」（飯塚泰久家文書コ -15)、「差上申一札之事」（飯塚泰久家文書コ -32-4)、寛政 11 年９月「御免関東酒造方」（川端昭夫氏収集文書 219)、享和３年８月「関東上酒御試造写」

国	郡	宿村町（現行区分）	酒造人	寛政 2	寛政 3	寛政 4	寛政 5	寛政 11	享和元	享和 2	享和 3	焼印拝借期間	廻状送達
武蔵	埼玉	小針村（行田市）	源五兵衛					1200 (500)	500	500	70		
		長野村（行田市）	伴助					1000 (400)	300	300			
		下須戸村（行田市）	音右衛門					500 (150)	500			寛政 11 年～享和 2 年	○
		平林寺村（さいたま市）	定七					800 (400)	800	400			
		芝山村（白岡市）	定吉					300 (100)	300			寛政 11 年～享和 2 年	○
		別府村（越谷市）	磯右衛門									寛政 10 年迄	○
		加須村（加須市）	藤兵衛		500	700	700 (300)					寛政 3 ～ 11 年	○
			佐兵衛					1500 (300)				寛政 9 年～享和元年	○
	足立	川田谷村（桶川市）	甚左衛門		600	800	1000 (400)	2000 (1000)	1000	1000	100		
		上川田谷村（桶川市）	新十郎					800 (250)	200	200			
		南村（上尾市）	次兵衛		500	600	800 (300)	1000 (500)	400	400			
		芝村（川口市）	治郎右衛門					800 (300)				寛政 10 年～享和 2 年	○
		深作村（さいたま市）	惣吉					500 (150)				寛政 11 年～享和元年	○
	比企	小川宿（小川町）	平助			200	200						
		鎌形村（嵐山町）	庄次郎					1000 (300)				寛政 6 ～ 8 年	○
		上押垂村（東松山市）	三郎右衛門					300 (100)	300			寛政 11 年～享和 2 年	○
	大里	石原村（熊谷市）	又兵衛			500		1500 (700)	800	800			
		熊谷宿（熊谷市）	吉兵衛				500					寛政 6 年のみ	○
			清左衛門									寛政 6 ～ 11 年	○
		佐谷田村（熊谷市）	佐次右衛門					500 (150)	500	500		寛政 12 年迄	
	幡羅	下奈良村（熊谷市）	吉田市右衛門	1000	1000	2000	500	700	700	700	300		
			吉五郎			600 (300)	800 (300)	500	500	500	80		
			助右衛門						200			寛政 12 年	○
	入間	大袋村（川越市）	半次郎				200	1400 (600)					○
		高島村（川越市）	新左衛門				200						
		所沢村（所沢市）	半次郎									寛政 6 ～ 11 年	○
		小谷田村（入間市）	文次郎									寛政 6 年のみ	○
	葛飾	番匠免村（三郷市）	清左衛門	2500	2000 (1000)		1700 (600)					寛政 2 ～ 9 年	○
		江戸深川下大嶋町	徳助	2300	2300 払米 1300							寛政 2 ～ 5 年	○
		由野村	三平									享和 2 年遅滞返上	○
		槇野地村（幸手市）	八十七			700 (300)	700 (300)					寛政 5 ～ 9 年	○
		是政村（府中市）	五郎右衛門	150 (300)	1200 (700)	1500	1400 (400)						○
		二ノ宮村（あきる野市）	冨次郎					1200 (500)					○
	橘樹	神奈川宿（横浜市）	五郎兵衛	700 (300)	1100 (500)		800 (400)						
		登戸村（川崎市）	弥兵衛				200	200					○
	豊島	下赤塚村（板橋区）	辰次郎	300 (180)	1200 (750)	1200	1800 (600)					寛政 6 ～ 7 年	○
	新座	引又町	治兵衛			400	400 (200)						○
	高麗	上新田村（鶴ヶ島市）	善助					600 (250)					○
	秩父	小森村（小鹿野町）	孫右衛門					800 (300)				寛政 10 年～享和元年	○

国	郡	宿村町（現行区分）	酒造人	寛政2	寛政3	寛政4	寛政5	寛政11	享和元	享和2	享和3	焼印拝借期間	廻状送達
上総	市原	田尾村（市原市）	弥右衛門		700	1000	1000（500）						
	葛飾	高根村（船橋市）	六右衛門			500（250）	500（250）						
下総	葛飾	流山村（流山市）	平八	1250（750）	2000（1000）		1800（600）					寛政2～8年	○
			十左衛門	500（300）								寛政2～3年	○
			三左衛門				300					寛政3～9年	○
			由太郎			700（200）		500					○
			（記名無し）				700（200）						
			紋治郎									寛政2～9年	○
		行徳領川原村	太郎右衛門		800		1800						○
			助左衛門										
			庄次郎										
		行徳領大和田村	作兵衛										○
		野田町（野田市）	与右衛門			700（200）	900（300）					寛政5～9年	○
			万助			400（200）	500（200）					寛政5～9年	○
			市平			500（200）	600（200）					寛政5～9年	○
		根本村（松戸市）	四郎右衛門	800	1000（500）							寛政2～5年	○
		松戸宿（松戸市）	庄兵衛			700（300）	700（300）					寛政4～9年	○
		八幡町（市川市）	喜左衛門	1000	1000（300）		700（200）					寛政2～9年	○
	相馬	台宿村（取手市）	五郎兵衛	1000（420）	1000（400）	1400	1400（400）					寛政2～8年	○
		鷲ヶ谷村（柏市）	治右衛門			500（200）	500（250）					寛政2～9年 寛政4～8年	○
		布施村（柏市）	平左衛門			600（300）	600					享和2年遅滞返上	○
	香取	万力村（旭市）	儀左衛門					800（350）				寛政7～12年	○
	結城	久保田村（結城市）	権兵衛					1000（300）				寛政11年～享和元年	○
常陸	茨城	仁古田村（笠間市）	彦兵衛					800（300）					○
		下安居村（笠間市）	五郎兵衛					500（150）	500	500			
		池野辺村（笠間市）	源右衛門					500（150）				寛政11年～享和元年	○
	真壁	門井村（筑西市）	藤助					500（150）				寛政11年～享和元年	○
		下館町（筑西市）	松三郎					1000（300）				寛政11年～享和元年	
			藤右衛門										○
	新治	五反田村（かすみがうら市）	藤右衛門					500（150）	500か				
		大増村（石岡市）	太右衛門					500（150）					○
	行方	荒宿村（行方市）	清兵衛					800（250）					
	筑波	板橋村（つくばみらい市）	曽右衛門				500（250）					享和2年遅滞返上	○
下野	那須	須左木村（大田原市）	長十郎					800				寛政12年～享和元年	○
		練貫木村（大田原市）	六郎左衛門					600				寛政12年～享和元年	○
	都賀	鷲巣村（栃木市）	伝兵衛					500（150）	500				
	塩谷	喜連川宿（さくら市）	久右衛門					600（200）	600				
	梁田	茂木町（足利市）	孫右衛門									寛政12年～享和元年	○
上野	緑野	藤岡町（藤岡市）	藤八					800（400）	250				○
			金左衛門					1000（500）				寛政12年～享和2年	○
			半兵衛					500（150）				寛政11～12年	○
	多胡	吉井宿（高崎市）	三右衛門					1500（400）	1000			寛政10年～享和2年	○
相模	三浦	長浦村（横須賀市）	新兵衛				200（100）						
不明		津又					500						
各年試造者合計				11人	15人	21人	33人	41人	20人	11人	4人		

しでは、勘定所の趣意は、下り酒が高値となっているため、江戸で価格を抑えた上酒を販売するように、とのものであった。関東上酒の販売が始まったのち、松平定信の家臣が江戸市中の噂話を収集しまとめた「よしの冊子」[26]には、今回の関東上酒に対する江戸庶民の声として、「御免新酒之事、直段も安くうまミも有と悦候ものも有之、又こうじくさく甘たるく、直ニ逆上して痔にあたる、胸にあたる。此節田舎新酒の方ハ、水の様でうまくもないが、新酒の気で呑からよい。御免と出るから、格別ナ事だと思つて買た所が、直段は田舎新酒同様の事、少しうまい所ハ有りが、それハ新キニ出た酒屋だから、少しハ其位の處ハなくてハならぬと、善悪評判まちまちのさた」といった評価を載せる一方で、「是非万願寺、剣菱の名酒迄も此上直段引さがり可申と、江戸中相こぞり上戸共悦び」と、関東上酒の低価格に触発された下り酒の値下がりへの期待感も垣間見える。

そして、政策を主導した定信の主眼を、二五年ほどのちの文化一三年頃のその著「宇下人言」にみてみると、「関東にて酒をつくり出すべき旨被仰出候も、是また関西之酒を改めなば酒価騰貴せんが為なりけり」[27]とあり、この箇所の定信の記述を、流通規制による江戸への酒入荷量の減少が酒価格を高騰させているという実態のなかで読み解いた研究[28]では、関東上酒試造りの政策に江戸の経済的地位を引き上げる一環としての意義を前提としつつ、酒価高騰への対応という側面があったという指摘もなされている。この指摘を踏まえつつ、寛政二年の申し渡しや「よしの冊子」の一節に着目すると、実は寛政二年当時、酒価高騰への対応という目的は、関東上酒の醸造を命じた狙いの側面というよりもむしろ主眼であったのではないだろうかとの見方が浮かび上がってくる。寛政の改革による酒の生産・流通統制により高騰した下り酒の価格を、関東で生産した上酒を江戸に入れる事でなんとか平準化が図れないか、これが関東上酒試造の本質だったのではないか、と考えられるのである。

（三）関東上酒の問題点とその終焉

寛政五年頃になると、一括りに認識される関東上酒のなかの、酒造人による品質の差や、販売が出張売場ではなく問屋への密売として行われているといった問題が顕在化[29]してくる。密売とされる地酒問屋や酒商いの料理茶屋などへの小売りが後をたたなかったのは、販売量の一口が大きいそうした販売先の方が、収益を上げやすかったためのようである。結果、出張売場の方へは自然と品質の劣る酒が回りやすいとの風聞が出るほどだった。つまり醸造をする酒造人と、販売を担当する出張売場の販売人との間の、流通・販売に対する認識の相違が問題となってきたといえよう。

試造りの問題点は、醸造に使用する拝借米の貸与制度にも認められる。【表4】に関東上酒の総醸造高とその醸造に使用された拝借米高の割合および酒造人数で割った平均醸造高・平均拝借米高をみると、寛政五年頃には酒造人一人当たりの上酒醸造高は縮小傾向にありながら、一人当たりの拝借米高は増加している様子がみえ、試造りの担い手の生産規模が小さくなっている事を示しており、寛政一一年の拝借米高一万一〇〇〇石は、同年の幕府の年貢収納が一二一万二一〇七石であったこと[30]を考えると、その一％近くを試造りに貸与していることになる。さらにこの拝借米は、未返納が問題視されていた[31]。結果的に、拝借米制度は享和元年には確認できなくなる。享和元年一二月二日の試造りの請書[32]をみると、拝借米貸与を受ける者は誰ひとりとしていなくなっていることがわかるのである。

この翌年一〇月、試造りを終息へと向かわせる一つの動きが確認できる。試造りでは、幕府の免許、御免を示す焼印が酒造人に貸与され、その焼印を上酒の酒樽に押す訳であるが、次年度に試造りを命じられなくなった者はすぐさま焼印の返却をしなければならなかった。しかしその返却は滞りがちであったため、幕府勘定所は享和二年、試造りの定行事[33]に対し、未返納者の焼印回収を厳命している。享和二年一〇月七日、定行事二名は、焼印の回収を促す廻状[34]をすでに試造りを行わなくなっている各酒造人に回し、焼印回収の徹底が図られている。そのようななかで、享和三

	総試造高(a)	総拝借米高(b)	拝借米の割合(b)／(a)	総酒造人数(c)	1人当り酒造高(a)／(c)	平均拝借米高(b)／(c)
寛政2年	11,500石	2,250石	20%	11名	1,045石余	205石余
寛政5年	25,100石	7,550石	30%	33名	761石余	229石余
寛政11年	32,800石	11,000石	34%	41名	800石余	268石余

【表4】関東上酒試酒造高にみる拝借米高の割合と個別酒造人の拝借米高

年八月の上酒試造りの請書[35]が勘定所に差し出されるが、この請書が現在確認されている最後の関東上酒試造りの請書になる。そして文化元年八月、吉田市右衛門も焼印の返上を行っていることが確認できるのである[36]。

最後に、関東上酒試造りの天保四年終了説について触れておきたい。これは、天保四年に「関八州上酒御試造上ケ株」の貸渡令[37]というものが出されるが、この時「関東上酒御免株」なるものが没収株となり、改めて領主からの「関八州拝借株」が酒造人に貸し付けられた[38]とするものである。天保四年に株が没収されたのだから、寛政二年から天保四年迄四四年間、関東上酒の試造りは継続をしていた、ということが研究史上で定説とされてきた。半世紀近く幕府が主導して関東で上酒を造らせようとしていたとの理解は、幕府による関東の酒造業育成政策が長期的に行われていたとのイメージを生み出してきたといえる。しかし、享和二年からの焼印回収の動きや享和三年八月の四名の酒造人による最後の試造り請書の存在、そして市右衛門の焼印返上は、関東上酒の試造りが享和三年に終わった事を示しており、関東上酒を造ろうという幕府の政策は、一四年間で終わっているのである[39]。さらには、先に触れたように、関東上酒試造り政策の主眼は下り酒の価格調整にあったと考えられるが、幕府は試造りとは別に、寛政六年九月には、天明六年以前の造高の三分の二造を許可[40]、寛政七年一〇月には、天明六年以前の造高醸造を許可という生産統制の緩和を展開、また、同じ寛政七年一〇月の江戸への入津制限撤廃[41]という流通規制の撤廃を行うことで下り酒価格の低落を実現させており、関東上酒の試造りの役割は終わりつつあった。

三　関東上酒試造と北武蔵の酒造人たち

本節では、関東上酒の試造りを北武蔵周辺の酒造人がどのように捉え、酒造業の展開が変化していったのか、みてみたい。まず取り上げるのは吉田市右衛門である。市右衛門は、安永五年に本家筋にあたる四方寺村吉田六左衛門より酒造株の譲渡を受け開業しており、関東上酒の試造りの際も、ほかに酒造株の三分一を醸造し地売りで販売していた。試造りの中心的人物として彼は、周辺の酒造人が試造りに参入できるよう、仲介をしている例が確認できる[42]。市右衛門は、試造り開始当初から、所縁のある酒造人を、生産量の優遇がある試造りの場へと導こうする意図をもち、幕府勘定所への働きかけをしていた。一方で、市右衛門自身は寛政五年以降、試造りとしての醸造量は縮小していた【表3】。

関東上酒試造りが終わった後の市右衛門は、試造り最後の年である享和三年一一月、久保島村（熊谷市）三右衛門所持の株一五〇石五斗、酒造米高七二〇石と、所持株一五石、酒造米高三〇〇石を譲り替えることで、自身の持株を増大させている[43]。文化三年一〇月の酒造勝手作り令が出た際には、酒造株高一五〇石五斗、酒造米高二〇〇〇石を定式酒造すると領主の旗本へ届け出ている[44]ことから、この頃最大二〇〇〇石の酒の生産力を有していたことがわかる。さらに天保六年三月、享和三年に久保島村三右衛門に渡した酒造株一五石、酒造米高三〇〇石を、三右衛門の子、久保島村名主関輔から請け戻しをして[45]、自身の株をさらに増やした。市右衛門は、関東上酒の試造を終えたあと、所持株を増やすことで、実際の生産力に見合う体面を整えていると考えられる。醸造した酒は、時々の相場をみつつ、江戸と地売り双方に出荷している[46]。ちなみに市右衛門は、酒造蔵の杜氏を文化八年には上方の伊丹より招聘していることがわかっており、江戸への酒の出荷は、利根川筋の葛和田河岸から行っていた。

続いて取り上げるのは、市右衛門と共に定行事の役に就いた飯塚吉五郎である。

下奈良村の飯塚吉五郎[47]は、天明六年に熊谷宿で酒造を開始した時、熊谷宿石川清左衛門の所持株のうち二五〇石、造米高四五〇石を借用し、出蔵と酒造道具は吉田市右衛門からの借用であった。開業当時は行田町浜名屋元八の代人としての立場であり、以後、この時の屋号「浜名屋」を名乗り続ける。寛政元年、石川清左衛門に株を返却し、熊谷宿布施田孝平所持の株二五〇石、造米高四〇八石六升を購入し寛政二年から醸造場を下奈良村に移転する。下奈良村は「居村水怔至而宜」場所であるというのがその理由で、この時、市右衛門からの借用道具は返却している。寛政三年、関東上酒試造りへの参入を打診[48]しており、寛政四年にようやく試造りに参入した。醸造高は六〇〇石でそのうち三〇〇石が拝借米である。寛政六年からは八〇〇石となり拝借米は三〇〇石、寛政九年に一〇〇〇石にまで増え、寛政一〇年には一五〇〇石を醸造している。寛政元年段階で五〇〇石にも満たない醸造量であったものが、関東上酒の試造りに参入することで、三倍以上に生産量を拡大したことになる。寛政一一年、市右衛門と共に定行事に就任するも、吉五郎は寛政一一年一二年は試造りそのものは休造しており、享和元年に復帰した[49]。享和三年、市右衛門と共に最後の試造り八〇石を請け負うことになる。

試造りが終わった後の吉五郎の行動は活発である。享和三年、吉五郎は「関東手広之場所」の無株酒造人の取り締まりを主眼に酒造仲間結成を図り、周辺地域の酒造人に対し、「定行事」の肩書きをもって廻状を回している。結成を呼びかけられた酒造人八三名のうち、関東上酒試造りに参加をしていたのは二名のみであった。仲間結成を呼びかけた範囲は、武蔵国内の足立・埼玉・大里・男衾・榛沢・幡羅・比企郡の広範囲に及び、そのうち埼玉郡の一部、幡羅郡西部から榛沢郡にかけて、そして荒川南岸の酒造人の多くが呼び掛けには不賛同であった。ここで仲間を結成しようとした範囲は、浜名屋吉五郎自身が、地売りの商圏としている地域に近い範囲であった。

さらに吉五郎は、同じ享和三年八月、試造りにも参入していた比企郡上押垂村（東松山市）の酒造人三郎右衛門の酒造蔵・諸道具を借用することで、荒川南岸に直接経営の出蔵を獲得する。さらなる商圏の拡大を図ったもので、文化四年には、入間郡越生村（越生町）にも出蔵を獲得している。しかし、商圏は比企・入間・高麗・秩父郡にまで広がるものの、それにともなう売掛金未払い額の増大は吉五郎の経営を圧迫、ついには出蔵を独立させることによる商圏の縮小を迫られることになる。その後は、荒川北岸で播羅郡を中心に上州までを商圏としており、その商圏のなかに、酒造仕入金を貸し付ける別家を多数立て、「浜名屋」ブランドを商圏のなかに展開し営業するという戦略をとっている。別家の担い手は、在地の百姓もいるが、越後から出稼ぎにきた杜氏で定住した者なども含まれている。下奈良村の浜名屋の杜氏は、寛政末年から文政三年までの三〇年程は播磨出身の一人の杜氏を雇用していたが、その人物が亡くなったあとは越後杜氏を雇用しており、その後独立させ別家とさせている場合も多くみられる。そうして地売りの商圏を維持しつつ、吉五郎は江戸へも酒を出荷、地売りでは酒と醤油の販売を展開しているのである。

四　その後の北武蔵の酒造業

ここでは、その後の北武蔵の酒造業について、熊谷宿を中心に簡単に紹介したい[50]。文政の改革で設置された改革組合村は、熊谷宿を寄場として北と南の組合があった。北組合村々は熊谷宿ほか三七村、南組合は三二村であるが、酒造業の展開状況をみると、南北で大きな差がある。北組合村々には、天保七年、酒造株所持者が四四名おり、株高五八〇〇石余、造石高は一万一二〇〇石余あり、慶応二年にも造米高一万二三〇〇石余が確認できる。

一方、南組合村々に酒造株所持者は九名しかおらず、株高は四〇〇石余、造石高も八〇〇石程度である。慶応二年

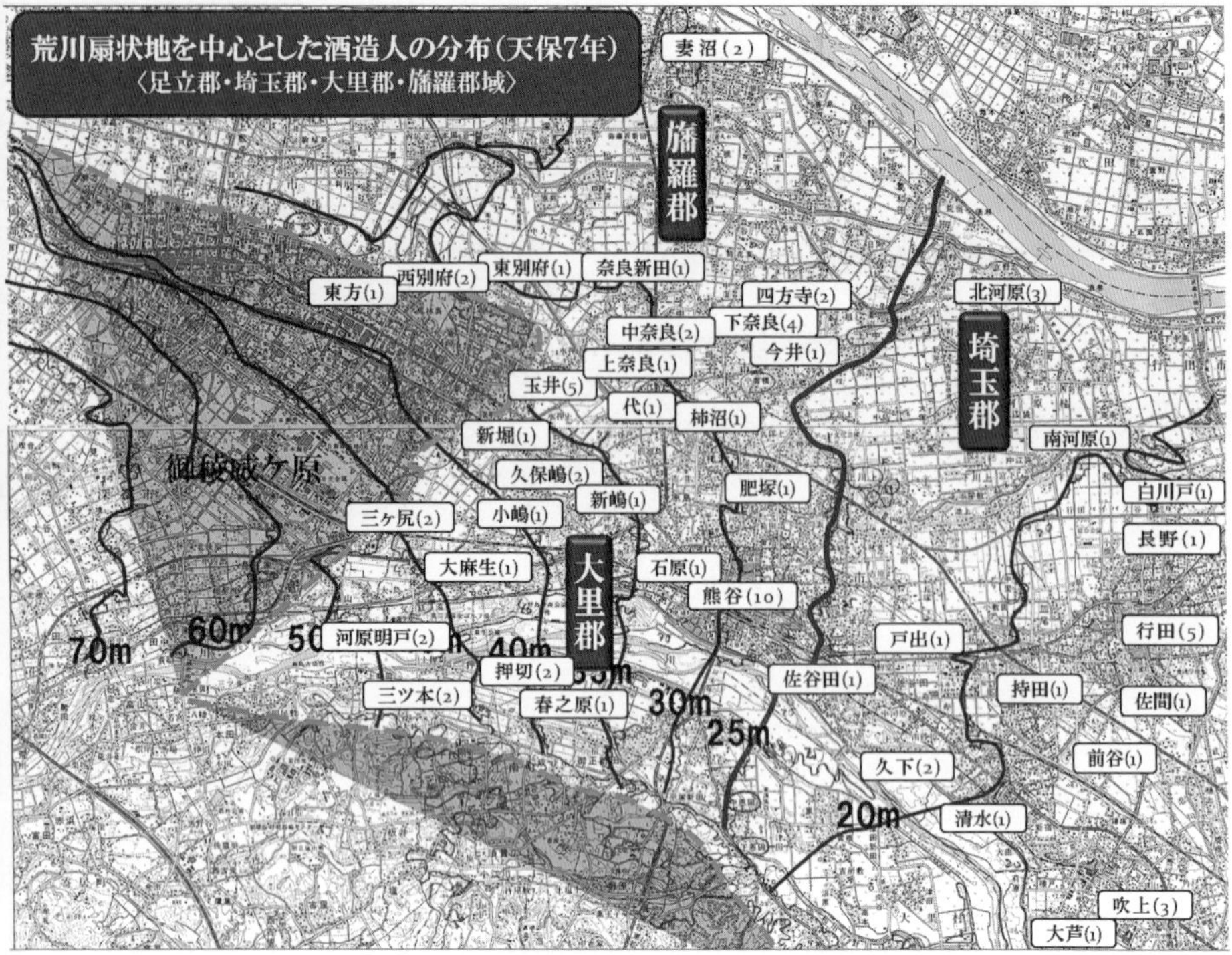

【図】荒川扇状地を中心とした酒造人の分布

には造米高二三〇〇石余が確認できるが、南北の差は歴然であった。それから、妻沼村を寄場とする組合村々二六村であるが、同じ天保七年の酒造株所持者は三名で、株高一一〇石、造石高二二石である。

【図：荒川扇状地を中心とした酒造人の分布[51]】を見ても分かるように、酒造人は荒川扇状地を中心として分布し、そのなかでも熊谷宿と「奈良」（四方寺村や下奈良村などを指す）、そして玉井村の酒造人が多いことが分かる。この酒造人の展開状況は、本大会での原太平氏の報告にあった「出水」の存在を抜きには理解できない事だと考えられる。

当該地域は、地元の酒造人や、熊谷宿・行田町に集中した近江商人などが商圏を競合しつつ、営業が展開されたが、そのなかに参入してきたのが、越後出身の酒造人たちであった。

むすびにかえて

最後に本稿をまとめると、第一節で一八世紀後半以前の北武蔵の酒造業の状況を概観し、第二節で、関東上酒の試造りが、政策の本質は下り酒の低価格化を狙ったものであったこと、別の政策による下り酒価格の低落状況のなかで財政的負担までして継続する必要がなくなっており、結果、寛政二年から享和三年の一四年間に行われた政策だったことなどを明らかにした。そのうえで、従来、この政策が天保四年までの四四年間継続したと考えられていたことが、幕府による長期的な地廻り酒産業育成政策の存在をイメージさせてきたのではないか、と論じた。これは、幕府による地廻り経済（圏）の産業育成政策が展開されていたという幻想を、我々に長らく抱かせることにもつながった、と考えられるのである。

第二節では、関東上酒の試造りを行った酒造人の目的が、彼らが造っていた上酒を江戸で認知させることにあったことにも触れた。この点、江戸への出荷が多かった江戸近郊南関東の酒造人たちの意志とも合致し、彼らを多くこの事業に参入させることになった。だが寛政六年以降の、幕府による酒の生産・流通規制の撤廃は、流山等の酒造人たちに幕府主導の試造り参入への必要性を失わせた可能性もあり、南関東の酒造人は撤退していく。代わって試造りに参入したのが北関東の酒造人であり、ここに北武蔵の酒造人も含まれる。北武蔵の酒造人たちは、第三節でみたように、吉田市右衛門の影響による試造りへの参入が多分にあったと考えられ、市右衛門には地域の酒産業振興の指向が一面にはあったと推測できる。

関東上酒の試造り政策が、実際どの程度、地廻り酒産業の発展に影響があったのか。飯塚吉五郎の例のように、経営の拡大を図る契機となった酒造人がいたことは確かである。そして重要なのは、試造り政策に乗って地廻りで醸造された上酒を、上酒として江戸の人びとに認識させることに成功したのかどうか、である。寛政年間の「よしの冊子」に収集された御免上酒に対する評価をみる限り、この時期に一定の評価を得たかは定かではない。ただ、「重宝録」にみるように、安政年間の江戸では熊谷宿などの地域が上酒の産地として認識されており、そうした評価がいつ頃から生まれたものなのか。それまでは、地廻りで生産された上酒など江戸では見向きもされなかった段階から、寛政の改革の時に「関東上酒」として一括りに認識され、それが各産地ごとの品質の違いとして認識されるようになる段階がいつ頃だったのか。それは今後の課題である。

本稿は、寛政の関東上酒試造りが、少なくとも江戸の人びとに、江戸地廻りでも上酒と呼称するものが生産されている、という事を認識させることには成功したであろう、と述べることで締め括らせていただきたい。

註

（1）寛政改革の経済政策に関する研究は、竹内誠「寛政改革と『勘定所御用達』の成立（上）（下）」（『日本歴史』二二八・二二九、一九五九年、のち同氏『寛政改革の研究』吉川弘文館、二〇〇九年所収）によって新たな展開を迎えた。寛政改革の酒造政策に関する一九六三年頃の津田秀夫や柚木学の酒造政策に関する見解もこの延長線上にある。津田は、「寛政改革」（『岩波講座日本歴史』一二、一九六三年）において、中央市場としての三都のうちの江戸市場の地位引き上げのため、江戸市場を支える経済的な基盤（江戸地廻り経済圏）を育成するために幕府は殖産興業育成策を行っており、その一例が酒造業であるとした。また天明八年の減醸規制強化が、上方から江戸への入津樽数の増大によって貨幣が東より西に移る経済的不均衡を調整しようとしているとの指摘（上方は酒造業を抑制、関東は奨励）もある。柚木は、『近世灘酒経済史』（一九六五年）第一章において、（江戸上方間の金銀の移動による）経済発展の不均等を是正するため、酒造政策においても上方（特にその半ば近くを占める新興酒造地）よりの入津樽の流通規制を行い、関八州領内での酒造業奨励を意図したとして、上酒試造に着目している（「幕末にかなりの発展を示す関八州酒造業を、幕府自らが指導している点に注目」）。前出の竹内氏は、「幕府経済の変貌と金融政策の展開」（『日本経済史体系四近世下』東京大学出版会、一九六五年、のち同氏『寛政改革の研究』所収）のなかで、本百姓経営の再建・維持のため、幕府の寛政期農村政策は、幕府手持金・寺社・富裕農民・町民からの差加金を原資として公金貸付を実施しているが、この「奇特差加金」を拠出する富裕農民の例として、武州旛羅郡下奈良村の吉田市右衛門に着目した。そこでは、江戸地廻り経済の育成をめざす政策の一環として、幕府は市右衛門に関東上酒の試造を命じていると指摘している。さらに寛政期の幕府の経済政策が、勘定所御用達等の有力江戸町人と結託し金融市場を統制、さらには商品流通市場を把握・統制しようとしていたと指摘し、この際、改革を主導した松平定信が「東西之勢を位よくせん」ために酒の流通を例にあげ、江戸入津の下り酒が多いために金銀が上方に流出しているとの主張を引用している（酒の流通統制のためにおこなったのが、浦賀・中川番所での酒改めや、関東上酒の試造であった）。

（2）柚木学「寛政改革と関東上酒御免酒」（『経済学論究』四三―三、一九八九年、のち同氏『酒造経済史の研究』有斐閣、一九九八年所収）。なお、吉田元「御免関東上酒」（『日本醸造協会誌』八七巻、一九九二年、のち同氏『江戸の酒』朝日選書、一九九七年所収）および立正大学古文書研究会編『近世酒造業と関東御免上酒の展開』（二〇〇二年）も、御免上酒試造の結果についてはほぼ同様の認識を有している。

（3）吉田元『日本の食と酒』（人文書院、一九九一年）。

（4）原田信男『江戸の食生活』（岩波書店、二〇〇三年、のち岩波現代文庫）ほか。

（5）安藤優一郎「寛政期における下り酒の入津制限」（『歴史評論』五七〇号、一九九七年、のち同氏『寛政改革の都市政策』校倉書房、二〇〇〇年、所収）。

（6）柚木学「幕藩体制確立期の都市酒造業」（関西学院大学『経済学論究』二四巻三号、一九六八年、のち同氏『酒造経済史の研究』有斐閣、一九九八年、所収）ほか。

（7）前掲、安藤優一郎「寛政期における下り酒の入津制限」。

（8）『近世風俗史（五）（守貞謾稿）』（岩波文庫、一九九六年）。
（9）安政三年一一月「重宝録　諸色之部　廿」（『重宝録』第四、東京都、二〇〇三年）。
（10）江戸で、地廻り酒の産地として認識されている地域としては、武州熊谷宿・奈良村・行田町・久喜町・加須町・騎西町・長野町、下総流山・野田町、上州高崎宿・堺町・鬼石町、野州佐野宿、常州府中宿があげられている。
（11）『熊谷市史　後篇』（一九六四年）。
（12）関西学院大学図書館収蔵柚木重三収集「酒造株其外書付写」。
（13）「酒造御触御改株並酒造米高書上諸事纂要」（東京大学法制史資料室所蔵甲二一―一六三七）。
（14）『近江日野の歴史　第七巻　商人編』（平成二四年）。
（15）前掲『近江日野の歴史　第七巻　商人編』。
（16）『近江蒲生郡志』第五巻（大正一一年）。
（17）前掲『近江蒲生郡志』第五巻。
（18）羽田真也「近世・播州加古郡新野辺村における酒造稼（出稼）の展開」（『市大日本史』一六号、大阪市立大学日本史学会、二〇一三年五月）によると、天明四年に播州加古郡新野辺村（加古川市）から四方寺村吉田屋六左衛門の元に年間を通した酒造出稼の者がいたことがわかる。
（19）埼玉県立文書館収蔵中村宏平家文書一三。『新編埼玉県史　資料編一六　近世七　産業』に抄録が所収されている。
（20）前掲、「関東上酒御試造書上物写」。
（21）「吉田家酒造書類」（東京大学法制史資料室所蔵文書甲二一―一六三七）。
（22）寛政三年以降、前年より継続して試造を願い出る者と新規参入者とは別々に試造の請書を提出している。寛政三年は前年より継続の酒造人の試造請書のみが残っているが、一〇月に米価高騰のなかで拝借米のない酒造人たちが拝借米のある酒造人たちと同じ販売価格で売り出すためという名目で幕府に払米を願い出ており、その願書の存在により、この年から新規に試造に参入した酒造人もいたことがわかる。ただし、新規参入者全員が払米を請求したとは限らないため、ここで把握した酒造人がこの年の試造参加酒造人全員であるとは限らない。なお、請書には大嶋町の徳助はその名がみえないが、払米請求願書には名がみえる事から試造に参加をしていたことがわかる。
(23) 寛政四年は、七月八日に増造許可の請書を提出し者八名と、請書の断簡二点に名前が確認できる一三名の合計二一名の試造酒造人の存在が確認できる。
(24) 全酒造人数が把握できる寛政一一年は、各酒造人の出張所の場所も判明する。前年よりの継続者で拝借米のない自力造の酒造人は四名でうち二名は定行事。新規参入者にも自力造は二名いる。
(25) 『流山の醸造業Ⅱ［本文編］』（二〇〇五年）。
(26) 「よしの冊子」一四（『随筆百花苑』九巻所収）。
(27) 松平定信『修行録・宇下人言』（岩波文庫、一九四二年）。
(28) 前掲、安藤優一郎「寛政期における下り酒の入津制限」。
(29) 前掲「関東上酒御試造書上物写」。
(30) 大野瑞男『江戸幕府財政史論』（吉川弘文館、一九九六年）。
(31) 前掲、立正大学古文書研究会編『近世酒造業と関東御免上酒の展開』。
(32) 東京大学法制史資料室所蔵甲二―一六五七。
(33) 定行事とは、寛政一一年に、試造りに携わる酒造人の取締を目的として設置された役職で、吉田市右衛門と、同じ村の飯塚吉五郎が就任していた。吉五郎は「御免関東酒造方」（川端昭夫氏収集文書二一九）という記録を残している。
(34) 熊谷市史編さん室収蔵飯塚泰久家文書コ―一五。
(35) 享和三年八月、上酒試造請書（関西学院大学図書館所蔵）。
(36) 文化元年七月二日「御本丸御初穂酒御上納願書并関東上酒御試造御免願書」（埼玉県立文書館収蔵長谷川宏家文書三八）。
(37) 「牧民金鑑」天保四年二月二六日条。
(38) 前掲、柚木学「寛政改革と関東上酒御免酒」。
(39) 「関八州上酒御試造上ケ株」の貸渡令についてはまた別に検討しなければならないが、この拝借株は天保四年以降、無株小規模酒造人を公認の酒造人へと救済する機能はもったものの、地廻り酒産業への影響はそれほど大きくはなかったと考えられる。

(40)「御触書天保集成」六一五二。

(41)「御触書天保集成」六一五三。

(42)前掲、「関東上酒御試造書上物写」。

(43)前掲「酒造御触御改株並酒造米高書上諸事纂要」。

(44)前掲「酒造御触御改株並酒造米高書上諸事纂要」。

(45)国立国会図書館蔵「関東を主とする酒造関係資料雑纂一一」。

(46)渡辺尚志「関東における豪農層の江戸進出（1）」（『近世の豪農と村落共同体』東京大学出版会、一九九四年、所収）。

(47)以下、飯塚家の醸造業に関する内容は特に断らない限り、高橋伸拓「近世後期関東における酒造業経営と酒の流通」（『関東近世史研究』六七号、二〇〇九年）、拙稿「一九世紀の醸造家経営と地域市場」（『熊谷市史研究』二号、二〇一〇年）によった。

(48)前掲「御免関東酒造方」。

(49)吉五郎は、寛政一一年の試造人の書き上げに定行事として「造高五百石」と造高が記載されていたが、実際には醸造していなかったようである。造高が記載された「御免関東酒造方」も丹念にみると、右隣の市右衛門の記載にある「自力造」の文言が吉五郎にはないことから、そのように考えられる。

(50)熊谷宿周辺の酒造業の展開状況については、前掲拙稿「一九世紀の醸造家経営と地域市場」に詳しい。

(51)本大会報告者原太平氏が用いられた図を利用させていただき、酒造人の分布をおとしてみたものである。

低地農村地帯における内水面漁撈　―溜井、掘上田を中心に―

内田幸彦

一　関心の所在

日本民俗学における内水面漁撈の調査・研究は、従事者あたりの漁獲量が比較的多い専業・副業漁師が河川や湖沼で行うものを中心に進められてきた。

埼玉県における内水面漁撈研究は、荒川水系の筌の形態・構造とそれを用いた漁撈の分布について、上流部から下流部までの河川環境と魚類の生態と関わらせつつ論じるなどした、小林茂氏の一連の研究に代表される。『埼玉県史』においても「漁場は主として荒川と利根川とその支流であった」と記されているとおり、従来の漁撈調査・研究は河川を中心に進められてきた(1)。

しかし近年の内水面漁撈研究では、農業を主たる生業とする者が自ら耕作する水田の水口で農作業の合間に行う筌漁や、農閑期に短期的に従事する漁（カイボリ漁や溜め池の魚伏籠漁など）が改めて注目されるようになってきた。

こうした関心は、古くは自らが主宰するアチックミューゼアムでアシナカに続く第二の共同研究の素材として筌に注目し、全国から各種の筌を収集し、整理した渋沢敬三が早くから示していたものであった。渋沢は、農民が行う小規模な漁撈の価値を、次のように述べる。

「産業としての漁業の見地から見ても、鯨、鮪、鰤というような規模の大きなものがあるかと思えば、一方には小さい漁業としては、百姓が筌やブッタイ〈竹製の箕型の漁具〉のようなもので泥鰌などを獲つて居る漁業もある。それは如何にも小さく、まとまつて居らぬので下らない漁業のようでありますけれども、日本全体から見ると馬鹿に出来ない。この筌というものが日本全国に何百万何千万個あるか解らない。従ってこの筌について採取されているところの量というものも統計には出てこないが、非常に莫大なものに上るのかもしれない。[2]」

近年、安室知は渋沢の視点を受け継ぎつつ、新たな漁撈類型として「水田漁撈」概念を提唱し、それが行われる人工水界である溜池・用水路・田を、河川、湖沼という自然水界と並ぶ第三の内水面水界として一括し、「水田用水系」と位置付けた。安室はその上で、稲作農民にとっての水田漁撈の意義（重要性）として、自給的生計活動（動物性タンパク質獲得技術）、金銭収入源、社会統合、娯楽性、の4点を挙げている。[3]

本稿では、この安室の「水田漁撈」及び「水田用水系」の概念を借りて、「北武蔵」地域を中心とする埼玉県東部低地における内水面漁撈について議論することとしたい。

人為的に形成された水環境である「水田用水系」は、急峻な国土に、用排水という緩やかな水の流れや水田という浅い、一定の水位の水溜まりを作ることを通じて、魚類をはじめとする様々な水生生物の生息に適した環境を大規模に作り出し、「水田漁撈」を含む人と水生生物の共生の場となってきた。なお、「水田用水系」の人為性に関しては、その造成についてだけでなく、水流や水位を管理することが可能という点が重要である。

こうした問題意識の下、本稿では熊谷・行田両市の荒川の扇状地から加須低地へ至る「北武蔵」地域の「水田用水系」と、そこで行われてきた漁撈について検討し、その地域的特徴を抽出することを試みたい。

二　熊谷・行田地域の「水田用水系」水界の特徴

（1）溜め池（溜井）と掘上田

荒川扇状地の扇端に位置する熊谷市の別府沼と、慶長五（一六〇〇）年に伊奈忠次が造成した江袋溜井は、近代以降も長く周辺の水田の灌漑に利用されてきた。別府沼と江袋溜井は、共に荒川扇状地の湧水が利根川に至る大きな水の流れの中にあって、互いに連続している。別府沼は荒川扇状地の湧水を集める沼であり、福川の水源のひとつになっている。江袋溜井は、別府沼の水を別府沼落によって導き、溜めたもので、その排水は福川へ落とされ、福川はやがて利根川へ至る。

一方、荒川と利根川に挟まれた加須低地、中川低地は、自然堤防の後背湿地に古くから多くの池沼が分布する環境であった。自然に形成された池沼の多くは、江戸初期の新田開発に伴い溜井として整備され、周辺の水田の灌漑に利用されていた。享保期に至り、井沢弥惣兵衛為永によって見沼代用水が開削された後、利根川からの取水口である行田市下中条から下流部の多くの溜井が新田として開発された。この時に多く採用された開田技術が、掘上田を造成する手法であった。

掘上田は、中世に遡る開田技術とされ、加須低地・中川低地でも古いものでは、万治元（一六五八）年に開発された幸手市の神扇沼、享保八（一七二三）年に開発された杉戸町の安戸沼（大島新田）など、見沼代用水開削以前から存在するものもある。

見沼代用水が開削された享保一三（一七二五）年には、行田市の小針沼、鴻巣市の屈巣沼など、多くの掘上田が造

成されている。(4)

このように、この地域では近世初期から中期に形成された「水田用水系」水界を基礎的な環境とする稲作が、昭和期まで継続して行われてきた。

そこで以下では、関東平野の新田開発史上重要と思われる溜め池（溜井）と掘上田という、近世に遡る「水田用水系」において行われてきた漁撈を中心に検討することによって、その地域的特色を探ることとしたい。

三　「水田用水系」における漁撈

（1）用排水路と、用水灌漑の水田における漁撈

溜め池と掘上田の漁撈を論じる前に、日本全国の稲作農村において行われ、地域的な特色は少ないながらも、「北武蔵」地域でも最も広範に、また頻繁に行われてきたと思われる、用排水路と、それによって灌漑される水田における漁撈についてまず見ておきたい。これによって、熊谷・行田地域に特徴的な「水田用水系」である溜井と掘上田の水田漁撈の特徴もより理解しやすくなるものと思われる。

なおこの地域は、慶長九（一六〇四）年という埼玉県内でも最も早い時期に整備された備前渠をはじめ、大小の用水路の整備が進み、恵まれた条件の水田で稲作が営まれてきた地域でもあった。

用排水路とそれによって灌漑される水田では、水田稲作期には、農民による日常的な漁撈活動が行われた。最も典型的なものが、田の水口に伏せる泥鰌筌である。これは、用排水路と水田の間で水の出入りがある際に、水流と一緒に移動する泥鰌を対象として行われる簡易で小規模な漁撈である。夏季に水田の土用干しをする時や、秋に水田の水

を落とす時には、水田に生息していた泥鰌が一斉に排水路を下るため、田の水口はもちろん、排水路にも筌を仕掛けて、これを捕った。

稲作期の漁獲物は日々のおかずとして自家消費され、販売されることは稀であった。泥鰌は池などで生かしておき、少しずつ食べることはあったが、気温の高い時期であることもあり、保存食に加工されることはなかった。

一方、田の水を落とした秋以降の稲作農閑期に行われる漁撈は、性格が異なった。その典型は冬季に用排水路の底に残った水溜りで行われるカイボリ漁である。これは、同じ漁場では年に一回のみ行われるもので、用水を利用する農家から数人が集まって汲み桶やバケツ等で溜まった水を掻い出し、取り残された魚を捕り尽くす。一度に大量の漁獲があること、また低温で保存に適した時期であることから、流通業者への販売も広く行われた。一方で、各家において、正月用の甘露煮や昆布巻きの材料などとして、焼き干しにして保存することもあった。

(2) 溜め池の漁撈

溜め池は、山間や丘陵地において、谷を堰き止めて造成した「谷池」と、平地の窪地の周囲に堤防を築いて造成した「皿池」に分類される。熊谷・行田とその周辺地域では、今回の対象地域である荒川と利根川に挟まれた平野部に造られたのは皿池であり、荒川を挟んで対岸に位置する丘陵地に現在も多く残る溜め池はいずれも谷池である。

溜め池における漁撈については、古くから民俗学的な調査・研究の対象となっており、古くは八幡一郎が、近年は安室知や松田睦彦が取り上げている。これらはいずれも、竹を筒状に編んだ極めて単純な構造を持つ漁具である魚伏籠や、それを用いた集団漁に注目したものである[5]。

溜め池での魚伏籠漁は、田に水の必要がなくなった秋以降に日を決めて、溜め池の水利権を持つ耕作者等が集まり、あらかじめ水位を下げておいた溜め池に一斉に入って行う漁である。これは、魚を捕ることのみを目的としたものではなく、同時に、多くの人々が溜め池に入ることで堆積した泥が水中に舞い上がり、排水と共に溜め池から流れ出ることによって、溜め池の清掃と浚渫、さらに堆積した泥に含まれる肥料分の水田への供給という機能を併せ持つ。溜め池の水を抜くこと自体も、溜め池周辺の水田の乾燥のために有効であり、稲刈り前に水を抜いて集団漁を行う溜め池もあった。

このように、溜め池での集団漁は、稲作と漁撈の両面に関わる多面的機能を持つ作業とされる。埼玉県内でも、比企地方の谷池における漁撈は基本的にこうした形で行われてきた(6)。

一方、今回事例として取り上げる熊谷市の別府沼、江袋溜井は平野部に所在する溜め池であるが、ここでは集団漁は行われておらず、それとはいささか様相の異なる独特の漁撈が行われてきた。

荒川扇状地の扇端付近に位置する別府沼は、かつては水田の灌漑に用いられた沼であったが、現在は農業用の排水池となっている。別府沼の排水は別府沼落を経由して、江袋溜井へと注いでいる。

江袋溜井は水田灌漑用に造られたもので、別府、原井、上江袋、下江袋、下奈良など周辺の水田を潤してきた。ここでは江袋溜井の漁撈を中心に報告・検討する。

江袋溜井では、水の管理は江袋溜井用水組合が行っており、田植え前の六月に下流部に設けられた樋門を閉め切ることによって沼の水位を上昇させ、江袋沼から引水する各用水路に水を送る。用水路の各所には堰が設けられ、水田の水口へと水を導く。しかし、それだけでは十分な水が田に入らない場所も多く、その場合には足踏み式の水車を回すことで、水田に水を満たしていた。漁場としての江袋沼の特徴は、溜井であることによって生じる、毎年決まった時期に繰り返される水位の大きな変動であった。

【写真1】江袋溜井（昭和24年、米軍撮影）

水田稲作期、すなわち湛水期には、船を利用したエビの網漁、ウナギのオキバリ漁・筌漁、ナマズのオキバリ漁・延縄漁、ジョレンを用いたシジミ漁などが行われていた。この時期の漁業権は水利権とは関わりがなく、水利権のない集落からも専業漁師や副業漁師が訪れていたという。中には、ここでのウナギのオキバリ漁だけで生計を立てる専業漁師もいたという。こうした漁は自給用のいわゆる「おかずとり」として行われたものではなく、漁獲物は仲買人に買い取られ、商品として広域に流通していた。群馬県大泉町周辺から仲買人が来ていたと言われる。大泉町を含む群馬県邑楽郡は、川魚問屋が集中する北関東地方の川魚流通の拠点であり、群馬県、栃木県、茨城県、埼玉県をまたぐ川魚流通の中心地域であった(7)。

一方、稲作農閑期、すなわち落水期の漁は、全く様相が異なる。溜井の底には、水を落とした後も水を湛えるタネス、あるいはイケと呼ばれる人工池が多数掘られていた。

稲作終了後に樋門を開いて水を落とすと、冬季の江袋溜井は中央付近に幅約八〇㎝、深さ約一ｍの一筋の流れを残す以外にはすっかり水が落ち、沼の底を歩けるほどになった。季節的に姿を現すこの広場は、冬季のこどもたちにとって格好の遊び場になっていたという。こ

【写真2】別府沼に掘られた池でのカイボリ漁（昭和36年）
出典：『熊谷市史熊谷市史　別編1　民俗』より

のような溜井の底に、上江袋、東別府、原井という水利権を持ついくつかの集落のうち、特定の家がタネスを掘り、これを占有し、維持・管理を行っていた。一軒で複数のタネスを持つ家もあり、タネスは世代を超えて相続されるものであった。

昭和初期、江袋溜井に掘られたタネスの数は五〇～六〇個で、一つの面積は八畳から一〇畳程度、沼底からの深さは約一mであった。普段は中に粗朶を詰め込み、流れないように杭で固定してあった。これはタネスを魚礁のようにして、魚を集めるための工夫である。

溜井の水を落とすと、沼底に粗朶を満たした池が姿を現した。ここで、一月から二月にかけて、一年に一度だけ、カイボリによる漁が行われた。カイボリは、タネスを占有する三軒くらいから人を出し合って、総勢六人程度で行うもので、ひとつのタネスについて丸一日の作業となった。まず粗朶を固定する杭を抜き取り、タネスの中の粗朶を全て池の外に出してから、汲み桶やバケツ、後にはバーティカルポンプを使って中に溜まった水を掻い出し、タネスの底に取り残されたナマズやフナ、ウナギを捕った。タネスでのカイボリは、用排水路などで行われるものと呼称や基本的な方法は同じであったが、漁場の大きさや、あらかじめ粗朶を仕込む点など、より大規模なものであった。

タネスの周囲には、カイボリの排水を導くための水路が掘られていた。これは、あるタネスでカイボリを行う際に、その排水がまだカイボリをしていない他のタネスに入ってしまうと、水位が上昇してカイボリが困難となることから作られたものであった。

タネスの魚を捕り終えると、再び粗朶をタネスに戻して杭で固定し、翌年のカイボリに備えた。

以上は江袋溜井の事例であるが、別府沼でも全く同様にタニやイケスと呼ばれる池が作られ、家ごとに占有され、毎年のカイボリ漁が行われていた[8]。

この、熊谷市の平野部の二つの溜め池で行われたカイボリ漁は、従来報告されてきた集団漁ではなく、各家が池を占有し、相続し、漁も個別に行われた点が特徴的である。

（3）掘上田の漁撈

掘上田の概要と分布

掘上田とは、干拓はもちろん埋め立ても困難な沼地などの土地条件の下で、低湿な地面あるいは沼底の泥土を掻き取ってかさ上げして田を造成し、同時にできる溝渠（堀または堀潰れという）によって排水路を確保する開田技術である[9]。その結果、掘上田の景観は櫛の歯状、もしくは縞状に水田と溝渠が交互に並ぶ特徴的なものとなる。掘上田では、沼の周囲に堤を巡らすなどして周囲の悪水を沼に集め、沼の排水口で水を堰き止めることによって水位を上昇させて稲を育てた。

掘上田は濃尾平野や新潟平野など日本各地に見られたが、関東地方における掘上田の分布は利根川中流域に集中しており、中川や元荒川流域、荒川流域の一部、利根川と渡良瀬川に挟まれた地域、思川や鬼怒川、小貝川流域に分布していたことが明らかにされている[10]。

先述のように、埼玉県では加須低地・中川低地に掘上田が分布し、開発が古いものとしては万治元（一六五八）年に造成された幸手市の神扇沼、享保八（一七二三）年に造成された杉戸町の大島新田などがあるが、多くの掘上田が生まれるきっかけとなったのが、享保一三（一七二八）年の見沼代用水の開削で、それまで周辺の水田の灌漑用溜井として用いられてきたいくつもの沼が掘り上げの手法によって新田として開発された。元木のまとめによれば、行田市の小針沼、鴻巣市の屈巣沼、久喜市の小林沼、栢間沼、河原井沼、白岡市の柴山沼、宮代町の笠原沼がいずれもこの年に開発されている[11]。

沼に造成された掘上田は、常に沼の浸食作用を受けるため、定期的に溝渠の底に堆積した泥を田に客土することによって、田を沼の浸食から守ると共に溝渠の通水を確保する必要があった。有機質を含んだ泥の客土は田への施肥の効果も大きかった。

熊谷・行田地域では、大規模に造成された小針沼の他、行田市の前谷地区、荒木地区にも掘上田が分布していたことが確認されている[12]。

掘上田の水環境

沼の中に大規模に造成された掘上田は、堰の開け閉めによって沼全体の水位を調整するため、水利上は沼全体が一枚の水田のような状況であった。冬季には田面は乾燥するが、溝渠の状態は沼によって水の抜ける程度が異なっていた。それは端的に客土用具の違いとして現れる。掘上田へ溝渠の泥を客土する際、田の上に立ち、水の残る沼底からジョレンで泥を上げる場合と、水のない、あるいは水の少ない溝渠に下りて、ヘラを使って泥を田の上へ投げ上げる場合とがあった。

沼の条件によっては、この客土作業とカイボリとが一連の作業となること、すなわち農耕と漁撈とが一体化して行われる例もあった。(13)

掘上田の漁撈

掘上田の造成された沼での漁撈は、田と田の間に掘られた溝渠と、そもそも田が造成されなかった深場を漁場として行われた。

このうち、溝渠の漁撈には従事者の属性に季節的な変化が見られ、湛水期の夏には耕作者以外が、落水期には耕作者が従事する例が多かった。

掘上田が造成された沼の漁業権と耕作権との関係は沼によって異なり、耕作権を持つ者が併せて漁業権を持つ例と、耕作権から独立して漁業権がある例が見られ、一様ではない。後者の例としては、杉戸町の大島新田や群馬県館林市の近藤沼等の例が報告されている。(14)

しかし、どの沼にも共通しているのが、落水期に溝渠で行うカイボリ漁だけは耕作者の権利となっていることである。

耕作者が、耕作する田に隣接した溝渠に穴を掘って粗朶を詰めて魚礁を作り、そこを占有して落水期にカイボリを行う点は、先に紹介した江袋溜井でのカイボリ漁と類似しているが、掘上田ならではの方法として、耕作する田の法面の下方に穴を掘り、そこを魚礁として利用することも行われた。

【写真3】小針沼（昭和23年　米軍撮影）

小針沼の掘上田と漁撈

行田市の小針沼は、見沼代用水が開削された享保一三年に本格的に造成された掘上田の沼で、行田市下中条の見沼代用水の取水口の最も近くに作られた掘上田である。(15) 昭和九年に近くに所在する八幡山古墳などから土を取って埋め立てが進められた結果、沼の全面に田が造成されていた。

聞き取り調査によれば、昭和初期の小針沼は、旧忍川の樋門から引水し、沼の東側の堀へ排水していた。低湿な田で、大雨が降る度に冠水していたという。溝渠はホリと呼ばれ、その数は多く、落水期の冬にも水が抜けることはなかった。沼による田の浸食は激しく、耕作者は毎年二月から三月にかけて、田の上からジョレンを使って、ホリに堆積した泥を田へ客土した。この作業はノロアゲと呼ばれた。ホリの中央にジョレンを入れ、田の方へ引き寄せて泥を採って田へ揚げ、田を補修した。

小針沼では周辺の水田や用排水路より魚種が豊富で、ウナギ、ナマズ、ライギョ、コイなどが生息していた。稲刈り後に水位の下がったホリで、ウナギ掻きを行ったり、ホリの一部を杭とベニヤ板を使って堰き止め、中の水を掻い出して、取り残された魚を網ですくい取るなどしていた。なお、小針沼ではホリに魚礁を設置した事例は確認できなかった。また、ここでは耕作権と独立した漁業権の存在は確認できず、漁撈は隣接する田の耕作者によって行われていた。

なお、小針沼以外の行田市内の掘上田についても漁業権は耕作権に包摂される形で存在していたようである。

小針沼の埋め立てが完了したのは昭和三〇年頃のことで、その過程で新たに池が造成され、沼の耕作者を組合員とする小針沼漁業組合が結成され、池を管理するようになった。池にはコイを放流し、釣り用の遊漁池として利用されたが、その後行田市へ売却され、現在は古代蓮の里の一部となっている(16)。

おわりに

「水田用水系」の漁撈とは、第一義的に水田稲作のために貯水や通水が行われる、人為的に造成され、管理された水界での漁撈である。すなわちその空間では基本的に魚より米、漁撈より稲作の都合が優先された。

しかし、昭和三〇年代以降に水田が農薬の使用などによって、あるいは用排水路が三面コンクリート化によって稲以外の動植物を排除し、稲の栽培に特化した空間となってしまった状況とは異なり、それ以前の「水田用水系」水界では漁撈も副次的な生業として一定の重要性を与えられていた。稲作期に田の中へ足を踏み入れて生育中の稲を傷めるような漁撈を行わないのは当然だが、掘上田の法面に穴を掘って魚礁として利用したり、田の面積を削ってまで水田に池を掘って漁撈用の池を造成したりする例が見られるなど、田の面積や強度をある程度犠牲にする程度には、漁撈もまた重視されていた。

「水田用水系」水界に共通する特徴として、稲作サイクルに従って毎年繰り返される湛水期（水田稲作期）と落水期

（水田農閑期）の交代があり、「水田漁撈」はいずれもこれに適応する形で行われてきた。熊谷・行田地域の「水田用水系」に特徴的な溜め池や掘上田における漁場もまた、稲作工程に応じた水環境の変化に適応する形で営まれてきた。

本稿で事例として紹介したように、用排水路、用水灌漑の田、溜め池、掘上田ではいずれも湛水期と落水期では異なる漁具・漁法による異なる形態の漁撈が行われていた。その中には、湛水期と落水期で漁撈の従事者、すなわち漁業権が異なる例があった。

漁業権と耕作権の関係は複雑で、場所ごとの検討が必要であり、一般化して論じることはできない。しかしそのような中にあっても、落水期に一つの漁場で年に一度だけ行われるカイボリ漁の権利については、「水田用水系」水界の種類や規模を問わず、水利権を所有する耕作者、または当該の「水田用水系」に隣接する田の耕作者の排他的な権利として保障されていたことは注目に値する。こうした条件下で、溜め池の底や掘上田の溝渠にカイボリ用の魚礁の設置が行われた。

ここで安室知が、稲作農民にとっての水田漁撈の意義として挙げた、自給的生計活動、金銭収入源、社会統合、娯楽性の四点に照らして、熊谷・行田地域の事例を振り返ると、社会統合的な側面が見られないことを指摘しておきたい。

安室は、溜め池での魚伏籠漁などを例に、村仕事として行われる水利作業に付随する年一回の共同漁が、水利社会の連帯を確認する機会として機能しており、水田漁撈が社会統合と結びつくこと、そして、水利が高度に発達した稲作地ほど社会統合との結びつきが強いことを指摘している[17]。しかしながら熊谷・行田地域を含む埼玉県東部低地は水利が高度に発達した稲作地でありながら、水田漁撈は基本的に家ごと、あるいは数軒の家の共同によって行われる作業であり、それ以上の社会統合と結びつく例は見られなかった。その理由の解明については、今後の課題としたい。

最後に、歴史と民俗の連関という視点で、今回の対象地域における「水田漁撈」を振り返ると、溜井の造成や見沼代用水の開削は、近世初期から中期にかけて行われた大規模な土木工事であり、新田開発史の重要な一コマである。

しかしながら、民俗学的には、当時形成された「水田用水系」水界の大枠が、その後長らく変わることなく、一年ごとの水環境の変動周期を数百年間も繰り返しながら、地域の人々の稲作と漁撈の生業環境として利用され続けてきたことが重要である。

今回は、「水田用水系」水界における漁撈に焦点を当てて検討した結果、近世に形成された生業環境が、聞き取り調査によって明らかにできる昭和初期の民俗の地域的特徴を生み出す基盤となっていることを確認することができた。

このように、民俗生成の基盤として歴史を捉えることによって、当該地域の歴史的、民俗的な特徴を適切に理解することができるものと考える。

註

（1）小林茂（二〇〇七）、埼玉県（一九八八）。
（2）渋沢敬三（一九五四）六〇八～六〇九頁。
（3）安室知（二〇〇五）三～四三頁。
（4）関東地方の掘上田の分布と開発の歴史については、元木靖（一九八三）及び元木靖（二〇一三）参照。
（5）八幡一郎（一九五九）、安室知（二〇〇五）、松田睦彦（二〇一二）。
（6）ただし、比企地方の溜め池での漁撈では、魚伏籠の使用は確認できていない。
（7）邑楽郡の川魚流通については、筆者が調査に基づき報告した、板倉町民俗研究会（二〇〇五）、館林市史編さん委員会（編）（二〇一二）参照。
（8）江袋溜井と別府沼の漁撈については、飯塚好（二〇〇九）及び熊谷市（二〇一四）を参照。

（9）前掲註4及び菅豊（二〇〇三年）。
（10）前掲註4参照。
（11）前掲註4参照。
（12）行田市（二〇一四）。
（13）堀充宏（二〇〇〇）。
（14）杉戸町文化財専門委員会・杉戸町郷土史研究会（一九八二）、内田幸彦（二〇〇四）。
（15）小針沼は時代によって埼玉沼とも称された。『武蔵国郡村誌』（埼玉県一九五三）には「享保十三年埼玉沼を開墾せし新田の高三百三十八石二斗二合は直管とす明和七年之れを川越城主松平大和守の領地となし文政六年阿部氏の領邑は松平下総守忠尭に替る」、「埼玉沼　東西四町三十間南北一町四十間周回十一町五十八間掲示場より西の方三町二十間字大沼にあり東は本村南は埼玉村西は長野村北は若小玉村なり」と記載されている。
（16）掘上田は収量の点では他の水田に劣ることはなく、泥上げにより施肥の量も節約できる利点もあったが、面積の小さい田が溝渠を挟んで多数分布しているため農業機械の導入に不向きであり、昭和三〇年代以降、その多くが干拓され、乾田化された。
（17）前掲註3参照。

引用・参考文献

飯塚好「文書に見る民俗」『熊谷市史研究』創刊号　二〇〇九。
板倉町民俗研究会『水郷のわざと生業』　二〇〇五。
行田市『行田市史　行田の民俗～くらしの成り立ちと移り変わり～』　二〇一四。
熊谷市『熊谷市史　別編1　民俗』　二〇一四。
小林茂『内水面漁撈の民具学』　二〇〇七。

埼玉県『新編埼玉県史　別編1　民俗1』一九八八。

埼玉県『武蔵国郡村誌』一九五三。

菅　豊「『水辺』の開拓史」『国立歴史民俗博物館研究報告』第一〇五号　二〇〇三。

渋沢敬三「所感―昭和十六年十一月二日社会経済史学会第十一回大会にて―」『祭魚洞襍考』一九五四。

杉戸町文化財専門委員会・杉戸町郷土史研究会『大島新田の歴史と民俗1』一九八二。

館林市史編さん委員会（編）『館林の民俗世界』二〇一二。

中島洋一「埼玉沼と埼玉の津」『埼玉の津と埼玉古墳群』二〇一一。

原田信男『中世村落の景観と生活』一九九九
堀　充宏「中川流域の掘上田の農耕」『民具マンスリー』三三―一〇　二〇〇〇。

松田睦彦「溜池での漁に見る水田稲作の論理」『民具マンスリー』四五―七　二〇一二。

見沼土地改良区『見沼土地改良区史』一九八八。

元木　靖「関東平野における掘上田の分布（予報）」『埼玉地理』七　一九八三。

元木　靖「掘上田再考―関東平野中央部の掘上田景観に注目して―」『經濟學季報』第六三巻第一号　二〇一三。

安室　知『水田漁撈―稲作と漁撈の複合生業論―』二〇〇五。

八幡一郎「魚伏籠」『民族学研究』二三―一、二　一九五九。

内田幸彦「寄り添う田と沼、農と漁」『館林市史研究「おはらき」』創刊号　二〇〇四。

Ⅲ　領域意識の形成と展開

戦国期北武蔵地域の交通　―忍領を中心として―

松村憲治

はじめに

鎌倉期に武蔵国成田（熊谷市）を名字の地とした武蔵武士成田氏は、享徳の乱（一四五五～一四八二）以降忍城（行田市）に拠点を移し、現在の埼玉県熊谷市・行田市を中心とした北武蔵地域に勢力を拡大し、戦国期には武蔵国内で最大規模の領主へと成長した。天正一八（一五九〇）年、豊臣秀吉による関東平定で忍城が開城するまで、成田氏は北武蔵地域の領主としてあり続けた。中世後期の当該地域を考える上で必要不可欠な存在であろう。

忍城主成田氏に関する先行研究は、自治体史等含めて、古くから様々な論及があるが[1]、成田氏の系譜関係の復元や、戦国期の領域支配が主な論点となってきた。特に戦国期の成田氏による領域支配に関しては、市村高男氏の研究成果[2]は一つの到達点であり、以後の研究においても基本的解釈として踏襲されている。市村氏によれば、成田氏は忍城を拠点に、その支配領域を拡大し、隣接する羽生領、埼西領と本庄領を支配下においた。元亀二（一五七一）年以降、成田氏長による印判状を用いた在地支配に関わる発給文書が確認できるようになるが、成田氏は相模国の戦国大名後北条氏に従属し、その領域支配のあり方を参考としつつも、独自な基準での税制を設定するなど、後北条氏の関与を排した独自な領域支配を展開したと指摘している。また外交面等からも、徳川家康や伊達政宗といった戦国大名と独自に交流

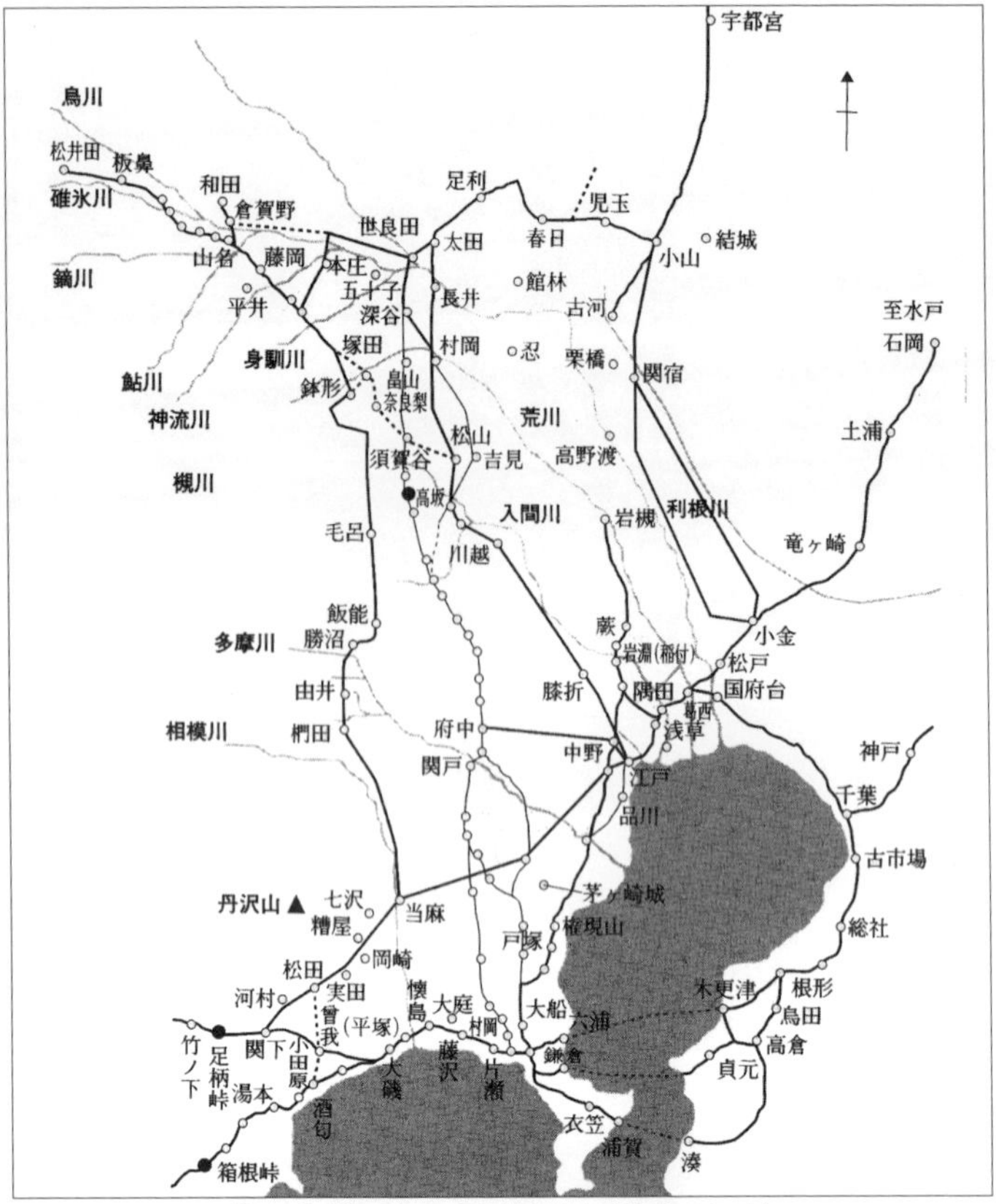

【図1】戦国期の主要街道図（齋藤 2010）

関係を構築し、成田氏の自立性の高さを高く評価している。

さて、これとは別に、中世後期の北武蔵地域を考える上で、近年注目されているのが、この地域における交通のあり方である。現在の熊谷市内は、古代律令制期に東山道武蔵路が南北に縦貫していたと考えられ、この道は中世になると鎌倉街道として機能したと考えられている[3]。齋藤慎一氏による中世関東地方の陸上交通路の研究において、この道は「鎌倉街道上道下野線」と定義されている。【図1】のとおり、鎌倉から武蔵府中を経て上野国西部へと伸びる鎌倉街道上道が武蔵国比企郡付近で分岐し、現在の熊谷市村岡を経て、妻沼付近の長井渡で利根川を渡河し、上野国東部、下野国南部へと至る道で、この道は南北朝期から鎌倉公方足利氏が北関東方面へ軍事行動する際の経路として度々使用され、中世後期を通じて関東地方の主要街道であったと評価されている。

これらの北武蔵地域の中世後期に関わる研究動向を踏まえると、戦国期の北武蔵地域最大の領主である成田氏の成長と存続を考える上で、この地域の交通との関わりを考えていくことが不可欠であろう。先行研究で成田氏と北武蔵地域の交通との関わりを論じたものはあまり見られず、齋藤氏による一連の交通史研究においても、享徳の乱の過程で新たに登場した忍城の交通上の位置づけが不明確である。本稿では、戦国期の成田氏権力成長の背景にある北武蔵地域の交通を、史料をもとに復元し、また政治史との関係からこの地域が持つ交通上の役割や地政学的な意味合いを考察してゆきたい。

一　忍領内の交通路

はじめに、成田氏が支配した北武蔵地域の交通路を、忍領を中心として復元してみたい。方法としては、鎌倉街道伝承地を確認し、享徳の乱以降の同時代の史料で確認できる軍勢の移動経路等をもとに復元する。その結果を示したものが、【図2・3】である。

復元作業にあたっての留意点は、中世の道を線として復元することが困難な点である。鎌倉街道伝承地については、村本達郎氏による相対的に古い道という見解が妥当と思われる[4]。すなわち、単に古道として認識されていた道が「鎌倉道」等と称され、実存する道路が必ずしも中世段階まで遡れる確証はないという理解である。また榎原雅治氏は中世東海道の研究から「複線性、変動性が中世の陸上交通路の大きな特徴である。」との見解を示されている[5]。地域に対する支配関係が流動的で不安定な中世にあっては広域的な道路整備を行う主体が存在せず、そのために自然条

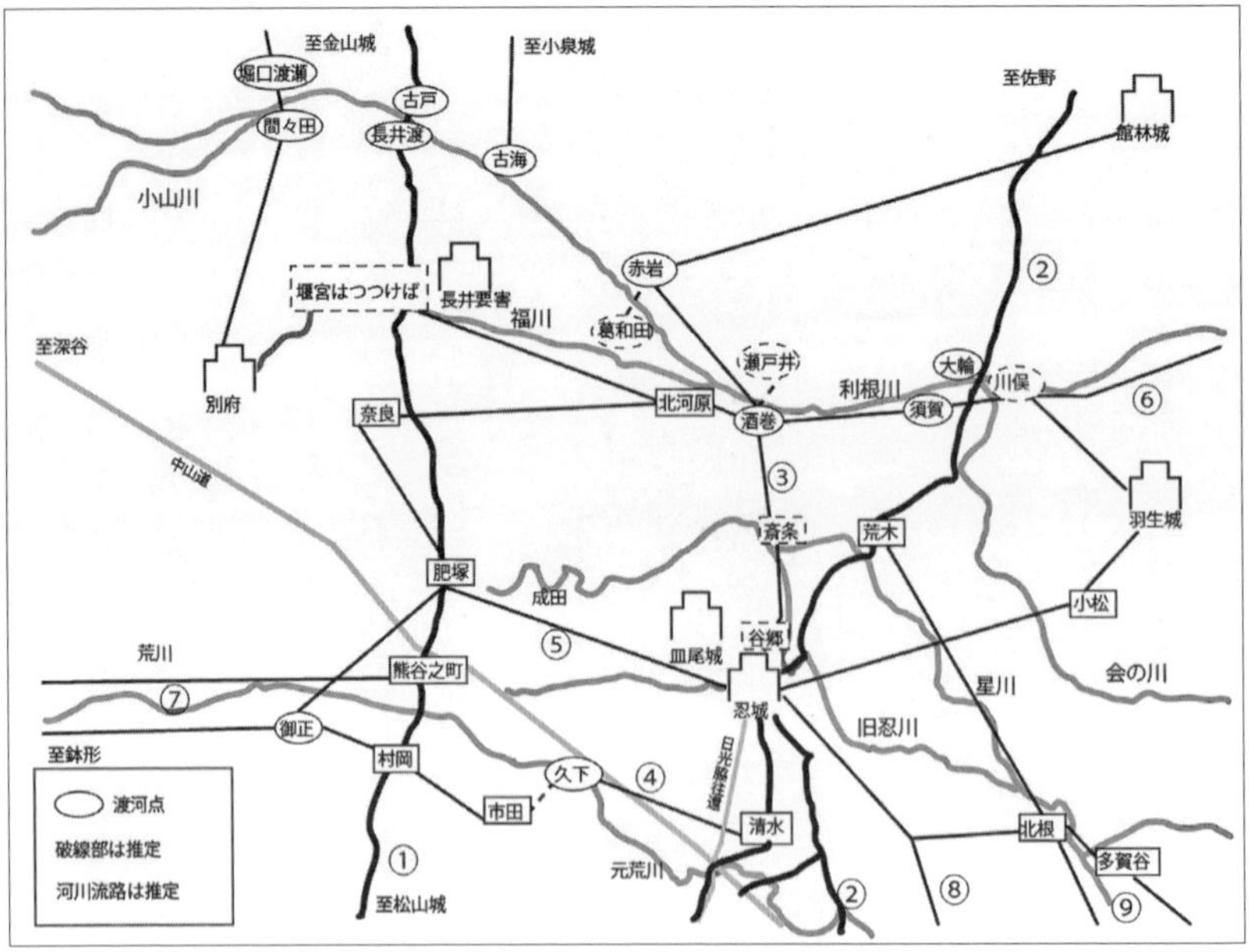

【図２】 忍領内の交通路

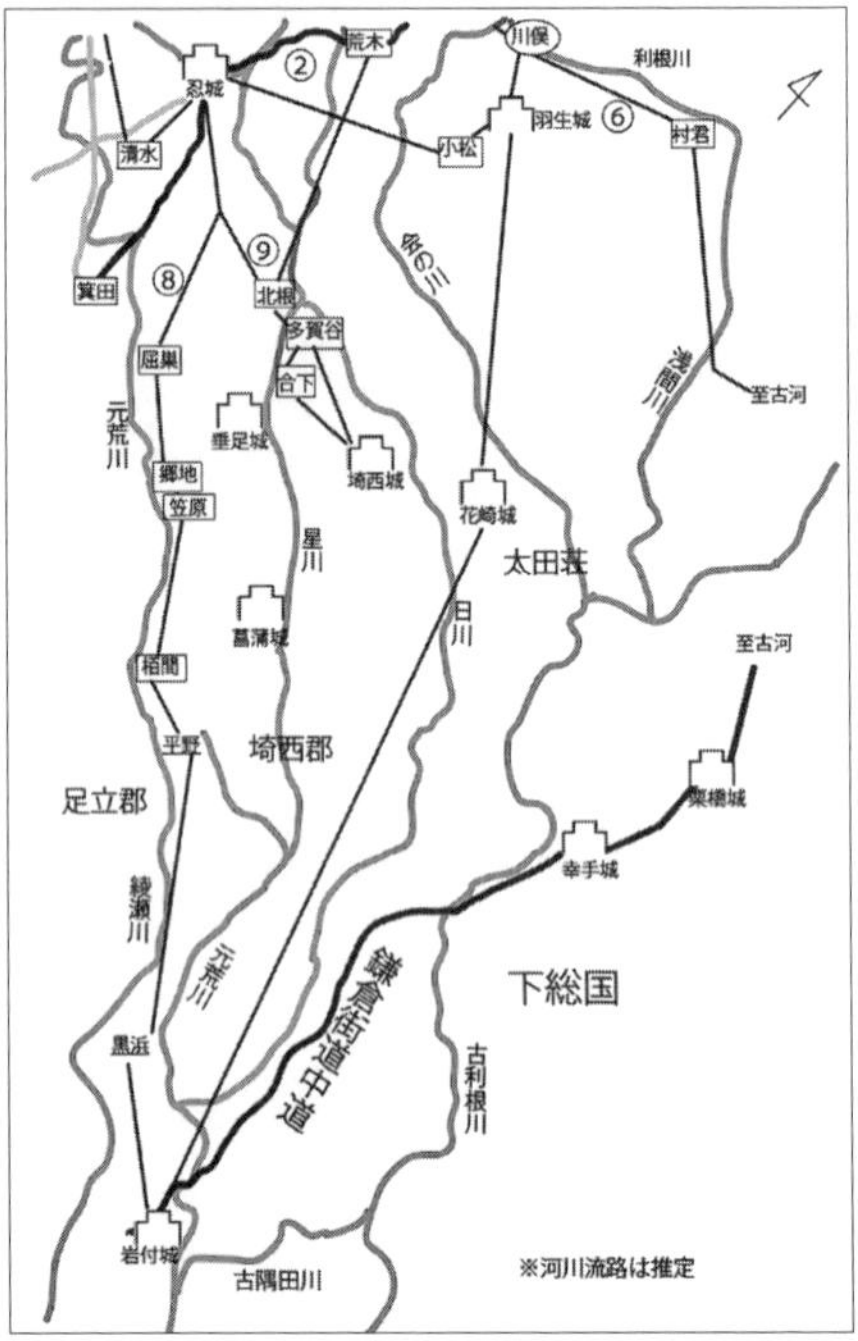

【図３】武蔵国東部の交通路

件等によって交通路が絶えず変動するのが実態であったという。この見解は、埼玉県内を縦貫する鎌倉街道上道でも同様であったとの指摘がある。(6)

以上のことから、史料から地名を検出し、点として確認できる地名同士を結びつけ、交通路の存在を想定することは可能であるが、厳密に線としての道筋を復元することは困難であろう。ただし、これらの地名間の結びつきは、この地域の地形と対応関係にあることは確認できる。関東平野を貫流する利根川と荒川の二大河川に挟まれ、これらの河川が最も接近し、その間を幾筋もの河川が形成した扇状地や自然堤防、洪積台地（埋没台地）から形成される北武蔵地域にあって、中世の交通路もこれら微高地に沿うように展開していた点を確認することができる。河川交通と重複する可能性もあるが、陸上交通にあっては、この地域の河川に沿った微高地などの安定的な地形を選択して人や物が移動した実態を読み取れよう。以下、忍領内の交通路を個別に挙げる。

①「鎌倉街道上道下野線」

名称は齋藤慎一氏の先行研究による。前述のとおり、古代東山道武蔵路の系譜を引くと考えられる道で、南北朝・室町期に鎌倉公方が北関東方面へ進出する際使用し、この道に相当する鎌倉街道伝承地も現存している。(7)

享徳の乱以降も、村岡や長井は度々史料上確認できるが、(8)公方の古河移座後は、五十子陣の上杉氏側との東西間の政治対立構造へと転換し、南北に縦貫するこの街道の持つ意味合いは変化したとみられる。また忍城の築城と成田氏の台頭後は、北武蔵地域の南北間の交通は、後述する道のように、村岡～長井間より東側での交通路が複数登場し、その重要性は前代に比べ相対的に低下したとみられる。

ただし、長尾景春の乱では、この街道にほど近いとみられる長井要害（熊谷市）が景春側の拠点となり、永禄八

（一五六五）年九月の後北条氏による忍領攻めでは、鉢形（寄居町）から出陣した後北条氏の軍勢はいずれも現在の埼玉県熊谷市内にあたる荒川右岸御正から渡河し、肥塚に布陣後忍城を攻撃し、奈良を経て、北河原（行田市）を放火後、「正デン（聖天）ノ南堰宮ハッツケバ（礫場）」（比定地未詳、熊谷市内か）に布陣し、この街道上での軍事行動を確認できる。(9)また、戦国期には荒川の渡河点であり、忍領内有数の都市であったとみられる熊谷之町（熊谷市）を擁し、近世においても道として存続することから、忍領内における重要な幹線道路として機能し続けた。

② 「館林道」

鎌倉街道伝承地の一つで、中山道上を鴻巣市箕田で分岐し、忍城下を通過し、羽生市新郷・群馬県明和町川俣で利根川を渡河し、群馬県館林市、栃木県足利市、佐野市方面へ向かう道で、忍城以北は江戸期の日光脇往還と重複する。(10)

この街道の途上にあたる行田市荒木は、鎌倉期に浄土真宗の一派荒木門徒が道場を構え、上野国東部、下野国南部地域へ教線を拡大し、古くからこの方面へ向かう道が存在した。(11)また享徳の乱では、寛正六（一四六五）年室町幕府・上杉氏側の小山常陸介が荒木要害に立て籠り、古河公方側の攻撃を撃退したことが確認できる。(12)

文明一一年までに、成田氏はこの街道上の星川・忍川が合流し沼地を形成する要害性の高い場所に忍城を築城し拠点としたが、忍城築城の背景にこの街道をおさえようとする意図があったものと思われる。また、延文六（一三六一）年に作成され、応永二二（一四一五）年に書写されたとされる「市場之祭文」には「崎西郡行田市」の存在が確認できる。(13)近世の忍城下町として発展する行田町の前身とみられ、武蔵と上野・下野とを結ぶ街道上の都市的な場に隣接する地に、忍城は築城されたとみられる。

この後、天正二（一五七四）年、上杉謙信が羽生城を救援する際に、大輪（群馬県明和町）に布陣し(14)、この街道上の利根川以北部分を通行したものと思われる。また元和三年（一六一七）徳川家康の遺骸は、府中（東京都府中市）、川越、忍、館林を通過して日光まで運ばれ、後に日光脇往還として整備された[15]。

③忍城～酒巻・赤岩渡～館林城

永禄一〇（一五六七）年、後北条氏による下野国佐野城攻めの際、北条氏政は、利根川の赤岩渡（群馬県千代田町）に船橋を設け陣を敷き、上杉謙信による攻撃を受けた[16]。また、天正二（一五七四）年上杉謙信は、当初縣（栃木県足利市）から赤岩を経て羽生城救援へ向かう予定だったので[17]、赤岩で利根川渡河後、⑥利根川沿いの道を通行し羽生城へ向かおうとしたものとみられる。天正一一～一三年の後北条氏による新田金山領・館林領への侵攻の際にもこの渡の存在が確認でき、「赤岩・酒巻渡」として、対岸武蔵国側の渡河点が現在の行田市酒巻であったことが判明する[18]。

忍領と対岸館林領との渡河点であり、かつ忍城と館林城とを結びつける陸上交通路を想定することができるが、この経路については、田中信司氏によって現在の行田市、群馬県千代田町、館林市内の修験寺院の分布をもとに、忍城～谷郷～斎条～酒巻・赤岩～瀬戸井～木崎の経路が復元されている[19]。

④久下～清水～忍城

文明一二（一四八〇）年、長尾景春の乱で、「忍城雑説」により、扇谷上杉家家宰の太田道灌は久下（熊谷市）に着陣し、忍城での事態を沈静化させた[20]。また後に永禄七（一五六四）年に北条氏康が忍領へ侵攻した際、「久下・忍間」の清水に布陣している[21]。久下～清水～忍城という経路の存在が想定され、清水は現在の行田市下忍の小字清水に比定される。久下は荒川・元荒川に面する地で、これらの渡河点であったと思われる。この地を名字の地とする久下氏の活動が確認でき、戦国期には成田氏の被官となった[22]。また、清水・忍城間は鎌倉街道の伝承地が通り、忍城下で②館林道と合流する。この鎌倉街道伝承地の清水以南は、現在の行田市鎌塚付近で元荒川を渡河し、大芦（鴻巣市）から松山宿（東松山市）へと至る経路[23]で、元荒川以南は近世の日光脇往還の道筋とも重複するが、この区間が戦国期に使用された形跡を史料上では確認できない。

⑤肥塚～忍城間

永禄八年の後北条氏による忍領攻めの際、後北条氏の軍勢は①鎌倉街道上道下野線上に位置する肥塚に布陣後、忍城を攻撃している[24]。肥塚は荒川が形成した扇状地上に位置し、星川の水源地にほど近い。肥塚から東側の扇端部は星川が形成した自然堤防に接続し、星川とその自然堤防は忍城へと続くので、後北条氏の軍勢は星川沿いに移動し、忍城を攻撃したものと思われる。この肥塚～忍城間の星川沿いの自然堤防上には、成田氏の名字の地である成田が位置し、成田館や菩提寺の龍淵寺が存在する。この道は成田氏が忍へ進出した際の経路とも重複し、忍城と成田館とを結ぶ道であると同時に、南北に縦貫する二つの鎌倉街道である①鎌倉街道上道下野線と、②館林道とを結節する東西の道であったことが想定でき、成田氏にとって重要な道の一つであったことを想定できよう。

⑥利根川沿いの道

戦国期忍領の最北限と考えられ、武蔵国と上野国の国境ともなっている利根川の右岸側では、南北朝期まで遡るが、暦応二（一三三九）年北朝高師冬軍の常陸国駒館（茨城県下妻市）攻めの際の経路は、①鎌倉街道上道下野線上の村岡宿から川俣（羽生市）を経て下総国下河辺荘へと至るものであった[25]。川俣から下河辺荘までは利根川に沿うように軍勢が移動したことが想定される。また、軍勢の移動ではないが、文明一八年（一四八六）聖護院門跡道興の旅程は、岡部原（深谷市）から村君（羽生市）を通過後、浅間川を渡河し、下総国古河へと至る経路であった[26]。そして永禄八年の後北条氏の忍領内での軍事行動では、後北条氏の軍勢は、北河原を放火後、「正デン（聖天）ノ南堰宮ハツツケバ（礫場）」から須賀（行田市）を経て羽生方面へと向かっている[27]。いずれの経路も重複するものとみられる。なお須賀には、この地を名字の地とする須賀氏が確認でき、永禄年間までに成田氏の被官となっている。また忍領外になるが、文明一〇年七月に公方足利成氏が「成田御陣」から古河へ帰座する際、利根川渡河後、向古河（加須市）を経て古河城へ帰着し、利根川左岸側[28]にも、古河へ至る道が存在した。

⑦荒川沿いの道

文明一一年、長尾景春の乱の際、太田道灌は荒川を渡河し「鉢形与成田間」に布陣している[29]。また永禄八年の後北条氏による忍領攻めでは、後北条氏の軍勢は鉢形城を経ち、関山（寄居町）を経て、市田（熊谷市）から御正へ向かい、荒川を渡河し、肥塚へ至った[30]。永正六（一五〇九）年連歌師宗長の鉢形～長井間の旅程[31]は、これらの経路から①鎌倉街道上道下野線に接続したものとみられる。これらの史料から、荒川の両岸に沿うように、忍領と鉢形城とを結ぶ道が存在したことが確認できる。

荒川左岸側は、久下の立地する自然堤防上や熊谷之町の立地する扇状地上、さらに熊谷以西の台地上を、右岸側は御正までを台地や丘陵の裾野部分等の高所をそれぞれ川沿いに移動したものと思われる。

⑧元荒川・綾瀬川沿いの道

現在元荒川と綾瀬川は分断され別の河川となっているが、もとは同一の河川として、中世段階では、武蔵国埼西郡と足立郡との境界になっていたと考えられる。

長享の乱に際して、延徳二（一四九〇）年山内上杉顕定は元荒川左岸の「平原」（鴻巣市笠原か）、「堀巣」（鴻巣市屈巣か）から、右岸の箕田に在陣する扇谷上杉定正を攻めるが渡河できず、「成田口」（忍城か）へ移動したことが確認できる。(32) 山内上杉氏の軍勢は元荒川左岸沿いの自然堤防や洪積台地（埋没台地）上を移動したとみられ、その途上の笠原・郷地（鴻巣市）は天正期には忍領であった。(33) その南側の栢間（久喜市）の領主鳩井氏は永禄年間初頭までには成田氏へ従属したことが『関東幕注文』で確認でき、天正期にここが忍領の最南端部であったとみられる。(34)

また、忍城と岩付城（さいたま市）とを結ぶ経路も、この元荒川沿いの道であったとみられ、栢間から以南は現在の綾瀬川と元荒川の間の大宮台地上を直進し、岩付城へと至ったものとみられる。その途上には「市場祭文」の「平野市」・「黒浜市」（蓮田市）の存在し、街道上の都市的な場として機能した可能性がある。また、この道は、永禄八年忍城を出陣した太田資正による岩付城奪還作戦で用いられた経路(35)と重複するとみられる。

⑨星川沿いの道

享徳の乱勃発後の長禄三（一四五九）年の合下合戦(36)（鴻巣市）、寛正六年荒木要害での合戦(37)、文正元（一四六六）年の北根原・南多賀谷（加須市）合戦は星川沿いで展開された。この付近は忍城から旧忍川に沿うように洪積台地（埋没台地）が続き、星川に合流する。星川沿いに自然堤防上を南下すると、菖蒲城（久喜市）に至り、星川から分岐する日川の自然堤防上を東下すると埼西城（加須市）に至る。享徳の乱では菖蒲城、埼西城は共に古河公方側の軍事拠点であり、武蔵国東部の対室町幕府・上杉氏勢力の最前線基地でもあったが、天文期に、成田氏は埼西城主小田氏と縁戚関係を結んだことを契機として、埼西城とその支配地域を吸収することになる。忍領と埼西領とを結んだ道といえよう。

⑩その他の道

以下は史料上の制約から道として、また他の道との関係が不明確なものである。

間々田船端・堀口渡瀬は、文明一一年太田道灌が別符陣（熊谷市）から上野国金山城（群馬県太田市）を訪問する際、別符陣（熊谷市）から利根川間々田船端を通過した。元亀元（一五七〇）年越相同盟に際し北条氏康の子三郎が越後へ向けて堀口渡瀬を通過している。両渡河点は地形的にほぼ一体のものであるとの簗瀬大輔氏の指摘がある。(38)

また、古海渡は忍領と利根川対岸小泉領古海（群馬県大泉町）を結ぶ渡河点、天正一一～一三年の後北条氏による金山城・館林城攻めの際、忍領内で兵糧調達を行った小泉城（群馬県大泉町）主富岡氏が使用し、後北条氏が古海の守備にあたっている。(39)

この他、深谷方面への道は、文明一八（一四八六）年に庁鼻輪（深谷市）から箕田への旅程(40)が確認でき、江戸時代の中山道筋と重複する経路である。

羽生方面への道は、⑥利根川沿いの道以外の経路も存在したとみられ、天正元年、北条氏政は「忍・羽生之間」小松（羽生市）に陣を敷いている。(41)

以上のように、戦国期の史料から忍領内の交通路を復元してみると、武蔵国と上野国との国境地帯にあって、武蔵国から上野国東部さらに下野国南部方面へと向かう、南北の陸上交通路が存在し、荒川沿いに関東管領上杉氏の拠点であった鉢形へと向かう西側への交通路、また利根川沿いに公方御座所の古河へと向かう東側への交通路、星川や元荒川沿いに、埼西、岩付や羽生など下総国や武蔵国東部へと向かう交通路が存在した。忍領を中心にみれば、東西南北方向に交通路が開かれていることになり、忍城を中心とした交通路網が形成されているようにみえる。

では、こうした交通路を有する北武蔵地域が、戦国期の政治動向の中でどのような位置づけであり、またそれが成田氏の領国形成の中でどのように関わっていったのか、享徳の乱以降の北武蔵地域と交通との関わりを各時期ごとに確認する。

二　享徳の乱期の北武蔵地域

享徳の乱で、北武蔵地域は古河・五十子の中間に位置し、古河公方勢力と室町幕府・上杉氏勢力との間に挟まれた「境目」地域であった。潜在的には東西南北の交通路が交差する両勢力にとって重要な地域となるはずだが、この地域での古河公方・上杉氏側勢力の軍事行動は、埼西城攻略とその直後の長禄三年の合下合戦、寛正六年から文正元年の星川沿いでの合戦を除いては、目立った動向を確認できない。むしろ、享徳の乱での両勢力の主戦場は利根川左岸の上野国東部や下野国南部側で、この地域で大規模な合戦が展開された。その要因は、利根川両岸での領主制のあり方の相違と北武蔵地域における領主間の対立関係が根底にあったものと考えられる。利根川以北の北関東地域は、岩松氏等伝統的な大領主層が蟠踞し、これらの勢力の帰趨が乱全体の大勢に関わるものであった。これに対して、利根川以南の北武蔵地域は、成田氏をはじめ武蔵七党の系譜を引く中小の領主層が群集する地域であり、享徳の乱を通じて北武蔵の領主層は公方・上杉氏側の間で分裂し個々に行動する傾向にあり、これら領主層の影響力は利根川以北に比べて相対的に小さいものであったとみられる。またその帰属も個々に不確定で流動的であることから、両勢力のこの地域での軍事行動の維持は困難であったものとみられる。別符家文書にみられる享徳一六年＝応仁元（一四六七）

年、結城氏広宛て足利成氏書状は当時の北武蔵地域の領主層の置かれている状況をよく物語っている。(42)

玉井・長井・別符以下、参御方由被申上候、玉井雖申上子細候、不及御返事候間、参上事、於于今曾無御存知候、御書等不被成之候、其方無御談合不可有御対面候、殊彼等所帯事、長井庄以下被下其方、被行別符三河守候上者、誰雖申候、不可有御信用候間、不可或相違候、謹言、

（異筆）
「享徳十六年」

十一月十五日　　　成氏（花押）

結城七郎殿

右の史料から、応仁元年当時、北武蔵地域の玉井、長井、別符氏らは、上杉側から公方側への帰属の意を表したが、公方足利成氏はこれを無視し、玉井氏らと所領を巡り対立関係にあった別符三河守や、この地に所領を有していたとみられる結城七郎（氏広）の所領を従前通り安堵している。所領問題のため、玉井氏らの公方側への帰属がままならず、公方による事態打開のための調停もみられない。公方側の玉井氏らに対する関心の低さをみてとれよう。この時期は、両勢力の北武蔵地域への関心は、利根川以北に比べて低く、その関与が少ない状況にあったと思われる。

この状況を一変させたのが、文明八（一四七六）年頃に勃発した長尾景春の乱である。この乱では、文明一〇年一月から七月にかけて、「成田御陣」が古河公方足利成氏の御座所となった。(43)この前年に上野国の岩松礼部家が上杉側

から公方側へ帰属したが、利根川を挟み対岸側の北武蔵地域の領主層もこれにあわせて公方側へ帰属の意を表したものと思われる。しかし、前の史料でみたように、北武蔵地域の領主間には、所領問題等を巡り複雑な対立関係が存在していたので、こうした問題を調停し、これまで対応が後手にまわってきた北武蔵地域の公方側への帰属の確定と安定化のため、公方成氏自ら北武蔵地域へ赴いたのが、「成田御陣」移座の理由として考えられる。しかし、「成田御陣」移座後、公方軍を構成する者の中に長陣を理由に脱落者が相次いだ。(44) また、直後に長尾景春は「成田御陣」を訪れ、公方成氏から支援を拒絶されると、(45) 周辺の羽生の峰（羽生市）や長井要害（熊谷市）に立て籠もるなどの敵対行動をとり、(46) 不十分な数の軍勢とあいまって、公方成氏の古河帰還が困難な状況となってしまった。そして、長井氏等景春側に与同する領主が現れ、乱の終結する文明一二年まで、北武蔵地域は景春側の拠点の一つとなり、乱以前とは異なる形で地域は不安定化した。

こうした状況の中で、忍城と成田氏が登場する。忍城とその城主としての成田氏の初見史料は、文明一一年閏九月四日付けの別符三河守宛足利成氏書状である。(47) 長尾景春の乱の中で、成田氏は公方側に属し、景春が立て籠る長井六郎要害に対して忍城が最前線基地として機能したことが確認できる。忍城の築城年代は諸説あるが、この頃までに名字の地成田から星川沿いに東下し、館林道との合流点忍へと進出を果たした。あるいは、忍城築城がこの乱を契機とするものであれば、当初から景春勢力に対する最前線基地として築城された可能性も想定できよう。

長尾景春の乱での五十子陣崩壊による東西対立関係の崩壊、古河公方と室町幕府間の「都鄙和睦」への模索の始まり、北武蔵地域への景春勢力の浸透といった大きな政治的変動がほぼ同時に進行し、北武蔵地域の情勢に注目が集まる中で、「成田御陣」や対景春拠点としての忍城のように、古河公方の意向に従い成田氏は行動した。この地域の中小領主層の一人にすぎなかったとみられる成田氏の台頭については、不明な点が多いが、この時の公方権力との結びつきが、領主として成長する出発点になったものと思われる。

この後の成田氏は、市村高男氏が指摘するように、「公方―管領体制」の両拠点古河・鉢形のちょうど中間に位置する関係にあり、この政治体制を支える重要な役割を果たしたとみられ、公方・管領双方からの信頼を背景に、後の忍領に相当する勢力圏を形成していく。その過程は不明な点が多いが、名字の地成田は鎌倉街道上道下野線と館林道とを結ぶ肥塚～忍城間の星川沿いの道上にあり、この区間を掌握し、忍城へ進出後、二つの街道沿いに南北へ勢力を拡大し、別符氏や、利根川沿いの須賀氏、荒川沿いの久下氏等がその傘下となり、被官化されたとみられる。さらに利根川、元荒川、星川に沿うように、羽生、本庄、岩付、埼西方面に勢力を拡大していった。これらの領主に対する関係を通じて、各河川の渡河点等交通の要衝地点の掌握をすすめ、忍城と各領主の拠点間を結ぶ形で、忍城を中心とした交通路綱の再編が行われたとみられる。

三　永禄・天正期の北武蔵地域

成田氏は、天文一五（一五四六）年の河越合戦直前に山内上杉氏から相模国の戦国大名後北条氏へ従属した。この後成田氏の忍城を中心とした支配領域は忍領として後北条氏に把握され、市村高男氏の指摘するように、独自の領域支配が進展することになる。交通面の支配に関しては、永禄八年五月に甘糟商人長谷部備前守宛ての成田氏長判持[48]で、長谷部氏に対して忍領内での自由通行権を認め、領内の足軽による通行妨害を禁じている。成田氏はこの頃までに、領内各所に駐留する足軽衆による通行者への監視・検問体制を構築したとみられる。また天正八（一五八〇）年一二月には、熊谷之町の商人長野喜三に対して、熊谷之町内での木綿売買や小間物商を認め[49]、熊谷之町に対する成田氏の領域支配とともに、領内の交通・流通に対する支配も進展した。

ところで、永禄三年に越後国の戦国大名上杉謙信が関東へ進出してくると、成田氏は、上杉氏と後北条氏との間で、帰属と離反を繰り返し、永禄九年以降は一貫して後北条氏へ従属することになる。この抗争の中で、成田氏から独立した羽生領との関係が注目される。かつて長尾景春が陣所とした羽生では、羽生城主木戸・広田氏の活動が天文五（一五三六）年頃から確認でき、[50]『関東幕注文』では、成田氏の「馬寄」として、「羽生之衆」の存在を確認することができる。[51]永禄四年上杉謙信の関東進出の際、羽生の木戸・広田氏は、上杉側に従属し、天正二年後北条氏・成田氏らの攻撃で羽生城を失うまで一貫して上杉側に服属した。羽生領は、上杉氏側から見れば、北関東から利根川を渡河し、南関東方面へ向かう通過点の一つということになる。また上杉氏に与同する勢力は、武蔵国東部の岩付太田氏や房総半島方面の里見氏等の領主もおり、この方面への進出経路として、館林～岩付～房総方面という経路[52]がある。館林から岩付を目指す場合、まず利根川を渡河することになるが、その際、川俣か赤岩・酒巻の渡を渡河し、忍領か羽生領いずれかを通過することになり、いずれかが確保できていれば、岩付までは移動することができる。利根川対岸の上野国金山城・館林城方面、また岩付城方面までの交通路上の関係は忍領・羽生領ともほぼ同じであり、羽生側は、その交通上・地政学上の利点を活かし成田氏から自立し、上杉氏に接近したものと思われる。上杉氏はこれを優遇し、その維持・安定を支援した。これに対して成田氏は、羽生側の自立や上杉氏の支援に対して反発し、後北条氏に従属する傾向を見せる。永禄一二年上杉氏と後北条氏の和平が実現し、越相同盟が成立したが、北条氏康・氏政父子は上杉謙信に対して、成田氏が越相同盟に反発し、後北条・上杉氏に敵対する甲斐武田氏に帰属しかねないと述べている。[53]この同盟により、忍領は上杉氏に帰属する取り決めだったものの、成田氏はこれに応じなかった。この原因は、羽生領との関係が大きく影響したとみられ、忍城の北西一㎞ほどの場所に、築かれた羽生側の忍城への向城皿尾城（行田市）は同盟成立後も健在で、忍城の軍事的脅威となっていたことや、上杉氏のもとで羽生城主と同格に扱われることに反発したものと思われる。

この後、天正二年羽生城の落城により、羽生領を成田氏は接収し、北武蔵・上野国東部間の交通路は再度成田氏が完全に掌握することになった。北関東進出を目指す後北条氏にとって、永禄期以降、北武蔵地域の成田氏の忍領はその通過点として機能し、地理的、地政学的に重要な地域に位置する領主として重要視され、後北条氏との結びつきの中で安定的な領域支配が展開できたものとみられる。

まとめ

本稿では、戦国期の忍城主成田氏権力の進展を考える上で、その支配領域である忍領を中心とした交通網の復元と、政治史の展開のうえで、この地域が果たした役割を分析したが、武蔵国と上野国との国境地帯にあって、利根川・荒川の二大河川に挟まれた北武蔵地域は、地域を流れる河川によって形成された地形に規定された交通路が存在し、東西南北の交通路が交差する交通の要衝といえる場所である。成田氏は、この地域の河川・交通路に沿うように勢力を拡大し、北武蔵地域を取り巻く東西の政治対立・協調体制や南北の政治対立関係の中で、地理的・政治的にそれらの結節点となり、各時期の対立・協調軸から重要視され続けた。このことが、成田氏権力が中世後期を通じて拡大・存続しえた背景にあろう。

また、北武蔵地域のように、地理的には交通の要衝といえる場所であっても、周囲の政治動向や隣接地域との関係によって、その位置づけが変化する点を、享徳の乱期の北武蔵地域の事例で確認した。しかし、全体としては政治的にも重要な地であったこそ、成田氏や羽生の木戸・広田氏のような領主が、大きな政治運動に直面し、交通の要衝をおさえる領主として、地域外の上部権力と結びつくことによってその勢力を急速に拡大させることが可能であった。こうした点は、戦国期の北武蔵地域の特質といえるのではないだろうか。

註

(1) 主な成果として、田口新吉「武蔵成田氏について」(『埼玉史談』四〇巻三号～四一巻二号 一九九三～一九九四)、同著「成田氏長について」(『埼玉史談』四三巻一号～四七巻一号 一九九六～二〇〇〇)、湯山学「武蔵成田氏新考」(『埼玉史談』三一巻四号 一九八五)、『鴻巣市史通史編1原始・古代・中世』(鴻巣市 二〇〇〇)、『忍城主成田氏』行田市郷土博物館 二〇〇七、黒田基樹「戦国期成田氏の動向と系譜」(『武蔵成田氏』岩田書院 二〇一二)。
(2) 市村高男「武蔵国成田氏の発展と北条氏」『戦国期東国の都市と権力』思文閣出版 一九九四)。
(3) 齋藤慎一「鎌倉街道上道と北関東」(『中世東国の道と城館』東京大学出版会 二〇一〇)、同著「道の機能と変遷」(同上)。
(4) 村本達郎「鎌倉街道の歴史地理的考察」(『鎌倉街道上道』埼玉県教育委員会 一九八三)。
(5) 榎原雅治『中世の東海道をゆく』中公新書 二〇〇八。
(6) 岡洋一郎「中世の幹線道路について ―文献資料を中心に―」(『シンポジウム「鎌倉街道」を検証する』地域に遺る文化財を活用した地域振興事業実行委員会(埼玉県立嵐山史跡の博物館)二〇一二)。
(7) 埼玉県県立歴史資料館『県内鎌倉街道伝承地所在確認調査報告書』一九八二。
(8) 例えば明応三年八月二七日上杉定正書状(熊谷市『熊谷市史資料編2古代・中世本編』二〇一三 四八号文書)(以下『熊』と表記)。
(9) 『長楽寺永禄日記』永禄八年八月一九日条～九月二六日条(『長楽寺永禄日記』続群書類従完成会 二〇〇三)。
(10) 註7書、『歴史の道調査報告書 第四集 日光脇往還』埼玉県教育委員会 一九八五。
(11) 『行田市史 資料編 古代中世』行田市 二〇一二(以下『行』と表記) 五二号文書解説。
(12) 「足利家御内書案」文正元年六月三日足利義政御内書写(『行』一七〇号文書)。

(13)「武州文書」一五　市場之祭文写（『行』一四一号文書）。
(14)志賀慎太郎氏所蔵文書　天正二年四月一三日上杉謙信書状（『行』二八五号文書）。
(15)註10書。
(16)「歴代古案」永禄一〇年極月二日上杉輝虎書状写（『館林市史資料編2中世　佐貫荘と戦国の館林』二〇〇七　以下『館』と表記）。
(17)中山小太郎氏所蔵文書　天正二年三月二八日上杉謙信書状（『館』四四〇号文書）。
(18)鈴木健太郎氏所蔵長尾文書　天正一三年正月一四日北条家朱印状（『館』五四八号文書）。
(19)田中信司「中世後期上武国境の「みち」―後北条氏の架橋―」（『青山史学』第二八号　二〇一〇）。
(20)松平文庫所蔵太田道灌書状写（『行』一七九号文書）。
(21)河田文書　永禄七年九月六日長尾景長書状（『行』二二八号文書）。
(22)久下氏は永正期以降、成田氏からの養子入嗣によって、成田氏の一門化したとされる。（黒田基樹「忍成田氏の国衆化をめぐって」『地方史研究』第六四巻第四号　二〇一四）。
(23)註10書。
(24)註9参照。
(25)高幡不動胎内文書　山内経之書状（『埼玉県史料叢書一一　古代・中世進出重要史料一』二〇一一　二八七・二八八号文書）。
(26)『群書類従十八輯』続群書類従完成会　一九五四。
(27)註9参照。
(28)註9参照。
(29)註20参照。
(30)註9参照。
(31)『東路のつと』（『熊』五六号文書）。
(32)「古簡雑纂」（延徳二年）一〇月二〇日上杉顕定書状写（『行』一八二号文書）。

(33)「知新帖」三　天正二年六月二九日成田氏長印判状（『行』二九〇号文書）。
(34)「関東幕注文」上杉家文書（『熊』七〇号文書）。
(35)註9書　永禄八年五月七～八日条。
(36)「足利家御内書案」寛正元年四月二八日足利義政御内書写（『行』一六五号文書）。
(37)「賜蘆文庫文書」享徳一五年閏二月九日足利成氏感状写（『行』一六八号文書）。
(38)簗瀬大輔「新田荘の国境河川地域」（田中大喜『上野新田氏』戎光祥出版　二〇一一）。
(39)図司文書　天正一二年六月一四日北条家印判状（『行』三一二号文書）。
(40)『北国紀行』（『行』一八〇号文書）。
(41)「常陸遺文」天正元年八月九日小山秀綱書状写（『行』二七六号文書）。
(42)享徳一六年一一月一五日足利成氏書状（『行』一七一号文書）。
(43)『松陰私語』（『松陰私語』八木書店　二〇一一）。
(44)註43参照。
(45)『鎌倉大草子』（『行』一七六号文書）。
(46)註20参照。
(47)別符文書　文明一一年閏九月二四日足利成氏書状（『行』一七八号文書）。
(48)町田文書（『行』二三四号文書）。
(49)長野文書　天正八年一二月一二日成田氏長印判状（『行』三一二号文書）。
(50)註34参照。
(51)富田勝治『羽生城と木戸氏』戎光祥出版　二〇一〇。
(52)上杉家文書　二月朔日正五書状（『館』三五七号文書）。
(53)上杉家文書　元亀元年三月二八日北条氏康・同氏連署書状（『行』二五五号文書）。

近世前期、忍藩領の形成と在地支配

澤村怜薫

はじめに

本稿は近世前期における忍藩領の形成と当該期に変容を遂げた在地支配について検討を試みるものである。

忍藩研究は関東譜代藩の研究の進展を契機として蓄積を得てきた。(1) たとえば、藩政確立期のほか阿部氏家臣団、領内耕作地の貢租、忍領普請組合等の検討が主な成果として挙げられよう。(2) これらの研究を基礎に叙述された自治体史(『新編埼玉県史』、『行田市史資料編』等)が現状で最もまとまった忍藩研究の成果といえる。

しかしながら、藩領社会に関して言えば、史料的制約から忍領普請組合の展開をはじめ享保期以降に研究が偏る傾向があり、豊富な研究がある近世前期からの連続性を捉えにくくしている。また、先行研究においては元禄の地方直しに際する忍藩領再編が藩領社会に及ぼした影響について支配制度の実態に即して叙述されていない。忍藩政と藩領社会の展開を明らかにしていくためには、当該期の支配制度の構造を明らかにした上で、藩領形成の問題を捉え直すことが必要といえるのではなかろうか。そこで、本稿では近世前期における忍藩領の形成過程を再検討するとともに、当該期における忍藩城付村々の在地支配の展開と特質について明らかにすることで前述の課題に応えたい。

一　忍藩領の形成

天正二〇（一五九二）年城代松平家忠に代わり、一〇万石を領して忍城主となったのは家康の四男松平忠吉である。彼の領地を示す史料は少なく、『新編武蔵風土記』によれば、城の最寄りに位置する佐間・谷郷・持田・下忍、利根川右岸付近に位置する酒巻・須加の各村が「忠吉以来の城付」であった。(3) 忠吉は慶長五（一六〇〇）年尾張国清洲に転封となり、以後三三年間、周辺村々は幕府代官の支配下に置かれた。当該期の代官による忍城周辺村々の統治は江戸幕府農政のモデルケースとして評価されている。(4)

寛永一〇（一六三三）年一〇月、寛永の地方直しにともない旗本領が長野・小見・若小玉・荒木・南河原・上川上・馬見塚の各村に置かれた。ついで一二月に松平信綱が三万石をもって忍城主となる。このとき信綱が領した村落の全貌は定かではないが、寛永一二年「忍領在々御普請役高辻帳」(5)によると忍領内に一四ヶ村、あわせて一万九九八七石九斗二升が松平伊豆守知行とされる。(6) これらの領地分布を【図】と【表1】で確認すると、信綱入封以前に配置された旗本領の間に彼の領地が配置された様子がみてとれる。つまり信綱の所領配置は旗本領の変動をともなうものではなく、それゆえ信綱の所領は城廻りに配置されたものの、一円的な所領といえるものではなかったのである。

寛永一六年、信綱は川越に移封となり、忍城には下野国壬生から阿部忠秋が五万石をもって入城した。忠秋は信綱以来の城廻りの領地を与えられ藩領形成の基礎とした。以下、加増と藩領の形成過程を辿っていこう。

まず、正保四（一六四八）年、一万石の加増にともない、幕領であった武蔵国吉見領をはじめとする大里郡の村々（後の御正領）が忍藩領に村替えとなる。(7) つぎに寛文三（一六六三）年には、二万石の加増により、相模国三浦郡と武

【図】忍藩領図

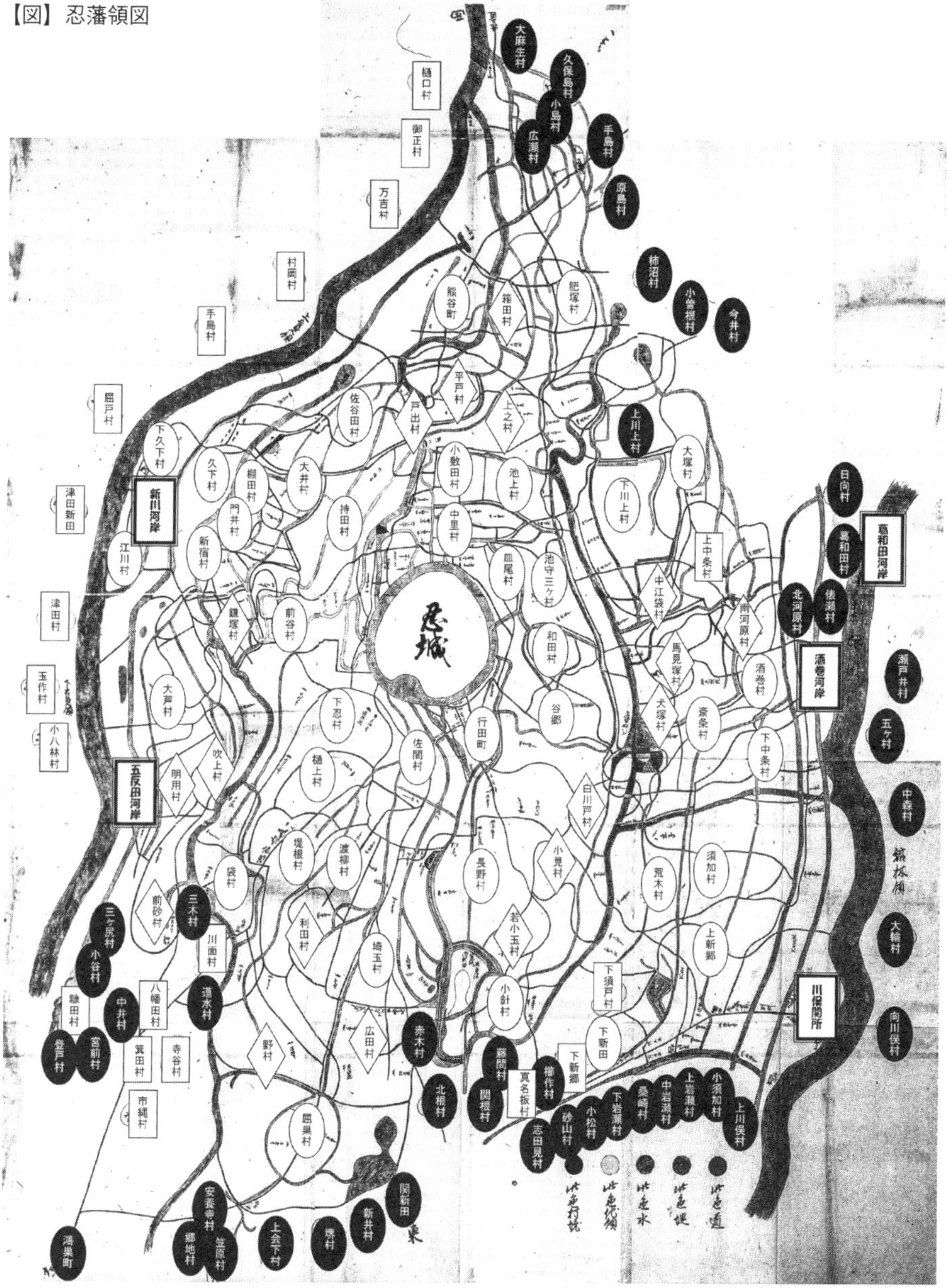

凡例：○村＝変動のない忍藩領　□村＝元禄期に忍藩領→他領
◇村＝元禄期に他領→忍藩領　●村＝変動のない他領　典拠：「忍御領分絵図」（行田市郷土博物館所蔵）に加筆し作成。

【表1】忍藩領村々の支配変遷

村名	武蔵田園簿（慶安2、3年頃・1649、50）		御鷹場村々地頭姓名村高控帳（延宝3年・1675）		元禄郷帳（元禄15年・1702～宝永期）		新編武蔵風土記（文化・文政期）	城付四組	
	領主	石高	領主	石高	領主	石高	領主	元禄11年以前	元禄11年以降
市縄村	阿部豊後守	249.53000	阿部美作守	249.53000	島田八郎右衛門	249.53000	島田愛之助	佐間組	—
寺谷村	阿部豊後守	447.71000	阿部美作守	447.71000	永田松次郎	447.71000	島田愛之助	佐間組	—
							永田松次郎		
糠田村	阿部豊後守	909.57600	阿部美作守	909.57600	御料所	909.57600	御料	佐間組	—
箕田村	阿部豊後守	2,539.50400	阿部美作守	2,070.00000	大岡千太郎	2,085.00000	大岡主膳正	佐間組	—
							大岡勇三郎		
					数原玄仲		数原玄仲		
					梶川主税		梶川半左衛門		
					牛奥忠左衛門		牛奥鉄太郎		
					松波平右衛門		松波平右衛門		
八幡田村	記載なし		阿部美作守	469.54000	戸田中務大輔	469.54000	戸田備後守	佐間組	—
					中山喜三郎		中山芳次郎		
吹上村	小笠原三郎右衛門	247.40900	小笠原伝左衛門	247.40700	阿部豊後守	1,375.59300	阿部鉄丸	—	佐間組
	日下部作十郎	500.00000	日下部兵左衛門	500.00000					
	市岡左太夫	104.71600	市岡作太夫	104.70200					
	佐藤伝右衛門	500.00000	佐脇伝右衛門	500.00000					
	岡三四郎	15.46800	岡三四郎	15.48400					
榎戸村	小笠原三郎右衛門	452.59300	小笠原伝左衛門	452.59300	阿部豊後守	452.59300	阿部鉄丸	—	佐間組
大芦村	井上次郎兵衛	600.00000	井上内匠	600.00000	阿部豊後守	1,233.24500	阿部鉄丸	—	佐間組
	市岡左太夫	495.29800	市岡作太夫	495.29800					
川面村	阿部豊後守	391.88500	阿部美作守	1,391.88500（ママ）	加藤源次郎	391.88500	加藤庄之助	佐間組	—
					永田松次郎		永田松次郎		
明用村	南条金左衛門代官所	58.60000	山岡十兵衛	74.82700	阿部豊後守	480.44200	阿部鉄丸	—	佐間組
	戸川主水	200.00000	戸田主水	200.00000					
	酒依喜右衛門	152.34600	酒依長兵衛	387.63800					
前砂村	南条金左衛門代官所	348.62000	山岡十兵衛	348.62000	阿部豊後守	348.62800	阿部鉄丸	—	佐間組
佐間村	阿部豊後守	1,572.52700	阿部美作守	1,572.52700	阿部豊後守	1,602.52700	阿部鉄丸	佐間組	
下忍村	阿部豊後守	1,359.69500	阿部美作守	1,359.69500	阿部豊後守	1,359.69500	阿部鉄丸	佐間組	
							（薬師堂）		
							（青蓮寺）		
袋村	小泉次大夫代官所	200.00000	深谷忠兵衛代官所	205.23800	阿部豊後守（袋村）	441.77600	阿部鉄丸	—	佐間組
	鈴木友之介	200.00000	鈴木友之助	174.76200					
	石巻喜左衛門	2,000.0000	林弘文院	200.00000					
	会田小左衛門	15.78300	会田小左衛門	15.78300					
	阿部豊後守	60.59500	阿部美作守	60.59500	阿部豊後守（袋新田）	59.84000	阿部鉄丸	佐間組	佐間組
屈巣村	阿部豊後守	1,933.39800	阿部美作守	1,933.39800	御料所	1,933.39800	阿部鉄丸	佐間組	
					私領（ママ）				
広田村	高木甚左衛門	750.00000	高木甚左衛門	545.31000	阿部豊後守	725.00000	阿部鉄丸	佐間組	
埼玉村	阿部豊後守	1,509.90100	阿部美作守	1,509.90100	阿部豊後守	1,509.90100	阿部鉄丸	佐間組	
							松平大和守		
渡柳村	小泉次大夫代官所	24.42700	深谷忠兵衛代官所	76.25000	阿部豊後守	463.83200	阿部鉄丸	—	佐間組
	芝山権左衛門	200.00000	大森信濃守	100.00000					
	佐久間久七郎	100.00000	赤井五平治	123.75000					
	阿部豊後守	139.40500	阿部美作守	139.40500				佐間組	
			山岡十兵衛	24.42700				—	
利田村	高木甚左衛門	360.30000	高木甚左衛門	358.12000	阿部豊後守	378.00000	阿部鉄丸	—	佐間組
野村	高木甚左衛門	709.72000	高木甚左衛門	657.60000	阿部豊後守	951.81100	阿部鉄丸	—	佐間組
	弓削多源七郎	2,000.00000	弓削多忠左衛門	200.00000					
	南条金左衛門代官所	75.57300	高室四郎兵衛	75.57300					
堤根三ヶ村	阿部豊後守	917.41000	阿部美作守	917.41000	阿部豊後守（樋上村）	305.80330	阿部鉄丸	佐間組	佐間組
					阿部豊後守（堤根村）	305.80340	阿部鉄丸		佐間組
					阿部豊後守（堤根新田）	305.80330	阿部鉄丸		佐間組
谷郷	阿部豊後守	1,806.37000	阿部美作守	1,806.37000	阿部豊後守	1,806.37000	阿部鉄丸	谷郷組	
長野村	山岡十兵衛	500.00000	山岡十兵衛	500.00000	阿部豊後守	2,909.35900	阿部鉄丸	—	谷郷組
	石川八大夫	200.00000	石川四郎兵衛	200.00000					
	肥田半兵衛	400.00000	肥田半兵衛	400.00000					
	有馬石見守	700.00000	有馬治郎兵衛	700.00000					
	久世権之介	400.00000	久世宇右衛門	400.00000			（長久寺）		
	戸田久助	100.00000	戸田七之助	100.00000					
	内藤半六郎	86.37400	内藤筑後守	86.38300					
	会田小左衛門	484.22600	会田小左衛門	414.21700					
	（長久寺）	30.00000					御料（長野村新田）		

郡	村名	領主	石高	領主	石高	領主	石高	領主	元禄11年以前	元禄11年
埼玉郡	上新郷	阿部豊後守	3,890.44200	阿部美作守（上新郷）	3,200.00000	阿部豊後守	3,215.00000	阿部鉄丸	谷郷組カ	谷郷組
						法性寺				
				阿部美作守（下新田村）	690.42000	阿部豊後守	690.42000	阿部鉄丸		谷郷組
	下新郷	阿部豊後守	904.58000	阿部美作守	904.58000	蜂屋喜三郎	904.57870	蜂屋半之丞	谷郷組カ	—
						三宅采女正		三宅藤之助		
						金田金蔵		金田斧次郎		
						人見高栄		人見又説		
						藤方勘右衛門		藤方鍬五郎		
						加藤源次郎		加藤藤之助		
						戸田市郎兵衛		戸田市郎兵衛		
	須加村	阿部豊後守	2,045.52700	阿部美作守	2,045.52700	阿部豊後守	2,045.52700	阿部鉄丸	谷郷組カ	谷郷組
	上中条村	八木忠左衛門	500.00000	八木三左衛門	500.00000	八木数馬	2,886.82500	八木吉之丞	—	
		永井清大夫	50.50700	永井勘三郎	50.50700	長井岩次郎		永井初太郎		
		松平斎宮	459.01800	松平八郎兵衛	459.01800	松平藤兵衛		松平藤左衛門		
		神尾弥右衛門	500.00000	神尾下総守	500.00000	神尾伊兵衛		神尾豊後守		
		小野佐兵衛	400.00000	小林佐治兵衛	400.00000	小林左次兵衛		小林左次兵衛		
		松平内蔵介	200.00000	松平内蔵助	200.00000	松平藤九郎		松平六三郎		
		安藤与十郎	200.00000	安藤頼母	200.00000	鹿那祇明神社		松平大和守		
		日下勘四郎	500.00000	日下半之丞	500.00000	日下惣九郎		日下鉄之助		
		阿部豊後守	200.00000	阿部美作守	200.00000				谷郷組カ	—
	下中条村	阿部豊後守	626.54800	阿部美作守	626.54800	阿部豊後守	626.54800	阿部鉄丸	谷郷組	
						御料所				
	酒巻村	阿部豊後守	788.91000	阿部美作守	788.91000	御料所	788.91000	阿部鉄丸	谷郷組カ	谷郷組
	若小玉村	浅井次右衛門	450.00000	深谷忠兵衛代官所	450.00000	阿部豊後守	977.80400	阿部鉄丸（若小玉村）	—	谷郷組
		加藤数馬之助	533.73700	加藤清兵衛	533.73700			松平大和守（若小玉村新田）		—
	小針村	阿部豊後守	469.62700	阿部美作守	469.32700	阿部豊後守	469.62700	阿部鉄丸（小針村）	佐間組	谷郷組
								松平大和守（小針村新田）		—
	荒木村	新見七右衛門	300.00000	新見七右衛門	300.00000	阿部豊後守	1,936.36100	阿部鉄丸	—	谷郷組
		駒井太郎左衛門	350.00000	深谷忠兵衛代官所	350.00000					
		阿部豊後守	27.57600	阿部美作守	27.56800				谷郷組	
		正木左馬之丞	700.00000	正木甚五兵衛	700.00000	御料所			—	
		大沢左近	700.00000	大沢五郎右衛門	500.00000					
				大沢源五右衛門	200.00000					
	小見村	内藤半六郎	270.53700	内藤筑後守	270.53700	阿部豊後守	680.00000	阿部鉄丸	—	谷郷組
		岡部丹波守	200.00000	岡部丹波守	200.00000					
		太田次兵衛	100.00000	太田林庵老	100.00000	（真観寺）		（真観寺）		—
		羽生玄昌	100.00000	羽生玄昌老	100.00000					—
	白川戸	永井勘九郎	350.35000	永井勘九郎	350.00000	阿部豊後守	549.50000	阿部鉄丸	—	谷郷組
		疋田喜右衛門	200.20000	疋田喜右衛門	200.20000					
	持田村	阿部豊後守	3,771.33300	阿部美作守（持田村）	2,984.38000	阿部豊後守	3,826.33300	阿部鉄丸	持田組	
						（正覚寺）		（正覚寺）		
				阿部美作守（前谷村）	773.27400	（遍照院）				
	大井村	阿部豊後守	2,585.89900	記載なし		阿部豊後守	2,585.89900	阿部鉄丸	持田組カ	持田組
	鎌塚村	松木市左衛門代官所	400.00000	大岡八郎左衛門	402.96800	阿部豊後守	800.16330	阿部鉄丸	—	持田組
		三浦忠太郎	400.00000	小林左治兵衛	195.26300					
				赤井五平治	208.81100					
	箱田村	記載なし		深谷忠兵衛代官所	21.92300	阿部豊後守	447.27500	阿部鉄丸	—	持田組
				竹内五郎左衛門	46.24000					
				松平治郎左衛門	46.24000					
				本間忠左衛門	46.24000					
				三田治郎右衛門	46.24000					
				篔助兵衛	46.24000					
				前田孫市郎	46.24000					
				大田半九郎	57.80000					
				小坂（ママ）	63.15200					
				斎藤久右衛門	17.15200					
	平戸村	松木市左衛門代官所	163.65400	杉浦内蔵丞	617.05400	阿部豊後守	917.05400	阿部鉄丸	—	持田組
		近藤勘右衛門	200.00000	近藤勘右衛門	200.00000					
		長田三郎右衛門	200.00000	永田主殿	400.00000					
		荒川又六郎	200.00000							
		西山忠二郎	153.40000			（神明社領別当金瑞寺）				
	戸出村	西山忠次郎	196.60000	深谷忠兵衛	200.00000	阿部豊後守	603.60000	阿部鉄丸	—	持田組
		熊瀬庄左衛門	200.00000	杉浦内蔵丞	396.20000				—	
		大久保四郎左衛門	200.00000						—	

村名	領主	石高	領主	石高	領主	石高	領主	元禄11年以前	元禄11年以降
熊谷町	阿部豊後守	2,024.54200	阿部美作守	1,024.54200	阿部豊後守 （熊谷寺）	1,054.54000	阿部鉄丸	持田組カ	持田組
久下村	阿部豊後守	910.71200	阿部美作守	910.71200	阿部豊後守	910.71200	阿部鉄丸	持田組カ	持田組
下久下村	阿部豊後守	124.50000	阿部美作守	124.50000	阿部豊後守	124.50000	阿部鉄丸	持田組カ	持田組
江川下久下村	阿部豊後守	25.50000	阿部美作守	70.55000（ママ）	御料所	25.50000	阿部鉄丸	持田組カ	持田組
佐谷田村	阿部豊後守	1,955.59200	阿部美作守	1,955.59200	阿部豊後守	1,955.59200	阿部鉄丸	持田組カ	持田組
肥塚村	阿部豊後守	691.60000	阿部美作守	691.60000	阿部豊後守	892.68500	阿部鉄丸	持田組カ	持田組
	内藤式部少輔	201.08500	内藤上野	201.08500				—	
石原村	阿部豊後守	1,261.33300	阿部美作守	1,261.33300	阿部豊後守	1,261.33300	阿部鉄丸	—	
玉作村	阿部豊後守	611.58800	阿部美作守	606.32700	熊瀬三十郎 本間猪三郎	611.58800	松平大和守 島田弾正	—	
小八林村	阿部豊後守	298.12400	記載なし		御料所	298.12400	御料	—	
箕輪甲山	阿部豊後守	834.57300	阿部美作守（箕輪村）	474.57300	御料所	474.57300	井上栄五郎	—	
			阿部美作守（甲山村）	350.00000	御料所	350.00000	御料	—	
和田村	阿部豊後守	99.08100	阿部美作守	99.08100	能勢三十郎 本間猪三郎	99.08100	松平大和守	—	
上恩田村	阿部豊後守	156.50300	阿部美作守	56.53000（ママ）	内藤求馬	156.50300	松平大和守	—	
中恩田村	阿部豊後守	299.50700	阿部美作守	299.50700	内藤求馬	299.50700	松平大和守	—	
下恩田村	阿部豊後守	352.80000	阿部美作守	352.80000	記載なし	352.80000	松平大和守	—	
平塚新田村	記載なし		阿部美作守	50.00000	田付筑後守	記載なし	田付文五郎	—	
成沢村	阿部豊後守	162.08900	阿部美作守	162.08900	美濃部千次郎	230.66000	美濃部十右衛門	—	
	本多清兵衛	68.57100	本多清兵衛	68.57100	本多安之助		本多杢之助		
樋口村	阿部豊後守	261.46700	阿部美作守（樋口村）	261.46700	安部又四郎	281.73100	安部伊織	—	
	折井左京	125.00000	折居市左衛門（大野原新田）	125.00000	折井市左衛門（樋口村枝郷春ノ原村）	125.00000	折井九郎次郎	—	
	曽我又左衛門	200.26400	深谷忠兵衛代官所（大野原新田）	200.26400					
相上村	阿部豊後守	290.96600	阿部美作守	290.96600	御料所 （花蔵院）	290.96600	松平大和守	—	
御正新田	永見権七	261.46700	氷見権七郎	261.46700	記載なし	272.57600	永見健次郎	—	
	阿部豊後守	11.10900	阿部美作守	11.10900			安部伊織		
万吉村	阿部豊後守	690.41800	阿部美作守	690.41800	田中出羽守	690.41800	松平大和守 曲淵甲斐守	—	
村岡村	阿部豊後守	559.97900	阿部美作守	559.97900	田中出羽守	559.97900	松平大和守	—	
手島村	阿部豊後守	372.13000	阿部美作守	372.13000	御料所	372.13000	松平大和守	—	
中曽根村	阿部豊後守	709.16600	阿部美作守	709.16600	建部熊五郎 曲淵甲斐守	709.16600	建部修理 曲淵甲斐守	—	
小泉村	阿部豊後守	688.05500	阿部美作守	788.05500	御料所	688.05500	松平大和守	—	
屈戸村	阿部豊後守	217.90700	阿部美作守	243.40700	秋山次郎三郎	217.90700	松平大和守	—	
津田新田村	阿部豊後守	503.87200	記載なし		御料所	503.87200	御料 本多主税	—	
吉所敷村	阿部豊後守	186.55600	阿部美作守	86.55600（ママ）	能勢三十郎	186.55600	能勢三十郎	—	
沼黒村	阿部豊後守	389.37100	阿部美作守	389.37100	安部又四郎	389.37100	松平大和守	—	
高本村	阿部豊後守	327.67100	阿部美作守	327.66700	田中一郎右衛門 秋山次郎三郎	327.67100	田中主税 秋山駒之助	—	
向谷村	阿部豊後守	236.73100	阿部美作守	236.25500	記載なし	236.73100	御料	—	
津田村	阿部豊後守	1,023.23700	記載なし	519.23800	御料所	1,023.23700	御料	—	
			記載なし	503.87200	鈴木左門				
下奈良村	阿部豊後守	1,266.42700	阿部美作守	1,266.42400	朝比奈織部 中山已之助 彦坂才次郎 依田豊前守 植村伝五郎 内藤求馬 石川彦五郎 （集福寺） （笹本院） （利永寺） （大光院）	1,286.42690	朝比奈河内守 中山勘之丞 彦坂丹右衛門 依田伊賀守 植村八郎右衛門 内藤主膳 石川栄吉	—	
中奈良新田	記載なし	4.70000	阿部美作守	4.70000	彦坂才次郎	1,956.19300	安部左衛門	—	
	牧野織部	200.00000	牧野摂津守	200.00000	久保七三郎		牧野播磨守		
	安部次郎兵衛	300.00000	安藤伊勢守	300.00000	有田与九郎				
					夏目杢左衛門 林大学頭 米津主税 曲淵隼人				

郡	村名	領主	石高	領主	石高	領主	石高	領主	元禄11年以前	元禄11年
埼玉郡	**皿尾村**	阿部豊後守	558.03200	阿部美作守	558.03200	阿部豊後守	558.03200	阿部鉄丸	皿尾組	
	中里村	阿部豊後守	812.84800	阿部美作守	812.84800	阿部豊後守	812.84800	阿部鉄丸	皿尾組力	皿尾組
	小敷田村	記載なし		阿部美作守	735.03300	記載なし		阿部鉄丸	皿尾組力	皿尾組
	池守村	阿部豊後守	1,630.34000	阿部美作守（上池守村）	1,032.94000	阿部豊後守	1,032.94000	阿部鉄丸	皿尾組力	皿尾組
				阿部美作守（下池守村）	295.47000	阿部豊後守	295.47000	阿部鉄丸	皿尾組力	皿尾組
				阿部美作守（下池守村）	301.93000	阿部豊後守	301.93000	阿部鉄丸	皿尾組力	皿尾組
	和田村	阿部豊後守	749.30600	阿部美作守	749.30600	阿部豊後守	749.30600	阿部鉄丸	皿尾組力	皿尾組
	斎条村	大久保平四郎	500.00000	大久保次郎兵衛	500.00000	阿部豊後守	1,149.04000	阿部鉄丸	—	皿尾組
		次（須ヵ）田義左衛門	200.00000	須田茂左衛門	200.00000					
		鵜殿大学	200.00000	鵜殿十郎左衛門	200.00000					
		阿部豊後守	249.04000	阿部美作守	249.04000				皿尾組力	
	下須戸村	阿部豊後守	1,648.01200	阿部美作守	1,648.01800	御料所	1,648.01200	松平大和守	皿尾組力	—
	真名板村	内藤権右衛門	200.00000	内藤甚左衛門	200.00000	藤方勘右衛門	1,468.9800	内藤熊太郎	—	—
						戸田市郎兵衛		内藤丈之助		—
		荒川右馬之介	200.00000	荒川出羽守	200.00000	蜂屋小右衛門	400.00000	蜂屋十郎左衛門	—	—
						内藤与喜八		戸田一郎兵衛		—
		阿部豊後守	146.89800	阿部美作守	546.89800	藤方勘右衛門		藤方勘右衛門	皿尾組力	—
						内藤玄蕃				—
						戸田市郎兵衛			—	—
	馬見塚村	御手洗伝左衛門	200.00000	御手洗伝左衛門	200.00000	阿部豊後守	689.51700	阿部鉄丸	—	皿尾組
		酒井七郎右衛門	200.00000	酒井市郎右衛門	200.00000				—	
		山田長右衛門	271.83800	山田長右衛門	271.83800				—	
		森川三左衛門	17.67900	森川吉右衛門	17.67900				—	
	中江袋村	曽根与五左衛門代官所	400.00000	伊奈半十郎	400.00000	阿部豊後守	400.00000	阿部鉄丸	—	皿尾組
	犬塚村	阿部豊後守	76.83900	阿部美作守	76.83900	阿部豊後守	901.45400	阿部鉄丸	—	皿尾組
		伊東長五郎	300.00000	伊東長十郎	300.00000				—	
		丸山市大夫	200.00000	丸山市左衛門	200.00000				—	
		矢頭金左衛門	500.0000	矢頭勘兵衛	500.0000				—	
		高林太郎兵衛	500.0000	高林庄兵衛	500.0000				—	
		漆戸八兵衛	500.0000	漆戸兵助	500.0000				—	
		成瀬九兵衛	500.0000	成瀬十右衛門	500.0000				—	
		山田長右衛門	78.16200	山田長右衛門	78.16500				—	
		南条金左衛門代官所	46.45300	伊奈半十郎代官所	46.55000				—	
	南河原村	日（根脱ヵ）野長右衛門	500.00000	日根野桂十郎	500.00000	阿部豊後守	1,686.96700	阿部鉄丸	—	皿尾組
		森川三左衛門	482.32100	森川吉右衛門	482.32000				—	
		梶川七郎兵衛	350.00000	伊奈半十郎代官所	350.00000	（勝呂明神社領別当本覚院）			—	
		松平隼人	300.00000	松平孫太夫	300.00000				—	
		松平斎宮	41.20330	松平八郎兵衛	401.30000（ママ）	（観音寺領別当観福寺）			—	
	下川上村	阿部豊後守	1,270.11000	阿部美作守	1,277.10100	阿部豊後守	1,297.10100	阿部鉄丸	皿尾組力	皿尾組
						浄泉寺				
	大塚村	阿部豊後守	582.53400	阿部美作守	582.53400	阿部豊後守	582.53400	阿部鉄丸	皿尾組力	皿尾組
	池上村	阿部豊後守	1,773.30400	阿部美作守	1,038.27100	阿部豊後守	1,038.27100	阿部鉄丸	皿尾組力	皿尾組
	上之村	松木市左衛門代官所	244.03200	深谷忠兵衛代官所	430.93200	阿部豊後守	3,510.21500	阿部鉄丸	—	皿尾組
		太田惣兵衛	500.00000	大田半九郎	442.20000				—	
		三田長右衛門	400.00000	三田治郎左衛門	353.76000				—	
		前田孫市郎	400.00000	前田孫市郎	353.76000				—	
		竹内権之丞	400.00000	竹田五郎左衛門	353.76000				—	
		永井弥右衛門	400.00000	杉浦内蔵丞	127.98200				—	
		本間五郎作	200.00000	本間忠左衛門	153.76000				—	
		筧勘七	400.00000	筧助兵衛	353.76000				—	
		松平次郎左衛門	400.00000	松平太郎左衛門	353.76000				—	
		斎藤久右衛門	149.87900	斉藤九右衛門	132.54300				—	
		筧六郎右衛門	200.00000	筧六郎右衛門	200.00000				—	
		山田佐兵衛	92.31400	山田左兵衛	923.14000				—	
		（龍淵寺）	100.00000			（竜淵寺）			—	
		（一乗院）	30.00000			（一乗院）			—	
		（久伊豆明神）	30.00000			（久伊豆社領別当久見寺）			—	

典拠）『武蔵田園簿』、『元禄郷帳』、『新編武蔵風土記』、「御鷹場村々地頭姓名村高控帳」（明治大学博物館所
村名の表記は統一を計った。網掛け部分は忍藩領を、**ゴシック**の村名は松平信綱の旧所領を示

蔵国内に城廻りのほか柿木領[8]（八条領）、秩父領[9]、鉢形領が成立した。このように忠秋の代に八万石を拝領するに至るが、新知の村落の一部が荒川流域近辺に集中している。これらの所領分布は一見すると遠隔地が加増対象のように見えるが、荒川流域に沿って立地している性格は一致している。

ここで当該地域における地域社会の単位である忍領にふれておきたい。「領」は、成立過程は必ずしも定かではなく、戦国期に中世的な郷・庄・保の再編から生まれた地域社会の単位として捉えられ[10]、『新編武蔵風土記』では人足役動員の単位とされる。忍領は足立郡（一九村）、榛沢郡（二村）、埼玉郡（六四村）、大里郡（一三村）、男衾郡（一村）、幡羅郡（三三村）の六郡一三二村にわたり、東西に細長く、かつ荒川流域に面した「領」域をもつことが明らかである[11]。さらにこの忍領域は延宝三（一六七五）年まで遡ることが可能であり[12]、忍藩領の形成期にもおおよそ同じ「領」域であったと考えられる。こうしてみると、寛文三年拝領の忍藩領は柿木・秩父領・相模国三浦郡を除くと忍領域に符合しており、忍領域と藩領形成の関連性を指摘することができようか。一方、幡羅郡内の忍領三三ヶ村は城廻りに近接しているのにも関わらず、一ヶ村も忍藩領には村替えされない点もあわせて指摘しておく[13]。

阿部氏は以後、摂津国の村々を対象に加増を受け、元禄七（一六九四）年正武の代には一〇万石を領した。ところが、前述のとおり阿部氏は信綱以来の城廻りの領地を継承しており、なお城廻りには旗本領や幕府領が所々に点在していた。こうしたなか、元禄一一年、江戸幕府は元禄の地方直しとそれにともなう知行割替えを各地で実施し、忍藩領の形成にも大きな影響を及ぼしている。地方直しは蔵米知行の旗本家を地方知行に改める幕府の財政政策であり、各地には新たに零細な旗本領が置かれた。同時に各地で知行割替えが実施され[14]、「関東方所々城附幷居所其外最寄[15]」すなわち関東の城付や居所最寄りを村替えし、かつ旗本家のうち幕府役職に就く「御奉公御勤[16]」の者にも最寄り替えを実施する方針をもった[17]。

さて、忍藩城付村々における村替えの状況を【表1】と【図】から確認しよう。まず、足立郡のうち中山道沿いに分布する忍城外縁部の領地（川面・八幡田・箕田・市縄）、そして大里郡のうち城廻りに対し荒川より南に分布する領地（樋口・御正・万吉・村岡）が上知対象になった。[18] 対して、新たに忍藩領に加えられた村落（箱田・上之・平戸・戸出等）は、寛永一〇年以来忍城周辺に点在していた旗本領と幕府領の村落であり、同時に相給もほとんど解消され、忍藩の一給支配地が城廻りに配されることになった。また、地理的な観点からみれば、荒川以南の領地が上知されたことで、城廻りの忍藩領は荒川以北に集約される結果となった。なお、このとき再編された城廻りの藩領分布は、以後文政六年に桑名から松平下総守家が入封してから廃藩までほぼ変わらない。[19] 所領変動が頻繁な関東における幕閣藩のなかにあって「異質」な部類に属すると評価される[20]忍藩城付村々は以上のようにして形成された。

ところで、このとき忍領普請組合に属する村々も当然ながら村替えの対象となったが、組合村内における藩領、旗本領、幕府領の役高は村替え以前に比べ、忍藩領がおよそ六五〇〇石増加するに至っている。根岸茂夫氏は「錯綜した知行において、用水や川普請は一村、さらには一領主では解決し得ぬ問題」であることから、忍藩が忍領普請組合を管掌する権限を与えられる意味を忍藩が幕府の権限を代行する存在に足り得たものとして評価した。[21] これは忍藩領四万四五九九石余の三八ヶ村のほかに、旗本領五万四四八六石余の五九ヶ村、幕領一万四五五七石余の二三ヶ村といった忍藩の領地以外の村々をあわせた一一万石三六四三石余の一二〇ヶ村で普請組合村々が構成されていたことに起因している。しかしながら、他領の割合が減少し藩領の割合が増加した忍藩領の再編は、ともすれば組合村内で藩領の割合が増加することによって忍藩が与えられた権限の評価を低下させるものとも捉えられる。この点については検討を要するため留保するが、少なくとも忍藩は忍領普請組合の管理を委任されてから元禄一一年までの間にも組合村内に加増を受け、すでに領主ごとの役高の比率も変容していたことが認められる。したがって、忍藩の与えられた権限の評価を論ずるには組合村内の支配変遷と支配領域、そして地域社会の動向を踏まえて取り組むことが求められよう。

二　忍藩城付村々の支配制度―城付四組・割元―

忍藩城付村々には、城付四組と割元という支配制度が存在していた。両者に関する従来の評価をまとめると、城付四組は忍城を中心に城付村々を東西南北に分割した組（皿尾組・谷郷組・佐間組・持田組）のことで、一つの組に一五ヶ村前後が属し、一万五〇〇〇石程の規模を有した。成立は藩領が再編された元禄一一年以降とされる。[22]一方、割元は組ごとに配置され組下村々を統轄する役割をもったとされるが、成立年代は述べられていない。[23]

まず、割元が史料上で最も早くあらわれるのが寛文末期の記述を含む「忠秋様御代慶安年中分限帳写」[24]である。ここでは「忍領割役五人」として六人扶持が与えられており、少なくとも阿部氏入封後である寛文期には城付村々（史料中でいう「忍領」）に割元が置かれていた。すなわち、忍藩が支配制度として割元を認め、扶持米の給付と格式の付与を行っていたと理解できよう。なお、後年の村方や町方の史料では、松平忠吉の頃から代々割元役を勤めたと述べる家も確認される。[25]しかしながら、近世前期の史料からその実態が管見の限り確認できない点、阿部氏が置いた割元と区別する点を念頭に置き、本稿では割元役の上限は寛文末期として理解する。

つぎに割元の職務について、元禄四年「御公用配符写帳」[26]の記載から明らかにしよう。当史料は城付村々のうち樋上村名主岡村家に伝来した城下で最も早い段階の御用留である。これによれば、割元の職務は三点に大別することができる。第一が、組下村々に対する藩からの触れや配符の廻達である。組下とは前述した城付四組の組下村々のことであり、よって元禄四年には城付四組がすでに設定されていたことが判明する。藩から領内に対する指示は、城最寄りの親村である皿尾・谷郷・佐間・持田の各村に下達され、親村に居村する割元は組ごとに指示を廻達する役割を担ったのである。第二が、親村に所在する詰蔵の管理と出目米や扶持米の請け払いである。藩が親村に設置した詰蔵には組下村々の年貢米が収められ、そこから藩に上納が行われた。年貢納入にあたる出目米、そして御普請や御用筋に応じた扶持米の請け払いもこの詰蔵を通じて行われたため、割元を介して村々に対する出目米や扶持米の請け払いが行われた。第三が、村々に対する夫役賦課の役割である。前述の御普請とは忍藩が管理していた忍領普請組合のもとで実施される普請も含まれており、割元は代官から下達される普請組合村々への配符も廻達した。それゆえ割元は忍藩領に限らず普請組合村々に対しても配符の廻達を実施しており、これにともなう夫役賦課の役割を担っていたのである。

これらの役割をもった割元の居村する親村はいずれも忍城最寄りの村という立地であり、藩役人との意思伝達を図るには適していた。また、親村のうち谷郷の村高は一八〇六石余、佐間村は一六〇二石余、持田村は三八二六石余というように一〇〇〇石を優に上回る規模をもつ大村であった。とりわけ、組下村々の年貢米を収める詰蔵を管理する親村の役割を全うするには村の経済力という側面も重要であったことは想像に難くない。

さて、これまで述べてきた城付村々における支配制度はいかに運用されていたのであろうか。佐間組割元の長三郎が樋上村・堤根村名主に対して、藩役人の山廻り衆から命じられた人足差出に際し人足賦課の取扱の確認を行った文書[27]をみると、「御山廻り衆ゟ被仰付候而人足御出し被成候御書付弐通御見セ、則返進申候、ヶ様之儀ハ御山廻り衆ゟ御奉行様方へ被仰出候而御書付出申候、左候ハ、四組之わり合差引有候儀ニて候」とある。山廻り衆とは秩父領をはじめとする山間の領地から木材を調達する役儀を帯びた藩役人であり、城付村々においては、その木材輸送にともないしばしば夫役が課せられる場合があった。これを踏まえて解釈すると、山廻り衆が先般人足差出を命じてきた訳であるが、城付村々に対する人足賦課を実施する場合、まず山廻り衆から奉行衆へ掛け合い「御書付」を発給し、それから四組で割合差引がなされるものである、という。それでもなお「其手寄〳〵ニて御遣候人馬御用数多候ハ、」一つの組ばかりが負担を強いられることも起こりうる、と述べ、山廻り衆の取扱について組下村々に対し先例の確認を行ったのである。なお、このほかの記事においては代官と割元との間で遅滞なく人足賦課の手続きが進められる場合もみられる。よって単純な藩役人と村方間における取扱の差異というよりも、代官や山廻り衆といった藩役人間における城付村々の支配行政に差異が生じる場合が間々あったといえよう。

三　藩領再編と在地支配

(一) 諸役負担の再設定

忍藩城付村々に対する諸役負担は城付四組の組ごとに割合を差引して賦課がなされていた。ところが、藩領再編によって組に属する村数はもちろん、新たに藩領に加わる村落もあった。こうしたなかで、宝永四（一七〇七）年八月晦日には、代官が藩領村落に対して「村々名主中ハ（中略）御新知哉以前之御地頭様御書付ニ而御持参可被成候[28]」というように、以前の領主を書付で提出するよう命じており、新知村落の把握をすすめている。

同時期には城内出火の節の駈付け人足賦課にあたり負担の再設定が実施される。元禄四年以降、管見の限りでは例年一〇～一一月の乾燥する季節に忍城内外出火の節の駈付け人足について代官から注意の喚起と人足負担の確認がなされている。ところが、宝永四年一一月一日に限っては「御新知之村ニ而慥成割有之間敷候、委細可申渡候間明昼時迄ニ可被参候」というように、新たに藩領に加えられた村では未だ明確な人足負担の割合がないので詳しい申渡しは明日昼時までに問い合わせに来るように、と命じている。つまり、村替えから実に九ヶ年経過している宝永四年に至り、初めて新知村落が負担する駈付け人足の設定がなされるというのである。この両者の時間差はいかなる要因によるものであろうか。村替え実施から人足負担の設定まで時間差が生じている点については後述することにして、ここでは村替えが城付村々に及ぼす直接的な影響として人足負担の再設定が宝永期に実施された点を指摘しておきたい。

（二）年貢納入方法の変更

さて、城付村々における年貢納入方法について、元禄一一年以前の状況は定かではなかったが、宝永五年九月一四日に佐間組代官の中村何右衛門と木本源五郎が佐間組割元に宛てた申渡からその一端をみることができる。

村々御年貢手形之儀、只今迄者外組之手形も被納候得共、当年ゟ其組渡方手形ニ而無之候得者御年貢ニ次合不罷成候、此旨村中江申渡置可被申候（後略）

傍線部によると、これまで年貢納入は城付四組のうち所属する組の手形でなくとも上納することができたという。ここで言う手形とは年貢割付のことではなく、親村にある詰蔵に各村が年貢米を納めた際に忍藩が発行する米手形のことと考えられる。忍藩では年貢皆済目録は発給されておらず、代わりに詰蔵に米穀を納める度に米手形あるいは請取手形が発給されていた。さらに史料中の記載から手形は所属する組の詰蔵でなくとも米穀を納めさえすれば発行されていたということになろう。

ところが後半部をみると、宝永五年からは所属する組で渡された手形を所持していなければ納めた米を年貢米として取り扱わないことが定められている。つまり、城付四組のうち自村の属する組及び詰蔵でなければ年貢を納入することができなくなったのである。同様の趣旨は翌一〇月一四日にも四組代官から佐間組村々に対して教諭されている。

毎度申渡候通他組之手形納継不罷成候、佐間組渡方手形ニ而候而無拠わけ承届為相納候共、先ハ米籾ニ而不残納候積可申渡し置候、金納之儀も右同前ニ候（後略）

傍線部においては前掲の九月一四日付の申渡と同様に、今後は他組で発行された手形を年貢米に充当させることはできないとして教諭がなされている。また、佐間組の手形に関しては「無拠わけ」があると聞き及んでいるため、まずは米籾で年貢を納入するよう命じている。佐間組の村々、とりわけ樋上村や堤根三ヶ村は例年年貢の未進あるいは延納がみられることを踏まえると、手形を担保に金子を借用していたために手元にない手形による年貢納入に際し難渋している可能性も考えられようか。米手形を担保に金子融通を受ける動向は忍藩城付村々では少なくとも近世後期には常態化しており、一八世紀初頭にその兆しが顕れていたとも考えられよう。

このように、忍藩領における年貢収納は皆済目録が発給されない代わりに手形による収納が一七世紀後半にはすでに採用されていた特徴がみられた。さらに、城付村々における年貢納入の仕組みは宝永五年を境に組ごとの厳格な収納方法へと変更されるに至った。

(三) 城廻り駄賃人足賃銭の取極め

忍藩領では城郭周辺における駄賃人足賃銭の制定が二度行われている。[29] ここから藩の城廻り地域に対する認識を捉えてみたい。一度目の制定は寛文一〇（一六七〇）年二月五日である。まず、「御城廻り在々駄賃人足賃銭究覚」の発給者をみると、忍藩勘定奉行、郡奉行、用人が連名していることから、文字通り忍藩によって公定賃銭が定められたと理解できる。つぎに人足賃銭が定められた範囲を【表2】で確認すると、いずれも領内村々と「城内」とを結ぶ行程であることから、城内への上納物等の輸送や江戸と国元を往来する藩士の物資輸送を主に想定した範囲とみられる。同様の取極めが国元の家老と用人の連名で家中に達せられていたこともその傍証となろう[30]。

続いて、宝永五年正月二二日に二度目の制定が実施された。このとき制定された行程を【表2】でみると、寛文一〇年の行程とは重複していないことがうかがえる。したがって、宝永五年の制定は寛文一〇年の行程に追加する性格をもったといえよう。この新たに加えられた宝永五年の制定範囲は三つの性格に分けることができる。第一が、寛文一〇年時と同様に領内村々と「城内」を結ぶ行程であり、ここでは上納物等の輸送が想定される。第二が、利根川筋の「川俣」、「酒巻村」、荒川筋の「新川」、「糠田村」、「五反田」の各地域を含む行程である。これらの地域はすべて利根川と荒川に沿う河岸場であり、近隣地域や江戸への物資輸送に適していた。そのため、江戸廻米や普請物資、江戸詰め藩士の物資等の輸送が想定されよう[31]。さらに、第三が、他領（元忍藩領）の村々と藩領村々を結ぶ行程である。元禄一一年の村替えを契機として、城廻りの外縁部に位置する村々には他領に村替えとなった村落もあった。ただし、他領になったとはいえ、水利普請や物資輸送をはじめとする地縁的・経済的な結びつきは自然と形成されていたとみられる。こうした藩領と他領が混在した経済的な流通圏を範囲に忍藩が公定賃銭を定めたねらいは、忍城廻りの経済圏を把握する点にあったのではなかろうか。

以上のように、藩領再編後の城付村々に目を向けると、村替え直後から年月が経過した宝永期段階に藩領支配のシステムを改変し、また新たな地域を加えた城廻り駄賃人足賃銭の制定も実施していたことが明らかとなった。この村替えとシステムの改変の時間差が生じた背景として、元禄一四年から忍城内の櫓、曲輪を含む大規模な城郭普請[32]に着手する動向が一因していると見通している。すなわち、藩役人はもちろんのこと藩領村々の百姓らも城郭普請に必要な物資輸送や夫役等に従事させられており、二重・三重櫓普請の成就が元禄一五年九月一二日、多聞櫓普請の成就が元禄一六年

【表2】城廻り駄賃人足賃銭

寛文10年（1670）取極め

行程			賃銭	印
上新郷	↓	城内	銭32文	
川俣番所	↓	城内	銭39文	
酒巻村	↓	城内	銭30文	
屈巣村	↓	城内	銭35文	
箕田村	↓	城内	銭33文	△
糠田村	↓	城内	銭42文	△
須加村	↓	城内	銭31文	
新川	↓	城内	銭27文	
はら原	↓	城内	銭21文	
熊谷町	↓	城内	銭30文	
上石原村	↓	城内	銭39文	
小針村	↓	城内	銭23文	
万吉村	↓	城内	銭32文	△
埼玉村	↓	城内	銭13文	
久下村	↓	城内	銭23文	
下中条村	↓	城内	銭29文	

宝永5年（1708）取極め

行程			賃銭	印
八幡田村	↓	糠田村	銭12文	△
須加村	↓	酒巻村	銭15文	
埼玉村	↓	糠田村	銭28文	△
和田山原新田	↓	新川	銭15文	△
埼玉村	↓	佐谷田村	銭35文	

宝永5年（1708）取極め

行程			賃銭	印
屈巣村	↓	新川	銭50文	
佐谷田村	↓	新川	銭21文	
真名板	↓	城内	銭35文	
長野村	↓	大塚村	銭15文	
若小玉村	↓	上新郷	銭23文	
若小玉村	↓	川俣	銭30文	
熊谷町	↓	上新郷	銭62文	
荒木村	↓	城内	銭22文	
下中条村	↓	川俣	銭15文	
広田村	↓	城内	銭26文	
小針村	↓	埼玉村下屋敷	銭23文	
新川	↓	酒巻村	銭55文	
下川上村	↓	川俣	銭35文	
久下村	↓	川俣	銭39文	
大芦村	↓	川俣	銭36文	
上新郷	↓	酒巻村	銭15文	
下新郷	↓	城内	銭30文	
屈巣村	↓	長野村	銭32文	
屈巣村	↓	埼玉村	銭22文	
袋村	↓	城内	銭20文	
南河原村	↓	城内	銭30文	
石原村	↓	糠田村	銭60文	
須加村	↓	長野村	銭21文	
赤木村	↓	城内	銭35文	△

宝永5年（1708）取極め

行程			賃銭	印
下川上村池上村	↓	須加村	銭27文	
若小玉村	↓	酒巻村	銭20文	
上川上村	↓	城内	銭30文	
埼玉村	↓	鴻巣町	銭42文	
斎条村	↓	城内	銭15文	
埼玉村	↓	石原村	銭52文	
久下村	↓	川俣	銭66文	
石原村	↓	川俣	銭57文	
下池守村	↓	城内	銭15文	
吹上村	↓	須加村	銭52文	
荒木村	↓	川俣	銭20文	
上岩瀬村	↓	川俣	銭37文	△
佐間村	↓	城内	銭4文	
堤根村	↓	城内	銭13文	
下川上村	↓	城内	銭18文	
下中条村	↓	谷郷	銭23文	
荒木村	↓	久下村	銭43文	
広田村	↓	川俣	銭42文	
埼玉村	↓	上新郷	銭32文	
上新郷	↓	新川	銭59文	
久下村	↓	新川	銭5文	
上新郷	↓	川俣	銭12文	
埼玉村	↓	上新郷	銭32文	
小敷田村	↓	城内	銭10文	

宝永5年（1708）取極め

行程	賃銭	印
埼玉村↓新川	銭34文	
下川上村↓城内	銭33文	
池上村↓須加村	銭12文	
石原村↓新川	銭29文	
糠田村↓新川	銭40文	△
須加村↓新川	銭58文	
熊谷町↓川俣	銭69文	
吉見成沢村↓糠田村	銭45文	△
和田山↓酒巻村	銭45文	△
中恩田村↓城内	銭31文	△
佐谷田村↓城内	銭25文	
和田山↓熊谷町	銭15文	△
和田山↓樋上村	銭25文	△
熊谷町↓須加村	銭54文	
須加村↓川俣	銭3文	
熊谷町↓新川	銭15文	
御正新田↓新川	銭15文	△
津田村↓城内	銭30文	△
箕田村↓池守村	銭45文	△
箕田村↓皿尾村	銭33文	△
石原村↓酒巻村	銭54文	

宝永5年（1708）取極め

行程	賃銭	印
広田村↓大芦村	銭39文	
石原村↓大芦村	銭50文	
はら原村↓大芦村	銭13文	
谷郷長野↓酒巻村	銭24文	
大芦村↓酒巻村	銭5文	
持田村↓城内	銭9文	
渡柳村↓城内	銭13文	
赤木村↓城内	銭35文	
小針村↓長野村	銭13文	
屈巣村↓埼玉村	銭22文	
佐間村↓埼玉村	銭6文	
広田村↓熊谷町	銭52文	
和田村↓城内	銭13文	
上野村↓城内	銭22文	
小針村↓酒巻村	銭32文	
若小玉村↓城内	銭15文	
広田村埼玉村↓久下村	銭32文	
外多加谷村↓城内	銭35文	△
持田村↓埼玉村	銭15文	
埼玉村↓渡柳村	銭5文	
広田村↓埼玉村	銭7文	

宝永5年（1708）取極め

行程	賃銭	印
小針村↓糠田村	銭50文	
棚田村↓下久下村	銭10文	
小針村↓新川	銭50文	
平戸村↓城内	銭20文	
大芦村↓新川	銭15文	
上川上村↓糠田村	銭70文	
小針村↓糠田村	銭63文	
糠田村↓城内	銭40文	
酒巻村↓新川	銭43文	
下中条村↓新川	銭43文	
若小玉村↓久下村	銭40文	
長野村↓江川村	銭36文	
吹上村明用村↓久下村	銭23文	
下忍村↓石原村	銭40文	
広田村↓久下村	銭45文	
馬見塚村↓久下村	銭40文	
斎条村↓久下村	銭40文	
須加村↓川俣	銭10文	
忍↓鴻巣町	銭40文	
小針村↓川俣	銭30文	
和田村↓川俣	銭24文	

典拠　寛文一〇年・宝永五年「御城廻り在々駄賃人足賃銭究覚」（行田市博寄託持田村福田家文書No.1）

一〇月一一日に済んでいる。[33] 宝永元年・同二年の藩政の動向は定かではないが、さきにみた宝永四年以降の動向を踏まえると、諸々の城郭普請が済んだのち藩領支配システムの改変に着手したものとみなすことができるのではなかろうか。

むすび

近世前期における忍藩領形成と在地支配をめぐって考察をすすめた。最後にまとめと展望を述べ結びとしたい。

まず、忍藩領は寛文三年を境に荒川流域に分布する中世以来の忍領の領域と一定の範囲を同じくしながら形成されていた。元禄の地方直しの折には城郭周辺の村替えに加え、荒川以南の大里郡の藩領が他領に村替えされることにより、南北を利根川と荒川に挟まれた地帯に忍藩領が一円的に集約される結果となった。つぎに支配制度に目を向けると、阿部氏が設置した割元は寛文期、城付四組は元禄四年からそれぞれ史料上において確認された。また、従来元禄の地方直し以後に整えられると評価されてきた城付四組は、それ以前から配符廻達、年貢納入をはじめ扶持米や出目米の請け払い、普請組合等の夫役賦課の際に機能していたことが明らかとなった。一方、度重なる加増により藩役人による支配行政の不統一に加え、年貢収納に代表される四組を横断する支配のあり方にも限界がみえはじめていた藩領社会の状況も想定されよう。

これらを前提に元禄一一年の藩領再編が城付村々に及ぼした影響をみると、城付四組の編成は村替えの前後で村落の加除以外にほぼ変動はみられないものの、宝永期に至ると諸役負担の再設定や年貢納入方法の改定といった藩領支配においてシステムを改変していく傾向がより顕著になることが指摘できる。さらには、元禄期の村替えを経て一円的に再編された城廻りの領地を把握する施策として城付四組の枠組みを藩政において位置づけし直している。すなわち、配符廻達や夫役賦課といった藩庁から領内に対する一方的な役割をもった従来の体制から、組下村々から藩代官所に対する年貢納入等を、原則として各組の枠組みの中で処理を行う体制が敷かれたとみられる。これによって、奉行衆―代官所―城付四組（割元）―各組下村々といった各割元に藩領社会を差配する役割が一層集中する支配構造が築かれたのである。

また、同時期にはより広範な領域に城廻り駄賃人足賃銭を制定することで、忍藩は一円的に再編された藩領を中心として流通網の拠点や従来形成されてきた在地社会の経済圏をも再構成しようとしていた。つまり、忍藩は城廻りに藩領と他領の別なく展開する流通経済圏を忍藩の統御が及ぶ藩社会として認識していたと捉えられるのである。

以上のように、これまで法制や藩政機構の整備が進められ、藩領が再編された元禄期、あるいはより明確な郡方役人の役割や普請組合の展開がみられる享保期が忍藩政及び忍藩領における画期として評価されてきた。ところが、これまでみたように享保期の基礎となる支配システムの確立や城廻りの経済圏の把握等の諸政策が顕著にみられる宝永期は、忍藩政の展開過程において藩領支配制度の改変が促進された変革期として位置づけられるのではなかろうか。すなわち、忍藩政において、元禄期から藩領支配の整備が進められ、宝永期に支配制度の改変が促進されることによって、享保期にそれらが一応の定着をみたものと結論づけられるのである。

註

（1）藤野保『幕藩体制史の研究』（吉川弘文館、一九六一年）、木村礎・杉本敏夫編『譜代藩政の展開と明治維新―下総佐倉藩―』（文雅堂銀行研究社、一九六三年）、大野瑞男「近世前期川越藩政の基調―松平信綱の農政の性格―」（『地方史研究』第一〇六号、一九七〇年）、明治大学内藤家文書研究会編『譜代藩の研究―譜代内藤藩の藩政と藩領―』（八

木書店、一九七二年）、小島茂男『幕末維新期における関東譜代藩の研究』（明徳出版社、一九七五年）、煎本増夫『江戸幕府と譜代藩』（雄山閣、一九九六年）、根岸茂夫「武蔵における譜代藩の形成」（村上直編『論集関東近世史の研究』文献出版、一九八四年）。近年では、根岸茂夫「近世前期の岩槻藩と幕政」（『岩槻藩の殿様～大名家の変遷二八〇年～』さいたま市立博物館、二〇一三年）。

（2）根岸茂夫「忍藩阿部氏家臣団の形成」（『国史学』第一〇一号、一九七七年、のち『近世武家社会の形成と構造』吉川弘文館、二〇〇〇年に所収）、大舘右喜「近世前期の年貢と小農」（『国史学』第七八号、一九六九年）、同「貢祖をめぐる村方騒動」（『徳川林政史研究所紀要』昭和四六年度、一九七二年）両論考とも同『幕藩制社会形成過程の研究』（校倉書房、一九八七年）に所収、大谷貞夫「享保期忍藩領における治水事情」（『国史学』第七六号、一九六九年）、同「関東における堤川除用悪水普請組合の成立」（國學院大学史学科編『坂本太郎博士頌寿記念日本史学論集』下巻、吉川弘文館、一九八三年）両論考とも同『近世日本治水史の研究』（雄山閣出版、一九八六年）に所収。

（3）『新編武蔵風土記』より。なお、これらの村高をあわせても一〇万石には及ばないことから、周辺にはほかにも忠吉の領地が配置されていたと考えられる。

（4）根岸茂夫「武蔵における譜代藩の形成」前掲註1。

（5）寛永一二年二月「忍領在々御普請役高辻帳」（行田市郷土博物館〈以下、行田市博と略記〉所蔵酒巻村中村家文書）。

（6）御料所として把握される酒巻村には松平信綱発給の寛永三年の年貢割付状が伝来しており、信綱の領地は当史料に記された村落に限らず所在していたと考えられる（行田市博所蔵酒巻村中村家文書）。

（7）白井哲哉氏は所領配置によって領名が変化する事例を吉見領・御正領において提示している。白井哲哉「「領」編成と地域―近世前期を中心に―」（関東近世史研究会編『近世の地域編成と国家』岩田書院、一九九七年）。

（8）寛文三年の加増（相模国三浦郡・武蔵国秩父郡・足立郡）によって、足立郡のうちに柿木領が形成され、元禄期にわずかな村替えがなされ以後八ヶ村が忍藩領となる。佐藤久夫「忍藩柿木領八カ村成立経緯」（『埼玉地方史』第一二号、一九八二年）。

（9）形成期は柿木領と同様に寛文三年。秩父陣屋を設け、二～三名の忍藩代官が駐在し支配した。その配下には城付領と同様に割役名主が置かれ統治を補完した。
(10) 斉藤司「領」（角川日本地名大辞典別巻1『日本地名資料集成』、一九九〇年）など。
(11)『新編武蔵風土記』より。当史料は一九世紀に成立した地誌であるが、その領名に関しては元禄期まで遡ることができると指摘されている。中野達哉「元禄八年幕領検地と打ち出し高」（同『近世の検地と地域社会』吉川弘文館、二〇〇五年）。
(12) 延宝三年「御鷹場村々地頭姓名村高控帳」（明治大学博物館所蔵、『明治大学刑事博物館資料』第一四集、一九九二年に所収）。
(13) 近世前期における忍領と忍藩領の関連性に加え、幡羅郡内の忍領村々の性格については今後さらなる検討が求められるが、本稿では留保したい。なお、栗原健一氏が同様の問題関心を提起している。栗原健一「内と外からみた近世後期の「忍領」―個別領主支配と農業生産性の視点から―」（『埼玉地方史』第七〇号、二〇一四年）。
(14) 深井雅海「元禄期旗本知行割替の一考察」（徳川林政史研究所『研究紀要』昭和四九年度、一九七五年）。
(15) 元禄一一年「知行割示合覚」（『日本財政経済史料』二巻、小宮書店、一九七一年）。
(16)「部冊帳」前編第四巻（佐原村伊能家文書）、元禄一〇年「仰出之留」（国立公文書館所蔵内閣文庫）。「部冊帳」については、酒井右二「元禄地方直し施行期における大名領旗本領の割替と御林渡し―下総の事例から―」（『鎌ヶ谷市史研究』第二号、一九八九年）を参照。
(17) 元禄の地方直しと知行割替えの方針については、すでに白川部達夫氏による同様の整理があり、本稿でもこの理解をふまえて検討を行う。白川部達夫「序章　旗本知行と石高制によせて」（同『旗本知行と石高制』岩田書院、二〇一二年）。
(18) 武蔵国内のほか相模国三浦郡・上野国新田郡のすべての領地が上知されている。
(19) 堤克政「関東譜代大名の藩領形成と展開」（和泉清司編『近世・近代における地域社会の展開』岩田書院、二〇一〇年）においては忍藩を含め行われた文政六年三方領知替え前後の藩領移動の事例も確認されている。
(20) 藤野保「第二章　御三家と譜代藩の存在形態」（同『江戸幕府崩壊論』塙書房、二〇〇八年）。
(21) 根岸茂夫「武蔵における譜代藩の形成」前掲註1。
(22) 小野文雄「忍藩」（『新編物語藩史』新人物往来社、一九七六年）、『新編埼玉県史』通史編3・4近世1・2（埼玉県、一九八七・一九八九年)。
(23)『行田市史』下巻(行田市史編さん委員会、一九六四年)など。
(24)学習院大学史料館寄託阿部家資料No.1050。資料No.は『陸奥国棚倉藩主・華族阿部家資料目録』(学習院大学史料館、二〇〇一年)に依る。当史料の性格と記載内容の年代については、根岸茂夫「忍藩阿部氏家臣団の形成」(『国史学』第一〇一号、一九七七年、同『近世武家社会の形成と構造』吉川弘文館、二〇〇〇年に所収)に詳しい。なお本稿では『埼玉県史調査報告書　分限帳集成』(埼玉県史編さん室、一九八七年)を参照した。
(25)持田村福田家の割役下知書、願書、行田町年寄樋口家の由緒書が該当する。忠吉が設けた割元役がその後も在地において村々を束ねる機能を果たしていた可能性はある。
(26)元禄四年「御公用配符写帳」(行田市博所蔵樋上村岡村家文書)。
(27)元禄四年「御公用配符写帳」三月一三日の条、前掲註26。
(28)宝永四年「御廻状写帳」八月晦日の条(行田市博所蔵樋上村岡村家文書)。以下断らない限り使用史料は同家御用留に依る。
(29)「割役諸記録」の内寛文一〇年・宝永五年「御城廻り在々駄賃人足賃銭究覚」(行田市博寄託持田村福田家文書No.1)。資料No.は『福田家文書目録』(行田市博、二〇一五年)に依る。
(30)「公餘録　一」寛文一〇年二月一三日の条(学習院大学史料館寄託阿部家資料No.896)。本稿では、児玉幸多校訂『阿部家史料集一』(吉川弘文館、一九七五年)を参照した。
(31)宝永五年の制定後、「御定之通駄賃銭被下候請取候様ニ可被成候」とあるように実際に公定賃銭の運用も確認できる(宝永五年「御廻状写帳」正月二二日の条)。
(32)櫓三ヶ所を含む大改修であったが元禄一四年三月二三日に願書を提出し、同月二五日に土屋政尚はじめ老中連署にて普請が許可されている(「正武公御勤内奉記」学習院大学史料館保管阿部家資料No.84)。
(33)「公餘録　一」元禄一五年九月一二日条、元禄一六年一〇月一一日の条。

近世後期、熊谷地域における改革組合村
―武蔵国旛羅郡下奈良村吉田市右衛門と領主層・豪農層との関係性を中心に―

藤井明広

はじめに

文化二（一八〇五）年、幕府は関東取締出役を設置し、領主の別なく関東各地を廻村させ、警察権を行使できるようにした。そして、文政一〇（一八二七）年には、「文政改革」の主要政策として、水戸藩や小田原藩などの一部を除く関東地域に「改革組合村」を編成するのである。改革組合村の目的は、①関東取締出役の取締活動に掛る村々の費用負担の軽減、②御用の補助にあったとされ、三ヶ村から五ヶ村で小組合を、一〇前後の小組合で大組合を編成し、関東取締出役の廻村活動の拠点となる拠点として寄場を設定した。そして、各小組合から一名の小惣代、大組合から数名の大惣代を選出し、寄場の宿役人を寄場役人として、彼らが改革組合村の運営を担った。

改革組合村は当初、森安彦氏[1]、山中清孝氏[2]らにより「幕府権力によって上から設置された農村統治機構」であり、「豪農結集の場」として捉えられる。その後、久留島浩氏[3]による「惣代庄屋論」の影響を受け、改革組合村研究においても改革組合村の「自治」的な側面の検討が行われ、地域社会の「改革組合村」受容自体の主体性を認める見解がなされる[4]。近年では、平川新氏が改革組合村を関東に成立した「地域的公共圏」（「地域社会と領主の連携による犯罪＝

治安対策（危機管理体制の整備）」）と評価している。[5] また、改革組合村の持つ治安取締等の機能面の研究が進められる一方で、近年では地域運営論としての改革組合村研究もおこなわれている。[6] これらの研究からは、とりわけ幕末期において特定の大惣代が改革組合村運営ひいては地域運営の主導権を握っていく動向が明らかにされている。このように、改革組合村大惣代が地域運営に影響力を持つ背景には、関東取締出役に直結しながら組合内の治安や経済等の現状を把握するなどの職権の問題[7]が指摘されている。すなわち、改革組合村大惣代であるということは、地域政治の実態を捉える上で、重要な要素であったことが窺える。こうした先行研究を踏まえて、今後は、地域社会がいかなる論理により改革組合村に編成されたのか。また、地域の豪農たちが大惣代として主導する改革組合村が、地域社会においてどのような存在だったのか、についてさらなる検討が必要であろう。

そこで、本稿では武蔵国熊谷宿北組合を事例として、地域社会における改革組合村運営の在り方について検討を行いたい。熊谷宿北組合については、すでに拙稿において、その編成過程をはじめ、改革組合村運営の構造等について検討した。すなわち、改革組合村編成当初（文政一〇（一八二七）年～天保一五（一八四四）年）においては、下奈良村名主吉田市右衛門家が文政改革に基づく「取締」の拠点として機能し、彼が改革組合村大惣代を勤める豪農層をとりまとめる形で改革組合村運営が行われていた。そして、幕府はこうした地域社会における有力者の協力を得ながら、改革組合村の編成を進めていったことを指摘した。[8]

なお、吉田市右衛門家については後述するが、同家は歴代当主が幕府や忍藩に献金し、その利金をもって地域の助成金とした事や私財を投じて救恤活動を行う等しており、著名である。[9] とりわけ、文政・天保期の当主である三代目吉田市右衛門宗敏（一七八三～一八四四）（以下、吉田市右衛門）は、関東取締出役河野啓助（代官山本大膳手代）との密接な関係が指摘されており、当該地域における文政改革の受容および熊谷地域（荒川以北＝おおむね旧熊谷市・妻沼町

No.	村名	改革組合村（文政10年）
1	四方寺村	熊谷宿北組合
2	下奈良村	熊谷宿北組合
3	上中条村	熊谷宿北組合
4	今井村	熊谷宿北組合
5	小曽根村	熊谷宿北組合
6	柿沼村	熊谷宿北組合
7	中奈良村	熊谷宿北組合
8	上奈良村	熊谷宿北組合
9	玉井村	熊谷宿北組合
10	東別府村	熊谷宿北組合
11	上増田村	深谷宿組合
12	下増田村	深谷宿組合
13	奈良新田	熊谷宿北組合
14	上根村	妻沼村組合
15	江波村	妻沼村組合

【表1】下奈良村他14ヶ村組合一覧
出典：吉田市右衛門家文書「関東御取締書物　貳冊目」（明治大学図書館所蔵）より作成

の範囲を想定）における改革組合村運営を考える上で重要な存在である。[10]

以下、本稿では、武蔵国熊谷宿北組合を事例として、次の点を明らかにしたい。①第一節において、改革組合村編成以前の治安状況を確認し、その上で地域住民が改革組合村編成を含む文政改革をどのように評価し、どのような論理をもって、改革組合村に編成されたのかについて明らかにする。②第二節では、吉田市右衛門と領主層・大惣代を勤める豪農層の関係性に着目することで、なぜ吉田氏が当該地域において取締の拠点、大惣代たちをとりまとめる立場たりえたのか検討する。また、先行研究が指摘する関東取締出役河野啓助と吉田市右衛門の関係はどのようなものであるかについても明らかにしたい。

一　熊谷宿北組合の編成

（1）文化・文政期における熊谷地域の治安状況と組合村編成

改革組合村は文政一〇（一八二七）年に突如として編成されたものではない。[11]本項では、改革組合村編成以前に存在した組合村の議定を素材として、文化・文政期における熊谷宿周辺地域の治安状況について検討したい。

まず、当該地域で確認できる改革組合村に先行する組合村（以下、下奈良村他一四ヶ村組合）の構成について、【表1】を確認したい。これらの村々は、文政一〇年の改革組合村編成時には、（1）熊谷宿を寄場として三七ヶ村の村々で構成される「熊谷宿北組合」、（2）聖天山歓喜院の門前町である妻沼村を寄場として二六ヶ村の村々で構成される「妻沼村組合」、（3）深谷宿を寄場とした七一ヶ村の村々によって構成される「深谷宿組合」、へと編入することになる。よって、下奈良村他一四ヶ村組合を構成する村々が必ずしも改革組合村へとそのまま移行するわけではないが、構成村一五ヶ村中一一ヶ村が熊谷宿北組合に所属することになる。では、下奈良村他一四ヶ村組合は、①どのような役割を意図して編成されたのか、②各地を廻村し、治安取締業務を行う関東取締出役との関係性は如何なるものであったのだろうか。次の史料は、文化一三（一八一六）年二月に作成された一〇ヶ条にわたる組合議定である。[12]なお、紙幅の都合により一部のみ掲載する。

【史料1】

議定之事

一前々御公儀様御触御座候、浪人并長脇指・虚無僧・舟頭等之儀御取締様御精々被成下候ニ付、村々取計宜候之処、近頃又々数多ニ相成、止宿・合力等村懸多分ニ相成、殊ニ長脇指・無宿之者共、近来夥鋪徘徊いたし、右仲間喧嘩等之節者、銘々鎖帷子・小手・臑当持、鑓・長刀・鉄砲・三尺余之得物を携、徒党致候風説、聞も恐敷事ニ候、平生も武家様方ニ紛帯刀致、右者共無筋之難題申掛、無致方金子遣候得共、其弱身を見込、手を入替いたふり候義、別而女子農業又者留守等ニ差置候得者、利不尽申懸或者縁談等ニ差障婚姻を妨候ニ付、無是非　御奉行所様江御訴申上候外無之候得共、猶又立払候上之後難身命ニ拘リ候儀、可凌様無之無拠金子とられ候義数多有之、右無宿・悪党之勢ひ甚敷、後難中々小高小人数之村ニ可防様無之大高村ニ而茂困窮之百姓出入雑用相懸候而者、相続難相成、無失之災難百姓退転仕候儀歎敷、今般組合村々相談を以、已来相互助力仕候様議定左之通

（中略）

一長脇指・無宿・悪党之者共難渋申懸候節、一村小人数ニ而防兼候ニ付、聞付次第隣村々より駆付加勢仕、其所搦置、掛　御役所江可訴出候、右悪徒差出候而も猶又立帰候歟、残党等意恨を含変事出来候儀可有之候、猶亦村々駆付相防可申候、入用之儀何程相懸候共、村々無滞差出可申候事附此度組合村々議定仕、変事出来候節一同助勢仕候、御公辺之御無沙汰奉恐入候事ニ候間、随分真妙ニ相慎候様、其旨急度相心得可申候、假無宿たり共かさつの儀無之様丁寧ニ再応掛合相済候様仕、不得止事、利不尽ニおよび候ハバ搦置可申候事

（中略）

一物而差出もの等有之候節、入用之義者御役所入用外壱人ニ付、一日銀四匁宛ニ相定、雑用高組合高割を以、其時々無滞差出可申候事

右ヶ条之趣、当子年より来ル酉年迄十ヶ年之間取究議定仕候之旨、假何様之儀有之候共、決而違乱申間鋪候、為後証村々名主連印議定書仍如件

文化十三年二月

（一五ヶ村　名主連印　中略）

子四月朔日、二日朝迄平塚与三郎様・浅野啓介様御止宿ニ付、組合議定連印帳并当村議定書付両通とも写差出候様被仰付、則認平塚様江差出申候事

前頁の議定書からは次の事がわかる。すなわち、①本議定は、組合村々による無宿・悪党等への対処方法の申し合わせ、および無宿・悪党等への対処にかかる経費負担の基準を規定している。よって、下奈良村他一四ヶ村組合が治安取締を目的とした組合村であることが明らかとなる、②編成の経緯として、文化・文政期の当該地域においては、止宿や合力等を求めてくるものがあり、多分の村入用が掛かっていた。とりわけ、「長脇差・無宿之者共近来夥鋪徘徊」し、「困窮之百姓出入雑用相懸候而者相続相難成、無失之災難百姓退転仕候儀歎敷」という状況であった、③関東取締出役の指示により本議定が写し取られ、下奈良村他一四ヶ村組合より止宿中の関東取締出役・平塚与三郎へ提出されている、ことである。とりわけ、注目したいのは、下奈良村他一四ヶ村組合から組合議定が関東取締出役に提出されていることである。すなわち、関東取締出役に掌握された形で組合村運営が行われていたのである。実態としても、関東取締出役に召捕られた囚人の江戸送りを要望する願書の提出[13]や身持ち不埒な若者の宥免願いの提出[14]等が組合村単位で行われている。

以上、文化・文政期には無宿・悪党との紛争に際して、訴訟という手段のみでは対応できない状況にあり、地域住民にとっては百姓成立に関わる重要な問題となっていた。こうした事態に対し、当該地域では関東取締出役の存在を前提とした組合村を組織して対応したのである。

（2）熊谷宿北組合の概要

文政一〇（一八二七）年四月二九日、関東取締出役中山左五郎らにより、熊谷宿出頭の指示を受けた村々役人は熊谷宿へ出頭し、そこで、関東取締出役より改革取締筋の仰せ渡しを受ける。熊谷宿北組合は、中山道熊谷宿を寄場として、荒川以北の三七ヶ村で構成される組合村である。[15]熊谷宿北組合の構成は【表2】の通りである。続いて【表3

小組合	村名	村高（石）	給	支配（組）
A	上之村	3524.824	1	忍藩（皿尾）
	南河原村	2048.814	1	忍藩（皿尾）
	下川上村	1295.073	1	忍藩（皿尾）
	池上村	1060.966	1	忍藩（皿尾）
	大塚村	589.168	1	忍藩（皿尾）
	（5ヶ村計）	8518.845		
B	佐谷田村	2024.161	1	忍藩（持田）
	平戸村	917.054	1	忍藩（持田）
	戸出村	596.6	1	忍藩（持田）
	（3ヶ村計）	3537.815		
C	石原村	1962.893	1	忍藩（持田）
	肥塚村	975.291	1	忍藩（持田）
	箱田村	447.288	1	忍藩（持田）
	（3ヶ村計）	3385.472		
D	久下村	1038.381	1	忍藩（持田）
	門井村	481.479	1	忍藩（持田）
	江川村	92.618	1	忍藩（持田）
	下久下村	80.136	1	忍藩（持田）
	（4ヶ村計）	1692.614		
熊谷宿		2234.037	1	忍藩領

小組合	村名	村高	給	支配
E	三ヶ尻村	1349.45	7	久留里藩、旗本6給
	久保嶋	1317.742	3	旗本3給
	大麻生村	546.825	3	代官、旗本2給
	広瀬村	503.137	2	旗本2給
	小島村	480.584	2	旗本2給
	河原明戸村	270.466	2	下妻藩、旗本1給
	（6ヶ村計）	4468.204		
F	中奈良村	1975.44	9	川越藩、旗本8給
	東別府村	1748.186	10	旗本10給
	下奈良村	1286.425	7	旗本7給
	上奈良村	884.7	4	旗本4給
	奈良新田村	504.7	3	代官、旗本2給
	（5ヶ村計）	6399.451		
G	玉井村	1392.697	4	旗本4給
	上川上村	1392.402	1	古河藩
	代村	600	1	旗本1給
	原島村	563.803	3	旗本3給
	柿沼村	517	3	旗本3給
	小曽根村	327.7	3	旗本3給
	新嶋村	172	1	旗本1給
	（7ヶ村計）	4965.602		
H	上中条村	3117.692	8	古河藩、旗本7給
	今井村	1631.5	9	代官、旗本8給
	北河原村	1255.449	7	旗本7給
	四方寺村	316.6	1	旗本1給
	（4ヶ村計）	6321.241		

【表2】熊谷宿北組合の構成（文政10年12月以降）

出典：川田純之「改革組合村の内部構造の研究 - 武蔵国熊谷宿北組合の場合 -」（『史学』56巻4号、1987）「表4」、「武蔵国改革組合々石高・家数取調書（新編埼玉県史資料編14 近世5付録）」（埼玉県、1991年2月）を参考に作成。石高は天保期～弘化期のものと思われる。支配領主は文政10年当時のもの。

-1】は、熊谷宿北組合大惣代の変遷を一覧にしたものである。大惣代の選出については、文政一〇（一八二七）年の内議定に「忍藩領拾六ヶ村内ニ而壱人、入会領弐拾弐ヶ村内ニ而壱人、一ヶ年限入札を以人選」とあり、まず上川上村八木原三郎右衛門（古河藩領）と上之村小沼十五郎（忍藩領）が選出された。この議定に沿った大惣代の構成は天保四（一八三三）年まで続き、天保五（一八三四）年からは、上川上村三郎右衛門・肥塚村東邦八郎・下奈良村栗原弥惣の三名が勤めた。天保一二（一八四一）年には、肥塚村邦八郎が退役し、再び二名で勤めたが、忍藩領からの大惣代が不在となる。天保一四（一八四三）年末から一五年初めにかけて、一時的な就任者を経て、同年三月には、正式に上川上村三郎右衛門・下奈良村弥惣が「老害」を理由に大惣代を退役する。後任の大惣代として弥惣の息子栗原半右衛門と四方寺村吉田六左衛門が選任される。弘化四（一八四七）年、さらに中奈良村野中彦兵衛と池上村新井又助を加えた四名による体制となる。万延元（一八六〇）年一二月には、彦兵衛が大惣代を退役し三名が勤めた。文久二（一八六二）年二月には六左衛門が死去し、明治二（一八六九）年五月に半右衛門が大惣代を退役するまで、半右衛門と又助との二名体制であった。[16]なお、【表3－2】は大惣代就任者と他組合（用水組合・助郷組合）との関係について管見の限りまとめたものである。この表からは、熊谷宿北組合大惣代が、地域社会に重層的に存在する組合村の惣代を歴任する人物、すなわち地域の利害調整を主導する豪農層が「定番」で勤めていたことが窺える。

（3）文政改革に対する地域住民の認識

熊谷宿北組合では、文政一〇（一八二七）年一二月、寄場熊谷宿において関東取締出役の教諭を受け、種々の文書を提出することで改革組合村の編成をひとまず完了させる。[17]その後、熊谷宿北組合では、同月二三日に下奈良村名主弥七郎らを惣代に立て、江戸の勘定所・関東取締出役へ改革組合村編成に対する「御礼訴」を提出している。[18]本項では、地域住民が改革組合村編成ひいては文政改革をどのように認識していたのか、換言すれば、地域住民がいかに改革組合村に編成されたのかを明らかにしたい。

まず江戸に到着した一向は、勘定所へ「御礼訴」の提出を試みている。「御礼訴」の大意は、「「当村々組合相定奢を省キ質素倹約」を用い、また「有宿無宿之悪もの制方等万端巨細ニ議定書面」を取り交わすことで、「悪もの共」が減少し、遊民も改心帰農する。その結果、「大小百姓農業出精いたし安穏ニ渡世」できる。よって、この「冥加」の趣を勘定所へお聴きに入れたく、組合村々連印をもって「御礼訴」の提出する」というものであった。しかしながら、勘定所宛の「御礼訴」は応対の用人大嶋源太夫から、①改革組合村編成はあくまでも幕府の政策であり御礼を

大物代名	在任期間
上川上村（八木原）三郎右衛門	文政 10 ― 天保 15
上ノ村（小沼）十五郎	文政 10 ― 文政 12
上ノ村（小鮒）真右衛門	文政 13 ― 天保 4
肥塚村（東）邦八郎	天保 5 ― 天保 12
肥塚村（東）惣兵衛	天保 14 ― 天保 15
下奈良村（栗原）弥惣	天保 5 ― 天保 15
下奈良村（栗原）半右衛門	天保 15 ― 明治 2
中奈良村（野中）彦兵衛	弘化 4 ― 万延元
四方寺村（吉田）六左衛門	天保 15 ― 文久 2
池上村（新井）又助	弘化 4 ― 明治

【表３－１】熊谷宿北組合大物代の変遷

出典：拙稿「幕末期の改革組合村運営と大物代」（『埼玉地方史』第 65 号、2011 年）「図 1」より転載（川田純之「改革組合村の内部
造の検討―武蔵国熊谷宿北組合の場合―」（『史学』56 巻 4 号、1987 年）、「表 5」をもとに作成）

No.	村名	身分	名前	大物代在任期間	在職年数	他組合惣代経験	大物代退役理由
1	上川上村	名主	（八木原）三郎右衛門	文政 10 年（1827）～天保 15 年（1844）	17	【助郷】熊谷宿定助郷組合惣代（文政元、文政 3 ～ 7、文政 10、天保 7、天保 9、天保 11、天保 13、天保 14）、吹上村 8 ヶ村惣代（文政 13）【用水】利根川通堤川除自普請組合上郷惣代（文化元、文化 4、文政 2、文政 3、文政 5 ～ 10、文政 13、天保 2、天保 8、天保 11、天保 12、弘化 2、弘化 3、嘉永 2、嘉永 4、嘉永 6）	老年
2	上之村	名主	（小沼）十五郎	文政 10 年（1827）～文政 12 年（1829）	2	【助郷】熊谷宿定助郷組合惣代（文化 14、文政元～ 3、文政 6、文政 7、文政 10）、柿沼村外 7 ヶ村惣代（文化 13）、吹上村 8 ヶ村惣代（文政 2）	（病死）
3	上之村	名主	（小鮒）真右衛門	文政 13 年（1830）～天保 4 年（1833）	3	【助郷】熊谷宿定助郷組合惣代（文政元、文政 13、天保 4、天保 9、天保 11）	―
4	肥塚村	名主	（東）邦八郎	天保 5 年（1834）～天保 12 年（1841）	7	【助郷】熊谷宿定助郷組合惣代（文政元、天保 4、天保 8、天保 9、天保 11）、8 ヶ村惣代（文政 8）	―
5	肥塚村	名主	（東）惣兵衛	天保 14 年（1843）～天保 15 年（1844）	1	―	病気
6	下奈良村	名主	（栗原）弥惣	天保 5 年（1834）～天保 15 年（1844）	10	【用水】奈良堰用水組合用元（天明 4、天明 7、寛政 4）	老年
7	下奈良村	名主	（栗原）半右衛門	天保 15 年（1844）～明治 2 年（1869）	25	【用水】奈良堰用水組合惣代（文化 2、文化 6、文化 12）、同組合惣代後見（文化 14.11）、同組合惣代用元（文化 14.12）、同組合用元差添（文政 4）	病気
8	中奈良村	名主	（野中）彦兵衛	弘化 4 年（1847）～ 万延元年（1860）	13	【助郷】熊谷宿定助郷組合惣代（天保 7、天保 8、天保 11、天保 13、天保 15、弘化 4）、助郷年番（嘉永 2、安政 6）【用水】奈良堰用水組合惣代（天保 5 年）	病気（内実は大物代同士の仲による争論の結
9	四方寺村	名主	（吉田）六左衛門	天保 15 年（1844）～ 文久 2 年（1862）	15	―	（病死）
10	池上村	名主	（新井）又助	弘化 4 年（1847）～（明治）	（約 20）	（不詳）	―

【表３－２】大物代就任者の惣代経験一覧

出典：『中山道熊谷駅古今趣旨書留』（埼玉県浦和図書館、1972 年）、『近世後期の用水堰組合と用元・惣代役　―荒川奈良堰用水組合を事
として―』（立正大学古文書研究会、2007 年）「表 11」、『近世中・後期における普請組合―利根川通堤川除自普請組合を事例に―』（立正
古文書研究会、2012 年）「表 8」、野中家文書 5・143（埼玉県立文書館所蔵）、吉田市右衛門家文書 58（国文学研究資料館所蔵）より作
※「他組合惣代経験」の項は、管見の限り確認できるものを記載した。
※　熊谷宿定助郷組合は当初 28 ヶ村で構成されていたが、幕末には 32 ヶ村となる。
　また、加助郷村々を含む惣代の場合も熊谷宿定助郷組合惣代としてカウントした。

言われる筋合いはない、②どうしても提出したい場合には地頭所への手続きが必要である旨を諭され、「御礼訴」は受理されなかった。[19] しかしながら、勘定所への「御礼訴」は諦められておらず、翌文政一一（一八二八）年正月には、下奈良村役人が同村各相給領主用人に対し、改革組合村の編成を「百姓永続不易之御仕法」と積極的に評価し、勘定所への「御礼訴」を斡旋してくれるように願っている。その後、勘定所への「御礼訴」が受理されたかは不詳である。

また、天保二（一八三一）年には、大惣代上川上村三郎右衛門・小惣代奈良新田喜兵衛を惣代とした組合村々（忍藩領を除く）から幕府代官所に対して、次の願書が提出された。[20]

【史料2】

（前　略）去ル戌年九月中悪もの共御厳重之御仕置被仰付候旨被　仰出、猶亦翌亥年百姓中為救御取締筋為御改革、関東向御取締御出役様方御廻村ニ而厚御教諭之上、諸向御差図被成下、一統難有承伏仕、当村々組合相定奢を省、倹約を相用ひ候儀者勿論、無宿無頼之悪もの共制方等万端議定取替自今相守候上は、悪者共も追々相減リ遊民躰之者も改心帰農仕、村々潰百姓手余地等も無数相成莫太之　御仁恵末々迄行届村々役人共ハ不及申、大小之百姓農業出精安穏ニ永続可仕と一同難有相悦罷在候、然ル処最早五ヶ年ニも相成候故、自然相弛可申哉、大勢之中ニ者愚昧之もの者《ママ》供者難有御趣意も忘却仕リ心得違之者共も出来可申哉と風聞も有之候間、御出役様方へ猶亦御教諭之儀再度願上候得者、御用多ニ付大小惣代共より厳重申聞候様被　仰聞候間、精々仕候得共、中々以私共計リニ而ハ行届不申、其上村々気請も如何と奉存、猶此上相弛ミ候而ハ難有御仁恵忘却仕候様相成、重々奉恐入候間、何卒格別之以御憐愍御取締御出役様方年々御廻村最寄宿方并在々迄も御旅宿之上小前

末々迄御教諭成下置候ハバ、大小之百姓共安心農業出精仕広太之　御仁恵と村々一同難有仕合奉存候

右願之通リ御聞済之程偏ニ奉願上候、以上

（忍藩領以外の組合村々二三ヶ村中略）

右弐拾弐ヶ村大惣代

土井大炊頭領分

同州埼玉郡上川上村

名主　三郎右衛門印

右同断

小惣代

安倍式部知行所

同州旛羅郡なら新田村

名主　喜兵衛印

山田茂左衛門様

御役所

前頁の史料からは次の事がわかる。すなわち、文政一〇（一八二七）年、文政改革（＝「百姓中為救御取締筋為御改革」）が実施され、関東取締出役による教諭と種々の指図があった。これに対して当該地域では、改革組合村を編成し、質素倹約することで冗費を省き、さらには「無宿無頼之悪もの」等に対処するための議定を定めた。この議定を守るならば、「悪者」も減り、「遊民躰之者」も改心帰農するなど、「大小之百姓農業出精安穏ニ永続可仕一同難有相悦」んでいた。しかしながら、天保二年当時には、「難有御趣意」も忘却され、自然と文政改革で実施された事柄が緩んできた。そこで、関東取締出役へ教諭をして欲しい旨を願い出るが、御用多忙を理由に大小惣代から申し聞かせるようにと、実態としては関東取締出役による教諭は徹底されず、地域の大小惣代任せになっていた。その上で、関東取締出役に対して、寄場は勿論、「在々」まで廻村し、小前層の教諭をして欲しいと願い出たのである。

以上のことからは、当該地域住民は改革組合村編成を含む文政改革を「百姓永続不易之御仕法」あるいは「百姓中為救御取締筋為御改革」と評し、治安維持・紛争処理・倹約徹底などによる百姓経営の安定を期待していたことが窺える。すなわち、改革組合村の編成は、単に幕府によって上から実施されたという側面のみではなく、地域住民（村役人層）の側においても関東取締出役と連携した「百姓成立」[21]のための方策を求めていたのである。さらにいえば、当該地域における改革組合村の編成は、改革組合村編成以前の組合村に制度的保障を与える形となったことが指摘できる。

二　下奈良村名主吉田市右衛門と文政改革

（1）下奈良名主吉田市右衛門家

本項では、熊谷宿北組合の運営と吉田市右衛門との関係性について検討する。【表4】は下奈良村吉田市右衛門家歴代の事蹟をまとめたものである。吉田家は、享保一一（一七二六）年、武蔵国幡羅郡四方寺村名主吉田六左衛門家より隣村下奈良村に分家し、農業の余力がある時に熊谷宿へ出て白木綿を販売して利潤を蓄積。その後、質物金融で財を成し、宝暦三（一七五三）年以降には、下奈良村植村氏知行所の名主役を勤めるに至る。本稿で中心的に検討を行うのは、三代目当主・吉田市右衛門宗敏である。彼は、文化三（一八〇八）年、三代目市右衛門を継ぎ下奈良名主となるとともに、領主植村八郎右衛門の用人等を勤めている[22]。吉田家歴代当主の中で、とりわけ莫大な資産を社会的事業に投じた人物として著名である。

当該地域においては、最初の改革組合村大惣代の選任が吉田市右衛門宅での内談で決定され、さらに後任人事にも吉田市右衛門が影響力を及ぼしていた。また、関東取締出役が「御旅宿」としてたびたび吉田市右衛門宅へ訪れ、時には吉田市右衛門を通して関東取締出役の指示が大惣代へ伝えられる等、吉田市右衛門家は当該地域における「取締」政策の拠点であったといえる[23]。このように、吉田市右衛門のもとで大惣代が活動するという形での改革組合村運営は、天保一五（一八四四）年に、吉田市右衛門が死去するまで続くのである。

（2）下奈良村吉田市右衛門による救恤活動と関東取締出役・河野啓助

当該地域の特質として吉田市右衛門の存在は看過出来ない。彼は一貫して幕府や忍藩への上納金や貧農への救恤を行うなど、「百姓成立」を積極的に保障する活動を展開した。本項では、吉田市右衛門と領主層とが連携して実施した一連の救恤活動・紛争処理実施の構図から、なぜ吉田氏が当該地域における取締の拠点たりえたのかを明らかにする。また、先行研究において吉田市右衛門と密接な関係性が指摘されている河野啓助との関係性についても言及したい。なお、紙幅の都合により、詳細な動向については註に挙げた資料を参照して頂きたい。

【表 4】下奈良村吉田市右衛門家事蹟一覧

出典：浜館貞吉『吉田家五世の事蹟一斑』（大日本偉人顕彰会、1934）、渡辺尚志「関東における豪農の江戸進出（1）」（『近世の豪農と村落共同体』東京大学出版会、1994 年）、栗原健一「解説」（『熊谷市史料集　吉田市右衛門家文書「記録」』熊谷市教育委員会、2014 年）より作成。

当主名	和暦	西暦	月	日	項目
3 代目・市右衛門宗敏（1739 ～ 1844）	文政 12	1829	11		金 100 両を「矢島堰用水組合諸色代資金」として幕府に上納
	天保元	1830			金 200 両を「熊谷宿助成金」として忍藩に上納。
	天保 5 ～ 10	1839			金 10,000 両を「凶年御救囲籾購入代金」として幕府へ上納。（※天保 6 年～同 13 年までの「買上籾御用」の詳細については、栗原健一「天保期の「囲籾」御用と関東在々買上籾世話人」（『熊谷市史研究』第 2 号、2010 年）を参照）
4 代目・市右衛門宗親（1816 ～ 1868）	天保 12	1841			宗敏、隠居して慎助と称する。家督は市三郎改め市右衛門（宗親）が継ぐ。
	天保 15 ／弘化元	1844	7	29	宗敏逝去。享年 62 歳。
	弘化 2	1845	10	9	5 代目・市右衛門宗載、誕生。
	嘉永 6	1853			12 斤・18 斤・24 斤の三長砲を鋳、弾薬とあわせて幕府に献上。
5 代目・市右衛門宗載（1845 ～ 1906）	（安政）				家督を継ぐ
	慶応 2	1866	10		宗親、隠居して慎助と称し、家督は四郎改め市右衛門（宗載）が継ぐ。
	明治元	1868	7	10	宗親逝去。享年 50 歳。
	（明治）	1868			明治元年 4 月（1868）以来、近傍村々兵厄水災に罹りしをもって金 1018 両 2 分余を各種の救助に恵与する。
	明治元	1868	10		支配内の水害を蒙り田租の減耗せる玄米若干石代価 111 両・永 178 文を先人の意志を継ぎ自力をもって弁納せんことを官に請願し、許可される。その上、会計局および県知事・山田一太夫役所において賞詞される。
	明治 2	1869	2		明治 2 年（1869）2 月より 12 月迄の間のおいて、下奈良村・日向村・上須戸村・西城村の貧民納租に関する補助。または、訴訟費用の内へ金 121 両・永 357 文を助成。
			3		岩鼻県に伺いを経たる上、旛羅郡江波村長八へ田 2 反 20 歩を助成地として贈与する。
			9		連年凶荒打ち続き、村民困窮食糧欠乏せるをもって、大麦（6 斗入）47 俵半代として金 160 両・永 350 文を無利子で貸与（貸与先の村名不詳）。
	明治 3	1870	3		連年凶荒打ち続き困難の際とて、岩鼻県においてもそれぞれ救恤の方法計画中と聞き、村内貧民へは独力にて金 150 両を扶食代として無利息で貸与する。
			3		（岩鼻県より賞与）
			6		北埼玉郡小曽根村伊三郎へ田畑 1 反 2 畝 4 歩を助成地として贈与する。
			11	20	岩鼻県より郷長を申し付けられ、武蔵国旛羅郡・榛沢郡・秩父郡、上野国邑楽郡等の 20 組合わせて 140 ヶ村高 11 万 4300 石の取締を命じられる。且つ県議事に参与すべき命があり辞することを許されず就任。→　翌 4 年 7 月、郷長廃止。
	明治 4	1871	8		金 30 円を下奈良村村費へ助成する。
	明治 6	1873	2		入間県において小区長に申し付けられる。
			5		奈良学校へ資金 65 円、教員伝習の暢発学校へ金 10 円を寄付し木杯 2 個を賞賜。
	明治 7	1874	1		数年間民務に尽力し、殊に議事その他県治に功績ありし旨をもって熊谷県庁から金 10 円を賞賜された。
	明治 11	1878	9	2	北陸・東海、御巡幸に際して埼玉県令より通達があり、白羽二重 2 匹を下賜される。
	明治 13	1880	6	16	金 100 円を下奈良村凶荒予備資として寄付。
	明治 14	1881	5	9	埼玉県下の備荒資として金 100 円を寄付したことに対して太政官より銀杯を賜る。
	明治 17	1884	3	17	金 1000 円を群馬県管下町村貧民救荒ならびに道路橋梁新設修繕費用補助元資として寄付する
	明治 39	1906	10	2	東京市麹町区富士見町の邸宅にて逝去。

当主名	和暦	西暦	月	日	項目
初代・市右衛門宗以（1702 ～ 1792）	享保 11	1726			武蔵国旛羅郡四方寺村吉田六左衛門宗続の第四子。同郡下奈良村に分家。
	元文 4	1739	10	1	2 代目・市右衛門宗敬、誕生
2 代目・市右衛門宗敬（1739 ～ 1813）	宝暦 12	1762			2 代目・市右衛門宗敬が名主（家督）を継ぐ
	安永 4	1775			中山道熊谷宿へ石橋 1 ヶ所、新堀村へ石橋 1 ヶ所を始め、以来居村下奈良村および付近諸村の土橋、木橋を石橋に改良架設を 10 数か所に施す。
	天明 3	1783			上野国浅間山噴火による土砂埋没、さらには連年の洪水による田圃荒廃飢饉頻りに至るを目撃し、窮乏する村々へ救恤。
	天明 7	1787	1		金 150 両を「熊谷宿助郷村々助成金」として幕府に上納。
	寛政元	1789	7		金 500 両を「利根川通自普請組合助成金」として幕府に上納。勘定奉行・久保田佐渡守役所において姓を称することを許される。
	寛政 4	1792	8		金 300 両を「荒川通奈良堰組合助成金」として幕府に上納。勘定奉行・柳生主膳正役所において、苗字は子孫代々、宗敬一代は帯刀を許される。
3 代目・市右衛門宗敏（1739 ～ 1844）	文化 3	1806	8		宗敬、隠居して助左衛門と称する。家督は市三郎改め市右衛門宗敏が継ぐ。
	文化 8 ～ 9	1811			旛羅郡四方寺村・下奈良村・日向村、榛沢郡寄居村、水害凶作なるをもって貧民へ大麦 6 斗入 10 俵、種大豆四斗入 30 俵を恵与。
	文化 10	1813	7		金 1500 両を「熊谷宿助郷村々助成金」として幕府に上納。道中奉行・柳生主膳正役所において大目付・井上美濃守立会の上、宗敏一代帯刀を許される。
	文化 10	1813	10	17	宗敬逝去。享年 75 歳。
	文化 12	1815			旛羅郡四方寺村、日向村、下奈良村貧民授産資金として金 1000 両を幕府に上納し、その利金をもって遂行実行せんことを請うた。
	文化 13	1816	11	14	4 代目・市右衛門宗親、誕生。
	（文化）				文化元年以来、年々冥加として自製酒の内 1 ヶ年 10 樽宛、文化 9 年以来 20 樽宛を幕府に献納し、その年々の褒美として賜与された白銀 226 枚をもって、同郡中奈良村の地 1 町 2 反歩を購入。その作徳金をもって近郷貧民の子を産む者に対して、1 年に付金 1 両 2 歩、産後母死せる者へは 1 年に付金 3 両宛を給与し、その子が 5 歳に至って給与をやめた。又は捨子は相当の金額を定めて乳ある者に託して養育せしめ、やがて確実な希望者あるを待って若干の手当金を添えて養子女に遣わす等した。
	文政元	1818	6		勘定奉行・古川山城守役所において「願の趣は奇特なりと雖も、私領貧民授産のため利殖法を設くるは詮議に及び難き旨」を達せられた。よってその計画を変更して、江戸地面を購入し、その地徳をもって貧民 47 戸へ 1 戸につき金 10 両ないし 20 両を給与して田地を購得せしめた、これを助成地と称し田畑合反別 8 町 7 反 7 畝 7 歩に達した。
	文政 2	1819			文政 2 年（1819）～天保 3 年（1832）まで、領主・植村家の財政困難なるに対して米 200 石 4 斗を寄贈した。
	文政 4	1821			旱魃のため榛沢郡明戸村・菅沼村の用水が不足し、田植付に困難をきたしたので、毎戸の耕地に井戸を鑿って、その湧水をもって灌漑を供することになり、日雇人夫給料等の経費として合計 20 両を恵与する。
	文政 6	1823	3		文政 5 年（1822）、幕府財政の改革によって利根川堤防修治資金および荒川奈良堰用水浚治資金の利子減少したるをもって、堤防資金に金 125 両、奈良堰用水浚治資金に 75 両、合計 200 両を幕府に上納。
	文政 7	1824	6		文政 7 年（1824）5 月、忍城主松平下総守より領内人民が多分の助成を受けているのを嘉賞し、謁見すべき旨の達しがあった。これに対して宗敏は平民の身をもって諸侯に謁するは恐惶少なくなく、本家吉田六左衛門方へ対しても憚りがあり、過分の栄誉は子孫をして傲奢ならしむる基であるとして再三書面をもって固辞したが、許されず遂に同年 6 月朔日に謁見するに至る。
	文政 8	1825			上野国邑楽郡利根川に瀕する大輪村・須賀村・川俣村・上中森村・大佐貫村・江口村・矢島村・田島村・中谷村・梅原村・南大島村・入ヶ谷村・新里村・千津舟村の 14 ヶ村、水害を被り田畑は砂磧となって困窮の極に達したので被害住民 15 歳以上の男女へは 1 日大麦 2 升の手当もしくは代金を給した。ほかにも、流失潰家には家作料を給し、窮民 388 人へは夫食として大麦 6 斗入 338 俵を賑済し、又桑苗・榛苗を給与して荒地に植栽せしめた。この挙を伝え聞いて北埼玉郡羽生の清水弥右衛門もまた協力して金数百両を義捐。14 ヶ村の住民・本居太平は感徳碑を南大島村に建立（「三五詠歌の碑」）。
					金 100 両を「荒川通奈良堰組合助成金」として忍藩へ上納。
	文政 9	1826			金 600 両を「荒川通玉井堰・大麻生席組合助成金」として幕府へ上納。
	文政 10	1827			勘定奉行石川忠房より関係村々の仲裁を依頼されるが、病身のため断る。上川上村三郎右衛門、上之村十五郎を名代に立てつつも、関東取締出役河野啓助のもとで自身も仲裁に奔走。（～文政 12 年（1829））
	文政 11	1828	7		金 300 両を「利根川通備前堀組合助成金」として幕府へ上納。

A．文政八（一八二五）年　利根川洪水による上州被災村々への救恤

吉田市右衛門が領主層と連携して実施した救恤活動の初見である。活動の経過については次の通りである。[24] すなわち、文政六・七年に起きた利根川洪水により、上野国邑楽郡一四ヶ村の田畑が被災してしまう。その結果、館林藩領であった被災地は、幕領へと支配替えが行われ、この時幕領代官として赴任してきたのが山本大膳である。[25] こうした事態に対して、山本大膳の手代である河野啓助は、下奈良村吉田市右衛門のもとに訪れて被災地の窮状を伝える。河野より相談を受けた吉田市右衛門は、その親戚である羽生村名主清水弥右衛門[26]・同村名主酒井彦兵衛[27]らとともに多額の出金と大麦・桑苗等を給与した。

以上、この救恤活動における動向を構図化するならば「代官山本大膳 - 手代河野啓助→吉田市右衛門→豪農連合（血縁）」ということになろう。なお、吉田市右衛門と代官山本大膳・関東取締出役河野啓助との接点は、吉田家による勘定所への上納金の存在があったと考えられる。

B．文政一〇（一八二七）年、備前堀一件の仲裁[28]

続いて、文政一〇年の「備前堀一件」の動向をみていきたい。「備前堀一件」は、備前堀を管理・維持する仁手堰南七ヶ村・矢島堰一四ヶ村と横瀬村他一四ヶ村の間で起きた用水の取水口開閉をめぐる用水出入である。幕府は、多くの村々が旱魃のために植え付けが出来ない状況を放置することも出来ず、また、「備前堀一件」という数ヶ村にも及ぶ村々の用水争論を「種々遺恨相重リ治リ兼、御取締御改革ニも差障候ニ付」[29]と認識していた。そこで、文政一〇（一八二七）年には、勘定奉行石川忠房[30]より下奈良村吉田市右衛門に対して仲裁役の依頼が行われる。しかしながら、吉田市右衛門は病身を理由に仲裁役を辞退[31]。その後、吉田市右衛門の代わりに指名されたのが関東取締出役河野啓助

であった。但し、実質的には、市右衛門の「名代」（「備前堀取扱世話方」）[32]に指名された上川上村三郎右衛門・上ノ村十五郎が仲裁に奔走している。[33]その結果、備前堀関係村々は示談納得し、備前堀用水取水口の再開が実現することで一件が解決されたのである。文政一一（一八二八）年には、「備前堀仁手堰諸色助成金」として下奈良村名主吉田市右衛門（三〇〇両）・羽生村名主清水弥右衛門（二〇〇両）より合わせて五〇〇両が勘定所へ上納される。[34]そして、その資金は代官山本大膳の指図のもとで自普請の費用として運用されることになる。[35]

以上、備前堀一件を構図化するならば、「勘定奉行石川忠房—代官山本大膳—関東取締出役河野啓助→吉田市右衛門→豪農連合（血縁）／熊谷宿北組合大物代上川上村三郎右衛門・上之村十五郎」となろう。その構図は、まさに「是レ上より下迄無差支行届候故出来いたし」[36]とされるように、領主層と吉田市右衛門を主軸として活動する豪農層の連携によって、一件の解決がなされたのである。

C．天保六（一八三五）年～同一三（一八四二）年、囲籾買上御用[37]

「囲籾買上御用」は、吉田市右衛門が領主層との連携で行った最後の御用である。この御用は、幕府代官山本大膳の「囲籾」買上方仕法であり、天保飢饉期において、関八州内の内「籾怔宜場所」で「囲籾」のための貯蓄米穀を「篤実奇特のもの」を選んで地元の相場より高値で買上させるというものであった。結果的に、吉田市右衛門主導のもと、熊谷宿北組合および妻沼村組合の大物代を中心とした豪農たちが「買上籾世話人」を勤めることで御用が実施されたのである。こうして、買い上げられた籾は岩鼻陣屋囲蔵等へ納められた。

以上、「囲籾買上御用」の実施を構図化するならば、「代官山本大膳—手代河野啓助→買上籾世話人（＝吉田市右衛門→熊谷宿北組合および妻沼村組合の大物代を中心とした豪農連合（他地域の豪農を含む））」（天保六年～一三年）ということになろう。

D．天保期における吉田市右衛門と石川忠房・山本大膳・河野啓助との関係

A〜Cまで、吉田市右衛門は文政・天保期において、勘定奉行石川忠房・代官山本大膳・関東取締出役河野啓助との密接な関係に基づいて、地域の救恤活動を展開している。とりわけ、いずれの活動も河野啓助との関わりで活動していることは明らかであろう。こうした勘定所役人との関係は、一過性のものではなく、次に提示するいくつかの史料からは、吉田市右衛門が死去する天保期においても彼らの密接な関係性が窺える。なお、天保期は吉田市右衛門の死去のみならず、石川忠房の死去（天保七（一八三六）年没）、山本大膳の二丸留守居への転勤（天保一三（一八四二）年）、河野啓助の関東取締出役引退等、吉田家の勘定所役人との人脈を考える上で画期となっている。

まずは、文政期における「備前堀一件」で密接な関係が窺えた、石川忠房との関わりについてみていきたい(38)。

【史料3】

（前略）竹田寛跡老人、是□心学者ニ而当未八十一才ニ相成候仁ニ有之、吉田市右衛門悴市三郎同道ニ而三ヶ村江罷越、百姓共江道話吹聞為致候間、罷越候節者村役人共及申ニ百姓共女子供ニ至迄罷出聴聞可致候、尤益後ニ相成候得者、市右衛門方江竹田先生相越候由、其砌悴市三郎同道いたし参候由、市右衛門より申越候ハバ村方御世話ニ者一切不相成様いたし候由、何事も市右衛門之差図通リニ可致候、御地頭所ニ而も□□被致候、此段申入候以上

未六月廿四日　　　　井口又兵衛

［　　　　］

木村来助
原信田紋蔵

上州
山地村
植森村
堤村
役人中

右の史料は、石川忠房用人原信田紋蔵らが石川氏知行所村々の役人へ宛てた書状である。この史料からは、天保期において吉田市右衛門が石川氏知行所村々で心学講話を企画している事が確認できる。(39)

また、天保期における吉田市右衛門と河野啓助・山本大膳との関係性について次の史料を確認したい。(40)

【史料4】

当三月十日暁六時より五時迄一時之間、西御丸石之間二階より出火ニ而焼失致候、天成事可恐事ニ而御座候、此度西丸炎上ニ付、大名方より五百石まて高百石ニ付金二両、高百石より五百石まて金壱両弐分宛上金可仕旨御書付出、是者前々御例有之由、其外夫々上金有之、御料所も近日村々身元之ものより上金之儀被仰出候由、私領之儀も有徳之もの江者御国恩之程弁候ハバ上金為致、最寄御代官江取立候様ニ御書付出可申旨ニ相聞江、右ニ付、関東筋ニ而者貴様高名ニ相成候間、壱万両位之処上金出来可申旨、其筋より内々被仰聞有之ニ付、右様之身上向ニ無之、年々作徳并江戸地面之上リ高を以、年々千両ツヽ上納も仕候迄ニ有之、中々此節大金上候次第ハ難相成旨申立置候へ共、私領所江も上金被仰渡候次第ニ弥相成候ハバ、迚而も皆御免ニ者難相成致（ママ）候間、御心得ニも可相成者、此節治定者不致候へ共御内々申入候、扨々難渋之次第出来申候、此節大膳・小拙も大難渋いたし罷在り、世中之有様不穏事ニ御座候、此以極内々ニ付御他言御無用、万一出金被　仰付候次第ニ候ハバ、町会所方者千両御見合方可致候へ共、御考可被仰聞候、一対之事ニ而も迚も御免も無覚束事ニ御座候、尚治定相探可申入候、右之趣貴報品々申入候以上

三月廿二日　　　　河野啓助

吉田市右衛門様

右の史料は、河野啓助から吉田市右衛門へ宛てられた「極内々」の書状である。この書状からは次の事がわかる。すなわち、天保九（一八三八）年三月一〇日、江戸城西之丸を火元とする火災により西之丸が焼失した為、一〇〇～一万石以上（「大名方」）の旗本・大名に対して金銭の上納が命じられた。そして、今後は幕領の「身元之もの」、さ

らには私領の「有徳之もの」へも上納金が求められるという状況であった。そうした中、「其筋」より河野啓助に対して、吉田家から一万両以上の上納金を得る事は可能であるか否かについて内々の問合せがあった。これに対して河野啓助は、「此節大金上候次第ハ難相成」と吉田家の経営状況について述べ、吉田家の代弁をしている。しかしながら、その一方で吉田市右衛門に対して、「もし私領からも上納金供出の指示が出された場合には吉田家も金銭の提供を避けられない」旨を伝えている。このような世のありさまに対して、「此節大膳（※山本大膳）・小拙（※河野啓助）も大難渋いたし罷在り」と吐露している。こうした事柄や前述の囲籾買上御用をめぐる動向からは、天保期における吉田市右衛門と河野啓助および山本大膳との密接な交流が窺える。

以上、吉田市右衛門と領主層の連携による救恤・紛争処理の動向（A〜C）からは、彼が当該地域において取締の拠点たりえた理由として次の点が指摘できる、①文政・天保期、領主層は広域的な地域社会の問題に直接介入せず、吉田市右衛門に対処を依頼し、代行させていた。すなわち、吉田市右衛門には、勘定所役人との人脈（面識）があり、彼らはいずれも文政改革の主導者であった、②常に関東取締出役河野啓助[41]と連携した吉田市右衛門の救恤・紛争処理からは、両者の密接な関係が改めて窺える[42]。こうした両者の関係性については、吉田市右衛門の本家四方寺村吉田六左衛門家一一代目当主六左衛門宗孝[43]の弟・宗俊が「河野駿助」として「御家人河野芳弘」（＝河野啓助）の養子に入っていることが確認できる[44]。すなわち、吉田市右衛門家とは親戚関係であったことが指摘できるのである[45]、③当該地域では、吉田市右衛門を中心とした地域運営が行われており、吉田市右衛門と領主層の連携による救恤・紛争処理の協力者が、血縁的な豪農連合から、やがて熊谷・妻沼地域の改革組合村大惣代を中心とした地域の豪農連合へと展開していったことが指摘できる。

おわりに

以上、本稿で明らかにした点をまとめたい。

①熊谷地域では、少なくとも文化期には長脇差や虚無僧の存在を問題視し、百姓成立の危機に対して関東取締出役に掌握を受ける形で組合村を編成し対処していた。その後、文政一〇（一八二七）年に熊谷宿北組合が編成されると、地域住民は勘定奉行、関東取締出役に対して御礼訴を提出するなど、幕府による文政改革＝「百姓成立」の保障と認識し、改革に賛意を示した。すなわち、改革組合村編成が幕府主導により行われ、村々がその御用を果たす一方で、地域住民の側では改革組合村の編成に関東取締出役との連携を前提とした「百姓成立」を求めるなど双務的関係にあった。

②熊谷宿北組合編成当初、その運営は下奈良村名主吉田市右衛門を取締の拠点とし、彼のもとで大物代が活動するという形で運営が行われた。吉田市右衛門が当該地域の取締の拠点として存在した背景には、河野啓助を基軸とした勘定所役人との人脈があったことが考えられる。とりわけ、関東取締出役河野啓助と吉田市右衛門との関係は密接であることがすでに指摘されているが、両者は親戚関係にあった。こうした、「勘定所要人（文政改革の主導者）との人脈」・「関東取締出役および他地域豪農との血縁関係」・「武士的身分」という裏付けをもって、吉田市右衛門は当該地域において取締の拠点たりえた事が指摘できる。

その後、天保一五（一八四四）年の吉田市右衛門の死後、「組合構成村の村役人や小前百姓の合意形成、地域を運用するための交渉や利害調整[46]」など、政治的力量を身につけた豪農層を主体とする組合村運営へ移行し[47]、大物代を中心とした合議によって組合村運営が行われた。しかし、万延元（一八六〇）年には大惣代同士の不仲に端を発した組合村内の騒動が起きるなど、熊谷地域における吉田市右衛門の存在の大きさを浮き彫りにした。また、地域社会に重層的に存在する組合村の惣代を歴任する豪農層が「定番」で勤める大惣代同士の騒動は、助郷組合等の他組合の運営にも影響を与えるなど、地域社会における大惣代の存在感の大きさを示した(48)。漸次職掌を拡大する関東取締出役と直接結びつき、組合内の治安や経済等の現状を把握する大惣代たちにより運営がなされる改革組合村は、地域運営の構造を把握する上で看過できない存在といえる。なお、こうした吉田市右衛門家と勘定所役人との関わりについては、関東郡代伊奈氏失脚後の勘定所の動向や関東取締出役等が贈収賄などをめぐり処罰された「野州合戦場宿一件」の影響等、幕政との関連をも含めて検討する必要があると考えられるが、今後の課題としたい。

註

（1）森安彦『幕藩制国家の基礎構造』（吉川弘文館、一九八一年）。
（2）山中清孝『幕藩制崩壊期における武州世直し一揆の歴史的意義』（『歴史学研究』別冊特集、一九七四年）。
（3）久留島浩『近世幕領の行政と組合村』（東京大学出版会、二〇〇二年）。
（4）米崎清実「改革組合村の構造」（村上直編『幕藩制社会の展開と関東』吉川弘文館、一九八六年）、吉岡孝『江戸のバガボンド』（ぶんか社、二〇〇三年）、『関東近世史研究』第四八号（関東近世史研究会、二〇〇〇年）、安斎信人氏報告「近世後期における『改革組合村』制について―『組合村』の設置と警吏『道案内』の社会的役割―」に対するコメント等。
（5）平川新「「郡中」公共圏の形成―郡中議定と権力―」（『日本史研究』第五一一号、二〇〇五年）、五九頁。
（6）坂本達彦「幕末における関東取締出役・物代層の動向」（『日本歴史』第六七五号、二〇〇四年）、「慶応二年生糸運上徴収実施と改革組合村惣代層」（『関東近世史研究』第五九号、二〇〇五年）。児玉憲治「改革組合村の事件・紛争処理と地域秩序」（『関東近世史研究』第六六号、二〇〇九年）。

（7）川田純之「改革組合村の内部構造―武蔵国熊谷宿北組合の場合―」（『史学』五六巻四号、一九八七年）。関東取締出役の職掌の拡大等については、大口勇次郎「農村改革と関東取締出役の活動」『徳川時代の社会史』（吉川弘文館、二〇〇一年）、岩田みゆき「幕末期の情報交換と機構の変化―天保期寄場組合大惣代と関東取締出役―」（『幕末の情報と社会変革』吉川弘文館、二〇〇一年）。

（8）拙稿「近世後期における改革組合村の編成と運営の検討」（『埼玉地方史』第六八号、二〇一四年）。

（9）吉田市右衛門家に関する研究としては、渡辺尚志「関東における豪農の江戸進出（一）」（『近世の豪農と村落共同体』、一九九四年）、「近世後期関東における一農民の上納金」（『論集きんせい』六号、一九八一年）、松沢裕作「『奇特者』から官僚へ―吉田市十郎の軌跡―」（渡辺尚志『近代移行期の名望家と地域・国家』名著出版、二〇〇六年）等。

（10）根岸茂夫「文政改革直前における関東取締出役の農村事情見聞記」（武蔵野文化協会『武蔵野』第六三号（通号三〇六）、一九八五年）、飯島章「文政十二年羽生領御普請仕法替と関東取締出役河野啓助」（『埼玉地方史』第三四号、一九九五年）。

（11）太田冨康「文政改革における小川村組合の編成と先行する組合村」（埼玉県立文書館『文書館紀要』四、一九九〇年）、桜井昭男「二郷半領の地域編成と改革組合村」（『葦のみち』三郷市、二〇〇五年三月）等。

（12）吉田市右衛門家文書「関東御取締書物　貳冊目」（明治大学図書館所蔵）。表題は「関東向御取締書上控」とある。貴重図書。

（13）文化一四（一八一七）年八月、上川上村無宿金三郎をめぐる一件、前掲、吉田市右衛門家文書「関東御取締書物　貳冊目」（明治大学図書館所蔵）。

（14）文政二（一八一九）年三月、上中条村名主善左衛門悴八十吉の事例等、吉田市右衛門家文書「関東御取締書物　三冊目」（明治大学図書館所蔵）。表題は「関東向御取締書上控」とある。

（15）熊谷宿北組合の編成要因については、前掲、川田純之「改革組合村の内部構造―武蔵国熊谷宿北組合の場合―」（『史学』五六巻四号、一九八七年）参照。

（16）拙稿「幕末期の改革組合村運営と大惣代」（『埼玉地方史』六五号、二〇一一年）。

(17) 拙稿「近世後期、改革組合村編成と文政改革趣意の徹底」(『立正大学大学院文学研究科年報』第三二号、二〇一四年)参照。

(18) 詳細な動向および史料本文については、前掲、拙稿「近世後期における改革組合村の編成と運営の検討」(『埼玉地方史』第六八号、二〇一四年)参照。史料としては、飯塚誠一郎家文書ハ―四二「関東御取締御用御出役吉田左五郎様河野啓助様太田平助様脇谷武左衛門様より御改革御用留」(個人蔵)、文政一〇年一二月二三日～二八日条の記述。

(19) 勘定所での御礼訴受理の拒否に対して、(おそらく下奈良村名主弥七郎が)御礼訴受理の二つの前例を挙げて、文政改革の実施(改革組合村編成)に対する御礼訴の受理拒否を批判している。二つの前例とは、①文政七年の「道中筋御改正」(当時道中奉行・石川忠房へ)、②忍藩阿部家の転封に伴う「忍領自普請組合」の幕府への支配替え(当時勝手方勘定奉行・村垣淡路守へ)である。こうした動向から、「御礼訴」とは、支配関係が広域に跨る一件への領主層の対処(＝百姓成立の保障)に対して謝意を表明する為の願書であったと考えられる。

(20) 飯塚誠一郎家文書イ―一八八「御用留」(個人蔵)。

(21) 深谷克己『百姓成立』(塙書房、一九九三年)、同『深谷克己近世史論集　第一巻』(校倉書房、二〇〇九年)。

(22) 文化六年(一八〇九)、平五郎という人物が植村家へ「御用役御奉公」する際の請状の宛先に「植村久五郎様御内吉田市右衛門様」とあるのが確認できる(金沢甚衛旧蔵文書八七「屋鋪書簡記」(大倉精神文化研究所所蔵))など。

(23) 前掲、拙稿「近世後期における改革組合村の編成と運営の検討」(『埼玉地方史』第六八号、二〇一四年)参照。

(24) 浜館貞吉『吉田家五世の事蹟一斑』(大日本偉人顕彰会、一九三四年)。

(25) 名は雅直。西丸小姓組頭から代官となり、陸奥国川俣陣屋・甲斐国石和陣屋を経て、岩鼻陣屋・江戸廻り代官に着任。岩鼻陣屋在陣期間は文政六(一八二三)～天保一三(一八四二)年。石高は六〇〇石。「五人組前書」や「慶安御触書」の出版を行い、農民教化に木版を積極的に取り入れた人物として知られる。また、文政一〇年(一八二七)正月、「関東在々取締方御用掛」として山本大膳・山田茂左衛門・柑本兵五郎の三名の代官を任命され、関東取締出役の活動を統制するなど関東取締出役を基軸とした文政改革実施に深く関与、「地方落穂集追加」(『日本経済叢書』日本経済叢書刊行会、一九一五年)。

(26) 清水弥右衛門誓信。妻は吉田市右衛門宗敏の姉であり、吉田家とは親戚ということになる。詳細は「己がよのき　上」

（『羽生市史　上巻』、羽生市役所、一九七一年）、五五六〜五五七頁及び「清水近信墓碑」（『羽生市史　追補』羽生市役所、一九七六年）、一八四〜一八五頁を参照。

(27)　宗敏との続柄は不詳であるが、分家・親類の連署の中に「親類」として酒井彦兵衛の名前が確認できる、吉田（市）家文書八「記録三」（埼玉県立文書館所蔵）。

(28)　詳細は、前掲拙稿「近世後期における改革組合村の編成と運営の検討」（『埼玉地方史』第六八号、二〇一四年）参照。

(29)　前掲、吉田（市）家文書二六「武州下奈良村名主吉田市右衛門其外之者共奇特筋之儀奉申上候書付　写」。

(30)　石川忠房（一七五五〜一八三六）、左近将監・主水正。勘定奉行（道中奉行兼任）在任期間は①寛政九（一七九七）年〜文化三（一八〇六）年、②文政二（一八一九）年〜文政一一（一八二八）年。文化二（一八〇五）年の関東取締出役の設置、文政一〇（一八二七）年の教化政策である文政改革の実施を主導した人物として知られている（前掲、「地方落穂集追加」（『日本経済叢書』日本経済叢書刊行会、一九一五年））。文政改革趣意の徹底に際しては石川忠房名義で文政改革趣意の逐条解説書である「教諭諺解書」（教諭書）が出されている、多仁照廣「石川忠房と江戸幕府教化政策」（『敦賀論叢』一四号、一九九九年）。但し、その作成者を①関東取締出役河野啓助、②河野啓助を含む代官山本大膳配下の関東取締出役に求める見解も存在する（児玉憲治「上武両国における文政改革の展開と『教諭書』」（『民衆史研究』第八六号、二〇一三年））。

(31)　前掲、野中家文書五八七「関東向御取締方御改革被仰出候ニ付御用筋日鑑」文政一〇年七月条。

(32)　吉田（市）家文書七「記録　二」（埼玉県立文書館所蔵）。

(33)　文政一一（一八二八）年九月一五日には、「備前堀開復取扱世話役相勤候賞として、下奈良村吉田氏より三郎右衛門江粟田口近江守の作壱腰被遣し《ママ》、十五郎江皆柳川直政の彫ニ而壱腰被遣候」と、吉田氏は「備前堀開復取扱世話役」（ともに備前堀取扱世話方）を勤めた三郎右衛門・十五郎に対して、自身所蔵の刀剣を各人に遣している、堀江祐司編『備前堀』（きたむさし文化会、一九六九年）、三九頁。

(34)　吉田市右衛門と親戚関係のある羽生村名主酒井彦兵衛、横瀬村名主荻野七郎右衛門も金銭提供。

(35)　前掲、吉田（市）家文書八「記録　三」。文政一一（一八二八）年九月には代官山本大膳自身が備前堀の見分に来ている。すなわち、九月一七日に下奈良村吉田市右衛門宅に立ち寄り昼食を食べ、吉田市右衛門および羽生町場村弥右衛門を「御供」として深谷宿に宿泊。翌一八日には、上之村十五郎・上川上村三郎右衛門（ともに備前堀取扱世話方）の案内で現地の新規掘割を見分。見分の小休中には「吉田市右衛門・弥右衛門江厚く御挨拶、十五郎・三郎右衛門江長々太儀と被仰、其外組合村々役人共江直ニ被仰渡有之」とある、前掲、堀江祐司編『備前堀』（きたむさし文化会、一九六九年八月）、三九〜四〇頁。

(36) 備前堀一件の解決にあたり、文政一二年六月、仁手堰組合・矢島堰組合惣代の弥藤吾村兵三郎が関東取締出役河野啓助・前勝手方勘定奉行遠山左衛門尉・前公事方勘定奉行石川忠房・現勘定奉行土方出雲守・代官山本大膳に「御礼訴」を行い、いずれも受理された。引用部分は惣代兵三郎が石川忠房邸に赴いた際、「備前堀開復之儀者容易ならさる義、是迄之始末其方より委敷惣代之もの江咄し為聞候様」石川忠房から申し渡された用人が惣代兵三郎に経緯を語った際の言葉、前掲、堀江祐司編『備前堀』（きたむさし文化会、一九六九年）、七七一〜七七二頁。

(37) 詳細な動向は、栗原健一「天保期の「囲籾」御用と関東在々買上籾世話人」（『熊谷市史研究』第二号、二〇一〇年）参照。

(38) 吉田（市）家文書四「山地村炭一件書物」（埼玉県立文書館所蔵）。

(39) 天保六年閏七月一三日付で、石川忠房用人原信田紋蔵より吉田市右衛門に宛てられた書簡において、石川忠房用人原信田紋蔵が娘を亡くした河野啓助を気遣っている等、石川忠房家と河野啓助との交流をも窺い知る事が出来る、前掲、吉田（市）家文書四「山地村炭一件書物」（埼玉県立文書館所蔵）。

(40) 武蔵国幡羅郡吉田家文書七五「（西御丸・御本丸炎上等ニ付書留）」（国文学研究資料館所蔵）。

(41) 名は芳弘（文政期、上州村々への救恤の際に建立された吉田市右衛門宗敏の頌徳碑であるいわゆる「三五詠歌の碑」に、復興協力者として「御代官山本大膳源雅直主、同手代河野啓助芳弘、武蔵国旛羅郡下奈良村名主吉田市右衛門宗敏（以下、五名後略）」とあることから確認できる、前掲、浜館貞吉『吉田家五世の事蹟一斑』（大日本偉人顕彰会、一九三四年）七頁あるいは（茂木悟『備前堀の歴史』（博字堂、二〇〇〇年）、一〇九頁）。管見の限り、河野啓助が関東取締出役の肩書で確認できる初見は文政七（一八二四）年六月である、金沢甚衛旧蔵文書八四「御用留」（大倉精神文化研究所所蔵）。よって、関東取締出役の任期は、文政七（一八二四）年〜天保六（一八三五）年ヵ、天保一〇

（一八三九）年に再任（天保期の就任状況については、牛米努「関東取締出役の定員・任期・臨時出役・持場」『関東取締出役』（岩田書院、二〇〇五年）参照）。

(42)　改革組合村との関連では、文政一一（一八二六）年前後には、武蔵国足立郡芝郷長徳寺が朱印状中「守護使不入」の文言を楯に寺社領のみの改革組合村編成を主張したことに対して、これを否定する寺社奉行の措置を「文政十一年子八月御沙汰御書取河野様ゟ御廻し被下候ニ付、内々写取」と、吉田市右衛門は関東取締出役河野啓助より内々に情報を入手している、拙稿「近世後期における僧侶取締と地域社会」（『立正史学』一一四号、二〇一三年）。

(43)　吉田市右衛門の本家である四方寺村吉田六左衛門家一一代目当主。名・宗孝（一八〇六～一八六二）。天保一五（一八四四）年から文久二（一八六二）年に病死するまで熊谷宿北組合大惣代を勤めている。実弟が関東取締出役河野啓助の養子ということになる。

(44)　「東　吉田六左衛門家系図」『武蔵国幡羅郡四方寺村吉田六左衛門家文書目録』（熊谷市立図書館、二〇〇〇年）。

(45)　「河野駿助」が「河野啓助」の養子であるという直接の史料は管見の限り他に確認できない。しかしながら、江戸で発生した火災の状況を吉田市右衛門に知らせる書状に、封筒には「河野啓助」、中身には「河野駿助」とある史料が確認できる（吉田市右衛門家文書八二「天保四癸巳八朔大嵐引続国々凶作同五甲午年同六乙未三ヶ年米価高直貧民御救御趣意右類例一件諸書留」）。

(46)　前掲、榎本博「「北武蔵地域」の豪農層と水利普請組合」（『地方史研究』六四―四、二〇一四年）。

(47)　吉田市右衛門宗敏の死後、改革組合村運営上の指導的立場が四代目市右衛門宗親へ引き継がれなかった背景として、宗敏死去当時において、宗親は二九歳と若年であり市右衛門家が世代交代の渦中にあったこと（前掲、栗原健一「天保期の「囲籾」御用と関東在々買上籾世話人」（『熊谷市史研究』第二号、二〇一〇年）や吉田家では寛政期前後から天保一三年にかけて、江戸への進出で得られた利益の一部を下奈良村周辺に還元・投下していたが、天保一三年以降には江戸での地代店賃引下令等の影響により同家の活動が大きく規制されたこと（前掲、渡辺尚志「関東における豪農の江戸進出（一）」（『近世の豪農と村落共同体』、一九九四年））、宗敏による改革組合村運営への関与はあくまでも宗敏と勘定所要人との個人的関係性によって行われた可能性等が考えられる。

（48）前掲、拙稿「幕末期の改革組合村運営と大惣代」（『埼玉地方史』六五号、二〇一一年）参照。

【付記】

本稿は、地方史研究協議会大会自由論題（平成二六年一〇月一八日　於熊谷市立文化センター文化会館）での報告を成稿したものである。本稿で使用した飯塚誠一郎家文書は飯塚家のご厚意のもと、立正大学古文書研究会が整理・文書目録を刊行した個人所蔵の文書群である。本稿執筆に際して、栗原健一氏（熊谷市史編さん室職員）より貴重なアドバイスを頂戴した。末筆ながら飯塚家・立正大学古文書研究会・熊谷市史編さん室・地方史研究協議会大会参加者のみなさまに対し、記して感謝申し上げたい。

明治四三年大水害と地域社会　―北埼玉郡の被害・応急対応・影響を中心に―

松本洋幸

はじめに

明治四三年の大水害は関東大水害とも呼ばれ、戦前で最大の風水害である。この水害は、この年の八月六日から一四日にかけて、関東地方を襲った二個の台風がもたらしたもので、東日本一帯で、死者一二三一名、行方不明一二八名、全壊二七六五戸、流失三八三二戸という被害をもたらした(1)。とりわけ埼玉県の被害は甚大で、なかでも北埼玉郡の浸水被害は最大であった。この水害を機に、政府は臨時治水調査会を発足させ(2)、利根川の治水計画を大幅に改訂したほか、荒川の改修工事にも着手するなど、本格的な治水対策に乗り出した(3)。また地域社会に与えた影響も大きく、山梨県では多くの人々が北海道へ組織的に移住したり(4)、水害後の復旧事業のために埼玉県と県下の町村は年間予算に倍する負債をかかえこむことになった(5)。また水害の備えを心がけたり、勤倹貯蓄につとめたりと、人々の日常的な生活習慣や意識にも変化をもたらした(6)。

本稿では、行田市郷土博物館で所蔵されている旧忍町役場文書中の水害関連文書等を通して、水害直後における応急対応の実態と、その後の影響などを考えていくことにしたい。

郡名	死者（人）		住家の被害（戸）				非住家の被害（戸）				財産損失高（円）	農産物損害価（円）
	圧死	溺死	全潰	半潰	破壊	流失	全潰	半潰	破壊	流失		
北足立		24	42	31	2,163	48	64	42	483	33	146,452	3,683,703
入間		32	107	68	3,968	111	147	48	48	67	403,941	2,321,240
比企	2	40	157	42	3,122	171	131	39	39	55	416,271	2,085,450
秩父	65	10	51	56	168	86	20	27	27	116	108,384	502,201
児玉	7	9	17	39	310	66	23	37	37	41	52,342	1,189,402
大里	10	58	88	71	620	254	69	66	66	118	350,111	3,178,992
北埼玉	1	51	136	213	3,314	309	129	110	110	136	1,382,720	4,602,849
南埼玉		6	24	13	460	6	27	42	42	8	100,151	4,017,791
北葛飾		9	5	15	1,795	1	6	12	12	5	45,187	2,820,101
合計	85	239	627	548	15,920	1,052	616	423	423	579	3,005,559	24,401,729

【表1】埼玉県内被害一覧表　『埼玉県水害誌』より作成

（1）北埼玉郡と忍町における被害の実態

まず埼玉県における被害状況を概観しておく[7]。県内の被害は【表1】のとおりで、死者三二四人、行方不明三九人、住宅の全潰は六二七戸、流失は一〇五二戸に及ぶ。秩父郡では土砂崩れによる圧死者が目立っている。また大里郡・北埼玉郡・南埼玉郡・北足立郡など、利根川と荒川の中下流域で五万戸以上が浸水した。利根川水系・荒川水系で多くの堤防決壊があったためであるが、とりわけ利根川中流部の中条堤が決壊したことが、その最大の要因である。中条堤[8]は利根川中下流域、ひいては江戸・東京に至るまでを守る堅固なもので、近代に入ってからは大規模な破堤に至ったことはなかったが、この時は、利根川からの逆流水に加えて、妻沼村の利根本堤から流れ込んだ水、さらには荒川の大麻生村の堤防が切れて流れこんだ洪水が合流したことで、四ヶ所で破堤した。北埼玉郡のほぼ全域を浸水させた濁流は、南埼玉郡、北葛飾郡、北足立郡へと進み、東京府下にまで達した。このときの洪水氾濫は、かつてないほど急激な速さだったようで、当時の県知事は、内務大臣に対して、「今回ノ出水ハ予想外ノ洪水ニシテ急激ニ氾濫セルヲ以テ交通々信ノ途杜絶シ為メニ堤防ノ欠潰モ漸ク十二日ニ至リ其報告ニ接スルノ有様ニシテ、之レカ応急工事ノ如キモ目下急速手配中ニ属ス、要スルニ今回ノ洪水ハ既ニ冠水後ニ至リ、始メテ知リ得タル状況ナルヲ以テ一層惨憺ヲ極メタリ」と報告している[9]。また県内を走る各鉄道も、院線の赤羽〜蕨、大宮〜栗橋、鴻巣〜新町が約一週間にわたって不通となったほか、東武鉄道や川越電気鉄道も甚大な被害を受け、また電柱の転倒や電線の切断などにより、交通・通信網が一時的に寸断される状態となった[10]。

次に最も被害の大きかった北埼玉郡の被害を見てみる。【表2】によれば、北埼玉郡全体では死者・行方不明者は四五名、浸水家屋は一六四六五戸、流失家屋は三三〇戸などとなっている。町村ごとの被害を見てみると、郡の西側の忍領付近の被害が最も大きく、なかでも中条堤の直下に当る中条・北河原・南河原、星河・星宮・太田、さらには忍町・長野村などが大きな被害を受けている。北埼玉郡役所では中条堤の越水を予想して下流町村へ警戒を加えておいたが、安政六年や明治二三年の水害を経験したものは、増水の程度を低く予想していたために、避難が遅れたようである[11]。過去の災害経験がかえって仇となったケースと言えるだろう。

続いて忍町の被害について述べる[12]。忍町では八月一一日の午前三時頃に洪水が町に押し寄せ、その日の正午頃までが浸水のピークだったようで、ほとんど全町、一七〇〇戸が床上浸水した。浸水の高さは、床上一〜一・五mにまで及び、二階建てのうち一階部分はほとんど浸水したということになる。水流は町の西側から東側へと流れていったようで、その通り道に当る忍新道袋町、天満、さらに忍町の東隣の長野村桜町一帯で家屋の流失・倒壊などが見られた。一二日未明には水が引き、その日は晴れたものの、続く一三日・一四日の降雨で再度の浸水に見舞われた。九月三日に忍町長が北埼玉郡役所に進達した被害調査[13]では、浸水家屋一六〇五戸、流失家屋一四戸、全壊家屋一二戸、溺死者四名、畜類六頭、浸水反別二〇二町などとなっている。当時の忍町には一七〇〇戸・約八〇〇〇人強が居住していたので、町民のほとんどが被災者になったと考えられる。

【表2】北埼玉郡内被害一覧

町村名	浸水家屋（戸）	流失家屋（戸）	倒壊家屋（戸）	半壊家屋（戸）	死者（人）	行方不明者（人）	区分
大田村	803		3	24			□△1
中条村	500	17	8	5	4		□△1
成田村	282						□△1
南河原村	423	37	12		6	2	○□△1
北河原村	275		3				○□△1
星河村	410	14	3	20	3	1	○□△1
星宮村	418	15		11	3	4	○□△1
持田村	259		1				□△1
太井村	150						□△1
下忍村	461	1	1		1		□△1
忍町	1,605	21	19		4		○□△1
長野村	400	37	1	12	12	2	○□△1
荒木村	480	7	1				○□△1
須加村	332						○□△1
新郷村	520		1				○□△3
埼玉村	623			4	1		○□△1
屈巣村	352	1	1		1		□△1
広田村	397	4	3				○□△1
共和村	337						◎□▽1
笠原村	450		1				□▽1
志多見村	511		1	1	1		▽2
田ヶ谷村	477						◎ ▽2
種足村	603						◎□▽2
騎西町	389						◎ ▽2
高柳村	277						◎ ▽2
礼羽村	180						▽2
大桑村	595						▽2
加須町	306						▽2
水深村	422						◎ ▽2
鴻茎村	452						◎ ▽2
須影村	185						● 3
岩瀬村	133						● 3
川俣村	5						●
羽生町	273						● 3
井泉村	85						●
不動岡村	68						● 2
樋遣川村	380						● 2
三田ヶ谷村	220						● 3
村君村							● 3
大越村	3						● 2
利島村	572	72	47	59			2
川辺村	433	104	35	6			2
東村	26						● 2
原道村	20						● 2
元和村	10						● 2
豊野村	75						● 2
三俣村	213						● 2
手子林村	65						● 3
中島村	20						● 3
合計	16,465	330	141	149	36	9	

「郡報」第５号（北埼玉郡役所、１９１０年８月25日）（行田市郷土博物館所蔵「長谷川宏家文書」１０４４）より作成。

【「区分」の記号】
○は忍領利根川水害予防組合加盟の町村、◎は騎西領普通水利組合加盟の町村、●は羽生領悪水路普通水利組合および羽生領利根川水害予防組合加盟の町村、□は忍町が１９１０年８月20日に水害善後策を呼びかけた２１町村、△は中条堤をめぐる紛擾で辞職した町村長（忍領）、▽は同じく辞職した町村長（騎西領）。
１は北埼玉郡町村行政事務研究会第１区（集合場所、忍町）、２は同第２区（加須町）、３は同第３区（羽生町）以上の区分については『北埼玉郡史』（北埼玉郡役所、１９２３年）、「水害ニ関スル書類」（行田市郷土博物館所蔵）、『関東新報』１９１１年３月21日より作成。

（2）水害後の応急対応

大規模な災害が起こった場合の一時的窮民を支援するための基金として、罹災救助基金があった。これは、一八九九年に公布された罹災救助基金法にもとづき、各府県で地方税などを徴収・蓄積し、大規模な災害が発生した場合に、罹災者に対して食糧・衣料などを提供するほか、家屋の再建や就業の支援などに充てようというものである。埼玉県でも、一八九九年以降に罹災救助基金を積み立てており、明治四三年水害に際しては五七七、九二六円を支出した。これより三年前の一九〇七年の水害に際して支出した金額が一〇九、一三七円であったことを考えると、[14]明治四三年水害は埼玉県が初めて取り組んだ本格的な公的災害救助と言ってよいであろう。

【表3】には罹災救助基金の支出内訳を示した。罹災救助基金で使用できる救助は、大きく避難所設置・焚出救助・食料救助・被服救助・治療救助・小屋掛救助（流失・倒壊した家屋の再建費）・資料救助（米や麦の種籾を支給する種子救助と器具を亡失した農・工業者の器具救助）に分かれているが、食品費（焚出救助と食料救助）が六三％、就業費（資料救助）が三五％と大半を占めている。これらの救助は、町村からの申請を受けて県で審査した後、各町村に支給・実施されていくものであるが、実際には町村役場がその実務を担うこととなる。

県の罹災救助基金は一定規模以上の災害の場合にしか支給されないことから、これを補うために、埼玉県では一九〇一年に補助規則や概則を定めて町村や郡でも独自に災害基金を蓄積するよう促していた。一九〇七年段階で約七五％にあたる二八五町村で罹災救助資金蓄積規程が制定されていた。[15]明治四三年の水害に際しては、その中から二、三一八円が支出されている。北埼玉郡の食品救助はとりわけ目立っており、大半は忍町のものと思われる。

またこの時、内外から埼玉県に対して、多くの寄付金・義捐金が寄せられた。これらは、県下の各町村に配分され、遺族への見舞金、救済資金・授産資金の貸与、町村罹災救助資金へなどに充てられた。

次に忍町における応急対応の様子を見てみる。まず浸水被害の当日（八月一一日）、町役場では警察とともに流失家屋・溺死者の捜索にあたる一方、行田学校を避難所として開放した。当日の午後七時には町会議員や区長らを町役場に集めて罹災者救助に関する協議がもたれ、町内四ヶ所で焚出が始められることとなった。恐らく忍町の罹災救助資金から行われたものであろう[16]。

加えて、八月一一日から一四日まで、町内で救助（何等かの支援）が必要な人員と戸数の把握と郡役所への報告が、毎日続けられた。これは、埼玉県の罹災救助基金による焚出救助を受ける際に必要な作業であった。ちなみに、八月一八日段階で忍町長がまとめた被害調書によれば、応急救助人員一三七五戸、五五〇〇人となっている。今度は、これらの人々への支援対策が必要となってくるが、これは県からの支援を仰ぐこととなった。

しかし県の罹災救助基金による焚出には、いくつかの条件・制限があった。「焚出救助の方法[17]」によれば、一人一日分下等白米三合、副食物価格二銭以内とされ、焚出所には役場吏員一名以上出場、人夫賃は一人一昼夜八〇銭以内、焚出前に村長より救助を要する戸数・人口調を提出することが求められた。

埼玉県の罹災救助基金による焚出救助は、一四日夜～一八日昼（五日間）、のべ一一三九戸に対して行われた。実施は町役場があたり、白米・味噌・薪炭・焚出夫一九一人、その他必要品は町内で調達された[18]。このほか町内の豪商・慈善家による焚出も行われた[19]。

しかし依然として被災者への支援は充分なものではなかった。そこで町役場では、焚出と並行して、埼玉県に対して、食料救助・資料救助・小屋掛救助を願い出ることになった。食料救助については、九月三日に認められ、一一七六戸（四六〇二名　町内の六九％）に対して、一人一日白米三合、五日分で合計六九・三石が支給された。資料救助に関しては、水害で田畑に甚大な影響を蒙った農家に対し、種子救助が一一月中旬に行われたほか、水災器具救助として、バリカン・ミシン・枡・包丁など一八件が、家屋流失者七戸に対して、九月二二日に支給された。救助対象が限られているとはいえ、農業以外に初めて資料救助が適用されたことは、この水害の大きな特徴である。また小屋掛救助は、木材・釘・雨戸などが、家屋流失世帯一六戸に対して、九月二八日に支給された。加えて、水害による荒蕪地の地租免除願を出すための農作物被害調査（八月二二日）も行われた。当時の町役場の日誌[20]を見ると、このほかにも、種子救助願につき実地検査、道路橋梁復旧工事個所の検分なども行われている。

ここで食料救助と実際に救助を受けた人々について具体的に見てみたい。埼玉県では、食料救助に際し、次のような基準を設けていた。

（一）国税及県税中営業税雑種税を合せ総納額五円以内のもの
（二）賃金の収得一ヶ月拾五円以内のもの
（三）前二項に該当せざるも、罹災の為め財産の大部分を亡失し、又は傷痍の為め将来著しく賃金の収得を減ずべく認むるもの[21]

加えて、埼玉県では、この大水害の応急対応にあたり、この基準の適用の厳格化を、郡役所を通じて各町村役場に対して要請していた（八月一五日）。

罹災民ノ現況ニ於テ苟モ救助スヘカラサル者ヲ救助スルカ如キ事アラハ啻ニ監督上不都合ナルノミナラズ、一方被給与者ハ詐欺ノ手段ヲ以テ救助品ヲ収受シタル次第トナリ、事体容易ナラサル事ニ可相成候条、篤ト事実ヲ取

調ヘ調書ヲ作製シ、苟モ濫給ニ陥ラサル様深ク御留意相成度(22)

こうした県側の意向を受けて、忍町役場が作成したのが「水災救助出願人資力調書(23)」である。この資料には、概ね年間の納税額が八円以下、あるいは一ヶ月の収入が一〇円以下の戸主が大字別に列挙されており、それぞれの納税額、月収金額、主な職業と、戸主名が書かれている。全部で一四〇八戸におよび、これは全戸数の約八二％に当る。時折、抹消線が引かれているが、これは食料救助の基準額を超える納税額・月収金額のものと、調査時点ですでに忍町を離れて行方がつかめなくなった者であろう。約一割に当る一四五名に末消線が引かれている。

【表4】はそれを集計したものである。大字別では忍六九二名、行田四七八名、佐間二三八名となっている。月収別に見ると、平均月収五～六円の者が一〇〇一名で、資力調書の七一％を占めている。職業別に見ると、足袋関係者（足袋職・足袋縫）が三八九名（二八％）を占めるが、これに加えて日雇・日稼が二五七名（一八％）もいることが分かる。抹消線を付された者のなかには、こうした人々が多く含まれている。足袋関係者・日雇などの人々の多くは月収五～六円である。続いて職人（植木職・大工職・鍛冶職・井戸職など）が一七六名（一三％）、小売商（青物商・荒物商・魚商・小間物商・菓子商など）が一六一名（一一％）、農業七七名（五％）と続く。忍町は旧武家地の忍、足袋製造と商人の街・行田、農村の佐間の三大字に分かれるが、資力調書の職業分布（下層社会の様態）を見る限り、その違いはそれほど明確ではない。佐間は農村的色彩を帯びつつも、足袋関係者・日雇など労働者層も約半分を占めている。また忍と行田についてみると、等しく足袋関係者が三八％を占めているほか、行田町の方が小商店・旅宿などが多い一方で、忍町では日雇・無業者に加えて、農業者も一定数存在しており、職業分布は多岐にわたっている。

郡名	避難所費	治療費	小屋掛同材料費	被服費	食品費 （含焚出）	就業費	合計
北足立	26		232		62,823	30,125	93,205
入間	28		986	18	22,627	12,612	36,271
比企	116	445	1,509	248	33,588	19,308	55,214
秩父		71	300	22	562	394	1,349
児玉	8	2	641	25	6,496	946	8,118
大里	22		2,522	546	46,894	15,240	65,224
北埼玉			3,628	107	65,532	44,079	113,345
南埼玉			58	2	71,204	50,321	121,585
北葛飾			41		54,273	29,303	83,616
合計	200	518	9,917	968	363,999	202,327	577,927

【表 3-1】埼玉県罹災救助基金に因る救助費額一覧　（単位：円）

郡名	食品救助	避難所設置	小屋掛	被服費	就業費	合計	救助戸数 （戸）	救助人員 （人）
北足立	73					73	107	1,261
入間	148	19	10	4		181	447	2,128
比企	10					10	22	200
秩父	53	3	38	2	17	112	45	142
児玉	7	25				31	19	86
大里	5		15			20	5	29
北埼玉	1,328					1,328	3,494	16,376
南埼玉								
北葛飾	563					563	990	1,439
合計	2,187	47	63	6	17	2,319	5,129	21,661

【表 3-2】埼玉県内の町村罹災救助基金に因る救助費額一覧　（単位：円）

『埼玉県水害誌』より作成

男女別	忍	行田	佐間	合計
男	607	416	210	1,233
女	85	62	28	175
合計	692	478	238	1,408
うち抹消線	71	56	18	145
所得別	忍	行田	佐間	合計
10円以上	21	7	2	30
9円		4	8	12
8円	54	27	11	92
7円	19	27	22	68
6円	248	204	54	506
5円	229	161	105	495
4円	3	3	2	8
3円	24	16	16	56
空欄・判読不能	94	29	18	141
職業別	忍	行田	佐間	合計
足袋関係者	208	143	38	389
日雇・日稼・雇	112	87	58	257
職人・製造業・工夫など	74	70	32	176
小売商など	57	77	27	161
農業	35	1	41	77
車夫等輸送業・配達夫	31	27	14	72
会社員・雇員・使丁など	25	15	5	45
按摩・理髪・湯屋など	14	19	2	35
その他	17	13	4	34
飲食店・旅館業	8	10	1	19
無業	10	1	1	12
空欄・判読不能	101	15	15	131
合計	692	478	238	1,408

【表 4】忍町食料救助出願人資力調書　（単位：円）

（3）高まる災害時の行政需要とそれへの対応

以上のように、当時の町村役場では、極めて広範な応急対応を行っていた。しかしそれはまた過酷な行政現場でもあった。南埼玉郡出羽村役場を訪れた埼玉新報の記者は、役場吏員だけでなく、小学校教員に加えて、使丁を数名臨時に雇い入れて、種子救助の書類作成など、罹災民の救護事務に不眠不休であたっている様子を報じているが[24]、これは県下の各役場でも同様であったろう。惨害の大きさに加え、流通・通信手段の途絶に伴って、各町村は自力での災害応急対応を余儀なくされ、さらに罹災救助基金などをはじめとする罹災者支援業務が加わり、各役場には膨大かつ広範な行政負荷がかかることとなった。

その一方で、大里郡や北埼玉郡では、公的救助に対する不満が噴出して村内紛擾に至る事態も頻発していた。これらは、食料救助が足りないという不満ではなく、食料救助の分配方法が大字ごとに不公平があるという批判であった。北埼玉郡では、星河村の大字谷郷（忍町隣接地）には味噌・薪炭を給与しなかったとの不満、屈巣村では大字中郷への救助品が不渡りになっているという不満から、村民らが村役場や郡役所に押しかける事件が起こっている[25]。

忍町の場合、他の町村に比べて最も被害が甚大であったにも関わらず、こうした混乱は見られず、それなりに円滑に応急対応が進められていった。その理由として、既に一八九八年および一九〇七年の水害で一定の経験を積んでいたことが、先に記したような町役場の迅速かつ広範な対応を可能にしたと考えられる[26]。

加えて重要な点として、町内の大字―小字といった単位の地域の有力者たちを機軸にした配給ラインがうまく機能し、地域のきめ細かな被災状況に対応した応急対応が行われた点を挙げておきたい。忍町では八月二七日に町会議員らを集めて協議会を開き、町内の慈善家から義捐金を募集することを協議したが、その際に、「衣類ハ家屋ノ流失倒潰セラレタルモノ及ヒ病者産婦等ヲ先ニシ其残余ハ抽籤スルコト」、「救恤事務取扱ノ為メ」大字ごとに置かれていた区長のほかに、新たに委員四名を加えて救恤品の受取・分配に当らせることが決められた(27)。「水災救助寄贈品配当簿(28)」という資料によれば、罹災者を「家屋流失倒潰者」「最も貧困者」「貧困者」の三ランクに区分し、衣類・慰問袋などを分配している。こうした分配には、大字ごとの区長・救恤委員があたった。忍町の水害応急対応は、その年の一二月五日にほぼ完了した。町長からは救助事務尽力者に対して謝辞が表明されたが、その際の名簿には町内の二五の小字ごとにのべ七五名が列挙されている。先に見た大字ごとの区長・救恤委員の下で、彼等が実際の配給等の現場にあたっていたのであろう。

こうした町内の小空間は、部落割拠的なものとして、行政村単位での統合を目指す日露戦争後の地方改良運動では打破すべきものとされた。しかしそうした淘汰されるべき存在の小字・大字単位のまとまりが、災害応急対応に有効に機能した点は改めて評価されるべきであろう。

ただこのことは、逆に忍町内での大字間の統合の難しさを物語ってもいる。忍町では、町制施行直後の一八八九年五月に区長・常設委員設置条例を設けて、町会とは別に、忍・行田・佐間の大字ごとに区会が設定され、部落有財産の管理・運営が行われていた。町当局は、一九一二年にこれらを統合しようとするが、各大字の重立ちの間で意見の一致を見なかったことから、区会は存続された(29)。先に各大字の態様が近似していることを見たが、人々の意識としては、旧藩意識の強い忍、農業の佐間、商工業の行田という厳然とした区分があり、これが統合の妨げとなっていたのである。

繰り返しになるが、明治四三年の水害は恐らく行政担当者が経験し得ないほどの、膨大かつ複雑な災害救助に関わる行政需要が発生した。県や他の町村などの応援もなく、町内会などの組織が整っていないなかで、地域の実情に詳しい大字・小字ごとの地域有力者が、最も困難と思われる災害救助事務の最前線を担当したことの意味は大きい。

その一方で、また別の動きも見られる。八月二〇日忍町長が北埼玉郡の旧忍領など二一町村長に「水害善後策ニ就キ篤ト御打合セ申度」と呼びかけた【表2】。そこで協議された内容は、食品救助の日数を最大限まで請求すること、県税免除の出願のこと、災害復旧工事に関する件などである。この後四人の町村長が県知事に面会し、要望を伝えている。(30)

こうした動きはほかの郡にもあったようで、(31)県会議員の田島春之助ら当時の非政友会系の政治家たちが働きかけて全県的な動きになった。(32)九月一日には県内の水害町村長会合が大宮公園で開かれ、埼玉水害善後同盟会が発足するに至った。その日の決議事項によれば、「救済ニ関スル件」「公課ノ減免及ヒ延納ニ関スル件」「治水ノ速成及ヒ復旧工事ニ関スル件」などがあげられ、さらに「食料ハ規定ノ極度ヲ給与セラレタキコト」「種料給助ノ範囲ヲ総納額金拾五円以内トナスコト」、加えて「利根川荒川ノ改修工事速成ヲ当局者ニ迫ルコト」が決議された。(33)さらに善後同盟会は、九月三〇日には「県税の免除及び延納の件」以下七項目にわたって、埼玉県に対して、被災地への善後策の実行促進を求める決議を行った。

町村が横断的に連携して県庁に請願する動きは、この水害以前にもあった。しかし、この時の水害善後策をめぐる町村長の動きに特徴的な点として、二点挙げておきたい。まず、県会議員等が介在することによって、全県的な組織へとかつてない規模にまで拡大したこと。またそれまでの請願運動は、地主、人民総代などと呼ばれる人々が中心となり、必ずしも町村長が正面に立つものではなかったが、今回の場合、先に見たような被災地の複雑かつ膨大な応急対応を担った町村長たちが主導して県に対して行った請願運動であり、その内容も包括的なものであったことである。

重要な点は、こうした町村長たちの結合の動きは、その後の北埼玉郡の政治過程において、いくつかの新しい現象を生み出すことになったことである。例えば中条堤をめぐる紛擾である。大水害の後、中条堤の増築を訴える下郷（北埼玉・南埼玉・北葛飾など）と、反対を唱える上郷（大里）の間で対立が先鋭化し、上郷寄りの立場をとる県知事に対し、北埼玉郡の忍領、騎西領の町村長たちは連袂して辞表を提出するなど、下郷の反対運動の中心となった【表2】(34)。この時内務省に設けられた臨時治水調査会で利根川沿いに連続堤防を築くことが決まったことから事態は沈静化するが、北埼玉郡、とりわけ忍領の町村長たちの結合が事態を深刻化させる一因となった。

また一九一一年九月県議選の北埼玉郡選挙区の候補者調整において、水害町村長らの関与が見られる。この時の選挙では、水害を受けた町村長たちの意向を受けて、善後策に尽力した田島春之助らの前議員が推選されるなどした(35)。このように選挙の候補者調整に町村長が連携して当るような現象はそれまでにはまず見られないもので、水害善後策を通して、町村長たちの存在感は大きくなっていると思われる。

また北埼玉郡では一九一二年に町村行政事務研究会が発足している。これは郡内を大まかに忍領・騎西領・羽生領に分けてそれぞれの町村役場の吏員たちが集って行政事務を研究するというものである【表2】。前年の市制町村制改正がその背景にあるが、他方で水害善後策を軸とした町村長たちの連携の動きがあったことも抑えておいてよいだろう。

おわりに

以上のように、明治四三年の大水害は、埼玉県、とりわけ北埼玉郡にかつてない規模の被害をもたらした。初めて本格的に罹災救助基金が使用されるなど、大規模な公的被災者支援が行われたが、交通機関の途絶により、人的・物的支援は限られており、末端の町村長たちは膨大かつ複雑な応急対応を迫られることとなった。本稿では忍町の事例を検討したが、町役場では町内の大字―小字を軸とした部落の有力者たちを動員しながら、焚出や救援物資の収受・分配に当らせることで、円滑な応急対応につとめた。他方、他の近隣の町村長たちと善後策を協議し、県知事に対して最大限度の救助・減租などを働きかけた。この動きは、県会議員らの介在もあって全県的な組織へと拡大した。こうして結合を強めた町村長たちは、その後の中条堤をめぐる紛擾や県議選などで存在感を増しつつ、行政事務研究会などを通して行政能力を高める努力を重ねていくことになる。

註

（1）『東京市史稿　変災篇　第三』（東京市役所、一九一六年）四六七頁。
（2）西川喬『治水長期計画の歴史』（水利科学研究所、一九六九年）、山崎有恒「明治末期の治水問題」（櫻井良樹編『地域政治と近代日本』日本経済評論社、一九九八年）。
（3）大熊孝『利根川治水の変遷と水害』（東京大学出版会、一九八一年）、宮村忠『水害』（中央公論社、一九八五年）、松浦茂樹・松尾宏『水と闘う地域と人々』（さきたま出版会、二〇一四年）。
（4）河西秀夫「山梨県の明治期の水害とその社会的影響」（『社会科学研究』二一六、二〇〇一年）、小畑茂雄「明治四十年の大水害被災者の北海道移住について」（『山梨県立博物館研究年報』二、二〇〇八年）。山梨県の場合、この三年前の明治四〇年水害の被害の方が特に甚大で、明治四〇年および四三年の水害による北海道移住者は三千人に及んだ。
（5）『新編　埼玉県史　通史編　五』（埼玉県、一九八八年）八二〇頁。
（6）日本河川開発調査会『明治四十三年水害調査報告書』（草加市、一九八八年）など。
（7）以下、被害の記述については、『埼玉県水害誌』（埼玉県、一九一二年）および前掲『水と闘う地域と人々』による。
（8）中条堤については、前掲『水害』『水と闘う地域と人々』を参照。
（9）埼玉県知事より内務大臣宛の水害状況報告案（八月一四日）「明治四十四年土木部水害誌」（埼玉県行政文書　明五八二二、埼玉県立文書館所蔵）。
（10）前掲『埼玉県水害誌』三一～三二頁。
（11）「北埼玉郡水害状況」（行田市郷土博物館所蔵「長谷川宏家文書」一〇四四）。
（12）忍町の被害については、『忍商報』一六〇号（一九一〇年九月五日）（行田市郷土博物館所蔵「長谷川宏家文書」一〇四四）。

(13)「明治四十三年八月　水害ニ関スル書類　忍町役場」（行田市郷土博物館所蔵）。同資料については、門脇伸一氏の資料紹介（『行田市郷土博物館研究報告』七、二〇一一年）を参照。なお『行田市史　下巻』（行田市、一九五八年）の明治四三年水害に関する記述も、本資料に基づいて執筆されている。
(14) 前掲『埼玉県水害誌』二〇二～二〇八頁、前掲『新編埼玉県史　通史編　五』一〇一二頁。
(15) なお埼玉県における各町村の罹災救助資金蓄積規程の制定・運用については、中西啓太「明治後期町村資金蓄積政策と監督行政」（近代租税史研究会『近代日本の租税と行財政』有志舎、二〇一四年）。
(16) 前掲「明治四十三年八月　水害ニ関スル書類　忍町役場」、「焚出救助書類　忍町施行ノ分」（行田市郷土博物館所蔵）。
(17)『埼玉新報』一九一〇年八月一四日。
(18)「焚出救助書類　県施行ノ分」（行田市郷土博物館所蔵）。
(19) 忍町の橋本喜助・鈴木忠右衛門・加藤十左衛門らは、自宅の一部を開放して焚出を行った（『国民新聞埼玉版』一九一〇年八月一八日、八月二四日、『埼玉新報』一九一〇年八月一九日）。
(20)「忍町役場日記」（行田市郷土博物館所蔵）。
(21) 前掲『埼玉県水害誌』二〇三頁。
(22) 前掲「明治四十三年八月　水害ニ関スル書類　忍町役場」。
(23) 行田市郷土博物館所蔵。
(24)『埼玉新報』一九一〇年八月二三日。
(25)『埼玉新報』一九一〇年八月二三日、九月一〇日。『国民新聞　埼玉版』一九一〇年九月一〇日、九月一七日。
(26)「明治三十壱年九月七日　水害ニ関スル書綴込　忍町役場」（行田市郷土博物館所蔵）によれば、この時備荒貯蓄より罹災者への焚出・食料救助および種穀救助が行われている。
(27) 前掲「明治四十三年八月　水害ニ関スル書類　忍町役場」。
(28) 行田市郷土博物館所蔵。
(29)「忍町区会条例改正条例許可稟請（一九一二年八月）」（埼玉県行政文書 大一九―二一六、埼玉県立文書館蔵）。

（30）前掲「明治四十三年八月　水害ニ関スル書類　忍町役場」。
（31）南埼玉郡でも八月二十五日に北部の町村長たちが水害善後策に関して協議を行っている（蓮田市教育委員会社会教育課市史編さん係編『飯野喜四郎日記Ⅰ』蓮田市教育委員会、二〇〇三年、三一五頁）。このほか北足立郡、北葛飾郡、比企郡、南埼玉郡の村長らが堤防修築と県税免除を埼玉県に陳情している（『埼玉新報』一九一〇年九月二七日）。
（32）『国民新聞 埼玉版』一九一〇年八月二八日、『埼玉新報』一九一〇年九月四日。あわせて、非政友派は従来の政友会主導の治水、土木行政の修正を企図していた（大西比呂志「大正政変期の埼玉県政界」『埼玉県史研究』第一六号一九八五年）。
（33）前掲「明治四十三年八月　水害ニ関スル書類　忍町役場」。
（34）『関東新報』一九一一年三月二一日。
（35）『関東新報』一九一一年九月一日。南埼玉郡でも同様に、北部の町村長有志らが候補者選定に深く関与している（前掲『飯野喜四郎日記』三二二〜三二三頁。

地域利害と政治運動　―埼玉県成立期の地域問題―

渡辺隆喜

はじめに

地方史研究協議会の今大会の課題は、熊谷市での大会開催ということもあり、「北武蔵の地域形成」という主題になっている。共通論題の副題は、「水と地形が織りなす歴史像」とあるので、水郷北武蔵の歴史像を描くことが大会の目標ということになる。

私は、この課題に真正面から応えることはできないが、近代史の分野から、政治史を通じて多少なりとも接近するため、「地域利害と政治運動」と題して検討したいと思う。

テーマが一般的すぎるとなれば、「埼玉県成立期の地域問題」と副題を付けてもよいかと思う。本稿は埼玉県全体を通観し、県政との関係から、県北地域の特色に触れることを課題にしている。

一　埼玉県政の特色

最初に、「埼玉県成立期の特色」を、政党を中心に、他県と概観的に比較してみたい。

	明治 10 年代	明治 20 年代	明治 30 年代	明治 40 年代	大正期
岩手県	自由党・改進党	改進党全盛	政友会（全盛原敬影響）	→	同志会伸長へ
		①政友会即鉄道即成	②凶作補助費、学校問題の党略化		③県費（土木補助）分配の不公平
石川県	自由党優勢	選挙干渉官権拡大	政友会全盛	（土木事業による党勢拡張 →「実利主義による威圧と懐柔」）	
徳島県	自由・改進党対立	改進党全盛	政友会全盛（南方派、北方派→政友派横暴農派、商工派の対立）		自治崩壊
千葉県	自由・改進党対立	→	「党争激甚党弊絶無」		
埼玉県	改進党全盛	自由党伸長	政友会優勢	「党勢よりも党争の激甚なるを通例」	

【表 1】明治政党史の地方的推移（概観）

【表1】は、五つの県の事例を表示している。明治一〇年代の「自由」、「改進」両党の対立型は、岩手、千葉、徳島の三県だが、この三県は、その後の推移が異なっている。

岩手県は、まず「求我社」という民権結社を中心とした自由民権運動の時期に、「自由党」が勢力を張る。やがて、嚶鳴社系の「改進党」が伸張し、二〇年代に全盛期を迎える。二〇年代後半より自由党が伸張し、三〇年代には政友会全盛時代となる。この間政友派の独裁のための弊害が、反対派への選挙干渉や、鉄道布設を口実とした入党勧誘、国有林払い下げ運動費の不正割当、貧民救助補助費や土木費の党勢拡張への不正利用などを起し、政党の弊害、つまり、「党弊」の典型的な県になったという。

千葉県は、当初から自由党、改進党の勢力が伯仲しており、明治期を通じてこの関係が変わらなかったため、一党独裁の弊害はまぬがれたが、かわって政党同士の争い、つまり、「党争」が烈しい県だといわれている。

徳島県は、「自助社」という結社を中心に、自由民権運動が展開し、自由党勢力を生み出すが、一方で、「改進党」も伸張し、二〇年代まで「改進党」が全盛だったが、三〇年代に「自由党」と、その後身の「政友会」が伸張し、政友会独裁のもとで、県政の不振が続いた、といわれている。

以上の三県と異なったのは石川県で、一〇年代以来、自由党系が全盛で、三〇年代には、一層、政友会独裁となり、県政は停滞し、「実利主義による威圧と懐柔」が行われたという。つまり、目先の利害をちらつかせて、県民を巧みに手なずけた、ということである。土木補助の不正支出、その党勢拡張への転用、賄賂の横行、疑獄事件等が起こったという。

埼玉県の場合、それまで全盛を極めた「改進党」にかわり、「自由党」が伸張するのは二〇年代後半で、三〇年代に「政友会」が主流になる。その勢力比は、政友会六に対し、改進党四の割合で、政友会独裁とはならず、両勢力があい争う「党争」の県、といわれている。そのため、選挙では、壮士間の乱闘や、待合政治が行われ、暴力にかわって、金力での買収や利益誘導が行われた県、だという。もっとも、政友会主導の時代に、県費の不正支出、利権にかかわる弊害が出たことも指摘されている。

二　埼玉県政党勢力の推移

以上に指摘された、県政上の特色は、大正三年出版の『党争と党弊』、つまり、政党の争いと政党の弊害を検討した本で指摘された新聞記事的考察だが、それらの特色が、地域とどう関わるかを、歴史学的に検討するがここでの課題になる。

埼玉県の政党勢力が形成されるのは、自由民権運動の時期で、明治一四（一八八一）年以降だが、明治一七（一八八四）年当時の県下の政党員分布を見れば、【表2】のようになる。合計三六四人の政党所属が判明するのみで、政党員の絶対数が少ないが、周辺にシンパ（シンパサイダー。特定の政治運動・労働運動などに共鳴し、陰で後援する人のこと）が多く、そのためこの表は、民権期の勢力図を、おおよそ示していると見てよい。

政党別にみれば、「自由党」員は北埼玉郡に集中し、これに秩父、北葛飾郡が続き、県北諸郡がその勢力地盤であったことを示している。一方、「改進党」員は北足立郡に集中し、次いで南埼玉、比企、横見郡など県南諸郡に勢力を

郡／政党	自由	改進	合計
北足立	20	83	103
新座		6	6
入間	13	10	23
高麗		3	3
秩父	30（44）	30（44）	
比企		9	9
横見		9	9
児玉	1		1
加美	1		1
那珂			
大里	1		1
幡羅	6		6
榛沢	18（5）	18（5）	
男衾			
北埼玉	59	8	67
南埼玉	8	22	30
北葛飾	23	9	32
中葛飾		3	3
その他	6	16	32
合計	186	17.8	364

【表2】各郡別自由・改進党員数（明治17年）　単位：人

張っている。「県北の自由党、県南の改進党」は近代を通じて埼玉県の大きな特質であった。

両政党は党員の性格とかかわって、運動の進め方に違いがあった。後でも見るが、「自由党」は中小地主、小豪農層で、かつ、血気の徒と言われるように、活動的で、主張も烈しく、自由民権運動時の北埼玉の「通見社」、「本立社」のように、権利平等の立場で、人民の請願権を主張し、国会開設請願運動を展開した。

これに対し、「改進党」は都市型で、大商人や大地主が多く、穏健で、川越中心の四郡有志同胞会のように、意見を上申するだけの、国会開設建白運動を進めている。このような運動上の性格は、県会議員の性格にも反映する。【表5】のように、当初、改進党優勢であった埼玉県は、その後、【表3、4】のように変化する。

明治一〇年代の県会議員総数一四八人のうち、政党的立場を明らかにしている者は、「自由党」一一人に対し、「改進党」三五人であったが、これが衆議院選挙とかかわり、変化する。【表3】は、衆議院議員の選挙結果であるが、明治期選挙の全一一回の当選議員は合計九三人、これを政党別に見れば、自由党系五一人、改進党系三二人、吏党の大政会、国民協会系一〇人となっている。

	有権者	棄権率（%）	自由党（政友）（票）	改進党（憲本・国民）（票）	大成会・国民派（吏）（票）	その他（票）	議員数
第1回（明治 23.7）	17,965	2.7	12,417	7,045	5,828	4,194	自3.改2.吏3
第2回（〃 25.2）	17,476	5.1	13,609	9,132	3,943	1,254	自3.改3.吏2
第3回（〃 27.3）	17,633	8.5	16,001	6,912	4,435	770	自3.改3.吏2
第4回（〃 27.9）	18,309	11.0	11,923	11,928	3,850	701	自3.改3.吏2
第5回（〃 31.3）	18,498	8.4	18,123	6,462	4,445	471	自6.改1.吏1
第6回（〃 31.8）	19,525	16.6	15,258	9,740	2,553	955	自5.進3
第7回（〃 35.8）	31,573	8.9	18,262	6,934		3,265	政6.本3
第8回（〃 36.3）	29,917	9.4	15,280	9,916		1,612	政5.本4
第9回（〃 37.3）	24,235	8.7	12,888	8,955		86	政6.本3
第10回（〃 41.5）	46,353	7.5	24,963	17,422		30	政6.本3
第11回（〃 45.5）	42,164	5.8	24,069	14,979		312	政5.国4

【表3】明治期埼玉県衆議院議員選挙得票結果表

これを時間的推移で見れば、明治三一（一八九八）年の第五回総選挙から「自由党」と、その後身の「政友会」系が急増し、改進党系憲政本党の議員比は、五対三になる。当然、得票率もこの時期から逆転する。この変化は重大な意味を持つ。これまで地租軽減の民力休養路線を採ってきた「自由党」系が、この時、地租増徴を容認し、国策優先路線に変質するからである。このことは本来、国策優先を主張していた「吏党」に接近することになり、両者は共同歩調をとり合流することになるので、「政友会」は保守化しつつ得票を一層伸ばすことになった。

埼玉県の「政友会」の基盤は、県北、特に北埼玉郡であったし、「吏党」系の本拠も同様であったので、県北の地盤変化が、この時起こっていたことがわかる。明治三〇年前後は、日本資本主義の確立期なので、県北の地域利害は変質しつつ、国家体制の中に重層化されつつあったと見られる。

この関係を、得票の変化で見たものが、【表4】である。自由党系「政友会」と改進党系「国民党」は、六対四の比率であった。この点を、県会議員選挙の結果について見ても同様である。当初、優勢だった「改進党」が逆転されるのは、【表6】のように、二一人

	有権者（人）	棄権率（%）	政友会（票）	国民党（票）	合計（票）	政友比（%）	国民比（%）
北足立郡	8,303	5.4	3,896	3,856	7,798	50.0	49.4
入間郡	7,295	11.2	3,514	2,842	6,429	54.7	44.2
比企郡	3,618	7.7	1,364	1,925	3,297	41.4	58.4
秩父郡	1,499	14.3	885	380	1,271	69.6	29.9
児玉郡	2,402	10.4	1,562	490	2,113	73.9	23.2
大里郡	4,758	3.1	3,547	973	4,561	77.8	21.4
北埼玉郡	6,355	7.7	5,417	376	5,810	93.2	6.5
南埼玉郡	5,582	8.4	2,228	2,798	5,051	44.1	55.4
北葛飾郡	3,368	9.8	1,662	1,346	3,013	55.2	44.7
合計	43,669	6.7	24,075	14,986	39,340	61.2	38.0

【表4】明治45年　衆議院議員選挙政党別郡別得票割合表　注：数字は史料のまま

郡区	議員数	自由党	改進党
北足立・新座郡（5→6）	15人	山崎平兵衛（芝村）	福島耕助、船津徳右衛門、河野恵助、加藤政之助、高橋荘右衛門、永田荘作、柳下織右衛門 八木橋克、大畑庄左衛門
入間・高麗郡（5→6）	19人	斉藤与惣次（所沢）	福田久松、山口正輿、増田忠順、大沢禎三 上田岱弁、小林捨三
比企・横見郡（4）	14人		柴生田義治、新井恭明、野崎為憲、金子光広 田中一郎、鈴木善恭、遠山甚右衛門、片岡勇三郎
秩父郡（4→3）	16人		山田源内、浅見平吉
児玉・加美・那珂郡（3）	14人	持田直、山田鋼太郎	福田礼蔵
大里・榛沢・男衾 幡羅郡（5）	16人	橋本近	
北埼玉郡（5）	16人	堀越寛介、斉藤圭次、平野喜代三郎、岡戸勝三朗	小林兵右衛門
南埼玉郡（5→4）	17人	大島寛爾	吉田元輔、井出庸造、大垣六郎右衛門 三須丈右衛門、佐藤乾信
北葛飾・中葛飾（4）	17人	野口褧	関口弥五、大塚喜太郎、篠田清嗣
（40人）	148人	11人	35人

【表5】埼玉県会議員と政党　（明治10年代）
明治史料研究連絡会「明治前期府県会議員名簿」（上）p73以下（　）は定員　議員数は10年代の就任者総数

に対し、「自由党」一四人から【表7】を見ると、明治二七（一八九四）年県会で、「一八対二四」と逆転していることがわかる。

この表でわかるように、自由党躍進の地域は、特に二つの郡、つまり南埼玉郡と入間郡である。自由党進出の理由は、双方異なるが、南埼玉郡、北葛飾郡の場合は、明治二三（一八九〇）年水害の補償にかかわり、補助助成費獲得運動の先頭に立った自由党県会議員を応援するため、新しい政治結社の「庚寅倶楽部」を組織し、入党者が増加している。議員が利害誘導のパイプ役をする先例を示している。

入間郡の場合は、アメリカ帰りで、後に衆議院議長となり、普通選挙法を成立させた粕谷義三の運動参加で、「川越倶楽部」、「中武政会」が組織され、運動が活発化した結果だと思われる。

以上、「南埼玉」、「入間」二郡は、明治二〇年代から自由党躍進の基盤になったが、明治

選挙区＼改選期	明治 18.12（第 5 期）			明治 20.11（第 6 期）			明治 23.3（第 7 期）			明治 25.2（第 8 期）		
	改	自	中	改	自	中	改	自	中	改	自	中
北足立・新座	6			5			5			5	1	
入間・高麗	3			5			5			2	4	
秩父	3			3			3		1	3		
比企・横見	3	1		3	1	1	3	1		4		
児玉・加美・那珂	2	1		1	2		1	2	4	1	1	1
大里・榛沢 幡羅・男衾		5			5		1			3	1	1
北埼玉	2	3		2	3		1	4			2	3
南埼玉	4			4	1		2	3		1	3	
北・中葛飾	4			3	1		4			2	2	
合計	30	4	6	26	7	7	25	10	5	21	14	5

【表 6】埼玉県会の勢力分野　青木平八「埼玉県政と政党史」

郡別＼選挙	明治 26.1（第 9 回）			明治 27.2（第 10 回）			明治 29.3（第 11 回）			明治 30.4（第 12 回）		
	改	自	無	改	自	無	改	自	無	改	自	無
北足立・新座郡	5	1		3	4		2	4		8		
入間・高麗郡	2	4		4	3	1	3	4		1	7	
秩父郡	3			3			3			1	2	
比企・横見郡	4			4			3	1		3	1	
児玉・加美・那珂		1	2		3	2	2	2		1	2	
大里・榛沢 幡羅・男衾	3	2		1	6		1	6		2	4	
北埼玉	3	2			2	吏3		2	吏3			吏6
南埼玉	1	3	1	1	4			5			4	
北・中葛飾	2	1	1	2	2	1	1	3		1	3	
合計	20	15	6	18	24	7	15	27	3	17	23	6

郡別＼選挙	明治 32.9（第 13 回）			明治 36.9（第 14 回）			明治 40.9（第 15 回）			明治 44.9（第 16 回）		
	憲本	憲	無	憲本	政	無	憲本	政	無	国民	政	無
北足立・新座郡	5	3		3	(4)	3	4	4	1	4	4	1
入間・高麗郡	2	4	1	2	4	2	3	4	1	3	3	1
秩父郡	1	2	1	1	(3)		1	1		1	1	1
比企・横見郡	2	1		1	2		2	1		2	1	2
児玉・加美・那珂	1	2	1		(2)			(2)		1	1	
大里・榛沢 幡羅・男衾	1	3		1	4		2	3		2	3	
北埼玉		2	吏3	1	5	1		3	2		1	1④
南埼玉	2	3		2	2	1(1)	1	2	1	2	2	1
北・中葛飾	1	2		1	1	(1)	3			1	2	1
合計	15	22	7	11	19	7(11)	13	19	7(3)	16	18	8④

【表 7】埼玉県会政党別議員表　＜「埼玉県議会百年史」＞（　）内は革新倶楽部　○印は田島派

地価	憲政本党	人	政友派	人	中立派	人
500 円以下			横田（銀）、伊古田	2	林（蚕種）	1
500 ～ 1,000	長島、田中（弁）、島田	3	斉藤、小林	2	向山（織物）	1
1,000 ～ 2,000			町田、田中、戸矢、清水 福島	5		
2,000 ～ 3,000			岡田、大塚、茂木	3		
3,000 ～ 4,000			長島	1		
4,000 ～ 5,000	綾部（薬）	1	（杉田）、根岸、（大作）	3		
5,000 ～ 7,000	中山（紡）	1	田島、柿原（絹）	2		
7,000 ～ 10,000	北爪	1	中村、新井	2		
10,000 ～ 12,500	小山（酒）、鈴木（醤）	2	長谷川、川島、高橋	3		
12,500 ～ 15,000						
15,000 ～ 20,000			駒崎、（星野（肥））	2		
20,000 以上	内村（銀）、宮内	2	斉藤	1		
合計	10 人		26 人		2 人	

【表 8】埼玉県会議員政派別財産表（明治 33 年）

三〇年代に政友会となってから伸張したのは、県北諸郡、なかでも北埼玉郡であった。北埼玉郡は、当初より「自由党」が強く、明治二五（一八九二）年当時より、「吏党」が進出し、明治三〇（一八九七）年には「吏党」のみとなった極端な結果も見られるが、明治三二（一八九九）年以降、「自由党」との合流が進む。その他、大里、榛沢、男衾、幡羅郡など県北諸郡にも「自由党」系の伸張が見られる。

ところで、これら県会議員の資力状況を見たものが、【表8】である。表は明治三三年当時のもので政友派は地価五〇〇円以下より二万円以上まで二六人いる。うち丸で囲った三名は田島派と称する吏党系の人々で、中小地主が多く、これ対し憲政本党（改進党表）の一〇人のうち七人は地価四〇〇〇円以上である。これらは、紡績業、醤油業、など実業派と称する人々が多いことがわかる。地主対商人、中小地主対大地主の対立が見られ、埼玉県でも、研究史上に言われるように、一流の名望家と二流の名望家の対立という状況があったことがわかる。

三　政社と選挙運動

次に、政社と選挙の関係について見ておきたい。埼玉県でも、政社の成立は、自由民権運動であった。明治八（一八七五）年頃から新聞購読会、読書会、学術研究会、として始まった親睦上の社交結社は、明治一〇（一八七六）年頃から政治的意見を同一にし、政治結社としての性格を強める。

明治一〇年代の政治結社は【表9】のようになる。これらは、徐々に政党系列化するが、明治一七（一八八四）年より松方デフレの農村不況で後退し、その回復に応じて明治二〇年前後の地方制度研究会や三大事件建白運動を通じて再結集し、【表10】のように、明治二三（一八九〇）年の初期帝国議会に向けての選挙団体の性格も持ってくる。

設立年月	結社名	所在	中心人物	備考
明治 8 年 4 月	七名社	熊谷駅	石川弥一郎、長谷川敬助	社員 7 人
明治 9 年 9 月	進修会	熊谷駅	石川弥一郎	会員 50 名
明治 10 年 12 月	精義社	岩槻町	佐久間範二郎、河野孝義	
明治 11 年	通見社	羽生町	堀越寛介、斉藤勝太郎	社員 3140
明治 12 年	如水社	二郷半領	社長 藤波治助 副社長 大塚喜太郎	社員 20 余名
明治 13 年 1 月	大宮嚶鳴社（第 16）	大宮町	社長 永田荘作	社員 90 名
明治 13 年 2 月	杉戸嚶鳴社（第 17）	杉戸駅	鈴木彰、一場正俊	社員 100 余名
明治 13 年 4 月	公愛社	児玉郡下今井村	荒川源賢	教育演説会
明治 13 年 8 月	麗和交詢会	浦和駅	矢部忠右衛門、大枝美福	発会時 19 名
明治 13 年 10 月？	会友社	比企郡川島郷	片岡勇三郎、岡部雄作	
明治 13 年 11 月	四郡同胞有志会	川越駅	福田久松	会員 136 名
明治 14 年 1 月	勧育社	比企郡小川村	野崎為憲、野口本之助	
明治 14 年 7 月	草加嚶鳴社	草加駅	高橋荘右衛門、佐藤乾信	社員 100 余名
明治 14 年 7 月	匡進会	幡羅郡下奈良村		
明治 14 年 8 月	行成社	行田町	三島福太郎、木口直次郎	社員 200 余名
明治 14 年 9 月	本立社	羽生町	家越竜、森下盛	社員 80 余名
明治 14 年 10 月？	菁莪社	宝珠村	？	
明治 14 年 11 月	資友社	飯能町	会長 西浜徳左右、小能正三	会員 60 余名
	淡水社	岩槻町	八木橋克、岡田平三朗	
明治 14 年夏	研究社	北埼玉郡大越村	榎本、栗原某	
明治 14 年　？	明巳社	本庄駅	松本庄八、三俣素平	社員 70 ～ 80 名
	自由偕進社	杉戸幸手駅	社長 野口褧、副社長 渡辺湜	社員 120 名
明治 15 年 2 月	鳩ヶ谷嚶鳴社	鳩ヶ谷町	船戸、潮地某	社員 300 余名
明治 15 年 3 月？	麗和会	浦和駅	星野平兵衛、永田荘作	
明治 15 年 7 月	青年研究会	西宝珠花村		演説討論会
明治 15 年	有為会	深谷駅		青年学術演説会

【表 9】埼玉県下の民権結社
（朝野新聞、郵便報知新聞、東京横浜毎日新聞、埼玉新報、その他）ほか、
七名社（深作村）友誼会（川越付近）陸交社（所沢）などがある。

結社	創立日	地域	代表的人物	政派
武蔵倶楽部	明治 23 年 1 月 7 日	児玉郡児玉町	倉林太郎兵衛（幹事長）	改進党系
秩父同好会	明治 23 年 1 月 16 日	秩父郡	宮川四郎、新井市三朗	〃
北武倶楽部	明治 23 年 1 月 17 日	北埼玉郡	堀越寛介、岡村新三朗	自由党系
四郡同好会	明治 23 年 1 月 30 日	入間、高麗 比企、横見	綾部惣兵衛、福田久松	改進党系
乾武倶楽部	明治 23 年 2 月 15 日	加美郡	戸矢三郎、荒井富五郎	〃
武蔵自由倶楽部	明治 23 年 2 月 23 日	児玉郡	長谷部信恭、千代田三郎	自由党系
共同会	明治 23 年 2 月 23 日	本庄町	井上源賢、根岸伊十郎	〃
川越倶楽部	明治 23 年 2 月 23 日	入間郡 （川越）	橋本三九郎、岩岡美作	〃
秩父倶楽部	明治 23 年 2 月 24 日	秩父郡	富田左右治、若林慶次郎	改進党系
武蔵野郷友会	明治 23 年 4 月 6 日	入間、高麗、 比企、横見	福田久松、神木三郎兵衛	〃
横見倶楽部	明治 23 年 4 月 6 日	横見郡	新井恭明、田中一郎	〃
農商倶楽部	明治 23 年 5 月 3 日	比企郡 （小川町）	小久保満尊、関根温	〃
埼玉平民会	明治 23 年 6 月（以前）	全県	川上参三郎	自由党系
北足立新座両郡倶楽部	明治 23 年 8 月 1 日	北足立、 新座郡	高橋安爾	〃
北足立新座同志会	明治 23 年 9 月 13 日	〃	加藤政之助、永田荘作	改進党系
西武庚寅倶楽部	明治 23 年 10 月 29 日	秩父郡	大久保巳之作、小鹿原順作	自由党系
庚寅団体（倶楽部）	明治 23 年 12 月 26 日	南埼玉郡	新井敬一郎、飯野喜四郎	〃
大幡倶楽部	？	大里、幡羅郡	？	〃

【表 10】明治 23 年埼玉県の諸結社
出典：郵便報知新聞、毎日、朝日、その他新聞、飯野家文書（県立文書館）

政友派			憲政会派		
幸陽倶楽部	（浦和町）	明治26年自由党本部	足立同志会	（浦和町）	明治23年発会
惟一倶楽部	（川越町）	明治27年発会	新座倶楽部	（膝折村）	明治44年発会
比企倶楽部	（松山町）	明治34年発会	入間倶楽部	（川越町）	明治30年頃発会
交誼会	（熊谷町）	明治24年発会	維新倶楽部	（川越町）	
統一倶楽部	（不動岡村）	明治24年発会	大里倶楽部	（熊谷町）	
忍同志会	（忍町）	明治24年発会	西部同交会	（寄居町）	大正2年発会
騎西同志会	（騎西町）	明治24年発会	埼玉正民会	（熊谷町）	大正2年発会
正行倶楽部	（忍町）	明治25年発会	中央倶楽部	（岩槻町）	
南埼玉倶楽部	（粕壁町）				
南埼正交会	（久喜町）	大正4年発会			
正気倶楽部	（宝珠花村）				

【表11】埼玉県の政治結社（大正８年）
出典：新編「埼玉県史」　資料編19　P9868

それ故、各々の結社は、政党系列化し、県北に「自由党」、県南に「改進党」系結社が分布した。

詳細は省略するが、各々の結社の主張は、地方制度の場合、「自由党」系が、国有林払い下げによる町村財産の充実と等級選挙の撤廃を、民力休養との関連で主張し、「改進党」系が、首長公選、議会権限の拡張と共に、町村財産充実の地方自治を主張するものであった。政治的団結の基礎に、これらの主張がおかれ、選挙母体となった、と当時の新聞は伝えている。

このような政社は、その後、【表11】のように推移するが、二〇年代以来の伝統を受け継ぎながらも、微妙に性格を変えて行く。政社の歴史を見ると、明治二七（一八九四）年を契機に、東京中心の政党本部が確立し、地方結社は、下部組織化し、従来の地域の声を国政に反映させる機関としての性格を変え、中央本部方針の下請け機関、つまり上位下達の機関化する。埼玉県のこの過程は、大変難産で、中央方針を疑問視する人も多く分裂騒ぎもあったようである。しかし、結果として、体制に巻き込まれることになる。

四　政社と政治運動

埼玉県と中央との関係を政社と政治運動との関連で見れば、次のようになる。

明治9年	地租改正抵抗運動
明治13年	国会開設請願運動
明治18年	商業税軽減運動
明治20年	三大事件建白運動（地租、言論、条約）
明治21年	条約改正建白運動
明治23年	地租軽減、民力休養運動
明治25年	知事・警部長排斥運動
明治31年	地租増徴反対運動（改進系）
明治42年	地租軽減運動（改進系）

【表12】埼玉県の政治運動

埼玉県の政治運動は【表12】のように推移する。明治期を通じ、政治運動は変質するが、一貫しているのは、土地に課せられた租税の「地租」の問題であった。地租は国税の中心であったので、農民の高い国税に対する反発が、地租軽減運動として始まる。明治一〇（一八七七）年には、地租は農民の貴重な財産を分けたもの故、国家財政の収支には農民代表を参加させるべし、とする「国会開設運動」となった。租税共議権の思想をもった運動である。

南埼玉と中葛飾南部の「如水社」も建白運動を行なうが、この草加近辺の政社は、明治二三（一八九〇）年時には「埼葛倶楽部」になる。北埼玉県の「通見社」、「本立社」が過激な請願運動を、入間郡の「四郡同胞有志会」が穏健な建白運動をしたことは、前に述べた。

これらはまた一転して、明治二〇年代初頭の地租軽減による民力休養の民党運動の基盤となる。この民党運動を潰すため、明治二五（一八九二）年総選挙で、品川内相による大干渉が行なわれるが、それを忠実に実践した久保田知事、有田警部長の排斥運動へと発展した。

この時まで、地租をめぐる政府と農民の対立、つまり、官と民の対立が基本で、自由、改進党の対立は二次的で、もっぱら官に対する民の立場が尊重されて、共同歩調をとっていた。

【表13】は、排斥運動に立ち上がった、「自由」、「改進」両党中心の、民党系議

埼玉県百万ノ同胞諸君二告（明治 26 年 1 月）　埼玉県総選挙中央事務所 （無印：民党前議員、×印：民党新議員、△印：吏党議員） 本月十五日ノ県会総選挙、大宮大会ノ決議二従ヒ、予期ノ如ク、次ノ好結果ヲ得タリ	
北足立郡	永田荘作　星野平兵衛　吉田茂助　須田守三　八木橋克
新座郡	長谷川松五郎
中葛飾郡	染谷保次郎
南埼玉郡	高橋荘之丞　佐藤乾信　宮内翁助　江原由兵衛
北葛飾郡	×長瀬精一郎　篠田清嗣　×新井愛太郎
北埼玉郡	岡戸勝三郎　×岡村新三郎　新井鬼司　△酒巻敬之助　△小沢愛次郎
大里郡	柴田忠明
男衾郡	轟重定
榛沢郡	橋本近　新堀良策
播羅郡	石坂金一郎
児玉郡	×持田直
加美郡	×坂本三郎
秩父郡	大久保巳之作　若林慶次郎　伊古田豊三郎
比企郡	野口本之助　町田藤助　×片岡勇三郎
横見郡	木村清夫
那珂郡	△鈴木治三郎
入間郡	粕谷義三　竹谷兼吉　橋本三九郎　林半三郎
高麗郡	田中万次郎　増田忠順

【表 13】知事排斥運動と民党議員
出典：毎日新聞　明治 26 年 1 月 27 日

員の選挙勝利の広告である。この勝利で、県会は「民党」優勢となり、知事排斥を実現するが、自由、改進党の共同歩調はこの時までで、明治二七（一八九四）年日清戦争から、各党本部の統制強化にともなって、政府に接近する吏党的性格を強める「自由党」と、なお反政府的性格を持続する「改進党」に分裂することになった。したがって、明治三一（一八九八）年の地租増徴反対運動は、すでに増徴に賛成し、かつて対立した藩閥勢力の指導者伊藤博文が組織した「政友会」に合流した「自由党」ではなく、「改進党」が担うことになった。

五　県内の政治運動

以上、反政府運動としての政治運動について見てきたが、最後に、埼玉県政と地域の政治運動の関連を見ておく。

県政上の埼玉県内の党派対立は、明治一八（一八八五）年一二月の県庁移転問題に始まる。時の吉田県令は、南方派の改進党勢力を押さえるため、北方派の自由党に接近、北埼玉の吏党派とも結び、県庁移転を計画したが、失敗する。県庁移転問題は、明治三〇（一八九七）年も再燃するが、改進党勢力の反対で潰れる。

政党対立は、その前の明治二二（一八八九）年四月、新町村制の実施にともない、熊谷町と石原村の合併問題でみられ、賛成派の熊谷町商工業者、つまり「改進党」系と石原地域の中小地主、つまり「自由党」とが対立する。都市派対農村派との争いであったが、大審院に上告されて、長く尾を引くことになる。

新町村制は、政府が日本資本主義創出のため、税負担能力をもつ広域町村の創出を意図したものだったので、道路工事、水利事業を活発化させ、土木費の急増を招いた。そのことが政治運動の質をも深く変えていくことになった。道路、水利は一県規模というより、一郡ないし広域町村規模が多くなり、補助金導入や利害調停に議員が活躍する場面が多くなった。従来の官と民の対立が後景に退き、身近な利害が優先され、地域間の対立が登場する。

埼玉県はこの時期の大問題は、熊谷・秩父間の県道導入問題であった。明治二二（一八八九）年一一月、県会で中山道から分岐する熊谷・秩父道と本庄秩父道の開鑿上の争いが起こり、多数派の改進党が押す熊谷秩父道が勝利した。敗北した北方派の自由党員は、列車内に乗車中の熊谷派改進党員を襲い、硫酸をかける事件を起こした。県会硫酸事件である。

この関係は明治二七（一八九四）年を境に明治三〇年代に入り、一層顕著になる。この時期には、粕壁中学校設立問題、越谷の新方領耕地整理、中条提修築問題が、党派対立の中心になった。

日本資本主義育成のインフラ整備作業は、明治二〇年代から急増し、県内各地に矛盾を転嫁し、地域利害の対立に矮小化し、利害誘導型県政を強めたことは前に述べたが、そのための地域の悲痛な叫びは、県庁や県会への建白運動として噴出する。明治二三（一八九〇）年以来の地域の建白状況を見ると、【表14～16】のようになる。

（イ）河川改修（道路改修）建議

	明治23	24	25	26	27	28	29	30	31	32	33	34	35	36	37	38	39	40	合計
北足立		1		2（5）			1（1）	1	（1）		（1）	（1）	1（1）	（3）		1	（2）	（2）	[illegible]
入間		（1）				（2）	5（4）		2	1				1					[illegible]
比企	1			（2）					（1）								（1）	1	[illegible]
秩父		（6）		（4）		（4）											（1）		[illegible]
児玉		（7）					1		2										[illegible]
大里	1	（2）		（4）	1	（1）	1		1				2					2	[illegible]
北埼玉	4	1		1（2）			1		3								（1）		[illegible]
南埼玉		1（3）		2（1）	1					1		1	1	3		1（1）	1（4）		[illegible]
北葛飾				2（2）	1	1	1	2		（1）	（2）	1（1）	2	1			（2）		[illegible]
合計	6	3(19)		7(20)		(7)	(5)		(2)	(1)	(3)	2(2)	6(1)	5(3)		2(1)	1(11)	3(2)	[illegible]

【表 14】埼玉県民間建議の分析（Ⅰ）出典：「埼玉県議会史」第2，3巻

（ロ）県税支弁道編入願（公益道編入願）

	明治27	28	29	30	31	32	33	34	35	36	37	38	39	40	合計
北足立		1(2)		1		1	1	3		4			6	1	20
入間	1(1)	5(9)	3	2	1	4(2)	2			4		2	1	1	38
比企		3(1)	(1)		1(1)			2					4	1	14
秩父		2(3)				3	1	1					1		11
児玉													1		1
大里	(1)	(2)	1	1(1)		2(1)	1	1	3	3			1	2	20
北埼玉	(2)	(1)	1(2)	(2)	1	3(1)								2	15
南埼玉	(1)		(1)				1	2(1)					7	1	14
北葛飾	(1)			1			1	1		1			3	1	9
合計	1(6)	11(18)	5(4)	5(3)	3(1)	13(4)	7	10(1)	3	12		2	24	9	142

【表 15】埼玉県民間建議の分析（Ⅱ）出典：「埼玉県議会史」第2，3巻

（ハ）諸減税建議

	明治23	26	27	31	32	33	35	38	40	合計
北足立	1	4			4			4		7
入間		3					1			4
比企	3	1		1	1		1	1		8
秩父		4		1					1	6
児玉		2		1				1		4
大里	1	3		2	1	1		4		12
北埼玉		2	1			1	1			5
南埼玉		2			1	1		1		5
北葛飾		1				1				2
合計	5 （営）	22 （売薬）	1	5 （蚕）	4 （県税）	4 （県税）	3 （県税）	8	1	53

【表 16】埼玉県民間建議の分析（Ⅲ）出典：「埼玉県議会史」第2，3巻

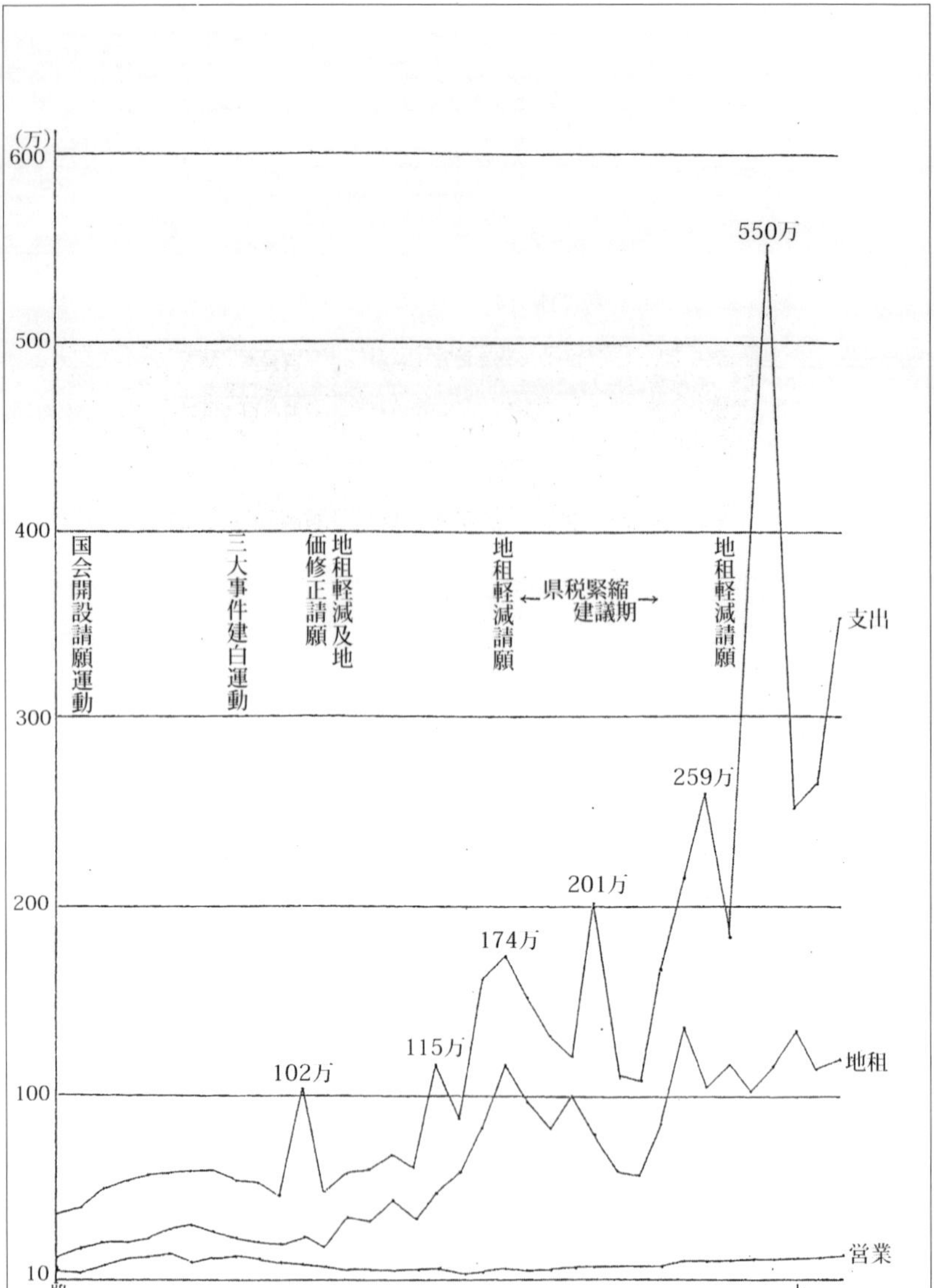

【表 17】埼玉県財政支出の変化

【表14】は、河川および道路改修に関する建議だが、特に明治二四（一八九一）～二九（一八九六）年にかけて、南埼玉、北足立など県南地域で要請されたことがわかる。「改進党」優勢の県南地域である。【表15】は、県税支弁道編入の請願であるが、これは地域の道路修築上の面倒を県が見ることを要請したもので、明治二八（一八九五）年を最大に、明治三〇年代には県北諸郡が中心となり、「政友会」優勢期に重なる。【表16】は、諸税軽減建議だが、すでに地租増徴に賛成する県北地域にではなく、都市部や県南の改進党系の人々によって、県税縮小との関連で主張されていた。

【表17】は、明治期の埼玉県財政の推移を示したものであるが、三〇年前後が、支出の急増期、であることがわかる。この急増を支えたのは、営業税収入より「地租割」、「戸別割」であった。「県税節減請願書」によれば、地租増徴が民力の疲弊をもたらし、かつ、地方税は明治一二（一八七九）年当時の三五万円が、明治三二（一八九九）年には一七四万円に増大し、実に五倍に拡大したと指摘されている。その上、県債、つまり、埼玉県の公的な負債が六九万円に達し、県全体の事業の圧縮が模索されていたのである。

このような県政の消極的立場から、また、受益者負担の考えから、諸経費の地域への転嫁が行われたといえる。民力休養を主張する「改進党」系は、県税節減運動を展開したが、一方の自由党系「政友会」は、確立した資本主義の要請に積極的に応じ、補助金勧誘に熱心になって、目先の利害を糊塗することを優先することになった。時あたかも、地主制の確立期で、変節した地主層の負担増加時期を境に問題化する。地主農政がこの時期より展開し、小作争議化の時代になるからである。

明治三〇～四〇年代に活躍した、埼玉県の新聞記者に、「岸上香摘」という人物がいる。彼は当時の埼玉県の政治状況について、「埼玉の政治家、実業家、教育者の類、節操なく、識見なく、唯々諾々として、御座なり主義、迎合主義を事とし、毫《すこし》も明日以後の経論なき事」甚だしい、と述べている。この指摘は、埼玉県に限らず、当時の全国的な実情の一端を示すものであった。

結びにかえて

本稿をまとめると次のようである。

第一に、明治政府は財政を中央に集中し、地方基盤整備の諸費用は、各府県や市町村に転嫁したこと、第二に、その負担の圧力は、府県内の地域対立を顕在化させ、党派対立をあおる結果になったこと、第三に、明治二〇年前後からの府県土木費への国庫補助の開始が、代議士、県会議員を補助金誘導のパイプ化させたこと、第四に、明治三〇年前後の資本主義確立により、道路河川改修を加え、鉄道敷設が進み、更に四〇年代には水力発電所が開設され、地域対立を激化させ、国家主義的に変質した政友会主導の解決が図られること、第五に、したがって政治運動は当初の官と民との対立の図式から利害優先主義に変質する一方、「改進系」は、建白運動に穏健化し、結果として国家統合が図られたこと、などが指摘できる。北武蔵の構造的変質の詳細は他日の課題となる。

「北武蔵」こそ、近代日本の政治経済上の縮図にして象徴的な地域といえるのである。

第六五回（埼玉）大会の記録

大会成果刊行特別委員会

はじめに

地方史研究協議会第六五回（埼玉）大会は、二〇一四年一〇月一八日から二〇日の三日間、「北武蔵の地域形成—水と地形が織りなす歴史像—」の共通論題（テーマ）を掲げ、埼玉県熊谷市の熊谷市立文化センター文化会館を会場に開催された。第一日目となる一八日は二本の自由論題研究発表、二本の共通論題研究発表、公開講演、総会が、第二日目の一九日には七本の共通論題研究発表と共通討論が行われ、最終日となる二〇日には、熊谷・深谷コース、行田コースに分かれて巡見が行われた。

本書は、第六五回（埼玉）大会の成果を公開講演、共通論題研究発表、自由論題研究発表を中心に編集したもので、書名は大会共通論題である「北武蔵の地域形成—水と地形が織りなす歴史像—」とした。また、構成は共通討論における議論に鑑み、「Ⅰ荒川・利根川と地域拠点」「Ⅱ湧水と生産・生業」「Ⅲ領域意識の形成と展開」とした。

一　大会準備（運営）委員会・実行委員会の組織と運営

地方史研究協議会と埼玉県地方史研究会との協議の結果、二〇一三年三月に同会の田代脩会長より大会開催の申し出が地方史研究協議会事務局に寄せられた。この申し出を基に、二〇一二年七月三一日に開催された常任委員会において、第六五回大会を埼玉県内で開催することに決定し、常任委員会内に大会準備委員会が組織された。準備委員の構成は、新井浩文・牛米努・栗原健一・実松幸男・生駒哲郎の五名で、第一回準備委員会で互選により生駒哲郎が委員長に就任した。その後、大嶌聖子・斉藤進・富澤達三・野本禎司が加わり、常任委員長である平野明夫、二〇一二年一〇月から吉田政博とともに大会開催に向けた準備を行った。

二〇一三年一〇月に開催された第六四回（金沢）大会終了後には、準備委員会は運営委員会へと改組された。大会準備委員会および運営委員会の開催状況は以下の通りである。

【大会準備委員会】

第一回	二〇一二年	九月　四日（火）
第二回		一一月一五日（木）
第三回		一二月一三日（木）
第四回	二〇一三年	一月二四日（木）
第五回		二月二七日（水）

第六回　四月　三日（水）
第七回　五月一六日（木）
第八回　六月一四日（金）
第九回　七月一九日（金）
第一〇回　九月　五日（木）

【大会運営委員会】

第一回　一一月一三日（水）
第二回　一一月二〇日（水）
第三回　一二月　三日（火）
第四回　一二月　九日（月）
第五回　二〇一四年　二月一〇日（火）
第六回　三月一四日（金）
第七回　四月二三日（金）
第八回　七月二二日（火）
第九回　八月二〇日（水）

一方、大会開催地の正式決定を受けて、地元では埼玉県地方史研究会を中心に大会実行委員会結成の準備が進められ、二〇一二年一一月二五日に埼玉県熊谷市内の熊谷市立熊谷図書館で第一回実行委員会が開催された。最初の実行委員会ということもあり、地方史研究協議会からも多くの常任委員が出席し、大会開催に向けてのスケジュール確認、準備内容などについて意見が交わされた。こうして本格的に活動をはじめた実行委員会は、その後、委員を補充して体制を強化しつつ、大会開催に向けた会議を定期的に開催した。最終的な実行委員会の構成は次の通りである。

【実行委員会】

顧　問　来間平八、村田安穂
実行委員長　田代　脩
事務局長　大井教寛
委　員　有元修一、飯塚　好、飯山　實、犬飼　大、井上恵一、榎本　博、太田富康、兼子　順、岸　清俊、*澤村怜薫、重田正夫、清水　亮、菅野将史、杉山正司、*鈴木紀三雄、武井　尚、*中島洋一、根ヶ山泰史、原　太平、*蛭間健悟、*水品洋介、諸岡　勝（＊は、事務局担当委員）

大会準備を進めるにあたり、大会実行委員会では、事務局担当委員を定め、実行委員長・事務局長とともに、事務局担当委員が中心となり大会の準備・運営にあたった。とりわけ、事務局の拠点となった熊谷市教育委員会と行田市教育委員会には、後援団体として、会議会場の提供、実行委員との連絡、関連資料の準備、備品の手配など、多面的に大会を支えていただいた。このように熊谷市・行田市の両教育委員会を中心とした事務局体制によって、実行委員会のみならず、大会の準備・運営は円滑に進んだ。

また、会誌『地方史研究』で第六五回（埼玉）大会運営報告として実行委員会・運営委員会の活動については報告したが、二〇一四年九月以降は未報告なので追記する。

二〇一四年九月一五日には、熊谷市立熊谷図書館においてプレ大会が開催された。大会当日とほぼ同じスケジュールで本番さながらの報告が行われた。また、一〇月五日に熊谷市立図書館を会場に第一八回実行委員会が開催され、準備状況が報告されるとともに、大会当日の役割分担の最終確認が行われた。

大会前日となる一〇月一七日には、午後から会場設営等の前日準備が行われ、その後第一九回の実行委員会が開催された。恒例により常任委員会と合同で開催され、翌日からの大会の最終確認が行われた。

なお、大会実行委員会・運営委員会では、共通論題にあわせた発表者の選定、その事前報告会をあわせて開催した。実行委員会・事前準備報告会の開催状況は以下の通りである。

【実行委員会・準備報告会】

第一回　二〇一二年一一月二五日(土)(熊谷市立熊谷図書館)
第二回　二〇一三年　三月　九日(土)(熊谷市立熊谷図書館)
第三回　四月二七日(土)(熊谷市立熊谷図書館)
第四回　六月二日(日)(熊谷市立熊谷図書館)
第五回　七月二七日(土)(行田市産業文化会館)
第六回　九月　七日(土)(熊谷市立熊谷図書館)
第七回　四月二六日(土)(熊谷市立熊谷図書館)
第八回　一一月一六日(土)(熊谷市立熊谷図書館)
第九回　一二月一〇日(火)(行田市産業文化会館)
第一〇回　二〇一四年　一月二五日(土)(熊谷市立熊谷図書館)
第一一回　二月二二日(日)(熊谷市立熊谷図書館)
第一二回　三月一六日(日)(行田市産業文化会館)
第一三回　四月二六日(土)(熊谷市立熊谷図書館)
第一四回　五月三一日(土)(熊谷市立熊谷図書館)
第一回　事前準備報告会　大井教寛氏・松村憲治氏
第一五回　六月二一日(土)(熊谷市立図書館)
第二回　事前準備報告会　原　太平氏・細野健太郎氏
第一六回　八月　二日(土)(行田市産業文化会館)
第三回　事前準備報告会　澤村怜薫氏・松村憲治氏
第四回　事前準備報告会八月一九日(火)
(さいたま市民会館うらわ)　松本洋幸氏
第一七回　八月二三日(土)(熊谷市立図書館)
第五回　事前準備報告会
井上尚明氏・内田幸彦氏・田村均氏
プレ大会　九月一五日(月)(熊谷市立熊谷図書館)
第一八回　一〇月　五日(日)(熊谷市立熊谷図書館)
第一九回　一〇月一七日(金)
(熊谷市立文化センター文化会館)

また、本会研究小委員会では、第六五回大会に向けた大会関連月例報告会を行った。

第六五回（埼玉）大会関連月例会
二〇一四年　八月二八日(木)
筑波大学東京キャンパス文京校舎

武蔵地域における板碑造立に関する一視点　滝澤雅史氏

報告の内容については問題提起として掲載されているので『地方史研究』第三七一号を参照されたい。

さらに、本会研究小委員会では、大会の総括月例報告会を行なった。

第六五回（埼玉）大会総括例会二〇一五年　二月一四日
行田市郷土博物館講座室

埼玉大会を振り返って　水品　洋介

地方史研究協議会第六五回（埼玉）大会を振り返って　実松　幸男

報告の内容については、要旨が掲載されているので『地方史研究』三七六号を参照されたい。

二　大会共通論題の設定経緯

第六五回（埼玉）大会を開催するにあたり、大会実行委員会および準備（運営）委員会では、共通論題の設定に向けて議論を重ねた。

本会では、第四三回大会（一九九二）を埼玉県草加市で開催しており、その際には「河川をめぐる歴史像 ―境界と交流―」という共通論題のもと、利根川を主としたその周辺地域の歴史的特徴を検証した。したがって、利根川を主として採り上げたので、埼玉県を中心にしながらも利根川流域の県外の地域についても検討の対象としている。実行委員会では、まずは第四三回大会の共通論題の内容を確認した。

その上で、今回の大会の共通論題について、実行委員会の場で意見を出し合った。最初に、本大会は、埼玉県全体を扱うのか、それとも地域を絞った大会にするのかを検討した。実行委員会では、地域を絞った大会にするということで意見がまとまった。対象の地域は、今大会の開催地である熊谷市・行田市を中心とした周辺地域である。埼玉県は地形的には、秩父地方の山地や大宮台地、さらには、今大会の対象地域である加須低地・妻沼低地などの低地もあり一様ではない。今大会は、こうした地形的特徴のある地域を検討し、その地域の歴史的特徴について自然環境を視野に入れて捉え直し、埼玉県全体のなかに位置付けたいという意見が出た。したがって、地域を絞って検討するが、埼玉県全体のなかでの地域の特徴を検討するという視点から今大会は、「埼玉」大会とした。

また、今回の大会は、第四三回大会の共通論題を意識している。前回は「利根川」という広い範囲を検討したが、今大会は「荒川と利根川の狭間の地域」という視点で地域が限定されている。それは①地域を絞ることで、古代から現代まで、同じ問題意識のもと各報告がまとまる、②全時代を通して水と文化の結節点という形を示せるのではないか、③他地域にも広がるテーマである、などの意見によったためである。

さらに、熊谷市と行田市は、熊谷市が大里郡、行田市が北埼玉郡に属しており行政区域を異にしてきたという歴史がある。したがって、両地域は必ずしも一体性で捉えられていない面がある。そういう意味で、今大会の検討対象地域を適切に表現する名称が見つからずに議論を重ねたが、それは、今大会の共通論題の新たな試みによるところでもある。

共通論題でいう「北武蔵」とは、地理的な面からのこの地域を表現する言葉である。それは、川をテーマにするのであれば、地理的な問題が重要になるという議論に基づき名付けた名称である。

こうして共通論題である「北武蔵の地域形成―水と地形が織りなす歴史像―」が決定し、細部にわたる検討を重ねて、最終的には次のような趣意書が『地方史研究』第三七〇・三七一号に掲載された。

【第六五回大会を迎えるにあたって】
北武蔵の地域形成―水と地形が織りなす歴史像―

常任委員会
第六五回（埼玉）大会実行委員会

地方史研究協議会では、第六五回（埼玉）大会を二〇一四年一〇月一八日（土）～二〇日（月）までの三日間、埼玉県の熊谷市立文化センター文化会館において開催する。本会常任委員会および開催地の研究者で組織された大会実行委員会では、大会の共通論題を「北武蔵の地域形成―水と地形が織りなす歴史像―」と決定した。

埼玉県内で開催される本会の大会は、一九九二年の第四三回（利根川）大会以来である。前回は、共通論題を「河川―境界と交流―」として、利根川を中心とした河川交通や文化交流などの視角から議論した。今回の大会では、荒川と利根川がもっとも接近し、埼玉県北部の比企丘陵から荒川の扇状地を経て加須低地へと連なる地域、すなわち、現在の行田・熊谷両市を中心とした地域を「北武蔵」と定義し、水と地形とのかかわりのなかで形成・展開されるこの地域の歴史像を検討することとした。この地域は、古代以降いくつかの郡域にまたがり、現代においても行政区域を異にするが、関東造盆地運動による低地の造成や、荒川・利根川両河川の流路の変遷といった、時代によって変化する自然環境に対応し、ときには生活や生産の拠点を移動させながら歴史的な展開をみせたという共通点がある。こうした地域の特性を追求することで、地域特有の歴史像を明らかにできると考える。

当地域は、弥生時代、北関東でもいち早く本格的な稲作農耕が始まり、古墳時代に入ると低地の開発が進んで、生産力が大きく向上していったと推定されている。こうした生産力を背景に、五世紀後半以降、辛亥銘鉄剣の出土した古墳群に代表されるように、大型の古墳が河川流域に数多く築造された。また、律令期の東山道から武蔵国府に至る官道は、武蔵国の入口が現在の行田市東部や熊谷市妻沼付近の利根川沿いに比定され、さらには、奈良時代の条里制の跡がみられることなどからも、当地域が、古代以来、人々の政治・生活の拠点であったことが知られる。

一二世紀に入ると、「武蔵武士」が登場し、この地域は、熊谷氏・別符氏らの拠点となった。こうした武士たちは、荒川扇状地の湧水を利用した生産力を基に、勢力を拡大していったと考えられている。また、交通の要所である長井や村岡は、交易の場として発展した。宗教・文化の面では、武蔵型板碑が広く造立されており、「嘉禄の板碑」など初期の板碑が集中していることから、一三世紀段階でこの地域が、造立者である在地有力者らの活動拠点であったと理解されよう。

さて、一五世紀後半には、成田郷の領主であった成田氏が忍城に拠り、利根川流域の支配をめぐって、上杉氏や小田原北条氏との軍事的関係を保ちながらも独自の領域支配を展開し、忍領が形成された。また、石田三成の水攻めの攻防があった忍城は、自然の沼地と河川を利用したことで知られている。小田原北条氏が滅亡した後、忍城は徳川氏の領国支配の拠点として重視された。忍藩が成立すると、行田は城下町として、熊谷は中山道の宿駅として、地域における政治・経済の中心となっていった。また、幕府や忍藩による荒川・利根川の流路変更、堤の整備に加え、備前渠用水・六堰用水などの開削も進み、それまでの低湿地は、広大な水田地帯となって生産力が上昇し、江戸時代中後期には、主穀生産に加えて酒造業などが広範に展開した。さらに、この地域の村々では、用水の管理や水害への対応のため、組合が組織されるなど、水を背景とした地域の秩序が形成された。

廃藩置県後のこの地域は、埼玉県と入間県、次いで埼玉県と熊谷県の一部となり、その後、埼玉県に編成された。また、熊谷では県内初の民権結社である七名社が結成され、行田では同じく民権結社の行成社が結成されるなど、この地域は県北部の政治活動の拠点ともなった。さらに、明治四三（一九一〇）年の大洪水を機に、荒川・利根川では、国による大規模な治水事業が進められ、その結果、この地域の農業生産は安定した。また、麦作の新手法開発や品種改良などにより、製粉業が発達し、粉物という食文化の面でも、この地域は、共通点がみられるようになった。その他、産業としては養蚕と関連して製糸業が発達し、一方で、県蚕業試験場や気象台も設置された。江戸時代以来の伝統的な藍染を用いた行田の足袋は、全国に販路を広げた。熊谷では、星川の湧水を利用した熊谷染といわれる染色業が展開するなど、水を利用した特産品が広がりをみせた。さらには、明治前期に鉄道が開通し、熊谷駅に至る道路網が整備されたことにより、物資の集散地・流通の拠点ともなった。

このように、当地域は、地形の変化などに応じて生活や生産の拠点を移動させてきたが、忍城の拠点化と忍領の成立によって、一つの地域として把握された。さらに、近代以降、行田・熊谷は、異なる行政区域のなかでそれぞれ独自の展開をみせるものの、この地域は、近接する両河川の恵みを受けて生産力を向上させていったという、共通性をみることができる。

今大会では、水と地形が密接に結びついて展開した地域の一体性に着目し、その歴史像を明らかにしたいと考える。参加者の積極的な議論を期待したい。

三　問題提起

第六五回大会において、例年の通り、共通論題にかかわる問題提起を募集し、『地方史研究』第三七〇号・第三七一号に掲載した。

①利根・荒川流域における古墳群の形成　塚田　良道
②北武蔵の水害史　根ヶ山泰史
③熊谷氏と熊谷郷をめぐるいくつかの論点　高橋　修
④忍成田氏の国衆化をめぐって　黒田　基樹
⑤「北武蔵地域」の豪農層と水利普請組合　榎本　博
⑥交通史の視点
―中山道から日本鉄道への交通結節点―　杉山　正司
⑦幕末変革期における関東豪農の役割と根岸友山　根岸　友憲
⑧寺子屋から学校へ―玉松堂を例として―　濱田　由美
⑨熊谷における製糸業の展開　小林　公幸
⑩熊谷の戦災についての考察　来間　平八
⑪年中行事と地域性　飯塚　好
⑫北武蔵に残る伝統と文化継承に関する一考察　瀬藤　貴史
⑬「荒川筋工作物構造明細図」にみる北武蔵の近代　増山　聖子
⑭板碑と地域の仏教史　有元　修一
⑮北武蔵地域における板碑造立に関する一視点　滝澤　雅史
⑯武蔵成田氏と鎌倉府権力・享徳の乱　清水　亮
⑰「忍城水攻め」歴史像の形成　鈴木紀三雄
⑱北武蔵の地域編成―御捉飼場の視点から―　水品　洋介
⑲近世中山道鴻巣宿周辺村落の耕地と集落　森　朋久
⑳北武蔵北端地域における先進性　井上　潤
㉑熊谷地域における戦後初期の青年運動について　岸　清俊
㉒熊谷の麦文化　平井加余子
㉓歴史時代の火山噴出物を指標とした
利根川河道変遷解明の可能性　井上　素子

四　自由論題研究発表

大会初日となる一〇月一八日に行われた自由論題研究発表は、次の通りである。

1荒川中流域における中世石塔の展開
―一三・一四世紀の板碑を中心として―　村山　卓
2近世後期、熊谷地域における改革組合村
―武蔵国幡羅郡下奈良村吉田市右衛門と領主層・豪農層との関係性を中心に―　藤井　明広

元来、大会における自由論題研究発表は、本会会員の日頃の研究成果を発表する場であり、共通論題との関連性が求められるものではない。しかし両氏の発表は、今大会の共通論題の趣意書に関わりのある報告であったので、論文として本書に収録した。

五　公開講演

同じく大会初日の午後に行われた公開講演は、次の通りである。

①関東平野西部の自然と成り立ち　堀口　萬吉
②地域利害と政治運動
　―埼玉県成立期の地域問題―　渡辺　隆喜

両氏の講演については、今大会の共通論題の趣意書と関わりが深いため、本書に論文として収録した。

六　共通論題研究発表

同じく大会初日の午前と二日目の一〇月一九日に行われた共通論題研究発表は、次の通りである。

①古代河川交通と森林開発　井上　尚明
②武蔵国熊谷郷の開発と在地領主　大井　教寛
③戦国期北武蔵地域の交通―忍領を中心として―　松村　憲治
④近世前期、忍藩領の形成と在地支配　澤村　怜薫
⑤近世荒川扇状地の河川と湧水について
　―忍領の事例を中心に―　原　太平
⑥北武蔵の酒造業と関東上酒試造　細野健太郎
⑦幕末・明治前期の蚕種輸出と生糸改良問題
　―富岡製糸場と北武蔵―　田村　均
⑧明治四三年大水害と地域社会
―北埼玉郡の被害・応急対応・影響を中心に―　松本　洋幸
⑨低地農村地帯における内水面漁撈
　―溜井、堀上田を中心に―　内田　幸彦

各発表は、論文として本書に収録した。

七　共通論題討論会

共通論題研究発表終了後、共通論題討論が行われた。議長は、大会実行委員の重田正夫氏、中島洋一氏（ともに埼玉）、大会運営委員会委員長の生駒哲郎（東京）が務めた。討論に先立ち、議長団（生駒）より共通論題の趣旨が改めて紹介されるとともに、次に掲げる三つの論題が提示された。

一つ目は、自然環境が北武蔵地域の歴史に大きく影響を与えたとの認識に基づき、時代による荒川・利根川の流路の変遷と地域社会とのかかわりを検討する。さらにこの論点を詳細に議論するかたちで、二つ目としては、荒川と利根川に挟まれた地域における生産の拠点化について検討する。具体的には、荒川水系を中心とした湧水と生産拠点という視点で、この地域の歴史的特徴を浮き彫りにさせることを目的とする。三つ目は、北武蔵地域、すなわち現在の熊谷市と行田市を中心とした地域の一体性を、忍領・忍藩領という視点から検討する。以上の三点から荒川と利根川が最も接近する地域の歴史的特徴を議論することを参加者に了承いただき、共通論題討論は開始された。

まずは、各報告者が個別に、それぞれの報告をまとめ、個別報告に対する質問に答えた。第一報告である井上尚明氏（埼玉）は、古代における河川交通と木材の伐採について、①小型船では、中小河川は利用できても、大河川は利用する技術がないこと、②北武蔵地域では、檜の伐採は秩父地方におい

て行われ、国家規模の事業でなければ不可能であること、について指摘された。

第二報告である大井教寛氏（埼玉）は、①荒川の本流は熊谷市街の北側を流れていたが、熊谷市街の南側を流れるようになり、それは応永年間の洪水によって変わった可能性が高いこと、②「大里条里坪付」を現在の地図に投影させた上で、古代からの官制開発の場所と熊谷氏の開発の場所は密接に関係していたこと、③鎌倉期にみられる堀は、荒川の支流を利用し、洪水等になった場合、境界争論が発生したこと、などを指摘した。また、会場からの質問に答える形で、この地域の武蔵武士の特質として古代からの官制開発の地を利用した在地領主的な開発、村岡にみられる町場的・経済的な拠点を押さえるという二面性を指摘した。

第三報告の松村憲治氏（埼玉）は、戦国期成田氏が北武蔵地域最大の武士として成長した理由を、忍城周辺が交通の要所である点などを踏まえるべきとし、その上で、①成田氏の本領は成田郷で、足利成氏が陣所にした「成田」の方が忍城より交通の要所であった可能性はないのか、という質問に対し、文明一一年に忍城が築城されるという史料があり、忍城周辺を指して「成田」と言っていた可能性があることを指摘した。さらに、②成田氏が築城した忍城の場所について、共通論題報告で「権力の空白地帯」と述べたことについて、「権力の境目地帯」という意味であること、また河川に沿う形で家臣を配置していくことを補足した。

第四報告の澤村怜薫氏（埼玉）は、忍藩領の一円化について、元禄一一年が画期となることを報告で述べたが、さらに、それ以前の元禄四年頃から割元である城付四組の実態・機能がみられることを指摘した。また、阿部家が転封となり松平家が入ってからも城付四組の存在が想定できることを付言した。

第五報告の原太平氏（埼玉）は、河川について近世に地域の人々がどうかかわってきたのかという問題意識に基づき、具体的には荒川による扇状地を流れる荒川支流の星川を例に「忍御領分絵図」に記された「出水」が「湧水」のことであることを改めて指摘し、こうした記述を見過ごしてきたことに対する反省と、地域における「出水」の役割を再検討すべきであるとの提言を述べた。

第六報告の細野健太郎氏（千葉）は、①寛政二年から始まった幕府からの造酒要請を受ける土壌が熊谷地域にはあり、実際には一七世紀後半からの展開が想定できること、②この地域の湧水の存在が酒造りに密接に関わったこと、③安政年間に、江戸の人々にこの地域の酒を認識させることができたことなどを指摘した。

第七報告の田村均氏（埼玉）は、①富岡製糸場では当初、繰糸機は、フランス式で成功せず、イタリア式に切り替えたこと、②本庄台地や深谷台地に位置する児玉郡や榛沢郡は、沖積地が発達しており、イタリア式の繭の餌となる桑木の栽培に適した土壌であり、蚕種には好適な条件が備わっていたことを指摘した。

第八報告の松本洋幸氏（神奈川）は、まず、明治四三年の大水害の前に四〇年の水害があるのではないか、との質問に対し、明治四三年の水害は他と規模が異なるとし、交通などが寸断され、県庁レベルではなく各地方自治体の負担が大きかったことを述べた。さらに、松本氏は、忍地域の場合、明治二三年、三一年、四〇年の水害の体験が、炊き出しの救助、罹災者・被災者の調査など行政対応の経験に生かされたことを指摘した。

第九報告の内田幸彦氏（埼玉）は、①内水面漁撈について、水田における稲作期と農閑期で水の量が異なる点、耕作権と漁業権は別である点などを述べ、②水田系用水の漁撈では、熊谷市の江袋溜井を例として、家ごとに占有的にその場所を利用し、その家が代々権利を引き継いでいく特徴があることを指摘した。また課題として③水田漁撈が社会統合にどう資するのかについて、十分に明らかにできていないこと、④内水面の漁撈は担い手、かかわり方、漁具、漁法、漁獲の規模、漁獲物の利用法などを丹念にみる必要があること、⑤地域の漁撈という視点や、専業漁師、副業漁師などの相違、河川と湖沼の区別や流通体系などもみなければならないと述べた。

以上の各報告を踏まえて、第一の論点「流路の変遷と地域社会」に入った。議長は中島氏が務めた。最初に議長（中島）より、討論の前提として利根川と荒川の流路についての説明があった。

まずは、利根川について次のような説明があった。地質学では、旧石器時代の二万年前から縄文時代の約三五〇〇年前までは安定していてあまり流路は変わらないという。また行田・加須・羽生や群馬県の館林あたりまで大宮台地が続いていて、利根川はその台地を越えることができずに、今の荒川筋の方に流れていた。およそ熊谷市の市街地の北側を通って現代の荒川筋のあたりが流路であったようであると述べた。

荒川については次のような説明があった。荒川はすでに現在の秩父から流れ出る形をとっていた。大里のあたりから現在の流路とは分かれてきて熊谷市の北東を通って熊谷市の北側のあたりで利根川と合流し、利根川の支流のようなあり方をしていた。そのころの荒川は、渓谷のようで、荒川の扇状地はない状態であった。

その後、荒川の扇状地は段々と発達し、荒川の傾斜が緩くなって土砂が溜まった。その土砂が利根川を押しやって、利根川が現在の利根川筋に近いところを流れるようになった。『熊谷市史研究』第三号によると、妻沼のあたりを蛇行しながら行田市域を通り現在の元荒川のあたりを流れていたようである。ただし、そうなる時期は研究者によって諸説ある。

こうして、荒川の扇状地の土砂の堆積が進むとともに、荒川と利根川との合流地点の川底は、土砂の堆積で上がり、さらに、加須地域では地盤が沈下しはじめた。一方では川底が上がり、一方では地盤沈下が始まったのである。そしてある時期に利根川は台地をこえて、今の場所に流れ出た。

議長（中島）は、利根川が台地を越えた時期も諸説あり、五世紀末と六世紀後半の二度の榛名山噴火によって排出された角閃石安山岩が利根川を流れ、それを確認した研究があることを紹介した。その上で、六世紀末の段階では、すでに利根川の流路は大宮台地の東側に移っていたという井上素子氏（埼玉）の「問題提起」や秋池武氏の研究に触れた。さらに、「問題提起」での塚田良道氏（埼玉）の指摘のように、古墳が六世紀前半に利根川筋に、六世紀後半に荒川筋に展開するということを考えると、六世紀末より古い時期に、利根川は流路を変えていた可能性があるとした。

議長（中島）より以上の説明があり、その上で、井上報告に対し、この地域の中宿遺跡などへの物資の供給は、利根川水系なのか、荒川水系なのか意見を求めた。井上氏は、具体的に幡羅遺跡や榛沢遺跡など官衙の材木（檜）の供給ルートについて説明し、秩父の山地に繋がる利根川水系の小山川の利用を挙げた。さらに、福川や中宿遺跡の下に位置する滝下河川跡などの利根川水系の利用についても指摘した。井上氏は、こうした幾つかの支流の利用を述べた上で、律令国家の交通政策の根幹は陸上交通であるとし、さらに、陸上交通と水上交通の交差点に古代都市ができるとし、先に交通網があり、その後に各地方都市ができると考えていると述べた。

議長（中島）は、古墳時代の石材供給のルートとして利根川を利用するというイメージがあるとし、井上氏に古墳時代の流通の経路と古代流通の経路が重なるかを質した。井上氏は、埼玉古墳群の石材運搬などについて触れ、古墳時代の流通と律令国家の交通体系とは全く異なり、連続して考えるのではなく、分けて考えた方がよい点を指摘した。

以上、古代までの河川の流路と利用、交通路などを確認した上で、議長（中島）は、大井報告で古代に比して中世に入り熊谷氏などの権力が及ぶ領域が狭く再編されていること、また、荒川の流路の変遷と熊谷氏のかかわりについて意見を求めた。大井氏は、まず、中世の人々が利根川のような大河川をコントロールすることは不可能であることを指摘した。また、荒川については、古代から中世にかけては熊谷市の北側を流れていたことを改めて確認した上で、大里条里については、荒川の本流を避けるかたちで条里を造らざるを得なかった点を指摘した。

さらに、大井氏は、荒川本流からの派川については用水路に利用することができたので、それを利用するかたちで、微高地、低湿地という場所の合間をぬって古代に条里が造られたと述べた。また、大井氏は、中世において大きな河川を使うというより、古代からの条里制を利用した上での、中小の河川、さらに派川を使った開発というものが始まるとし、それに東山道武蔵路などの交通路との関係で拠点ができてくると述べた。

さらに、議長（中島）は、井上氏からも指摘があった陸上交通と河川の交点に拠点があるということを踏まえて、松村報告は河川沿いに陸上交通が平行している印象であることを質した。松村氏は、中世後期（戦国期）という時代、律令制の官道とは違って、街道が部分的にしか整備されておらず、自然地形に規制されて陸上交通路があったと思われるとし、河川沿いの地域というのは、自然条件として自然堤防のような安定していないところを移動している印象があると述べた。

以上、議長（中島氏）は、井上・大井・松村報告の内容を通して、古代から中世までの荒川と利根川の流路の変遷と河川の影響による地域社会のあり方をまとめた。さらに、議長（中島氏）は、近世以降、澤村報告の荒川と利根川とに挟まれた地域のなかに生活環境が集約されるという現象面や、見沼代用水の開削にともなって内田報告にあった掘上田ができることなどを例に挙げ、地域の様相は非常に変化をして、それは荒川・利根川の流路の変遷が影響していると第一の議論をまとめた。

次に議題は、第一の議論を踏まえて、より具体的に河川による生産について検討することを目的とする第二の論点、「荒川を主とした湧水を利用した生産拠点」に入った。議長は生駒が務めた。議長（生駒）は、まず大井報告の荒川の支流が大里条里の上に展開し、それが熊谷氏の拠点になったという点を確認した上で、大井報告は生産の拠点という視点が大きなテーマだったと指摘した。また、議長（生駒）は、「問題提起」のなかで高橋修氏（茨城）が武蔵武士の特徴として、交通・流通の拠点を押さえるべきだと述べた内容を紹介し、大井報告の生産の拠点と高橋氏の交通・流通の拠点という二つの拠点について、最初に整理したいとし、高橋氏に意見を求めた。

高橋氏は、水系を押さえるという問題と、流通と交通の結節点を押さえるという問題は相対峙するものではなく、従来の領主制の議論のなかで、水系を押さえるということに偏重していたので、その他の面から全体的に考えるべきという意味で問題を提起したと述べた。また高橋氏は、近年、荘園制成立に関する研究で、中世の在地武士が色々な人脈をたどって中央の権力を動かすということが重視されているので、矛盾とは考えていないとした。その上で、高橋氏は、大井氏が考える古代の官制開発、あるいは官衙的な官制施設というものに依存して中世の領主が支配地域を広げていく場合について、この地域独特のものか、あるいは他地域にもみられる普遍的なものかを質した。

大井氏は、この質問に対し、この地域特有のものと考え、官衙と条里との関係が非常に密接な地域だと指摘した。さらに大井氏は、①榛沢郡衙と岡部条里、幡羅郡衙と別符条里、大里郡衙と大里条里、さらに中条条里、成田条里などを例に挙げ、この地域は古代からの条里開発が早く進んだ地域だと考えている、②しかも中世武士が荘園を持っているわけでもなく、熊谷氏の熊谷郷、久下氏の久下郷、成田氏の成田郷はすべて元々国衙領になり、中小武士がここに開発の拠点を持ってきた理由は条里制との関係が高い、と指摘した。これらの点を踏まえて、大井氏は、この地域を開発するには荒川の派川、もしくは湧水を使うことが必要であり、さらに東山道武蔵路などの官道が通っていたという事実と合せて、中小武士による所領開発と町場的な経済活動がこの地域の特徴だと考えているると述べた。

以上のように、生産の拠点、流通の拠点という二つの拠点を整理した上で、議長（生駒）は、原報告を通して、湧水の用水としての利用など、中世と近世の連続性を質した。原氏は、地形が大きく変わらなければ連続性はあると思うとし、『新編武蔵風土記稿』の「中世からの由緒ある場所の湧水」という記載のされ方から、連続性の可能性を指摘した。

さらに議長（生駒）は、近世における湧水の利用について言及した。具体的には、細野報告に対し、酒造業も湧水を利用する点を質した。細野氏は、原氏の『新編武蔵風土記稿』の記事についての発言をさらに発展させる形で、近世以降では、もっと広範囲に多面的に展開したと述べ、この地域の酒造人の分布が、湧水が出ていたポイントである可能性を指摘した。また、細野氏は、原報告で述べられた洪水をきっかけとして湧水が湧くようになった、地震をきっかけに湧水が出なくなったなどの内容について、酒造にも少なからず影響を及ぼした可能性を指摘した。

議長（生駒）は、水田ではない湧水の利用という面で細野報告に触れたが、そういう意味で、内田報告にあった内水面漁撈の溜井などについても同様であるとし、しかも、家ごとに権利が存在したという点はこの地域の特徴ではないのかと意見を求めた。内田氏は、まず、報告で触れた江袋溜井の水源が西別府の別府沼であることを指摘した。その上で、内田氏は、別府沼というのは扇状地の湧水が溜まってできた沼で、湧水と溜池との関係を考えると、別府沼、江袋溜井は容易に水が溜まり、それにより、池にして代々家で引き継ぐことが可能となったと指摘した。さらに、内田氏は、埼玉県内の内水面漁撈は河川を通じて考えられてきたが、池沼や湖などの方が河川に比べて水が溜まり水温も高く資源量が豊富であるとし、池沼を中心とした内水面漁撈のあり方を見直す必要があると述べた。

以上、共通論題報告および討論で「湧水」について触れたのは大井・原両報告であったが、水田以外の湧水の利用という面で、細野報告での酒造や内田報告での内水面漁撈についても言及した。議長（生駒）は、荒川・利根川に挟まれた地域として、いわゆる本流ではない河川の恵みによる生産の多様性と、それが古代から現代まで連続している点がこの地域の特徴であると述べ第二議論を終了した。

次に議題は、第三の論点である「忍領・忍藩領という視点を通しての熊谷市・行田市周辺地域の一体性」に進んだ。議長は重田氏が務めた。議長（重田）は、一九世紀前半成立の『新編武蔵風土記稿』の記載では武蔵国全体で三〇〇〇余の村があり、それが八二の領で編成され、なかでも荒川と利根川とに挟まれた当該地域の「忍領」は最大規模であることを紹介した。

まず、議長（重田）は、議論に入る前提として、石田文一氏（石川）からの中世後期における「忍領」といわれる名称の具体的範囲はどこか、さらに、「領」という史料文言の初見はいつか、という松村報告に対する質問に触れた。松村氏は、忍領は忍城とその忍城を中心とした支配地域という意味で使用していると前提を述べた上で、戦国期の史料で「忍領」という文言は熊谷、今井、荒木などの七か所であること、さらに、「領」という史料上の初見は、永禄三年（『相州古文書』所収の二月二日付池田安芸守宛 北条氏康・氏政連署判物写）であると答えた。

議長（重田）は、松村氏の回答を受けた上で、近世以降の忍領の流れを説明した。まずは、戦国時代の「忍領」と天正一八年に松平忠吉が入ってきた時の忍領一〇万石とがどうつながるのかが大きな課題であるとした。さらに、慶長五年三月に忠吉が去った後、三〇年くらいは幕府直轄領で、阿部家が入ったときの忍藩領は五万石、さらに元禄七年には一〇万石になり、その後、忍藩領はおよそ一〇万石を維持する。この過程で、寛永一二年に「忍普請組合」ができ、組合高は一一万石余で忍藩が管理した。しかし、普請組合に代表される「忍領」と、近世の忍藩領の村々は必ずしも一致していなかったことを述べた。議長（重田）は、こうした点を踏まえて、澤村報告に対し、いわゆる藩領としての「忍藩領」は、元禄年間に再編成の動きがあるが、「忍領」には何か動きがみられるのかを質した。

澤村氏は、「領」に関しては、荒川より南の地域に少し変動が見られるとし、この点は白井哲哉氏（埼玉）によってすでに指摘されていると述べた。さらに、澤村氏は、自身の報告で検討した一円化する村々については変動がみられず、その理由については今後の検討課題であるとした。

さらに、議長（重田）は、栗原健一氏（埼玉）によって、「忍領」の村々は忍藩領と旗本知行地の非忍藩領とに分かれ、この二つの村々は社会的にかなり異なることが『埼玉地方史』第七〇号で指摘されているとし、自由論題の藤井明広氏（埼玉）の報告や細野報告で採り上げたこの地域の社会事業家である吉田市右衛門と忍領との関わりについて、栗原氏に意見を求めた。栗原氏は、吉田市右衛門の本家は四方寺村にあり、同村は忍領（非忍藩領）だったとし、市右衛門と忍領との関係性について述べた。

次に、議論は近代に入った。議長（重田）は、現在の埼玉県は明治四年に二つの県に分かれ、熊谷地域が入間県、行田地域が埼玉県になること、それが明治九年に一緒になるが、郡制により忍領で一緒だった熊谷・行田地域が違う行政区域に分かれることを述べた上で、松本報告に触れ、水利組合再編の動きのなかで「忍領」の概念変化について意見を求めた。松本氏は、明治初期に入間県と埼玉県に分かれた時、熊谷地域を普請組合から外す動きが出てくると述べ、明治初期、実際には明治一一年の郡区町村編制法、明治二二年の町村制によって、郡役所のもとに各水利組合、水害予防組合が再編され、その過程のなかで忍普請組合のなかの熊谷部分が外されていくことを指摘した。さらに、松本氏は、①水害予防組合や水利組合の組織体はそれだけで機能していたわけではなく、北埼玉郡のなかを大きく「忍領」、「羽生領」、「騎西領」の三つにわける空間が明治期にできる、②近代以前だと郡を越えて領が存在するが、近代に入るとそれが逆転し郡のなかのエリアを表現する形になり、新聞記事によるとそれが戦後まで続くと指摘した。

以上、第三の議論は、「忍領」、「忍藩領」の地域概念を整理し、水利組合などを通した「忍領」の地域的枠組みを確認した。また、近代に入り、行政区域の再編のなかで「忍領」といわれる範囲に変化がみられる点を整理した。議長(重田)は、「忍領」の実体が時代によって変化すること、しかし、「忍領」という言葉は、近代まで繋がる地域名称であることを指摘して、第三の議論を結んだ。

三つの討論を経て、議長団は次のようにまとめた。まず、共通論題報告全体からみると、大井報告、原報告、澤村報告などは、荒川を主に採り上げて検討している。一方、松本報告、田村報告などは、利根川を主として具体的事例を検討している。共通論題報告は、時代の古い順からの発表であったが、荒川から利根川へと扱う河川が移行していく傾向にあった。当然、古代の井上報告で利根川水系の利用などに言及されているので、それは、大まかな傾向としてという意味である。こうした傾向は、河川排水の利用というなかで、近世以降の利根川との関わり方という面を考慮する必要があるのではないか。したがって、近代の田村報告のなかで述べられた桑木の栽培が利根川周辺地域を中心としていることは、やはり重要である。

また、成田氏の忍城築城の過程や、荒川の支流である星川の用水としての利用などは、熊谷市と行田市周辺地域の一体性を踏まえないと実態がわからない。しかし、現代の視点からこの地域の一体性を端的に表現する歴史的な言葉を見出せないのが現状である。「忍領」という概念は、中世までは当てはまらず、近世以降も意味する範囲などに変化が生じるのは、議論した通りである。今回の大会で使用したこの地域を表現する「北武蔵」は、地理的意味合いが強い。しかし、大まかな傾向や、歴史的変遷のようなものは導き出せたのではないか。今回の大会成果が批判的に今後検討されることを期待する。

さらに、前回の埼玉県で行われた大会は、利根川全体が採り上げられ、今回の大会の内容と比べて広範囲の地域が考察の対象であった。しかし、今大会の考察対象地域を流れる荒川と利根川はこの地域で完結するわけではなく他地域へも流れている。今回の大会は、自然環境を考慮して、大会報告を組み立てた。他地域の歴史についても、低地上に展開するという当該地域の自然環境とは異なると思われるが、地形などが考慮されて全体的に検討されることが望まれる。そうした研究の積み重ねによって、「北武蔵」地域の地域的特徴が埼玉県全体のなかに位置付けられると考える。今回の大会を「北武蔵」大会ではなく、「埼玉」大会とした所以である。

以上のように、共通論題討論をまとめた。最後に、共通討論を踏まえて、会場から質問を受け付けた。まずは、大野瑞男氏（東京）が澤村氏に対して、川越藩では正保四年の検地と慶安元年の総検地が藩政の画期となると考えているが、忍藩ではどうであったか質問した。澤村氏は、忍藩領支配の仕組みという点で捉えると、享保期に画期があるとされているが、在地の支配は宝永四・五年ころからみられるとした上で、藩政について、阿部正武の時代に忍城の修築を元禄一四年に許可されるので、その準備としてこの頃から動きがみられ、享保期に定着することが想定されると返答した。また、丑木幸男氏（群馬）からは、松本氏に対して、群馬県の場合、災害時に重立と民衆との間に対立が見られたが、この地域ではどうであったかと質問があった。松本氏は、埼玉県では対立関係よりは町村長が旗振りになって災害に対応したケースが多いことを指摘した。

最後に議長団は、全国からの参加者に対して、大野・丑木両氏の質問のように各地域に今回の課題を持ち帰って検討してほしいと述べて共通論題討論を終了した。

八　巡見

大会最終日となる一〇月二〇日は、二コースに分かれて巡見が行われた。詳細は次の通りである。

1　熊谷・深谷コース
葛和田～赤岩間の利根川渡船→妻沼聖天山→〈昼食〉→誠之堂・清風亭→渋沢栄一記念館→旧渋沢邸「中の家」→日本煉瓦旧煉瓦製造施設→真言宗龍泉寺

2　行田コース
さきたま史跡の博物館→臨済宗天祥寺→国史跡埼玉古墳群→石田堤→彩々亭〈昼食〉→行田市郷土博物館→足袋とくらしの博物館→十万石行田本店→真言宗観福寺

両コースとも大会の共通論題を意識した設定となった。熊谷・深谷コースは、実行委員の大井教寛氏・蛭間健悟氏・水品洋介氏が中心となってコースを設定した。行田コースは、中島洋一氏・鈴木紀三雄氏・澤村怜薫氏が中心となってコースを設定した。

大会の主要テーマである自然環境を体感できる遺跡・史蹟の見学、古文書などの原史料の閲覧、近代産業と当時の周辺地域の盛況さを体験できる施設の見学など、両コースともに「水と地域が織りなす歴史像」を古代・中世から近代まで体感できる巡見となった。

おわりに

第六五回埼玉大会は、三〇〇名以上の参加者を得、盛況裡に終了した。二日目（一九日）の懇親会席上では、過去の大会関係者から各地の地酒が提供され、実行委員の方々とともに多様な趣向で大会を盛り上げていただいた。

大会の報告や討論を通して感じたことは、今大会は地域を絞って議論したが、それでも単純な視点では実態がわからない複雑さであった。中世に限っても、古代からの施設を利用するかたちで、荒川の派川や湧水地点などを拠点化する熊谷氏に代表される前期と、大河川に沿うかたちで拠点化を進める成田氏に代表される後期とでは、河川を利用した拠点化といっても異なる。また、近世初期の幕藩領主による河川用水・

悪水の整備が進んでいくなかで、利水から利害関係が生まれる。しかし、用水、酒造、内水面漁撈や養蚕など、河川や湧水などを利用した産業も多様で同じ範疇では語れない面を持つ。こうした多様性から一つの結論を出すのは難しいが、共通討論でも述べられたように傾向のようなものは抽出できたのではないだろうか。また、それは、荒川と利根川とに挟まれた当該地域だからこその多様性で「北武蔵」の特徴だと考えている。

最後に大会を開催するにあたり、諸機関と共催するとともに後援・協賛をいただいた。記して感謝する次第である。

【共催】　埼玉県地方史研究会

【後援】　埼玉県教育委員会　行田市教育委員会　熊谷市　熊谷市教育委員会　深谷市教育委員会　埼玉新聞社　埼北よみうり新聞社　さきたま新聞　行田ケーブルテレビ　J:COM熊谷　テレビ埼玉

【協賛】　阿うんの会　NPO法人ぎょうだ足袋蔵ネットワーク　NPO法人越谷市郷土研究会　大里歴史研究会　行田市郷土博物館友の会　くまがや古文書学習・研究会　熊谷市郷土文化会　埼玉県郷土文化会　埼玉県高等学校社会科教育研究会　埼玉県地域史料保存活用連絡協議会　埼玉県東部地区文化財担当者会　埼玉県博物館連絡協議会　埼玉県文化財保護協会　埼玉考古学会　埼玉地理学会　埼玉民俗の会　埼玉文化懇話会　直実・蓮生を学ぶ会　根岸友山・武香顕彰会　妻沼地域文化財調査研究会

本大会の成果刊行にあたっては、地方史研究協議会の第六五回（埼玉）大会成果刊行特別委員会が担当した。委員は、新井浩文・栗原健一・実松幸男・富澤達三・野本禎司および生駒哲郎（委員長）で構成した。

刊行に際しては、株式会社雄山閣の安齋利晃氏に大変お世話になった。記して感謝申し上げる。

（文責　生駒哲郎）

執筆者紹介（五十音順）

井上尚明（いのうえ　かつあき）
一九五三年生まれ。
立正大学大学院非常勤講師・目白大学非常勤講師。

内田幸彦（うちだ　ゆきひこ）
一九七〇年生まれ。
埼玉県立歴史と民俗の博物館主任学芸員。

大井教寛（おおい　のりひろ）
一九七三年生まれ。
熊谷市立熊谷図書館学芸員。

澤村怜薫（さわむら　れいか）
一九八一年生まれ。
行田市郷土博物館学芸員。。

田村　均（たむら　ひとし）
一九五七年生まれ。
埼玉大学教育学部教授

原　太平（はら　だいへい）
一九六八年生まれ。
埼玉県幸手市教育委員会。

藤井明広（ふじい　あきひろ）
一九八七年生まれ。
立正大学文学部助教。

細野健太郎（ほその　けんたろう）
一九七五年生まれ。
熊谷市史専門調査員。

堀口萬吉（ほりぐち　まんきち）
一九二九年生まれ。
埼玉大学名誉教授。

松村憲治（まつむら　けんじ）
一九八四年生まれ。
埼玉県立久喜図書館司書。

松本洋幸（まつもと　ひろゆき）
一九七一年生まれ。
大正大学文学部准教授。

村山　卓（むらやま　たく）
一九八〇年生まれ。
埼玉県埋蔵文化財調査事業団。

渡辺隆喜（わたなべ　たかき）
一九三六年生まれ。
明治大学名誉教授。

平成27年10月23日 初版発行　《検印省略》

地方史研究協議会 第65回（埼玉）大会成果論集

北武蔵の地域形成―水と地形が織りなす歴史像―

（きたむさしのちいきけいせい―みずとちけいがおりなすれきしぞう―）

編　者　ⓒ地方史研究協議会

発行者　宮田哲男

発行所　株式会社 雄山閣

〒102-0071　東京都千代田区富士見2-6-9

電話 03-3262-3231㈹　FAX 03-3262-6938

http://www.yuzankaku.co.jp

E-mail　info@yuzankaku.co.jp

振替：00130-5-1685

印刷・製本　株式会社ティーケー出版印刷

Printed in Japan 2015　ISBN978-4-639-02382-1　C3021

N.D.C.213　296p　22cm